Delegado Edson Moreira

AGORA É COMIGO!

OS BASTIDORES DOS MAIORES CRIMES DE MINAS GERAIS

Goleiro Bruno – Maníaco de Contagem – Gang da Degola
Dentre Outros

AGORA É COMIGO!
OS BASTIDORES DOS MAIORES CRIMES DE MINAS GERAIS
Goleiro Bruno – Maníaco de Contagem – Gang da Degola
Dentre Outros

Delegado Edson Moreira

Capa
Delegado Edson Moreira

Impressão e Acabamento
Digitop Gráfica Editora

Direitos Reservados
Nenhuma parte pode ser duplicada ou
reproduzida sem expressa autorização do Editor.

sarvier

Sarvier Editora de Livros Médicos Ltda.
Rua Rita Joana de Sousa, nº 138 – Campo Belo
CEP 04601-060 – São Paulo – Brasil
Telefone (11) 5093-6966
sarvier@sarvier.com.br
www.sarvier.com.br

Dados Internacionais de Catalogação na Publicação (CIP)
(Câmara Brasileira do Livro, SP, Brasil)

Moreira, Edson
    Agora é comigo! : os bastidores dos maiores
crimes de Minas Gerais : goleiro Bruno, maníaco de
Contagem, Gang da Degola dente outros / Edson
Moreira. -- 1. ed. -- São Paulo : Sarvier Editora, 2021.

    ISBN 978-65-5686-013-8

    1. Crimes – Minas Gerais – História
2. Criminologia I. Título.

20-52167   CDD-364.2098151

Índices para catálogo sistemático:
1. Minas Gerais : Crimes : História : Criminologia
    364.2098151

Cibele Maria Dias - Bibliotecária - CRB-8/9427   Sarvier, 1ª edição, 2021

DELEGADO EDSON MOREIRA

AGORA É COMIGO!

OS BASTIDORES DOS MAIORES CRIMES DE MINAS GERAIS

**Goleiro Bruno – Maníaco de Contagem – Gang da Degola
Dentre Outros**

sarvier

"A pena-segregação, a pena-castigo, a pena-prisão, é o indeclinável meio prático para neutralizar o criminoso, irredutível por outros meios, posto que não queira ou não se deva, mesmo nos casos mais graves, ir até a pena de morte. Desacreditadas as sanções religiosas e relaxadas as sanções morais, o receio da pena é, afinal, o irrenunciável meio de "coação psicológica" contra o crime, e a execução da pena é imperioso contragolpe, para afastar da sociedade, ainda que temporariamente, aqueles a quem a esperança de impunidade ou o espírito de rebeldia conduziram à violação da ordem jurídica. O grande erro na debelação ou atenuação da delinquência não é a conservação do sistema penal tradicional, mas o afrouxamento que a este imprimira um humanitarismo choramingas, cujo exagero resultara na minoração sistemática das penas e na descontrolada outorga de favores aos inimigos da sociedade."

(NÉLSON HUNGRIA – COMENTÁRIOS AO CÓDIGO PENAL)

AGRADECIMENTOS

Começo os agradecimentos, como seria lógico, primeiramente, aos meus pais Edgar Severiano da Silva e Dalila Moreira da Silva, pelas bençãos e oportunidades de nascer, criar-se homem de bem, estudar e me formar, preparando-me para a vida, em uma família abençoada por Deus, inimaginável em união e amor, dedicação e luta incansável pela sobrevivência honrada, digna e impregnada pelo lema dos Três Mosqueteiros: "**UM POR TODOS E TODOS POR UM**".

Agradeço a meus irmãos e irmãs, Severino do Ramos Moreira da Silva, Maria José Moreira da Silva, Edgard Moreira da Silva, Ênic Moreira da Silva, Edna Moreira da Silva e Elisângela Moreira da Silva, pois todos, indistintamente, colaboraram para minhas conquistas da educação regular, inserção social, preparo para a vida, mesmo estando deles distante, alcançar formação profissional adequada e preparo intelectual positivo. O Ramos é o exemplo de filho que todos os pais do mundo gostariam de ter, sendo o primogênito, puxou a corrente dos demais irmãos no caminho profissional, intelectual, social edificado em princípios éticos e morais de sempre praticar o bem, sem olhar a quem, buscando, pelos exemplos, consolidar o caminho a seguir.

Aos cunhados e cunhadas – Wiliam Wochler, Almir Sobreira de Oliveira, Eulálio Pereira Duarte, Eliana Reis, Elisa e Edite – pela união e ampliação desta grande família, cujos frutos elevam e glorificam seus ascendentes.

Não poderia deixar de fazer um agradecimento especial ao mano Ênio, por me defender de todos aqueles que sempre quiseram tirar algum proveito do irmão desprevenido. Como advogado, defendeu-me, incansavelmente e com uma abnegação incomparável em qualquer causídico ao redor do mundo, nos Tribunais do Júri de São Paulo, Tribunais de Justiça de São Paulo e de Minas Gerais, Superior Tribunal de Justiça e Supremo Tribunal Federal, em Brasília – Distrito Federal. Apoio inestimável e fundamental em meu sucesso profissional e político.

Ao cunhado Wiliam Wochler, também em especial, pela excelente cooperação na correção e elaboração do livro; com certeza, sua participação foi decisiva para a conclusão desta obra.

Aos Delegados, Investigadores, Escrivães de Polícia e a todos os funcionários e colaboradores da Polícia Civil do Estado de Minas Gerais, em todos os Departamentos e Delegacias de Polícia, nos municípios por onde trabalhei; tenho certeza que, sem o apoio e dedicação de vocês, não teria conseguido chegar aonde agora estou, além de serem decisivos nas diversas elucidações dos crimes por toda as Minas Gerais.

Aos superiores hierárquicos, companheiros e combatentes das Rondas Ostensivas Tobias de Aguiar, 1º Batalhão de Choque, pela ajuda nos diversos confrontos com criminosos na Capital e Grande São Paulo; certamente, devo minha vida a muitos desses colegas, que me apoiaram durante a batalha diária que travávamos contra os mais perigosos e sanguinários bandidos, que, muitas vezes, enfrentavam a tiros as bravas guarnições na vã esperança de escapar da espada da lei.

Claro que englobo em meus agradecimentos os demais companheiros das Unidades da Polícia Militar do Estado de São Paulo, com quem tive a honra de servir, trabalhando e protegendo a sociedade paulistana.

Aos amigos, colegas e assessores, pelo amplo incentivo para que me iniciasse na vida de contador das histórias vividas e verídicas, nas quais fui uma das personagens principais. A vocês, responsáveis que são pela viabilização e fomento dessas empreitadas literárias, meu agradecimento, com a certeza de que vocês marcam um momento perene em minha existência.

Agradeço ainda à família Velano, da gloriosa cidade de Alfenas, principalmente, na pessoa do saudoso e pranteado Magnífico Reitor da Universidade Maria do Rosário Velano – UNIFENAS, Edson Antônio Velano, pela paciência e sabedoria transmitidas a este Delegado de Polícia, em momentos de extrema e necessária tomada de decisões, inspirando-o a fim de que meditasse e analisasse, com equilíbrio e cautela, o melhor momento para confrontar criminosos perversos e impiedosos, evitando, assim, o êxito de seus crimes.

Agradeço, por fim, ao Mestre e Professor Percival de Souza e, aos demais amigos e mentores, que contribuíram, de vários modos, para a otimização desta obra, cujas citações nominais quedam-se arrefecidas pela despretensão de seus apoios, inversamente proporcionais à grandeza e à discrição dos gestos.

Muito obrigado a todos!

DELEGADO EDSON MOREIRA

NOTAS DO AUTOR

Nota 1: Alguns nomes foram alterados a fim de preservar a privacidade de alguns personagens. Os fatos, descrições, narrações, locais e cidades mencionados nos vários casos deste livro são todos verídicos.

Nota 2: Em respeito a você, leitor amigo, tentei ser o mais fidedigno possível na descrição dos fatos, evitando quaisquer especulações ou suposições afora aquelas especificamente pertinentes aos casos contados nas narrativas do livro.

ÍNDICE

PREFÁCIO 1

INTRODUÇÃO 7

CAPÍTULO 1 11
- As Origens da Família Moreira da Silva

CAPÍTULO 2 14
- Os Dois Primeiros Filhos e a Mudança da Família Moreira da Silva para o Estado de São Paulo

CAPÍTULO 3 18
- O Meu Nascimento e de Meus Outros Irmãos na Capital de São Paulo
- O Falecimento do Meu Grande Avô Severino Moreira de Vasconcelos
- O Duro Começo na Capital Paulista

CAPÍTULO 4 23
- O Crescimento da Família Moreira da Silva – I
- Brasília – A Nova Capital do Brasil
- A Revolução de 1964
- O Novo Governo Militar
- Conquistas Trabalhistas
- Novas Empresas Públicas Brasileiras

CAPÍTULO 5 28
- O Crescimento da Família Moreira da Silva – II
- Educação
- Governo Costa e Silva

- O Ato Institucional Número 5
- A Junta Militar Provisória
- O Governo Médici
- As Mortes de Guerrilheiros

CAPÍTULO 6 41

- Os Grandes Incêndios nos Edifícios Andraus e Joelma, com Dezenas de Mortes
- Os Empregos com Carteira
- O Governo do General Geisel
- A Formação de Aspirante a Oficial
- O Ingresso e Formação dos Irmãos na Academia de Polícia Militar de São Paulo
- As Mortes de Vladimir Herzog e Manoel Fiel Filho no DOI/Codi SP
- A Convocação para Servir em Brasília, no Batalhão da Guarda Presidencial, Longe da Família e de São Paulo

CAPÍTULO 7 53

- O Retorno ao Trabalho na Gráfica
- A Formação 1º Grau
- A Ida para Rota – Rondas Ostensivas Tobias de Aguiar
- A Morte de Deoclácia Moreira – Minha Avó Materna

CAPÍTULO 8 56

- Os Tiroteios no Tempo de Trabalho na Rota
- O Governo do João Figueiredo
- Os Atentados a Bomba no Rio Centro – Rio de Janeiro
- O Movimento Pelas Diretas Já
- A Nova República
- Morte de Tancredo de Almeida Neves
- O Ingresso na Faculdade de Direito

CAPÍTULO 9 63

- O Governo José Sarney
- A Nova Constituição de 1988

- A Eleição do Presidente Collor de Mello – Caçador de Marajás
- O Confisco das Cadernetas de Poupança
- A Cassação do Mandato do Presidente Collor
- O Presidente Itamar Franco

CAPÍTULO 10 71

- A Colação de Grau
- O Curso Preparatório Êxito
- O Exame da Ordem dos Advogados em São Paulo
- O Ingresso na Carreira de Delegado de Polícia
- A Mudança para as Minas Gerais
- O Começo como Delegado de Polícia/MG
- A Convocação para Coordenar Cursos na ACADEPOL de Minas Gerais
- As Correntes Dentro da Polícia Civil/MG

CAPÍTULO 11 77

- O Trabalho na Comarca de Natércia
- A Transferência Para as Cidades de Poços de Caldas e Campanha
- Os Olhos do Secretário de Segurança Pública de Minas Gerais

CAPÍTULO 12 82

- A Transferência para a Cidade de São João Evangelista
- O Sentimento de Estar a Caminho do Matadouro
- O Delegado da Metralhadora
- A Prisão dos Assassinos dos Filhos do Prefeito de Materlândia
- Apagou a Luz, Pula no Chão que Vem Tiro
- Quem é o Mais Perigoso Criminoso de São João Evangelista?
- A Maior Ação de Apreensão de Armas de Fogo no Vale do Rio Doce
- Os Esclarecimentos de Diversos Assassinatos na Cidade e a Lotação da Cadeia de São João Evangelista
- A Transferência para Belo Horizonte DCCV/DIE/MG

CAPÍTULO 13 91

- O Começo na 5ª Delegacia Especializada de Homicídios
- O Homicídio do Tio Patinhas na Rua Goiás
- O Grande Apoio da Jornalista Glória Lopes
- As Prisões no Vale do Mucuri, de Pistoleiros da Família Leite, Estendendo até Bahia/Espírito Santo
- O Fechamento de Investigações Importantes
- O Assassinato na Mata do Bom Sucesso

CAPÍTULO 14 96

- Os Assassinatos no Garimpo do Morro do Cruzeiro

CAPÍTULO 15 99

- O Latrocínio do Cientista Político e Professor da Universidade Federal de Minas Gerais
- As Prisões – Fora do Estado – dos Criminosos das Gangues Panteras Negras e Tigre de Bengala
- O Latrocínio da Estudante da UFMG
- O Garrote

CAPÍTULO 16 103

- O Assassinato do Advogado Doutor José Raimundo, na Cidade de Uberaba, do Famoso Medium Chico Xavier

CAPÍTULO 17 106

- As Explosões de Bombas em Belo Horizonte pelo Grupo Reação
- A Prisão da Quadrilha de Pistoleiros do Estado do Espírito Santo, Responsável por Diversas Mortes e Assassinatos, Dentre Eles a do Agiota do Diabo

CAPÍTULO 18 109

- A Chacina no Bairro Taquaril – "Chacina do Taquaril"

CAPÍTULO 19 112

- O Suicídio com Cinco Disparos de Arma de Fogo

CAPÍTULO 20 117

- O Assassinato do Investigador Primo, em Uberlândia

CAPÍTULO 21 119

- O Assassinato Cometido pela Viúva e Sua Amante, para Viverem Juntas, com Uma Fortuna
- Crime do Pontal da Cidade de Uberaba – Triângulo Mineiro

CAPÍTULO 22 122

- O Assassinato Cometido por Maria Madalena – a Viúva Negra – na Cidade São Francisco – Norte de Minas Gerais

CAPÍTULO 23 125

- A Exumação dos Restos Mortais do Motorista de JK, que Morreu Junto com o Ex-Presidente Juscelino, na Via Dutra

CAPÍTULO 24 127

- Os Assassinatos do Serial Killer Roberval Carroceiro e seu Comparsa, Alcunhado "Bigode"
- Especializações

CAPÍTULO 25 130

- Movimento Grevista das Forças de Segurança Pública de Minas Gerais
- A Morte do Cabo Valério em Frente ao Palácio da Liberdade e QG do Comando Geral da Polícia Militar de Minas Gerais

CAPÍTULO 26 134

- A Tentativa de Assassinato do Prefeito de Betim – Caso Jésus Lima – a Grande e Engenhosa Trama para Colocar o Vice Prefeito na Cadeira de Jésus Lima

CAPÍTULO 27 142

- Latrocínio em Território Paraguaio, Esclarecido pela Especializada de Homicídios de Minas Gerais

CAPÍTULO 28 144

- O Brutal Assassinato do Delegado de Polícia da Cidade de Três Pontas, Terra do Vice Presidente da República

CAPÍTULO 29 149

- Assassinato da Promotora de Justiça de Betim/MG
- Novo Governador é Eleito

CAPÍTULO 30 151

- O Caso Emílio Belleti – o Programa Fantástico, da Rede Globo, Acompanha as Investigações Policiais

CAPÍTULO 31 159

- O Brutal Homicídio do Dia das Mães – Prisão e Tortura de Inocentes
- O Programa Fantástico, da Rede Globo, Acompanha as Investigações Policiais

CAPÍTULO 32 164

- Homem é Incendiado Vivo e é Morto para Recebimento de Seguro de Vida
- O Programa Fantástico, da Rede Globo, Acompanha as Investigações Policiais

CAPÍTULO 33 169

- Mulher é Assassinada, com Todos os Órgãos Retirados do Corpo pelo Autor do Assassinato em BH – "Matei, Também, o Robocop"

CAPÍTULO 34 173

- O Desaparecimento e Assassinato de Mulheres na Mata da UFMG
- Prisão de Pistoleiros e Mandantes de Crimes de Homicídio do Prefeito de Betim/MG
- Estatísticas de Mortes em Belo Horizonte
- A Morte da Prefeita de Nacip Raydan

CAPÍTULO 35 176

- Dopa o Cachorro e Mata a Mulher Debaixo da Cama

CAPÍTULO 36 178

- Mulheres Assassinadas no Anel Rodoviário de BH

CAPÍTULO 37 181

- Os Crimes de Estupro e Mortes do "Fura Bunda" em BH, Esmeraldas e Montes Claros nas Minas Gerais

CAPÍTULO 38 183

- Esclarecimento de Mortes no Anel Rodoviário de BH
- O Mistério do Estupro e Assassinato da Desconhecida 028/1993, no Bairro Universitário
- As Vitimizações como Fatores Desviantes das Investigações Policias
- Observador nas Investigações do "Maníaco do Parque" Francisco de Assis Pereira em São Paulo
- Cidadão Honorário de Belo Horizonte

CAPÍTULO 39 193

- Jornalista Assassino
- Vamos Calar o Chefe da Divisão de Homicídios e Retirá-lo da Chefia da DCCV/DIE
- Bodas de Ouro de Edgar e Dalila
- Morte Estranha de Modelo

CAPÍTULO 40 212

- O Assassinato da Professora Universitária em Frente ao Shopping
- O Chefe da Homicídios Contraria Ordens do Conselho Superior
- Podem Me Mandar para Onde Bem Entenderem
- A Transferência para Onde Não Queria

CAPÍTULO 41 216

- O Latrocínio da Quadrilha do China
- Piolhos Detran
- O Desvio de Mais de Um Milhão de Reais do Erário Público
- Denúncias do Jornalista e Perseguição Implacável
- Carteiras de Habilitação de Mortos Ressuscitam Motoristas

CAPÍTULO 42 223

- Transferência para Chefiar a Divisão Anti-Sequestro
- A Apuração do Sequestro com Morte do Empresário da Cidade de Curvelo, Seis Anos Depois da Prática do Crime

CAPÍTULO 43 228

- Sequestraram, Mataram e Passaram com a Camionete por Cima do Cadáver do Padre e Professor da PUC/BH, Várias Vezes para Confirmarem a Sua Morte
- Fuga! Fuga! – Baianinho Mata Xuxa na Cadeia
- Matam Serginho e Roubam Sua Strada

CAPÍTULO 44 234

- Sequestro e Homicídio Sem Corpo de Viviane Brandão

CAPÍTULO 45 240

- Simula Sequestro após Assassinar e Enterrar o Corpo da Zootécnica no Meio de Uma Grande Mata e Exige Resgate para Enganar Polícia do DEOSP/MG

CAPÍTULO 46 243

- Falso Médico Ortopedista é Solto pela Justiça e Aleija Pacientes no Estado de São Paulo
- O Capeta Faz Reféns no Banco Safra S/A
- Prisão de Traficantes de Armas do Espírito Santo

CAPÍTULO 47 246

- Transferência para Superintendência Geral de Polícia Civil
- A Segunda Viúva Negra
- Regional de Uberaba e o Retorno à Divisão Anti-Sequestro

CAPÍTULO 48 249

- Crime de Extorsão Mediante Sequestro com Morte dos Filhos do Prefeito de Candiba/Bahia, Investigado em Três Estados da Federação ao Mesmo Tempo

CAPÍTULO 49 253

- Chacina de Unai
- Prisões de Sequestradores
- Estande de Tiro Dentro da Favela Prado Lopes
- Assaltos a Integrantes do Conjunto Jota Quest, em Belo Horizonte

CAPÍTULO 50 256

- Sequestro e Assassinato de Empresário de Montes Claros

CAPÍTULO 51 261

- Sequestro e Assassinato do Radialista "Julius Bill" na Cidade de Pium-Í – Minas Gerais
- O Desaparecimento da Irmã do Lutador Vitor Belfort
- Delegado Regional de Divinópolis é Assassinado em Sua Fazenda
- Prisão do Fazendeiro Mandante da Chacina de Felisburgo/MG
- Rajadas de Tiros no Banco do Brasil – Avenida Presidente Antônio Carlos, em Frente à UFMG

CAPÍTULO 52 266

- Professor de Kung Fu e Alunos Sequestram e Matam em Betim/MG – Vítima que é Obrigada a Beber Um Litro Inteiro de Cachaça Antes de Ser Assassinada

CAPÍTULO 53 270

- Extorsões e Sequestros de Dentro das Cadeias
- Roubos a Prédios de Apartamentos Em BH
- Criação de Grupo Especial de Apoio

CAPÍTULO 54 275

- O Maior Sequestro do Estado de Minas Gerais

CAPÍTULO 55 288

- A Fundação da Organização Criminosa Denominada PCC – Primeiro Comando da Capital
- Sequestro e Tiroteios em Meio ao "Salve Geral!"
- Policiais Assassinados
- Crime de Extorsão Mediante Sequestro em Andradas/MG
- O Sequestro do Repórter da Rede Globo de São Paulo

CAPÍTULO 56 295

- O PCC Ordena Ataques no Sul de Minas Gerais
- Sequestros de Gerentes de Bancos e Familiares
- Pânico e Roubos

CAPÍTULO 57 298

- Gerente de Banco é Sequestrado, Torturado e Morto, Sendo, Depois, Concretado e Emparedado, Dentro de Uma Escola em Uberlândia – Minas Gerais

CAPÍTULO 58 306

- Universitários Matadores e Ladrões de Veículos
- O Sequestro da Viúva
- Assassinato e Sequestro na Terra da Lingerie
- Trator Usado para Enterrar Vítima
- O Sequestro da Criança de Sete Anos em Rio Manso

CAPÍTULO 59 312

- Mandam Matar Radialista na Cidade de Taiobeiras/MG
- Transferência para Chefiar Outro Departamento
- Vários Crimes são Esclarecidos
- A Feijoada do Gatão

CAPÍTULO 60 318

- Perseguição sem Trégua ao Delegado Edson Moreira
- A Fabricação de Denúncias Anônimas
- Habeas Corpus e Liminares não Intimidam Perseguidores Implacáveis

CAPÍTULO 61 324

- O Assassinato Político do Ex-Prefeito em Mariana

CAPÍTULO 62 326

- Um Maníaco Estuprando, Roubando e Matando Mulheres na Região Metropolitana de Belo Horizonte – As Vítimas Escolhidas com Seus Veículos

CAPÍTULO 63 330

- O Mundo Inteiro Assiste na Televisão Uma Cabeleireira Sendo Assassinada com Vários Tiros pelo Ex-Marido
- As Perseguições Contra Minha Pessoa Não Param

CAPÍTULO 64 334

- A Identificação do "Maníaco de Contagem e do Bairro Industrial" – A Sua Espetacular Prisão – A Confissão dos Estupros e Assassinatos Cruéis das Vítimas Mulheres

CAPÍTULO 65 346

- Os Assassinatos da Macabra Gangue da Degola

CAPÍTULO 66 355

- A Vítima do Caso do Goleiro Bruno, Eliza Silva Samúdio

CAPÍTULO 67 359

- Eliza Samúdio Conhece o Goleiro Bruno Fernandes e Vai para a Cama com Ele, Num Relacionamento Intenso
- O Goleiro Bruno Engravida Eliza Samúdio
- "Aborta Essa Criança!"

CAPÍTULO 68 363

- O Goleiro Bruno Sequestra Eliza Samúdio e a Obriga a Ingerir Medicamento Abortivo
- Eliza Denuncia e Foge do Rio de Janeiro
- Nasce o Bruninho em São Paulo
- Um Assassino Profissional

CAPÍTULO 69 367

- O Mandante do Assassinato de Eliza Silva Samúdio

CAPÍTULO 70 372

- O Plano de Assassinato Começa a Ser Executado
- Eliza Samúdio é Atraída para o Rio de Janeiro pelo Goleiro Bruno
- Plano Seguindo Dentro do Roteiro Planejado pelos Assassinos

CAPÍTULO 71 377

- Eliza e o Filho são Sequestrados e Levados para a Casa do Goleiro Bruno, Onde Ficam Reféns
- Sangue na Land Rover

- Eliza e Filho Separados no Cativeiro
- Loira na Vigilância

CAPÍTULO 72 381

- Eliza e o Filho são Levados para o Sítio do Goleiro em Esmeraldas – Minas Gerais
- Eliza Cativa no Sítio com o Filho
- O Policial no Motel
- "Bola" Toma Conhecimento de que Eliza Está Pronta Para Ser Assassinada

CAPÍTULO 73 387

- A Apreensão do Veículo Land Rover Ensanguentado, em Contagem – Minas Gerais
- "Cleitão" Tenta Convencer o Goleiro Bruno a Não Fazer Besteira com Eliza e Filho
- Os Preparativos Finais para o Assassinato de Eliza

CAPÍTULO 74 393

- Eliza Samúdio e Bruninho Entregues ao "Bola"
- Da Pampulha para a Morte na Casa de "Bola"
- O Engodo
- Agora é Comigo! – O "Braço da Lei" Alcança o Goleiro Bruno

CAPÍTULO 75 402

- Jorge Luiz Detalha o Assassinato de Eliza Samúdio e Possibilita Mostrar, Cientificamente, a Morte Dela
- O Inquérito é Encaminhado para a Justiça de Contagem
- Sexta Vértebra da Coluna Cervical Deslocada

CAPÍTULO 76 406

- Perseguidores Aproveitam para Enganar a Justiça
- Cúpula Tenta Afastar Chefe do DHPP
- O Assassinato do Torcedor do Cruzeiro

CAPÍTULO 77 408

- Perseguição Sem Trégua

- O PCC Ataca em BH E Mata Agentes de Segurança e Deixa Outros Baleados
- Integrantes do PCC, Responsáveis pelos Ataques a Policiais e Agentes de Segurança, são Capturados na Baixada Santista

CAPÍTULO 78 412

- Mais Um Aliado nas Perseguições
- A Grande Prisão de Uma Filha Criminosa
- Homicídio Seguido de Suicídio com Nove Facadas
- A Saída da Chefia do DHPP

CAPÍTULO 79 417

- A Campanha e a Eleição Vitoriosa para Vereador de Belo Horizonte
- O Julgamento de Todos os Envolvidos no Assassinato de Eliza Samúdio
- As Confissões – As Condenações do Goleiro Bruno e dos Demais Comparsas

CAPÍTULO 80 422

- Considerações Finais e Futuros Livros que Virão

BIBLIOGRAFIA 424

BREVÍSSIMO *CURRICULUM VITAE* 427

PREFÁCIO

BRUNO, O MATADOR

Se o crime, ao longo da história da humanidade, acompanha a sociedade como a sombra segue o corpo, é necessário definir métodos e práticas de aprisionamento, explicitando a defesa da sociedade, impedindo variados tipos de crime. Tais métodos e práticas devem abrigar mecanismos institucionais para a proteção da sociedade. É o que chamamos genericamente de persecução penal.

A persecução penal existe desde o século 19, quando Sir Robert Peel criou a Scotland Yard, na cidade de Londres, em 1829 (o embrião da Policia Militar de São Paulo nasceu dois anos depois) e, num modelo inovador de polícia comunitária, criou esquemas de contenção. Manuais doutrinários são eliminados gradativamente, como observamos no programa *Tolerância Zero*, em Nova York, porque não se pode esperar passivamente a evolução criminal. O modelo foi fixado em um tripé: prevenção (com agentes à paisana), detenção e punição dos autores. Os dois primeiros pontos podem ser alcançados pela polícia que tenha uma doutrina e saiba trabalhar com eficácia. Já o terceiro depende da Justiça e aí, então, tudo pode acontecer -- como sabemos muito bem. Não se pode imaginar o que se passa na cabeça de um juiz, em especial no momento brasileiro que se pode absolver por excesso de provas e livrar alguém do cárcere porque roubou o suficiente para provar a sua inocência. Já tivemos lições contemporâneas. Ironias judiciais à parte, podemos observar a circunstância do ser humano, que se forma policial e é produto do seu ambiente (segundo Ortega y Gasset), ao longo de alguns processos e certas decisões, por vezes, frontalmente contrárias à prova dos autos. Aliás, é um equívoco forense ficar repetindo o mantra "fora dos autos, fora do mundo". Não. Quem poderia sustentar, por mais ficção que conseguisse elaborar, que o conteúdo de um processo alcançaria de forma abrangente o que se passa em torno de um fato, em todo o planeta? Ninguém. Muita pretensão.

Não há, aqui, maniqueísmo algum, estilo de seu precursor, o senador Joseph McCarthy, o pai da matéria que gerou muitas perseguições (todas políticas), à época tipificadas como crimes, nos Estados Unidos. Portanto,

Direito é, na essência, interpretação. É certo que Aristóteles ensinou, na Grécia antiga, que "a lei é o juiz mudo". Sábio. Que beleza de filosofia, incompreendida por certos batráquios de nosso tempo. Verdade é que a palavra filosofia vem da junção entre *filia,* amor, e *sofia,* sabedoria, o que equivale a defini-la, com licença poética, como busca amorosa da sabedoria. Portanto, não é correto fazer interpretações analógicas ou extensivas. Porque juízes não podem sobrepor suas opiniões pessoais aos fatos, mas julgar segundo o Direito – como diz o competente jurista Alexandre Henrique Zarzur, um dos pioneiros nessa matéria, cuja ortodoxia exige certa dose de coragem – jurídica, inclusive.

Há mais, porém. O texto da lei precisa ser respeitado em sua literalidade expressa. Com isso, o filósofo e escritor italiano Umberto Eco (*O nome da Rosa*) quis dizer que não se pode ir além do que o autor disse na obra que escreveu, mas, sim, exatamente o que ele quis dizer – isto é, ninguém pode dizer que foi afirmado o que um autor jamais disse – um vício entre algumas figuras carimbadas, capazes, até, do vergonhoso plágio no mundo acadêmico. Não existem várias realidades, mas, sim, diferentes visões sobre a realidade. Não fosse assim, não existiriam fatos. Ainda segundo Zarzur, que se inspira em Nietzsche, o filósofo alemão, na afirmação: fatos não existem, o que existem são apenas interpretações. No seu *Os limites da Interpretação*, Eco adverte: há quem faça o que ele chama de "superinterpretações", ou seja: leituras inadequadas, que podem ser caracterizadas pela ultrapassagem dos limites semânticos. Esse pensamento se ajusta como uma luva ao caso do goleiro Bruno: muitos divagam sobre o que a autoridade policial, responsável pelo inquérito, relata e, portanto, diz. Isto é: informações minuciosas dentro dos autos e dentro do mundo.

Fiquemos por aqui, agora. O que esses conceitos fundamentados possuem de nexo com este preciso livro de Edson Moreira, seu *debut* na literatura, o espetáculo das palavras? Tudo. Primeiro, é preciso saber quem é esse homem, que, como delegado de polícia da Delegacia de Homicídios em Minas Gerais, desvendou o intrincado caso Bruno, de difícil elucidação, esclarecendo a terrível morte de Eliza Samúdio. Moreira estava diante de um crime sem cadáver, o que, anos atrás, não poderia viabilizar a realização de um robusto inquérito policial e, muito menos, um processo criminal. Existem precedentes nessa citação: a morte de Dana de Teffé, obsessão do escritor Carlos Heitor Cony, porque o corpo dela jamais foi encontrado e o caso, a princípio considerado um desaparecimento, não foi obstáculo para a acusação de homicídio para o advogado Leopoldo Heitor, no Estado do Rio de Janeiro, na pacata Rio Claro, terra do poeta Fagundes Varela; também o assassinato do advogado Carlos Batista, o CB, em Vitória, Espírito Santo, que teve o corpo derretido com ácido dentro de uma banheira.

Edson Moreira inicia esta obra com uma exaustiva narrativa sobre seu clã. Família de origem humilde, condutas exemplares de pais e irmãos, dignidade e caráter no DNA de cada um. O código genético indica união e solidariedade entre ele. Laços fortes. Diferentes do que o autor russo Tolstói escreveu em Anna Karenina: "todas as famílias felizes se parecem; cada família infeliz é infeliz à sua maneira". A família Moreira é feliz exatamente à sua maneira, como se formatada no Código das Bem-Aventuranças, resumido por Jesus no capítulo 5, sublime e belo, do Evangelho segundo Mateus. Moreira, em alicerce solidamente construído, tem berço, tem origem, esbanja caráter e honradez. Sempre teve vontade de fazer e acertar. Sêneca, o filósofo romano, dizia que não adianta os ventos soprarem favoravelmente quando não se sabe para onde se deseja chegar. Aí é que está: Moreira sempre soube onde queria chegar, desfrutando dos ventos favoráveis, mas enfrentando, com galhardia, os ventos desfavoráveis, os tufões, os furacões. Sua nau é consistente. Agiu como dom Quixote, enfrentando os moinhos de vento, como se ilustrasse o livro de Cervantes. Parece que seu método exige, simultaneamente, um microscópio e um telescópio, podendo desse modo observar os podres da sociedade no presente e conseguir projetar o futuro, com talento, perspicácia, tirocínio e uma forte dose de audácia, as virtudes que impulsionam o verdadeiro especialista em esclarecer casos de autoria desconhecida. Misteriosos. A técnica dos romances e seus personagens aplicada na realidade por um policial brasileiro: Hercule Poirot, de Agatha Christie, e o famoso Sherlock Holmes, de Conan Doyle. Elementar, meu caro Watson. Mas, no caso de Moreira, nada foi elementar ao longo da carreira. Pelo contrário: a expressão era usada quando um caso era esclarecido e a verdade real obtida para se chegar depois ao elementar, tudo com muito empenho e dedicação. Marcas de Moreira.

Houve dificuldades para conseguir estudar, a vinda para São Paulo, o ingresso na Polícia Militar, estudos de Direito, a opção para entrar na Polícia Civil de Minas Gerais – onde assumiria o cargo de diretor do Departamento de Homicídios. Mas isso levou tempo, porque no início da carreira foi escolhido para assumir o cargo de delegado numa cidade do interior, com fama de ser terra sem lei, reduto de bandidos conhecidos pelos nomes e apelidos, que formavam bandos de biltres, sacripantas, pulhas e eunucos morais. A temível *societas sceleris*. Os intoleráveis para a sociedade, mas tutelados por aqueles que consideram a prática da violência simplesmente como algo banal. Somem-se a eles os fugitivos da Academia, novo templo dos fariseus.

Não é como eles pensam. Edson Moreira adotou o estilo de xerife do velho oeste. Era necessário: dirigindo ele mesmo a viatura, parou na frente da delegacia, apanhou uma metralhadora, disparou rajada de tiros para o alto e avisou, com gritos de autoridade, que era o novo delegado da cidade e a bandidagem local estava com os dias contados. Gritar é bom porque pelo menos o eco haverá de responder, como filosofou Santo Agostinho. De fato, acabaram-se a bazófia, o desrespeito, a ameaça, o terror pelos assassinatos, a intimidação, a coerção, o medo dos cidadãos, o estado de pânico em que todos viviam, as pragas sociais. A advertência do delegado ecoou pela cidade.

Moreira nada temia, sabia que precisava partir para o ataque em vez de ficar apenas na defensiva. Corporificou a lição do escritor Victor Hugo: se você poupar o lobo, condena à morte as ovelhas. Ou seja: como escreveu Truman Capote em *A Sangue Frio*, não adianta colocar tranca nas portas quando o medo invade os corações. Haja lobos, haja pulsar acelerado de corações.

Moreira tinha um bom *know-how* para enfrentar com destemor a corja de pústulas que infestava a cidade. Afinal, fez parte da tropa da Rota, tropa de elite que pertence ao 1º Batalhão de Choque da Polícia Militar, em São Paulo, e que não costuma brincar em serviço. Assim foi, assim aconteceu com Moreira: ganhou os aplausos e reconhecimento dos cidadãos. Não era para menos. Ninguém gosta de bandidos por perto, a não ser os retóricos bizantinos que os admiram, desde que fiquem bem longe deles e de suas casas. Fácil assim. Hipócrita assim. Desconectados da realidade assim. Fora do mundo assim. Cobradores da segurança assim. Contaminados ideologicamente assim. Curvados diante dos totens partidários assim. Teorias importadas em sarcófagos assim. Juridicamente, a cegueira deliberada assim.

Assim surgiu Bruno matador em sua vida. Cérebro limitado, destacou-se como (bom) goleiro do Flamengo; comandava orgias hedonistas e fora dos campos de futebol era grotesco. A vida, para ele, resumia-se a bola e sexo intensivo. Desse modo, conheceu Eliza, nascida em Foz de Iguaçu, de onde mudou-se, jovem, para Belo Horizonte. Primeiro, ela sumiu. Moreira soube que um menor da idade, parente de Bruno, foi a uma emissora de rádio no Rio de Janeiro e narrou detalhes sobre as barbaridades sanguinárias cometidas contra Eliza. Dominado por pesadelos, o adolescente procurou tirar o peso da consciência contando tudo. Algo semelhante com o martírio mental é vivido por um personagem de Dostoievski, assassino de uma velha agiota. Crime insolúvel, somente esclarecido porque ele procurou espontaneamente a Polícia e confessou, purgando sua pena num campo de concentração na

Sibéria. Nem Freud explicaria melhor esse tormento. O resumo revelador: Eliza tinha ficado grávida de Bruno; o goleiro não queria assumir a paternidade; Bruno tentou convencê-la a fazer aborto e ela se recusou; atraiu Eliza para encontrar-se com ela num hotel do Rio de Janeiro; Bruno, cândido, enganou-a dizendo que assumiria que era pai da criança, pagaria pensão e ambos passariam a viver em paz.

Tudo mentira. O plano era outro. Mas apareceu uma irremovível pedra no caminho: Moreira. No caminho havia uma pedra, como aquela nos versos de Drummond. Eliza foi levada de carro do Rio para Belo Horizonte. Moreira, astuto, levou o menor para a cidade. O menor não sabia onde ficava o local onde Eliza foi assassinada: o menor sabia, porém, indicar os caminhos da casa onde tudo aconteceu; na casa, descreveu cenas horripilantes; Bruno e seus comparsas torturaram longamente a moça, ao mesmo tempo que a xingavam com palavrões; depois mataram Eliza e providenciaram o desaparecimento do corpo dilacerado. Para onde? Um mistério.

Muitas coisas são supostas: o corpo emparedado; o corpo de Eliza devorado por cães; o corpo de Elisa lançado numa lagoa. Nada foi descoberto. A defesa de Bruno apareceu com uma tese no dia de julgamento: Eliza estaria viva e a qualquer momento entraria na sala do Tribunal do Júri. Ópera bufa negativa, claro. Os detalhes de tudo você encontrará nesta obra de Edson Moreira, que contém ainda as histórias do esclarecimento de vários casos de grande repercussão. Delicie-se com o nosso Sherlock em carne e osso.

Nega-se a autoria do crime e ocultação de cadáver. Contam-se, falsamente, histórias mirabolantes. Inventam-se versões. Invertem-se narrações diferenciadas. Mente-se. A Justiça foi marcha lenta e Bruno chegou a ser solto, por decurso processual de prazo, voltando ao cárcere depois desse lamentável vexame jurídico. O caso Bruno é um episódio comprovante da degradação da nossa sociedade. Rousseau, em seu *Contrato Social*, consegue resumir: "nada aqui embaixo merece ser comprado ao preço com sangue humano". Aprenda-se.

Este é Bruno, este é Moreira, implacável e necessário perseguidor, como o inspetor Javert versus Jean Valjean, em *Os Miseráveis,* de Victor Hugo. Peço desculpas ao leitor por este prefácio ser longo, mas, atenuante, as inumeráveis qualidades de Moreira não me permitem ser breve.

Percival de Souza
Jornalista, escritor e criminólogo

INTRODUÇÃO

Clara e evidente na história mundial, foi a assinatura da MAGNA CARTA, em 1215 pelo Rei da Inglaterra, João Sem Terra, nos meados do Século XIII. Esse documento, à época, consagrou o devido Processo Legal. Entretanto, naquele momento, apenas os Barões possuíam propriedades e riquezas, de forma que, na prática, significava que somente eles viriam a se beneficiar deste diploma. A referida carta não foi assinada por mera benevolência do rei, ele só assim o fez, por ter sido encurralado pelos Barões. Portanto, a MAGNA CARTA foi uma garantia concedida apenas a membros da nobreza e não a toda sociedade, como comumente ficou conhecido. Esse fato, em sua versão verdadeira, só é explicado por pesquisas históricas, através dos diversos livros e documentos existentes e que foram contados por seus protagonistas.

Inspirado neste curioso fato, resolvi pesquisar e escrever sobre a história de minha vida e da família Severiano da Silva e Moreira da Silva, iniciando-se pelo nascimento de meus avós, casamento de meus pais, no estado da Paraíba, nascimento de meus irmãos naquele estado, seguido da mudança para a capital do estado de São Paulo, onde todos cresceram e foram educados para servir ao nosso país, cada um à sua maneira.

Permeio, neste livro, uma narração dos momentos históricos relacionados aos Presidentes da República, desde a Proclamação da República, com o Marechal Deodoro da Fonseca, até os dias de hoje. Claro que tudo resumidamente, porque, na realidade, a história a ser contada é a do Delegado Edson Moreira, suas origens, nascimento, educação, mudanças para Brasília e para o estado de Minas Gerais, sua atuação decisiva na elucidação dos maiores assassinatos ocorridos nas terras de Tiradentes, Juscelino Kubitschek de Oliveira e Tancredo de Almeida Neves.

Deixo, para um outro livro, a vida política e amorosa deste autor, onde contarei, em detalhes, outros momentos tenebrosos, vividos pela personagem principal deste livro, o que, certamente, servirá para registrar um momento marcante da história das Minas Gerais e do Brasil, principalmente quanto aos crimes acontecidos, que muitos preferem esconder a enfrentar.

O presente livro, com os detalhes de casos resolvidos pelo autor, também mostrará como a inveja e a maldade humanas, sempre escondidas e camufladas pelas pessoas falsas e mesquinhas, afloram à luz da verdade, na primeira oportunidade em que são confrontadas com a capacidade de trabalho, determinação, perseverança, perspicácia e tirocínio policial.

Os leitores poderão constatar que a enorme dedicação deste autor, no cumprimento de suas obrigações como Delegado de Polícia em Minas Gerais, com total entrega pessoal nos momentos de maior dificuldade, não medindo esforços, nem mesmo em finais de semana e nas madrugadas, propiciou a possibilidade de estar nos lugares certos e nas horas certas, contribuindo, decisivamente, para as claras e indiscutíveis elucidações dos casos descritos. Apesar de me privar de muitas horas de lazer com amigos e amigas, não me arrependo, pois a vida, profissional especialmente, pressupõe escolhas e, nessas missões, optei pelo dever em detrimento do lazer pessoal: "assim deveria caminhar a humanidade".

Contam-se aqui, os meandros das investigações e elucidações de vários dos maiores assassinatos, latrocínios e extorsões mediante sequestro, ocorridos no estado de Minas Gerais, como os casos do Maníaco de Contagem; da Quadrilha da Degola; das Viúvas Negras; da encomenda do homicídio de Eliza Silva Samúdio, por parte do goleiro do Flamengo, Bruno Fernandes das Dores de Souza; da extorsão mediante sequestro com mortes dos filhos do prefeito de Candiba/BA; do crime do Pontal e do homicídio do advogado José Raimundo Jardim Alves Pinto, pelo seu melhor amigo, ambos na cidade de Uberaba/MG; os históricos e curiosos homicídios, seguidos de suicídios, com cinco tiros e nove facadas no auto extermínio; crimes de extorsão mediante sequestros, latrocínios e homicídios em Uberlândia, Araguari, Alfenas, Pouso Alegre, São Gotardo, Patos de Minas, Pará de Minas, Uberaba, Carmo do Paranaíba, Ibiá, Montes Claros, Poços de Caldas, Andradas, Curvelo, dentre outros municípios de Minas Gerais.

Veremos também, nos bastidores das investigações policiais, o lado perverso do ser humano mesquinho e corporativo. A divulgação, pela imprensa mundial, de muitas investigações de grande destaque, enaltecendo o profissionalismo e celeridade da polícia mineira, personificada no autor, Delegado Edson Moreira, levou a uma perseguição jamais vista nas polícias civis e militares do Brasil, perseguição esta empreendida por parte de companheiros, que, por inveja, interesses pessoais e vinganças mesquinhas, acreditando que o objetivo deste delegado era ocupar o cargo maior da instituição, tentaram, sem sucesso, destruir este profissional, que labutou diariamente pela e na instituição policial em Minas Gerais e, posteriormente, no interior do

AGORA É COMIGO!

Parlamento Federal em Brasília – Distrito Federal, como deputado federal por Minas Gerais, tudo isso a fim de pôr as instituições de segurança pública a serviço do bem comum, ou seja, da sociedade.

Tenho a certeza de que o leitor ficará muito interessado e absorvido pelo conteúdo que apresento, com todo o ocorrido em matéria das maiores mortes e crimes praticados dentro dos oitocentos e cinquenta e três municípios mineiros, os quais Tiradentes, Juscelino Kubitschek e Tancredo Neves tanto honraram, defenderam e glorificaram, chegando, até, ao sacrifício da própria vida.

Boa leitura!

DELEGADO EDSON MOREIRA

CAPÍTULO 1

As Origens da Família Moreira da Silva

A República Federativa dos Estados Unidos do Brasil foi proclamada em 15 de novembro de 1889, tendo como primeiro Presidente da República, o "MARECHAL DEODORO DA FONSECA" entre 1889 e 23 de novembro de 1891, data em que assumiu a Presidência da República, o "MARECHAL FLORIANO PEIXOTO", conhecido como o "MARECHAL DE FERRO", que governou o Brasil até 15 de novembro de 1894.

Exatamente no ano de 1893, no estado da Paraíba, nasce meu avô SEVERINO MOREIRA DE VASCONCELOS (avô materno), que, posteriormente, foi trabalhar como garçom em estabelecimentos da capital de Pernambuco, Recife.

Em 15 de novembro de 1894, assume a Presidência da República, PRUDENTE DE MORAES, governando até 15 de novembro de 1898, sucedido por CAMPOS SALES, que governou até 15 de novembro de 1902.

O Presidente da República dos Estados Unidos do Brasil, RODRIGUES ALVES, assume a presidência em 15 de novembro de 1902, governando até 15 de novembro de 1906, quando assume a Presidência da República, AFONSO PENA, que governou até 14 de julho de 1909, quando veio a falecer, tendo seu mandato sido concluído pelo seu vice-presidente, NILO PEÇANHA, que governou até 15 de novembro de 1910.

Em 1910 nasce em Gurien, no estado da Paraíba, durante o governo de Nilo Peçanha, minha avó materna, DEOCLÁCIA FRANCISCA MOREIRA e, em Itambé – Pernambuco, minha avó paterna, ANA FRANCISCA DA CONCEIÇÃO e meu avô paterno, COSME SEVERIANO DA SILVA.

Em 15 de novembro de 1910, assume a Presidência da República dos Estados Unidos do Brasil, o MARECHAL HERMES DA FONSECA, governando até 15 de novembro de 1914, quando assume VENCESLAU BRAZ, governando até 15 de novembro de 1918.

RODRIGUES ALVES deveria assumir a Presidência da República, porém veio a falecer, assumindo seu vice-presidente, DELFIM MOREIRA, que governou até 18 de janeiro de 1919, quando foi eleito Presidente da República, EPITÁCIO PESSOA, tendo ele governado até 15 de novembro de 1922, sucedido por ARTUR BERNARDES, o qual enfrentou diversas revoltas, dentre elas a dos Tenentistas, governando o Brasil praticamente em ESTADO DE SÍTIO.

Assumiu a Presidência da República dos Estados Unidos do Brasil, em 15 de novembro de 1926, WASHINGTON LUÍS, conhecido como "DOUTOR BARBADO" e que foi deposto em outubro de 1930.

O presidente eleito em 1930, JÚLIO PRESTES, não assumiu o cargo de Presidente da República Federativa dos Estados Unidos do Brasil.

Nesse período, casaram-se, na cidade de Pilar, Paraíba, meus avós paternos Cosme Severiano da Silva e Ana Francisca da Conceição, tendo nascidos, frutos desse casamento, EDGAR SEVERIANO DA SILVA, MARIA SEVERIANO DA SILVA E JOSÉ SEVERIANO DA SILVA, meu pai, meu tio e minha tia.

Igreja Nossa Senhora do Pilar

Entre 1925 e 1926, casaram-se, em Gurien/Paraíba, meus avós maternos, Severino Moreira de Vasconcelos e Deoclácia Francisca Moreira, nascendo, fruto desse casamento, minha mãe, Dalila Francisca Moreira, minhas tias, Tereza (falecida), Gentila e Alcinda (falecida), meus tios, Antônio, Gerson (falecido), José Grande, José Moreira (Zé Novo ou Dede, tendo falecido em setembro de 2019).

Meus pais, Edgar Severiano da Silva e Dalila Moreira da Silva, casaram-se na pequena cidade de Pilar, na igreja Nossa Senhora do Pilar, sob as bênçãos do Padre Gomes, em 13 de janeiro de 1951.

Certidão de casamento dos meus pais Edgar e Dalila – 1951

CAPÍTULO **2**

■ Os Dois Primeiros Filhos e a Mudança da Família Moreira da Silva para o Estado de São Paulo

Em 26 de julho de 1930, foi assassinado, na "CONFEITARIA GLÓRIA", em Recife, capital do estado de Pernambuco, o presidente do estado da Paraíba, 1928/1930, JOÃO PESSOA CAVALCANTI DE ALBUQUERQUE, crime cometido por JOÃO DUARTE DANTAS, seu desafeto, por questões de ordem pessoal e também políticas.

Sua morte serviu como estopim para a Revolução de 1930, liderada pelos estados de MINAS GERAIS, PARAÍBA E RIO GRANDE DO SUL, golpe armado, liderado pelo gaúcho de São Borja/RS, GETÚLIO DORNELLES VARGAS, seu companheiro de chapa de oposição na eleição à Presidência da República dos Estados Unidos do Brasil, contra o paulista JÚLIO PRESTES, candidato apoiado pelo então Presidente da República, WASHINGTON LUIS, conhecido como DOUTOR BARBALHO.

Revolução vitoriosa, que depôs o presidente Washington Luís, em 24 de outubro de 1930, dando início à fase brasileira conhecida como "ERA VARGAS", de 1930 a 1945.

João Pessoa, como presidente da Paraíba, foi autor do famoso TELEGRAMA DO "NEGO", estampa da bandeira do estado da Paraíba, em 29 de julho de 1929:

"PARAÍBA, 29-JULHO-1929

DEPUTADO TAVARES CAVALCANTI:

REUNIDO O DIRETORIO DO PARTIDO, SOB MINHA PRESIDÊNCIA POLÍTICA, RESOLVEU UNANIMENTE NÃO APOIAR A CANDIDATURA DO EMINENTE SENHOR JÚLIO PRESTES À SUCESSÃO PRESIDENCIAL DA REPÚBLICA. PEÇO COMUNICAR ESSA SOLUÇÃO AO LÍDER DA MAIORIA, EM RESPOSTA A SUA CONSULTA SOBRE A ATITUDE DA PARAÍBA.

AGORA É COMIGO!

QUEIRA TRANSMITIR AOS DEMAIS MEMBROS DA BANCADA ESSA DELIBERA-
ÇÃO DO PARTIDO, QUE CONTO, TODOS APOIARÃO, COM A SOLIDARIEDADE
SEMPRE ASSEGURADA.

SAUDAÇÕES:

JOÃO PESSOA, PRESIDENTE DO ESTADO DA PARAÍBA."

A capital da Paraíba, antes chamada "PARAYBA", passou a chamar-se
"JOÃO PESSOA", em homenagem ao seu presidente assassinado, nome
que permanece até os dias atuais.

Nesse estado da Paraíba, nascem, em 1931, a 11 e a 29 de novembro,
respectivamente, meus pais EDGAR SEVERIANO DA SILVA e DALILA MO-
REIRA DA SILVA.

No governo provisório de Getúlio Vargas, enquanto meus pais cresciam,
ocorreram diversos fatos históricos, como a Revolução Constitucionalista de
1932, em São Paulo, hoje com o Memorial MMDC, em comemoração ao 09
de julho de 1932, no bairro do Ibirapuera/SP, a Constituição de 1934, o Estado Novo, golpe de estado dado por Vargas em 1937, mergulhando o Brasil
numa ditadura, em 1938 a II Grande Guerra Mundial, a entrada na guerra
pelo Brasil, criando a Força Expedicionária Brasileira, a fundação, no mesmo
ano de 1941, a 09 de abril, da Companhia Siderúrgica Nacional – CSN, hoje
Usina Presidente Vargas, no município de Volta Redonda/RJ, em 1943 é promulgada a CONSOLIDAÇÃO DAS LEIS DO TRABALHO (decreto lei 5452 de
1º de maio de 1943), dentre outros acontecimentos.

Em 1945 acabou a II Grande Guerra, tendo a Europa ficado dividida entre
a URSS (RUSSIA) e os democratas, comandados pela INGLATERRA e U.S.A.
(ESTADOS UNIDOS DA AMÉRICA); a democracia voltou ao Brasil, com eleições diretas, sendo eleito para Presidente da República o Marechal Eurico
Gaspar Dutra; dá-se a Intentona Comunista, nos anos seguintes, acabam-se
os jogos de azar no Brasil, pois o presidente Dutra, mandado por sua mulher,
fecha os cassinos, dentre eles o da Urca/RJ, o mais simbólico, acabando
com os jogos no Brasil.

Em 1950 é eleito para Presidente da República Getúlio Dornelles Vargas
("BOTA O RETRATO DO VELHO OUTRA VEZ. BOTA NO MESMO LUGAR. O
SORRISO DO VELHINHO FAZ O POVO TRABALHAR").

Sob a presidência de Vargas, em 03 de outubro de 1953, é fundada, no Brasil, a Companhia PETRÓLEO BRASILEIRO S/A – PETROBRÁS, mesma data
de aniversário do meu irmão Severino do Ramos Moreira da Silva, o qual nasceu em 03 de outubro de 1951, já no novo mandato do Gaúcho de São Borja.

Em 24 de agosto de 1954, o presidente Getúlio Vargas, comete suicídio dentro do Palácio do Catete, na Capital Federal – Rio de Janeiro, deixando uma carta manuscrita, explicando o seu gesto: "(...) Deixo à sanha de meus inimigos, o legado de minha morte. (...) Agradeço aos que de perto ou de longe(...) – GETÚLIO VARGAS".

No mesmo ano, JK – Juscelino Kubitschek – é eleito Presidente da República dos Estados Unidos do Brasil, assumindo em 31 de janeiro de 1955.

Estes vários acontecimentos históricos, durante estes anos, acompanharam a evolução de meus pais, Edgar e Dalila, bem como de meus irmãos Ramos e Maria José e demais de minha família, Edgard, Ênio, Edna, Elisângela, netos, sobrinhos, tios e avós paternos e maternos.

Em janeiro de 1955, deixando um filho de quatro anos de idade, SEVERINO DO RAMOS MOREIRA DA SILVA e uma recém-nascida de dez dias, MARIA JOSÉ MOREIRA DA SILVA, aos cuidados da esposa, DALILA MOREIRA DA SILVA e com ajuda do sogro, SEVERINO MOREIRA DE VASCONCELOS e da sogra DEOCLÁCIA FRANCISCA MOREIRA, EDGAR SEVERIANO DA SILVA, meu pai, deixa a cidade de Pilar, no estado da Paraíba, rumo à capital do Estado de São Paulo, para tentar melhorar de vida, deixando para trás um cargo de professor do município.

Com umas economias e com a venda de algumas aves e animais de sua propriedade e de sua esposa, depois de uma longa jornada no famigerado "PAU DE ARARA", meu pai chega, em janeiro de 1955, à Rua Adelaide Boschetti, na Vila Ede – São Paulo/SP, à casa do senhor JOSÉ GOMES, amicíssimo de seu sogro Severino Vasconcelos.

O seu José Gomes havia estado, meses antes, na casa de meu avô, Severino Vasconcelos, em visita, momento em que falou: "SEVERINO MEU AMIGO, VOCÊ PODE ME PEDIR O QUE QUISER, POIS LHE DEVO MUITOS FAVORES. QUANDO AQUI RESIDIA, VOCÊ ME AJUDOU BASTANTE, PORTANTO PARA MIM SEU PEDIDO É UMA ORDEM". Incontinente, meu avô mandou chamar meu pai, momento em que fez o pedido ao senhor José Gomes, que levasse seu genro para São Paulo, porque ele queria muito melhorar de vida, logicamente, sua filha, Dalila, iria ganhar também. Tendo tudo ficado acertado para o mês de janeiro de 1955, quando meu pai viajou rumo a novas conquistas na terra dos bravos e destemidos Bandeirantes.

Meu pai, Edgar Severiano, mesmo sendo professor, foi, primeiro, trabalhar na Companhia Parada Inglesa de Ônibus, como cobrador. Depois de algum tempo trabalhando naquela companhia, resolveu alçar outros voos.

Naquele mesmo ano de 1955, prestou concurso para soldado da força pública do estado de São Paulo, passou e, já com o primeiro pagamento de soldado e umas economias, mandou minha mãe, Dalila Moreira, meus dois irmãos, Ramos e Maria José, seu irmão, JOSÉ SEVERIANO DA SILVA, e sua mãe, ANA FRANCISCA DA CONCEIÇÃO, embarcarem num navio rumo à capital paulista.

Como estamos falando de mudanças, quando da viagem, minha mãe, avó e demais estavam enjoados, de modo que não queriam comer nada no café da manhã. Meu irmão mais velho, Ramos, ia à cozinha do navio e pedia "PÃO PRA CINCO" e comia todos, porque ninguém os comia, sendo assim durante toda a viagem até o navio aportar na cidade do Rio de Janeiro, onde meu pai já os aguardava.

CAPÍTULO 3

- O Meu Nascimento e de Meus Outros Irmãos na Capital de São Paulo
- O Falecimento do Meu Grande Avô Severino Moreira de Vasconcelos
- O Duro Começo na Capital Paulista

Na capital paulista todos foram morar numa casa muito humilde, na Travessa Maria José, hoje Laranjeiras do Sul, beirada de um córrego que passa até hoje pela Vila Ede/Vila Munhoz em São Paulo.

Meu tio José Severiano, foi trabalhar no banco Moreira Sales e estudava no Colégio Otávio Mendes, no bairro de Santana, mais precisamente na Avenida Voluntários da Pátria, Alto de Santana. Mais à frente, esclareceremos, que ele, no ano de 1964, foi estudar geologia na U.R.S.S., onde se formou, retornando ao Brasil no ano de 1969, em pleno governo militar do general Emílio Garrastazu Médici.

Infelizmente, aos 28 dias de dezembro de 1965, perdemos nosso avô, Severino Moreira de Vasconcelos, sendo que sua morte abalou muito a família naquele e nos anos seguintes.

Meu irmão Ramos, já nos anos sessenta, começou a estudar na Escola Estadual de Vila Munhoz, primeiramente de construção em madeira, na Avenida Ede, esquina com a Rua Cristóvão Lins. Hoje essa escola está na Rua Toledo Malta, esquina com Rua Cristóvão Lins, divisa de Vila Munhoz com o Ponto da Pipoca.

Como naquele tempo havia estudo de Admissão para ingresso no Ginásio, meu irmão Ramos foi estudar no Colégio Toledo Barbosa, na Rua Maria Cândida, na Vila Guilherme/Carandiru. Concluída a Admissão, foi estudar, o Ginásio e o Colégio, na Escola Estadual e Ginasial GONÇALVES DIAS, localizada na região das "seis esquinas", encontro das ruas Cristóvão Lins, Nilo Luis Mazzei, Paulo de Avelar, Luísa Scarpini e Antônio Pinto de Oliveira – Vila Izolina Mazzei – São Paulo.

Meu irmão Ramos, além de estudar, fazia trabalhos de carreto na feira, aos domingos, ajudava minha mãe a fazer pequenas bonequinhas de brinquedo, isto até os dezoito anos de idade. Enquanto cursava o colegial à noite, meu irmão Ramos foi trabalhar nas Empresas de Correios e Telégrafos, na Vila Maria e, em seguida, nas Indústrias de Borrachas 1001, próxima à ponte da Vila Maria, Avenida Guilherme Cotching, formando-se no ano de 1972. Aconselhado por meu pai e minha mãe, Ramos prestou concurso para a Escola de Oficiais da Polícia Militar do Estado de São Paulo do Barro Branco (APMBB), formando-se Aspirante a Oficial da PMESP em 26 de julho de 1975. Vamos voltar a esse assunto posteriormente, porque este meu irmão, juntamente com os outros irmãos, foram fundamentais na minha formação profissional.

Meu pai Edgar Severiano, no ano de 1957, formou-se cabo da Força Pública do Estado de São Paulo, época também em que meu irmão EDGARD MOREIRA DA SILVA nasce, aos onze dias do mês de abril do mesmo ano. Seguindo sua profissão de militar da Força Pública, meu pai segue trabalhando e estudando, economizando, visando progredir na carreira profissional abraçada e também melhorar a vida dos familiares, sendo que no ano de 1959, com muito sacrifício dele e de minha mãe Dalila Moreira, compram uma casa na Rua das Promessas, número 39 (hoje 563), na Vila Ede – São Paulo – Capital, esquina com a Rua Adelaide Boschetti.

Mudaram-se para a nova casa no início de 1959, indo meu tio José Severiano, meus irmãos Ramos, Maria José e Edgard, juntamente com meu pai e minha mãe, para a humilde casa da Rua das Promessas; minha Avó Ana Francisca não havia se adaptado ao clima de São Paulo, além de haver deixado minha tia, Maria Severiano da Silva, na cidade de Pilar/PB, com três filhos, motivo que a fez retornar à Paraíba, no ano de 1956.

Em 16 de abril de 1959, já na nova casa da Rua das Promessas, nasce o filho EDSON MOREIRA DA SILVA. O nome Edson foi dado por meu pai para homenagear o grande e maior jogador de todos os tempos, EDSON ARANTES DO NASCIMENTO, "O PELÉ", além de meu pai ser torcedor do SANTOS FUTEBOL CLUBE, seguido por todos da família, menos meu tio, que resolveu ser CORINTHIANO. Meses depois de meu nascimento, meu pai passa no concurso interno para a Escola de Sargentos da Força Pública do Estado de São Paulo, formando-se como Terceiro Sargento no ano de 1960.

Em dois de dezembro de 1960, nasce meu irmão ÊNIO MOREIRA DA SILVA. Enquanto meu pai crescia na carreira, ao mesmo tempo, com minha mãe, fazia a família também crescer, tendo, em treze de maio de 1962, nascido minha irmã EDNA MOREIRA DA SILVA, a qual permaneceu como nossa caçula até quinze de julho de 1975, quando nasce minha irmã ELISÂNGELA MOREIRA DA SILVA, dias antes da formatura do mano Ramos a Aspirante a Oficial da Polícia Militar do Estado de São Paulo, que ocorreu aos vinte e seis dias do mês de julho do mesmo ano de 1975.

Em 1975, a família estaria completa, com os sete irmãos, contudo, não colocado até este momento do livro, houve, ainda, uma oitava irmã, menina (recém-nascida) que, na cidade de Pilar/PB, salvo engano, veio a falecer aos vinte e quatro dias depois de nascida. Lembro meu pai e minha mãe contando em conversas: "ela nasceu chorando e não mais parou até o vigésimo quarto dia, quando faleceu, silenciando-se para sempre, "lágrimas e lágrimas na narração de ambos".

Cabendo aqui esclarecer que meus pais, naqueles anos iniciais de casamento, eram paupérrimos, humildes, sem qualquer conhecimento acurado, adquirido durante as experiências de vida e malícias, aliado à afirmativa de que, naquela época, não existiam os recursos sanitários, de saúde e toda a aparelhagem médica, hoje existentes; logicamente, se houvessem, teríamos mais uma menina entre os irmãos Moreira da Silva, com toda a certeza. Mas fiquemos com a convicção e fé de que, como diz o ditado popular, "DEUS ESCREVE CERTO POR LINHAS TORTAS E TEM UM DESTINO ESCRITO PARA TODOS"

Meus pais Edgar e Dalila, naquela época dos anos 1950, trabalhavam num pedaço de chão, na cidade de Pilar, cedido pelo meu avô Severino Vasconcelos e minha avó Deoclácia, vivendo e comendo da agricultura e de criações de subsistência. Aquele infeliz e desagradável falecimento ocorreu antes do nascimento da mana Maria José, chamada carinhosamente de "ZEZÉ", deixando marcas profundas no casal Dalila e Edgar, fato jamais esquecido e que, quando relembrado, reascende uma profunda emoção que toma a todos no recinto, tamanha a comoção da fala de quem viveu, com muito sofrimento, o trágico e inevitável à época do ocorrido.

Portanto seríamos um total de oito irmãos, caso a maninha tivesse nascida sem problemas de saúde, a qual sucumbiu, trágica e prematuramente (nascimento-morte), sem a devida assistência hospitalar, ignorados por que não detinham o conhecimento e malícias naquela década de "VACAS MAGRAS/MAGRELAS", para a família Moreira de Vasconcelos e Severiano da Silva.

AGORA É COMIGO!

REGISTRO CIVIL

Estado de P-a-r-a-i-b-a
Município de P-i-l-a-r
Distrito d a C-i-d-a-d-e

CERTIDÃO DE OBITO N. 7.163

MARIA ROSINETE PEDROSA LINS, Escrivã do Registro Civil, nascimento, casamento e obito do distrito da séde da Comarca de Pilar, na forma da lei, etc.

Certifico que á fls. 579 do livro n.º 20-C do registro de óbitos foi lavrado hoje o assentamento de S E V E R I N O   M O R E I R A   D E   V A S C O N - C E L O S. - - - - - - - - - - - falecido aos 28 de Dezembro de 1.965, às 3 horas e __ minutos, na casa n.o lugar "Figueirêdo", dêste distrito de Pilar de côr branca do sexo masculino profissão agricultor natural do Estado da Paraiba, domiciliado no lugar "Figueirêdo", - Pilar residente no lugar "Figueirêdo", dêste distrito de Pilar. - - - - - com setenta e dois anos de idade, estado civil casado filho legitimo de Francisco das Chagas Henriques, falecido - - - - - - - - - profissão - - - - - - - - - - natural de - - - - - - - - e residente - - - - - - - - - - - e de Isabel Leopoldina de Vasconcélos, falecida. - profissão - - - - - - - - - - - natural de - - - - - - - - e residente - - - - - - - - - - - - - -

Foi declarante Gerson Moreira de Vasconcélos (filho do falecido). - - - - sendo o atestado de obito firmado pelas testemunhas do respectivo registro de obito. o qual deu como causa de morte "Causa indeterminada" -

O sepultamento será feito no cemitério de sta Cidade de Pilar, Estado da Paraiba, pelas 16 horas de hoje (28 de dezembro de 1.965). - - - - - - - - - - - -

Observações : O falecido éra casado em notas dêste cartório no ano de 1928, com Deoclacia Francisca Moreira, de cujo consorcio deixou filhos em numero de oito (8) e bens a ser inventariado, não deixando testamento conhecido. - -

O referido é verdade e dou fé.
Pilar 28 de D-e-z-e-m-b-r-o de 19 65.

Certidão de óbito do meu avô materno Severino Moreira de Vasconcelos

A FAMÍLIA MOREIRA DA SILVA

• Severino do Ramos Moreira da Silva • Edna Moreira da Silva
• Maria José Moreira da Silva – Dalila Moreira da Silva
• Elisângela Moreira da Silva • Edgar Severiano da Silva
• Edgard Moreira da Silva • Ênio Moreira da Silva • Edson Moreira da Silva

CAPÍTULO 4

- O Crescimento da Família Moreira da Silva – I
- Brasília – A Nova Capital do Brasil
- A Revolução de 1964
- O Novo Governo Militar
- Conquistas Trabalhistas
- Novas Empresas Públicas Brasileiras

Contaremos, mais à frente, com toda a veracidade e emoção, os fatos fundamentais para a minha formação moral, intelectual e profissional e, logicamente, de toda a família Moreira Vasconcelos e Severiano Silva. Sim, foram os anos sessenta, setenta, oitenta e noventa.

Como não poderia deixar de ser, o ano de 1960 começa maravilhosamente sob a presidência do grande político brasileiro, Juscelino Kubistchek de Oliveira, "O NONO", inaugurando Brasília, a nova capital da República dos Estados Unidos do Brasil, hoje REPÚBLICA FEDERATIVA DO BRASIL. Algum tempo após, segundo alguns perseguidos políticos, ao contrário de outros, em 31 de março de 1964, os militares das Forças Armadas Brasileiras, sob o comando do MARECHAL HUMBERTO DE ALENCAR CASTELO BRANCO, apoiadas por empresários, políticos, pela UDN, PRP e outros partidos, pela sociedade conservadora e pelos Estados Unidos da América do Norte, sob a presidência de John Fitzgerald Kenedy e o embaixador Abraham Lincoln Gordon, deram UM GOLPE DE ESTADO, INAUGURANDO A DITADURA NO BRASIL.

Sob uma diferente interpretação, como o foi para outros de corrente contrária, isto não foi um golpe, mas, apenas, um redirecionamento: Uma corrente política, influenciada pela UNIÃO DAS REPÚBLICAS SOCIALISTAS SOVIÉTICAS/RUSSIA e CUBA, de FIDEL CASTRO e CHE GUEVARA, no auge da Guerra Fria, estava levando o país ao COMUNISMO, portanto, fazia-

-se necessário, sob o comando das Forças Armadas e de intelectuais, de economistas e de outros segmentos da sociedade, recuperar a ECONOMIA, esfacelada pela construção da Nova Capital, bem como controlar a inflação predominante naquele momento agitado da política brasileira, comandada pelo fraco Presidente da República, João Goulart, depois da surpreendente e inesperada renúncia de Jânio da Silva Quadros, gerando um clima de insta- bilidade em todo o território brasileiro, aquecido por outros acontecimentos, como a revolta dos Marinheiros e dos Sargentos das Forças Armadas, reto- mando os caminhos da democracia, sendo que o Poder seria devolvido aos civis no ano de 1965/1966.

Os anos 1960 foram marcantes para o futuro do Brasil, para minha vida e de minha família, pois, com a renúncia do Presidente da República, recém empossado no cargo, Jânio da Silva Quadros, o vice-presidente, João Gou- lart, deveria, automaticamente, assumir depois da vacância proclamada pelo Presidente do Congresso Nacional, senador Aldo de Moura Andrade. No en- tanto, os militares das Forças Armadas e outras correntes sociais influentes, não queriam deixá-lo assumir o cargo de Presidente da República. Tal re- sistência deveu-se à pressão dos políticos da UDN, influenciados principal- mente pelo governador da Guanabara, CARLOS LACERDA, que havia sido o protagonista de diversos acontecimentos políticos, como a morte de Getúlio Vargas e a tentativa de golpe para que Juscelino Kubistchek não assumisse a presidência da república em 1955.

Após muitas conversações e entendimentos políticos de bastidores entre as diversas correntes, instituiu-se no Brasil o PARLAMENTARISMO, sendo nomeado pelo Congresso Nacional, como Primeiro Ministro, TANCREDO DE ALMEIDA NEVES, tendo durado o parlamentarismo até 1962, quando JOÃO GOULART assume a Presidência da República, com todos os poderes ine- rentes ao cargo, depois de um Plebiscito.

Em 1963, já com quatro anos de idade, sou acometido de NEFRITE (tam- bém chamada GLOMERULONEFRITE), uma enfermidade renal na parte fil- trante dos rins., (GLOMÉRULO). Fui internado no Hospital da Cruz Azul de São Paulo, por aproximadamente três meses, onde obtive a cura total, retor- nando à Rua das Promessas, 38 na Vila Ede – São Paulo/SP.

Aqui cabe registrar mais um acontecimento marcante e doloroso, que deixou cicatrizes: quando já em casa, depois de ter recebido alta do Hos- pital Cruz Azul, minha refeição tinha que ser feita sem sal, portanto o arroz e demais alimentos não podiam ter sal, de forma que os alimentos eram cozidos separadamente. Em um desses cozimentos de arroz, eu, com qua- tro anos de idade, fui até o fogão para mexer onde não devia e a panela de arroz com água fervente derramou sobre meu braço direito, causando queimaduras de segundo grau (flictenas – bolha na pele causada por queimaduras). Apavorados, meus pais me levaram para tratamento, sendo que passei dias até a cicatrização total das queimaduras e até hoje carrego essas marcas no braço.

Enquanto isso, os acontecimentos políticos iam ocorrendo, a LIGA CAMPONESA DE FRANCISCO JULIÃO levou muitos agricultores do Nordeste para a morte, como contado no filme "CABRA MARCADO PARA MORRER", fortalecendo as tramas arquitetadas nos bastidores, principalmente por Carlos Lacerda, políticos da UDN, PRP, empresários, comerciantes, segmentos de ultra direita, como a TFP – TRADIÇÃO – FAMÍLIA E PROPRIEDADE, do Dr. Plinio Corrêa de Oliveira, militares das Forças Armadas, Governo do Estado de São Paulo, como os governadores Carvalho Pinto, Adhemar Pereira de Barros, Laudo Natel e o prefeito da cidade de São Paulo, Prestes Maia, dentre outros acontecimentos.

O famoso discurso, do Presidente da República, João Goulart, no dia 13 de março de 1964, uma sexta-feira, na ESTAÇÃO FERROVIÁRIA CENTRAL DO BRASIL, no estado do Rio de Janeiro, defendendo as REFORMAS DE BASE, para cerca de duzentas mil pessoas, com a nacionalização de refinarias e desapropriação de terras. Esse discurso do presidente João Goulart provocou reação imediata de seus opositores, principalmente em Minas Gerais e São Paulo.

Uma série de manifestações, convocadas pelos grupos que queriam tomar o poder no Brasil, chamados CONSERVADORES, espalharam-se pelo país.

A UDN e o PSD iniciaram uma campanha pelo IMPEACHMENT do presidente João Goulart. Três semanas depois, João Goulart é deposto do cargo de Presidente da República, em 31 de março de 1964, dando início aos GOVERNOS MILITARES, os quais duraram até 15 de março de 1985.

Em primeiro de abril de 1964, assume o governo brasileiro uma JUNTA MILITAR, composta pelos ministros militares, comandada pelo general de exército HUMBERTO DE ALENCAR CASTELO BRANCO, para depor o Presidente da República, João Goulart, e evitar as REFORMAS DE BASE.

Em nove de abril de 1964, foi promulgado o ATO INSTITUCIONAL Nº 01 do Governo Militar, que possibilitava ao Poder Executivo cassar mandatos de políticos eleitos, suspender direitos políticos e declarar o estado de sítio. No dia seguinte, o CONGRESSO NACIONAL elegeu o general de exército Humberto de Alencar Castelo Branco, Presidente da República dos Estados Unidos do Brasil, tendo como vice-presidente o grande mineiro

JOSÉ MARIA ALKIMIN, que havia sido o ministro da Fazenda no governo do também mineiro Juscelino Kubistchek de Oliveira, deputado federal por Minas Gerais.

Enquanto o Governo Militar avançava, no ano de 1965, eu ingresso no primeiro ano primário, na parte da manhã, na ESCOLA ESTADUAL DE VILA EDE, localizada na Rua Simão Pedroso, Bairro de Vila Ede – São Paulo/SP, tendo como minha primeira professora a Sra. Maria da Silva. A vida escolar era deslumbrante, na escola tinha contato com outras pessoas, aprendia as vogais, depois consoantes, naquele tempo utilizávamos caderno de caligrafia para escrever as letras, dentro das linhas, tudo muito novo, depois tabuada, somar, subtrair, multiplicar e dividir, tempos muito bons, os quais jamais voltarão, embora as ruas continuavam em franca ebulição, pois estávamos em pleno governo militar. Meus irmãos Ramos, Edgard e Maria José estudavam na Escola Estadual de Vila Munhoz, com a grande professora Maria Lídia (carinhosamente chamada de Dona Lídia).

O governo de Castelo Branco foi apoiado pelos Estados Unidos da América do Norte, além de empresas estrangeiras instaladas no País.

Na parte política, houve grande repressão a opositores, fecharam-se sindicatos, reprimiram-se, fortemente, protestos de rua e estudantis, cassaram-se mais de trezentos políticos em apenas dois meses, dentre eles, JUSCELINO KUBITSCHEK, JÂNIO QUADROS, JOÃO GOULART, CARLOS LACERDA, ADEMAR DE BARROS, tiveram seus direitos políticos suspensos.

Em seu governo foram assinados quatro ATOS INSTITUCIONAIS, com destaque para o ATO Nº 2, extinção de todos os partidos políticos, criando apenas dois: "ALIANÇA RENOVADORA NACIONAL (ARENA) e o MOVIMENTO DEMOCRÁTICO BRASILEIRO (MDB); a LEI DE SEGURANÇA NACIONAL, tratando como inimigos todos aqueles contrários ao regime militar; o ATO Nº 3, que determinava ELEIÇÕES INDIRETAS PARA OS ESTADOS FEDERADOS.

No governo do presidente Castelo Branco, foi criado o DEPARTAMENTO DE POLÍCIA FEDERAL DE SEGURANÇA PÚBLICA, com capacidade de atuação em todo o território nacional, com a sanção da Lei nº 4.483 de 16 de novembro de 1964, sendo subordinado ao Ministério da Justiça.

O FUNDO DE GARANTIA DO TEMPO DE SERVIÇO (FGTS) foi criado por lei promulgada em 13 de setembro de 1966, para fazer política habitacional. Na época, com Otávio Gouveia de Bulhões no Ministério da Fazenda e Roberto Campos à frente do Ministério do Planejamento, a criação do FGTS fazia parte das reformas institucionais e do ajuste econômico elaborado pelos titulares das pastas.

AGORA É COMIGO!

Essas ações incluíram a modernização do sistema fiscal, a implementação da correção monetária, a criação do BANCO CENTRAL DO BRASIL juntamente com a legislação de capitais e a abertura do BANCO NACIONAL DA HABITAÇÃO (BNH), o primeiro banco responsável pela administração dos recursos do Fundo de Garantia.

Importantes leis criadas à época de Castelo Branco: A lei de imprensa 5250/1967 e, também, a lei de crimes de ABUSO DE AUTORIDADE 4898/1965.

CAPÍTULO 5

- O Crescimento da Família Moreira da Silva – II
- Educação
- Governo Costa e Silva
- O Ato Institucional Número 5
- A Junta Militar Provisória
- O Governo Médici
- As Mortes de Guerrilheiros

Enquanto isso, a chamada "LINHA DURA" preparava e arquitetava "um golpe dentro de outro golpe", como veremos à frente, pois o ministro do exército, ARTUR DA COSTA E SILVA, não queria devolver o poder aos civis, como fora prometido pelo presidente Castelo Branco. Assim, em 15 de março de 1967, assume a Presidência da República dos Estados Unidos do Brasil, o 27º Presidente da República, general de exército Artur da Costa e Silva, tendo como vice-presidente o também mineiro da cidade de Mariana/MG, deputado federal e ministro da educação, PEDRO ALEIXO, inaugurando a LINHA DURA DO GOVERNO MILITAR, sendo que em 18 de julho de 1967, em um acidente aéreo até hoje não explicado, morre o presidente Humberto de Alencar Castelo Branco, na cidade de Fortaleza/Ceará.

O governo de Costa e Silva foi marcado pelo endurecimento do regime militar, perseguições políticas, mortes suspeitas, aumento considerável das manifestações públicas contra o regime militar endurecido, aumento da violência policial, com mortes de manifestantes.

Diante desse quadro, em dezembro de 1968, usando como desculpa um discurso do deputado federal e jornalista do Correio da Manhã, Marcio Moreira Alves, o qual da tribuna da Câmara dos Deputados Federais, em Brasília/DF, no dia 12 de dezembro de 1968, proferiu o discurso denunciando a repressão do regime militar aos estudantes e o assassinato dos estudantes

EDSON LUÍS DE LIMA SANTOS e BENEDITO FRAZÃO DUTRA, por forças repressoras da "FAMIGERADA DITADURA", exortando as moças a não namorarem cadetes das Forças Armadas. A autorização para processar o deputado federal Márcio Moreira Alves foi negada pela Câmara dos Deputados Federais e, assim, usando isto como pretexto, o governo do presidente Costa e Silva, no dia 13 de dezembro de 1968, decretou o ATO INSTITUCIONAL Nº 5 (AI-5). Nessa reunião, em que foi aprovado e sancionado o AI-5, foi pronunciada, a célebre frase do vice-presidente, Pedro Aleixo: "SENHOR PRESIDENTE DA REPÚBLICA, DE SUAS MÃOS HONRADAS, JAMAIS DESCONFIO. COM TANTOS PODERES, QUEM VAI VIGIAR O GUARDA CIVIL DA ESQUINA".

O vice-presidente Pedro Aleixo dizia, com essa frase, que o perigo do AI-5 estava no poder que se assentava nas mãos de autoridades, que descendia do Presidente da República até o guarda civil que vigiava a rua. O AI-5 foi considerado o mais opressor dos documentos dos governos militares. Mas o general Médici, chefe do SNI à época, disse para o presidente Costa e Silva que o Ato Institucional nº 5 era muito pouco, frase esta que o levou a ser o 20º presidente da república do Brasil. Este Ato ampliou, significativamente, os poderes do Presidente da República, colocou o Congresso em recesso, cassou os poderes políticos de Márcio Moreira Alves, que fugiu do Brasil através das fronteiras e só retornou com a Anistia de 1979.

No âmbito econômico, criou o Plano Estratégico de Desenvolvimento para promover o crescimento do País.

Depois do AI-5, surgiram, por parte da esquerda brasileira, grupos armados como a ALIANÇA LIBERTADORA NACIONAL (ALN), de Carlos Marighella do PCB, MOVIMENTO REVOLUCIONÁRIO 8 DE OUTUBRO (MR-8), VANGUARDA POPULAR REVOLUCIONÁRIA (VPR) do capitão de exército Carlos Lamarca e outros.

O Governo Costa e Silva durou até 31 de agosto de 1969, quando, por motivo de doença grave, ele ficou acamado até sua morte em 17 de dezembro de 1969.

Costa e Silva, como presidente da república, esteve em Minas Gerais, visitando a cidade de Alfenas/MG, durante o seu governo, para inaugurar hospitais na região sul de Minas Gerais.

O vice-presidente Pedro Aleixo foi Impedido de assumir a Presidência da República pela JUNTA GOVERNATIVA PROVISÓRIA de 1969, também conhecida como Segunda Junta Militar, criando um triunvirato governamental que governou o Brasil de 31 de agosto de 1969 até 30 de outubro de 1969.

Foi no governo do presidente Costa e Silva que foi fundada a EMPRESA BRASILEIRA DE AERONÁUTICA S/A – EMBRAER, no dia 19 de agosto de 1969, com sede na cidade de São José dos Campos – São Paulo, sob a presidência de seu idealizador, coronel da Aeronáutica OZIRES SILVA, paulista, nascido em Bauru/SP, aos 03 de janeiro de 1931, mesmo ano de nascimento de meu pai Edgar Severiano da Silva.

Formado engenheiro de aeronáutica pelo ITA, de São José dos Campos, Ozires Silva, foi o primeiro ministro da pasta da infraestrutura do Brasil, 19º presidente da PETROBRAS, reitor da UNIMONTE, em Montes Claros/MG, chanceler da Universidade São Judas, dentre outras posições. A EMBRAER começou fabricando o avião BANDEIRANTE e hoje é a terceira indústria no mundo em produção e vendas de aviões comerciais, perdendo apenas para a AIRBUS Europeia e a BOING Americana.

A Junta Provisória de 1969 foi composta pelos três ministros militares: o GENERAL DE EXÉRCITO AURÉLIO DE LIRA TAVARES, como o MINISTRO DO EXÉRCITO, o ALMIRANTE AUGUSTO RADEMAKER, como o MINISTRO DA MARINHA e o BRIGADEIRO MÁRCIO DE SOUSA MELO, como o MINISTRO DA AERONÁUTICA.

Naquela época, vivíamos o auge do militarismo e os militares não estavam dispostos a permitir que civis tivessem uma parcela de poder.

Os ministros militares governaram sob as disposições do altamente repressivo AI-5, proibiram a expressão "JUNTA MILITAR" e, em 06 de outubro de 1969, declararam extinto o mandato do presidente da república Costa e Silva, convocando novas eleições indiretas, para o cargo de Presidente da República e vice-presidente, sendo eleitos o general de exército EMÍLIO GARRASTAZU MÉDICI e o almirante AUGUSTO RADEMAKER.

Em 30 de outubro de 1969, assume a Presidência da República o General Médici, com o AI-5, que suspendeu o direito de votar e ser votado nas eleições sindicais, as atividades políticas, bem como as manifestações e instituía a liberdade vigiada para os cidadãos.

A censura e a repressão política foram a tônica do governo de Médici, marcado pelas guerrilhas rurais no Vale do Ribeira/SP e no Araguaia no Pará. Foi na guerrilha do Ribeira/SP que foi executado, a coronhadas de fuzil, pelos líderes guerrilheiros Carlos Lamarca e Yoshitane Fugimori, o tenente da Força Pública, ALBERTO MENDES JUNIOR. O pelotão sob o comando do tenente Mendes Júnior havia caído nas mãos dos guerrilheiros. O heroico tenente se rendeu aos guerrilheiros, a fim de poupar a vida de seus homens, mas acabou sendo condenado à morte por aqueles guerrilheiros.

Enquanto isso, na região urbana, a reação ao regime militar era verificada pelo aumento do número de assaltos a bancos e sequestros.

A tensão política aumentou em 1969 com o sequestro do embaixador norte-americano Charles Burke Elbrick, planejado pelos guerrilheiros Franklin Martins, Fernando Gabeira, com participações de JOAQUIM CÂMARA FERREIRA (TOLEDO OU VELHO), VIRGÍLIO GOMES DA SILVA (JONAS), de integrantes do Movimento Revolucionário 8 de outubro, antiga DI-GB (DISSIDÊNCIA UNIVERSITÁRIA DA GUANABARA) em conjunto com a AÇÃO LIBERTADORA NACIONAL (ALN) de Carlos Marighella. O objetivo era trocar o embaixador por 15 presos políticos, sendo eles, JOSÉ DIRCEU; LUÍS TRAVASSOS; VLADIMIR PALMEIRA; JOSÉ IBRAIN; FLÁVIO TAVARES; GREGÓRIO BEZERRA; ONOFRE PINTO, da VPR de CARLOS LAMARCA, responsável pelos explosivos colocados no carro, que explodiu e matou o soldado do exército Mario Cosel Filho; RICARDO VILLAS BOAS; RICARDO ZARATINE; ROLANDO FRATTI; AGONALTO PACHECO; MÁRIO ZANCONATO; IVES MARCHETTI; LEONARDO ROCHA e a única mulher, MARIA AUGUSTA CARNEIRO e divulgar um manifesto contrário ao recrudescimento da repressão e cerceamento da liberdade no Brasil pelo regime militar.

Como resposta, o Governo Militar aumentou as ações repressivas, criou os CODI (COMANDO DE OPERAÇÕES DOS DEPARTAMENTOS DE INFORMAÇÃO), responsável pela coordenação das ações do DOI (DEPARTAMENTO DE OPERAÇÕES E INFORMAÇÕES), por isso o nome DOI-CODI e transferiu o comando para São Paulo/Capital.

Todas as Forças Armadas estavam envolvidas na transmissão de informações sobre atividades políticas contrárias ao regime. Esse período foi marcado pelo aumento das torturas, crescimento no número de prisões e maior número de mortes da época do regime militar, dentre elas a de Carlos Marighella, na Alameda Casa Branca – Jardim Paulista, no dia 04 de novembro de 1969, em São Paulo-Capital.

Dentre muitos outros guerrilheiros, destacam-se os assassinatos de:

- Iara Lavelberg, guerrilheira e amante do capitão Carlos Lamarca, em 20 de agosto de 1971, Salvador/BA;
- Capitão de exército Carlos Lamarca e José Campos Barreto, o "ZEQUINHA", em 17 de setembro de 1971, no município de PINTADA na Bahia;
- Joaquim Câmara Ferreira, TOLEDO ou VELHO, morto em 23 de outubro de 1970, no Bairro de Indianópolis – São Paulo/SP;
- Yoshitane Fujimori, no dia 05 de dezembro de 1970, na Praça Santa Rita de Cássia – Bosque da Saúde – São Paulo/SP, com participação de Sérgio Paranhos Fleury;

– Osvaldo Orlando da Costa, o "OSVALDÃO", Ângelo Arroio, João Amazonas, Ângela Monnerat, Maurício Grabrois, da Guerrilha do Araguaia em Xambioá/PA em 1972/1973 e São Paulo/SP, Fortaleza/CE, Maranhão.

No Governo Médici houve o chamado MILAGRE ECONÔMICO, em referência ao elevado desenvolvimento da economia no País, durante o regime militar. Segundo alguns, o termo milagre foi imposto porque o crescimento era embasado em pesados empréstimos contraídos junto ao BID, elevando a dívida externa do Brasil.

Foram criados, no Governo Médici, o INCRA (INSTITUTO NACIONAL DE COLONIZAÇÃO E REFORMA AGRÁRIA), o PROJETO RONDON, o ESTATUTO DO ÍNDIO e a construção das rodovias Transamazônica, Cuiabá-Santarém e Manaus-Porto Velho.

Lançou-se o agora extinto Mobral (MOVIMENTO BRASILEIRO DE ALFABETIZAÇÃO), inclusive minha mãe, Dalila Moreira da Silva, estudou no Mobral, alfabetizando-se nos idos de 1970/1972.

Médici inaugurou a Refinaria de Paulínia/SP, a Hidrelétrica de Ilha Solteira e a Ponte Rio-Niterói.

Em 15 de março de 1974, passou a faixa presidencial ao seu sucessor, o General de Exército Ernesto Geisel, o qual foi ministro do Superior Tribunal Militar e presidente da Petrobras antes de ser Presidente da República.

Na escola, eu progredia anualmente, no governo de Costa e Silva, por exemplo, passei do segundo para o terceiro ano primário em 1968. Na passagem para o quarto ano primário, fui estudar na Escola Municipal Professor Augusto de Moura Campos.

A essa altura, já sabia perfeitamente interpretar textos, ditados, redações, somar, subtrair, multiplicar e dividir, além de história e geografia do Brasil, ciências físicas e naturais, etc., ou seja, um aprofundamento e desenvolvimento muito diferentes dos característicos dos ensinamentos de hoje.

Como dito acima, éramos muito pobres, não passávamos fome, mas não gozávamos de uma vida de classe média, portanto, para ajudar em casa, aos sete anos, além de estudar, catava latas e vidros para vender, fazia serviços de servente de pedreiro, quebrava e carregava pedras para calçadas, vendia sorvetes, caixas de fósforos gigantes (fui eu quem inaugurou as vendas em sinais semafóricos, em 1970/71, quando tocava nas rádios Detalhes, Amada, Amante, dentre outras músicas de Roberto Carlos – nas esquinas das Ruas Senador Queiroz e Brigadeiro Tobias – Centro – São Paulo/SP), sempre estudando, não saía antes de fazer a "LIÇÃO DE CASA", que aqui em Minas Gerais é chamada "PARA CASA".

Meus irmãos Ramos, Edgard, Maria José, Ênio e Edna ajudavam minha mãe, que colava BONEQUINHAS de brinquedo com TOLUOL, para uma fábrica da Rua Ida Boschetti, do senhor João de Souza.

Meu pai chegou a comprar um VW – Sedan, branco, transformando-o em táxi, para melhorar a renda familiar, mas, infelizmente, no ano de 1966, envolveu-se num acidente com vítima, na Estrada das Lágrimas – Região do Bairro Ipiranga, onde uma senhora veio a falecer. Meu pai fraturou a clavícula e teve de vender o táxi para pagar os advogados que o defenderam no processo decorrente deste acidente, de forma que tivemos que passar mais aperto com os acontecimentos.

Em 1968 meu pai, Edgar Severiano da Silva, resolveu ir até a cidade de Pilar, na Paraíba, buscar minha avó, Ana Francisca da Conceição, minha tia, Maria Severiano da Silva, meus primos, Maria José da Silva (apelidada de DETA), Carlos Antônio da Silva e João Severiano da Silva, trazendo-os, "de mala e cuia", para morar na capital do Estado de São Paulo.

Com isso, meu pai assumiu o compromisso com mais cinco bocas, as quais tinha que sustentar até que todos, exceto minha avó, começassem a trabalhar, o que ocorreu meses depois. Foram momentos difíceis, superados com muita honestidade, perseverança e luta de minha mãe Dalila, a qual trabalhava no apartamento da senhora Patucha e Maromí, no centro da cidade de São Paulo, fazendo a faxina no apartamento às terças-feiras e quintas-feiras, trazendo as roupas para serem lavadas e passadas em casa, na Rua das Promessas, fazia um tipo de rodilha e transportava na cabeça, latas e cestas de roupas enormes, às vezes, enroladas em lençóis.

Minha mãe sempre foi uma guerreira e também lavava e passava roupas para outras pessoas, como o senhor Mário Gomes, sobrinho do Seu Gomes e que residia na Baixada do Glicério, região central de São Paulo. O senhor Mario casou-se quando já trabalhava na empresa de discos CBS Indústria e Comércio LTDA. Além dele, minha mãe também lavava e cozinhava para meu tio José Severiano, até 1964, quando ele foi estudar geologia na URSS/Rússia.

Com relação à passagem dos anos 1960, mais precisamente em maio de 1968, como éramos muito pobres, com os dentes cariados, meus irmãos, Maria José e Ramos, levavam a mim, Ênio e Edgard ao Centro Espírita Padre Zabeu, localizado na Estrada da Conceição (hoje Avenida Conceição), esquina com Rua Laureanos – Vila Paiva – São Paulo, instituição que ajudava os mais carentes, como o faz até os dias atuais, para tratarmos dos dentes.

No Centro Espírita, a movimentação de pessoas era muito grande (parecia um formigueiro), então os dentistas que cooperavam, aplicavam as anestesias nos dentes que iam extrair, depois colocavam-nos em outra fila, passado algum tempo, até a anestesia fazer efeito, colocavam-nos na cadeira para fazer a extração. Como tínhamos muitos dentes cariados, os dentistas se engavam e extraiam o dente errado, ou seja, o que não havia sido aplicado a anestesia, proporcionando dores terríveis.

Comparecíamos ao Centro Espírita Padre Zabeu para comermos pão com mortadela, no café da manhã, luxo que não nos era dado a ter naquela época de vacas magras. Foi também no Centro Espírita que eu e Ênio comemos, pela primeira vez na vida, uma maçã, depois de uma resposta que dei ao questionamento do Bom Ladrão, Dimas, crucificado ao lado de Jesus Cristo.

Recordo-me que nos programas policiais das rádios Marconi e Tupi, dentre outras muito famosas, ouvia o repórter e radialista Cândido Gil Gomes Junior narrar casos de assassinato. Mesmo brincando pelas manhãs nas ruas dos bairros Vila Ede, Vila Medeiros, Vila Gustavo e outros, ouvíamos as narrações de Gil Gomes, programa policial de rádio de maior audiência nos anos 1960/1970.

Em 1969, na escola estadual, já tendo passado para o quarto ano, fui para a ESCOLA MUNICIPAL PROFESSOR AUGUSTO DE MOURA CAMPOS, na Vila Gustavo, localizado nas esquinas das Rua Major Dantas Cortez com Avenida Júlio Buono, tendo como diretora a Professora Dona Maria Laura e vice-diretora Dona Janette.

Nessa escola municipal, estudávamos eu e meu irmão Ênio Moreira e, como éramos muito pobres naquele tempo, havia os alunos que eram ajudados pela "CAIXA ESCOLAR", nosso uniforme era calça azul, camisa branca, com o logotipo da escola no bolso direito, sapatos e meias pretas. Eu estudava na parte da manhã e meu irmão Ênio na parte da tarde, quando era passado de um para o outro, o uniforme, porque só tínhamos um, usado durante toda a semana, lavado aos finais de semana.

Na Escola Municipal Augusto de Moura Campos, foi onde, com dez anos de idade, tive minha primeira paixão, pela minha professora RENATA ALEGRETTI. Recordo-me que ficava no estacionamento da escola, todos os dias, esperando a professora Renata chegar, no seu veículo VW azul, para, então, ir até ela e ganhar um beijo no rosto; "belas e boas lembranças", coisas de criança.

No final do ano formei-me no curso primário, na turma de 1969, juntamente com meu irmão Edgar, que também se formou na Escola Estadual de Vila Munhoz. Diplomados, fomos juntos prestar o "EXAME DE ADMISSÃO AO GINASIAL".

Meu irmão Edgard passou para o Ginásio e eu fui reprovado, então Edgard foi cursar o Ginásio no Colégio Estadual de Vila Izolina Mazzei, na Rua

São Marcelo, e eu, reprovado, ficaria um ano sem estudar, porém meus pais decidiram me matricular na Escola Estadual Pedro Costa, na Vila Izolina Mazzei, levando-me a cursar novamente o quarto ano primário, naquela escola, com a professora Therezinha Aparecida F. de Arruda. Lembro-me, também, da Dona Dirce Piccirrilli, diretora da escola onde me formei, novamente, no primário, em 14 de dezembro de 1970. Paralelamente, meus demais irmãos seguiam em seus estudos: Edgard passava para o segundo ano ginasial, Ênio para o terceiro ano primário na Escola Municipal Professor Augusto de Moura Campos, Ramos formando-se no ginasial, no Colégio Estadual Gonçalves Dias, Maria José fazia o ginasial, no Ginásio da Rua Borges, no bairro Rodrigues Alves e a Edna já estudava na Escola Estadual de Vila Munhoz.

Prestei novamente o exame de admissão para o Ginásio e, mais uma vez, fui reprovado. Então, retornei para estudar, mais uma vez, o quarto ano primário na Escola Municipal Professor Augusto de Moura Campos, com o professor Nestor, já no ano de 1971, até ser descoberto como estudante, e ter que sair da Escola, sendo que no ano seguinte, 1972 fui estudar o Ginásio, no Colégio Estadual de Vila Izolina Mazzei, juntamente com meus irmãos Edgard e Ênio.

Recordo-me que minha família sempre foi estudiosa, sendo que, em 1969 foi lançada, pela Editora Abril Cultural, os volumes de História do Brasil, sendo que, depois de alguns trabalhos vendendo sorvete, latas e quebrando pedra, comprei o volume que contava a história de JOAQUIM JOSÉ DA SILVA XAVIER, "TIRADENTES", um dos heróis brasileiros, demonstrando, já naquela época, grande interesse pelas MINAS GERAIS, onde iria residir futuramente.

Foi no final de 1969/1970 que meu tio, José Severiano da Silva, voltou da Rússia/URSS, formado em Geologia, indo para Criciúma/SC, para trabalhar e ministrar aulas na universidade. Ele trabalhou na PLUBUM, no norte do Paraná, voltou para Criciúma, casou-se e hoje vive em Florianópolis, em Santa Catarina, onde constituiu família.

Grandes Personagens da Nossa História
Abril Cultural

Meu pai Edgar Severiano da Silva na Escola de Formação de Soldados da Força Pública de São Paulo em 1955 – Hoje Academia de Polícia Militar do Barro Branco – São Paulo/SP

Meus pais Dalila Moreira da Silva e Edgar Severiano da Silva – Meus irmãos Edgard Moreira da Silva – Maria José Moreira da Silva – Edson Moreira da Silva

Minha irmã Edna Moreira da Silva

Meu irmão Severino do Ramos Moreira da Silva
Escolas Agrupadas de Vila Munhoz – São Paulo/SP

Minha irmã Elisângela Moreira da Silva
Escola Infantil Cantinho da Alegria – Vila Medeiros – São Paulo/SP

Edson Moreira da Silva – Escola Estadual de Vila Ede – 1966 – São Paulo/SP

AGORA É COMIGO!

Edson Moreira na turma que formou em 1969 – Escola Municipal Professor
Franklin Augusto de Moura Campos – Diretora Maria Laura – Professora Renata
Alegretti Outros alunos e professores – Auxiliares e Paraninfo da turma

Meu irmão Edgard Moreira da Silva com sua turma na
Escola Estadual de Vila Munhoz São Paulo/SP

Minha irmã Maria José Moreira da Silva sendo diplomada na formação do Curso Primário – Escolas Agrupadas de Vila Munhoz – São Paulo/SP

CAPÍTULO 6

- Os Grandes Incêndios nos Edifícios Andraus e Joelma, com Dezenas de Mortes
- Os Empregos com Carteira
- O Governo do General Geisel
- A Formação de Aspirante a Oficial
- O Ingresso e Formação dos Irmãos na Academia de Polícia Militar de São Paulo
- As Mortes de Vladimir Herzog e Manoel Fiel Filho no DOI/CODI SP
- A Convocação para Servir em Brasília, no Batalhão da Guarda Presidencial, Longe da Família e de São Paulo

O ano de 1972 foi marcado pela tragédia ocorrida no edifício ANDRAUS, localizado na Avenida São João, esquina com Rua Pedro Américo, em São Paulo/Capital, no distrito da República. O edifício pegou fogo devido a uma sobre carga no sistema elétrico. O fogo iniciou-se no segundo pavimento e consumiu o prédio, que reunia escritórios empresariais, entre eles os das multinacionais HENKEL e SIEMENS. O prédio era conhecido como o PRÉDIO DA PIRANI, porque, na época da tragédia, abrigava, em seus primeiros andares, térreo e subsolos uma loja popular chamada PIRANI, a qual nos dias atuais não está mais em

Incêndio Edifício Andraus – 1972
Fonte: aventurasnahistoria.uol.com.br

atividade. Neste incêndio, morreram dezesseis pessoas e trezentos e trinta ficaram feridos, dentre os mortos o presidente da empresa HENKEL, senhor Paul Jurgen Pondorf e o senhor Ottmar Flick; este incêndio deixou marcas profundas entre as tragédias mundiais, numa das regiões mais conhecidas da cidade de São Paulo/SP.

No final do ano de 1972, com treze anos, abandonei, temporariamente, os estudos, para trabalhar colando rótulos na Fábrica de Vassouras Tamoios LTDA., Rua Paulo Avelar – Parada Inglesa – São Paulo – SP, permanecendo trabalhando, sem registro, porque não havia tirado ainda a carteira de trabalho, a qual, naquela época, conseguia-se tirar com quatorze anos.

Permaneci trabalhando na Fábrica de Vassouras Tamoios LTDA. até o dia 30 de abril de 1973, quando consegui minha primeira carteira de trabalho e meu pai conseguiu-me um emprego de "OFFICE BOY" na gráfica do amigo JOSÉ LUIZ TORTORELLI, onde meu primo Carlos Antônio da Silva já trabalhava. Esta gráfica possuía a razão social MARIÂNGELA TORTORELLI, irmã do senhor José Luiz, que era sargento da polícia militar do estado de São Paulo e que, por isso, não podia colocar a Gráfica Tortorelli em seu nome. A gráfica localizava-se na Rua Guilherme Maw, 28 – Luz – São Paulo – SP.

No dia 08 de maio de 1973, fui registrado como trabalhador da gráfica, na função de "OFFICE BOY". Meu irmão, Edgard, trabalhava na Companhia Prada de Eletricidade S/A, localizada na Rua Florêncio de Abreu, no centro da cidade de São Paulo. Com o fechamento da Companhia Prada, encampada pelo governo do presidente Ernesto Geisel, Edgard Moreira foi trabalhar na parte administrativa do Clube dos Subtenentes e Sargentos da Polícia Militar do Estado de São Paulo, localizado na Avenida Cruzeiro do Sul – Bairro do Canindé – São Paulo/SP.

Comecei trabalhando como "OFFICE BOY", mas, nas horas vagas, fazia a faxina no interior da gráfica e nos banheiros, aprendia os serviços de gráfica, começando como bloquista, depois cortador, impressor de Máquina Minerva, IMPRESSOR DE MÁQUINA AUTOMÁTICA HEIDEMBERG, enfim aprendi e virei gráfico ao final, aprendendo várias profissões naqueles anos.

Em maio de 1973, meu irmão Ramos prestou concurso para a Academia de Polícia Militar do Barro Branco e começou o curso para ASPIRANTES DA POLÍCIA MILITAR DO ESTADO DE SÃO PAULO; minha irmã Maria José começou a trabalhar como cobradora de ônibus na Empresa Parada Inglesa, mesma empresa e função, que meu pai, Edgar Severiano trabalhou quando chegou em São Paulo, em 1955. Em 1973 começou, no Oriente Médio, a CRISE DO PETRÓLEO, que, rapidamente, espalhou-se para o mundo todo, fazendo com que a OPEP elevasse sobremaneira os preços do petróleo e seus derivados, dentre eles a gasolina e óleo diesel, fazendo com que os países dependentes, dentre eles o Brasil, procurassem outros tipos de combustíveis.

Em janeiro de 1974 levei para trabalhar na gráfica, meu irmão Ênio, com treze anos, completados em 02 de dezembro de 1973, sendo que ele começou a trabalhar como "OFFICE BOY" no meu lugar e eu fui desempenhar a função de bloquista, depois cortador e, por fim, impressor.

Incêndio Edifício Joelma – 1974
Fonte: Jovempan.com.br

Este ano de 1974 foi marcado pela tragédia do INCÊNDIO NO EDIFÍCIO JOELMA, localizado na Praça da Bandeira – região central da cidade de São Paulo, a menos de dois anos da tragédia do edifício ANDRAUS. O prédio havia sido concluído em 1972 e imediatamente alugado ao BANCO CREFISUL DE INVESTIMENTOS. No começo de fevereiro/1974, a empresa ainda terminava a transferência de seus departamentos, quando, no dia 1º de fevereiro de 1974, às 08:45 horas de uma chuvosa sexta-feira, um curto-circuito em um aparelho de ar condicionado, no 12º andar, deu início a um incêndio, o qual se espalhou rapidamente pelos demais pavimentos. As salas e escritórios do JOELMA eram configurados por divisórias, com móveis de madeira, pisos acarpetados, cortinas de tecido e forros internos de fibra sintética, condição que contribuiu, sobremaneira, para o alastramento incontrolável das chamas, que provocou a morte de 187 pessoas e deixou mais de 300 pessoas feridas. Esse incêndio marcou a minha vida e a de meu irmão, Ênio, porque fomos juntos, naquela manhã fatídica, realizar serviços na Rua Xavier de Toledo, próximo ao Viaduto do Chá, no prédio da antiga empresa de energia LIGHT, quando, então, paramos em cima do Viaduto do Chá, em frente ao edifício Joelma e visualizamos as chamas intensas se espalhando rapidamente pelo edifício, pessoas desesperadas se atirando do prédio para a morte, tentando salvar-se das chamas; manhã muito triste e emocionante para nós dois.

Esta tragédia marcou, com certeza, nossas vidas para toda a eternidade. Foi nesse ano, aos 15 dias do mês março de 1974, que o presidente da república, ERNESTO BECKMANN GEISEL, tomou posse no Palácio do Planalto, como Presidente da República do Brasil, na capital federal de Brasília/DF.

Por outro giro, minha irmã Maria José sai da empresa Parada Inglesa Ltda. e vai trabalhar como recepcionista no Grupo WELL'S – JUMBO – ELETRO, na Avenida Brigadeiro Luiz Antônio, 2013, quase esquina com a Rua Joaquim Eugênio de Lima – Bairro Jardins/divisa com Bairro Bela Vista – São Paulo, permanecendo nesse serviço até março de 1978, quando se afastou para a retirada de um tumor benigno, próximo da coluna vertebral, no ano de 1979. Ao retornar do afastamento, teve seu contrato rescindido e foi trabalhar na TELECOMUNICAÇÕES SÃO PAULO S/A (TELESP), onde ficou como telefonista e encarregada até se aposentar. Em 11 de setembro de 1982, casou-se com Almir Sobreira de Oliveira. Desse casamento, nasceram duas lindas meninas, Nádia Maria Moreira de Oliveira e Lilian Moreira de Oliveira.

Quando estávamos trabalhando na Gráfica Tortorelli Ltda., eu e meu irmão Ênio, almoçávamos em marmitas que nossa mãe Dalila preparava com todo o amor e carinho. De vez em quando, nossas marmitas azedavam, quando, então, íamos almoçar no bar e restaurante do senhor José Antônio de Moraes (chamado carinhosamente de TIO MELLO) e dona Ica de Moraes, na Rua Guilherme Maw, Luz – São Paulo, próximo da gráfica, onde já almoçavam policiais militares, outros colegas da gráfica, bem como outros trabalhadores das imediações, uma zona comercial do ramo das noivas, pois ficava próximo da Rua São Caetano (RUA DAS NOIVAS de São Paulo). A maioria das lojas de noivas e ramificações eram fregueses da gráfica onde trabalhávamos.

Outra boa recordação é que quem nos acordava, a mim e ao Ênio, para irmos trabalhar às 06:00 horas, era minha mãe Dalila, que se levantava às 5h00 da manhã, ligava o rádio em alto volume no programa do "ZÉ BETTIO" (até me lembro que ele falava "DONA DE CASA, JOGA UMA LATA D'ÁGUA NO SEU MARIDO PARA ELE ACORDAR", dentre outras frases). O José Bettio tinha dois horários de programação no rádio, um na madrugada e outro às 17h00, os quais sempre acompanhávamos. Durante o trabalho, escutávamos rádio na gráfica, que ficava tocando músicas e noticiando os fatos mais graves, em programas como o de Eli Corrêa, Barros de Alencar, Altieris Barbiero, dentre outros fenômenos do rádio, como Gil Gomes.

Ernesto Geisel foi o 29º Presidente da República, da já República Federativa do Brasil, tendo como vice-presidente da República o general de exército Adalberto Pereira dos Santos, tendo os candidatos da Aliança Renovadora Nacional (ARENA) vencido os candidatos do Movimento Democrático Brasileiro (MDB), Ulysses Guimarães e Barbosa Lima Sobrinho, na primeira eleição presidencial realizada por um Colégio Eleitoral por 400 votos a 76.

Ernesto Geisel foi o penúltimo Presidente da República do Regime Militar de 1964, assumindo a presidência com a promessa de uma abertura política lenta, gradual e segura, de modo a atender as reivindicações da sociedade civil organizada, sem, contudo, interromper a continuidade do regime.

Em seu governo, diminuíram as denúncias a respeito de mortes, torturas e desaparecimento de presos políticos, havendo também enfrentamento com a LINHA DURA, grupo contrário às diretrizes do atual governo de Ernesto Geisel.

O Ato Institucional nº 5 foi utilizado em seu governo para decretar intervenção federal na capital do Acre, Rio Branco, em 1975, mediante a recusa dos vereadores do MDB em ratificar o indicado a prefeito e, também, cassar alguns mandatos de parlamentares. Entretanto, o AI-5 foi, progressivamente, substituído por "SALVAGUARDAS CONSTITUCIONAIS".

Na campanha visando as eleições de 1974, os candidatos do MDB fizeram bom uso dos meios de comunicação e impuseram uma derrota avassaladora ao governo do presidente Geisel, pois ficaram com dezesseis das vinte e duas vagas em disputa para o SENADO FEDERAL, além de aumentarem a bancada na CÂMARA DOS DEPUTADOS e nas ASSEMBLÉIAS LEGISLATIVAS.

Temendo que tal quadro se repetisse em 1978, o presidente Geisel sancionou a Lei Falcão, que permitia apenas a leitura do currículo dos candidatos, quando do horário eleitoral, no rádio e na televisão.

Outra medida tomada para impedir uma nova derrota à ARENA, aconteceu na outorga do "PACOTE DE ABRIL", em oito de abril de 1977, quando o Presidente Ernesto Geisel fechou o CONGRESSO NACIONAL, instituiu o Senador Biônico, a manutenção das eleições indiretas para governadores de estado e o aumento da bancada de deputados federais nos estados, onde o governo era maioria.

Tais medidas geraram críticas do MDB, mas garantiram a eleição do general de exército JOÃO BATISTA DE OLIVEIRA FIGUEIREDO, como seu sucessor, em 15 de dezembro de 1978.

Em 26 de dezembro de 1977, o presidente Ernesto Geisel, sanciona a Lei do Divórcio, sob o número da Lei 6.515, defendida por longos anos pelo saudoso senador Nelson Carneiro. Quando o general Geisel estava deixando o governo, em 31 de dezembro de 1978, revoga o Ato Institucional 05.

Em meio aos acontecimentos políticos, o presidente Ernesto Geisel teve que debelar a ação da LINHA DURA, após as mortes do jornalista VLADMIR HERZOG e do operário MANUEL FIEL FILHO, nas dependências do DOI-CODI, localizado no 36º Distrito Policial de Vila Mariana – São Paulo/SP e, também, do DOPS/PAULISTA, entre outubro de 1975 e janeiro de 1976, episódios que culminaram com a demissão do comandante do II Exército, general de exército Ednardo D'Ávila Mello.

A demissão do comandante do II Exército abriu caminho para a troca do ministro de exército Sylvio Frota, pelo general de exército Fernando Belfort Bethlem. Foi no governo do presidente Geisel que houve as fusões entre os estados do Rio de Janeiro e da Guanabara, a criação do estado de Mato Grosso do Sul, com a divisão do estado do Mato Grosso.

Ao longo de seu governo, faleceram os ex-presidentes Eurico Gaspar Dutra, Ranieri Mazzilli, Juscelino Kubitschek e João Goulart, as duas últimas muito contestadas, inclusive, já como delegado chefe de homicídios em Minas Gerais, cheguei a presidir investigação policial, que exumou o corpo do motorista de JK, o qual estava dirigindo o veículo, na rodovia Presidente Dutra. Contarei este caso, com mais detalhes, nos próximos capítulos.

A administração do presidente Ernesto Geisel coincidiu com o fim do chamado MILAGRE ECONÔMICO BRASILEIRO, com a CRISE DO PETRÓLEO, com o aumento da INFLAÇÃO e da DÍVIDA EXTERNA. Para enfrentar as adversidades, o presidente Geisel determinou a elaboração do II Plano Nacional de Desenvolvimento; instituiu o Programa Nacional do Álcool (PROÁLCOOL), de modo a diversificar nossa matriz energética; iniciando, também, a construção da USINA HIDRELÉTICA DE ITAIPÚ, em parceria com o Paraguai; uma assinatura de um acordo de cooperação, no qual a Bolívia ofertaria gás ao Brasil, em 1974 e, no ano seguinte, firmou um acordo nuclear com a então Alemanha Ocidental.

Com o aumento da inflação veio, também, o aumento do custo de vida, quando os trabalhadores passaram a se organizar e protestar com mais ênfase. Nisso, o movimento sindical na região do Grande ABCD, em São Paulo, ganhou destaque e projetou, nacionalmente, a figura de Luís Inácio da Silva, o "LULA". A grande repercussão do movimento de São Bernardo do Campo, com a interferência do Primeiro Ministro Alemão, Helmut Schimdt, por causa das empresas alemãs Mercedes Benz e Volkswagen do Brasil, levou o presidente Ernesto Geisel a proibir, no Brasil, greves em setores essenciais.

O governo do presidente Ernesto Geisel estabeleceu relações diplomáticas com a China, o que, aliás, o presidente Jânio da Silva Quadros já pretendia fazer dezesseis atrás, em 1961.

O Governo Geisel também estabeleceu relações diplomáticas com outros países da Europa Oriental Comunista, tais como Bulgária, Hungria e Romênia. Em seu governo, o Brasil foi o primeiro país a reconhecer a independência de Angola.

AGORA É COMIGO!

Por outro lado, as relações com os Estados Unidos da América do Norte foram reduzidas ao mínimo, durante a administração de Jimmy Carter, 39º Presidente do U.S.A., por denúncias de violação dos direitos humanos no Brasil.

Em 15 de março de 1979, o presidente Ernesto Geisel passa a faixa presidencial a seu sucessor, o general de exército JOÃO BAPTISTA DE OLIVEIRA FIGUEIREDO, 30º Presidente da República e o último presidente do Regime Militar.

Nos anos de 1973/1974, eu e meu irmão Ênio Moreira frequentávamos reuniões de religião, promovidas pelos professores Augusto Vitor Florestano e Evandro Marcos de Oliveira, que eram dos quadros da TRADIÇÃO – FAMÍLIA E PROPRIEDADE (TFP), presidida pelo Doutor Plínio Correia de Oliveira. Nas reuniões, rezávamos o terço, falávamos e estudávamos religião católica, eram ensinadas as artes marciais, principalmente caratê, jogos, tênis de mesa, visitávamos sedes da TFP nos bairros do Jardim da Saúde, Santa Cecília e outras na cidade de São Paulo, aulas de história geral, principalmente exaltando a idade média, quando a Igreja Católica era muito forte. Com o passar do tempo, saímos, eu e Ênio, da TFP, continuando nosso trabalho na Gráfica Tortorelli LTDA., pois seu proprietário foi para a reserva não remunerada da Polícia Militar do Estado de São Paulo e pôde registrar a gráfica em seu próprio nome.

A maioria dos funcionários da Gráfica Tortorelli Ltda. era composta por policiais militares, que trabalhavam na gráfica da Polícia Militar do Estado de São Paulo, no Bairro Água Fria – São Paulo/SP, onde também o sargento José Luiz Tortorelli trabalhava e estava de licença sem vencimento. Lembro-me do sargento Gonzaga, cabo Calçada, soldado André, todos impressores, sargento Otacílio, José Luiz Tortorelli, Carlos Antônio da Silva, meu primo e o Ênio Moreira, todos eram tipógrafos, aqueles que montavam as chapas para impressão. O patrão José Luiz era, praticamente, um coringa, porque era tipógrafo, cortador, bloquista, esporadicamente impressor e, ainda, responsável pela administração da Gráfica Tortorelli Ltda. A contabilidade da gráfica era feita no Escritório de Contabilidade Boaventura, localizado na Rua do Seminário 165 – 3º andar – Centro/Santa Efigênia – São Paulo/SP, de propriedade do contador Boaventura Machado Neto, tendo como funcionários Adriano, Maria Antônia e outros, com os quais tínhamos contato constantemente. Era no escritório de contabilidade onde se providenciavam as autorizações para impressões de notas fiscais, estaduais ou interestaduais, as quais tinham que ser levadas à Secretaria da Fazenda, na Avenida Rangel Pestana, na Praça Clóvis – Região Central de São Paulo/SP, para que suas impressões fossem autorizadas, com as respectivas quantidades e numerações. Também faziam as autorizações para notas fiscais de serviços municipais, as quais tinham que ser levadas para a Secretaria Municipal da Fazenda, localizada na Avenida Senador Queiroz, esquina com a Rua Cantareira, próximo ao Mercado Central – região central da cidade de São Paulo, onde eram autorizadas suas impressões com suas respectivas quantidades e numerações

Em dezembro de 1974, embora já estivesse, praticamente, formando-se no curso científico, meu irmão Edgard Moreira da Silva optou por prestar concurso para o CURSO PREPARATÓRIO DE CADETES DA POLÍCIA MILITAR DO ESTADO DE SÃO PAULO, iniciando o curso na Academia de Polícia Militar do Barro Branco (APMBB), em janeiro de 1975.

Em 15 de julho de 1975, nasceu nossa irmã ELISANGELA MOREIRA DA SILVA e em 26 de julho de 1975, meu irmão Severino do Ramos Moreira da Silva, formou-se Aspirante-a-Oficial da Polícia Militar do Estado de São Paulo, recebendo a Espada de Oficiais. Lembro que comparecemos à solenidade de formatura, na Academia de Polícia Militar do Barro Branco (APM-BB), eu, Ênio, o Edgard estava na tropa que iria desfilar, pois já era aluno do curso preparatório, Maria José, Edna e Elisangela (com apenas alguns dias de nascida) e meus pais Dalila Moreira e Edgar Severiano. Recordo-me até que o governador Paulo Egídio Martins, o prefeito Olavo Setúbal e o comandante geral da Polícia Militar, coronel de exército, Torres de Mello, também participaram da formatura, entregando as espadas aos primeiros colocados.

Aquela formatura de meu irmão Ramos teve um significado muito grande no direcionamento do futuro dos irmãos Moreira da Silva: eu, Edgard, Ênio, Maria José, Edna e Elisangela. Nosso irmão Ramos "puxou a corrente", dando o exemplo de que nós só venceríamos se nos dedicássemos aos estudos, motivo que nos levou, a mim e ao Ênio, a retornarmos aos estudos, uma das melhores maneiras de se progredir digna e honestamente na vida.

Meu irmão Ênio, em 1982, prestou concurso público e ingressou na carreira de Operador de Telecomunicações Policiais da Polícia Civil do Estado de São Paulo. Depois, em 1986, prestou novo concurso público e ingressou na carreira de investigador de polícia da PCESP. Durante os anos 1980/1990, diplomou-se em História pela Pontifícia Universidade Católica (Campus Perdizes – São Paulo/SP), Letras pela Universidade de São Paulo (USP – Cidade Universitária – São Paulo/SP) e Ciências Jurídicas e Sociais/Direito pela Universidade Presbiteriana MACKENZE (Campus Maria Antonia – Vila Buarque – São Paulo/SP).

AGORA É COMIGO!

Ao formar-se Aspirante a Oficial da Polícia Militar, o meu irmão Ramos foi designado para trabalhar no Tático Comando do 5º Batalhão de Polícia Militar da Capital. Na época, o batalhão era localizado na Marginal Tietê, onde hoje é o Curso de Formação e Aperfeiçoamento de Sargentos da Polícia Militar (CFAP), próximo à Associação Desportiva Polícia Militar.

Meu irmão Edgard Moreira continuou o curso de formação de oficiais, formando-se, em 15 de dezembro de 1979, como Aspirante a Oficial da Polícia Militar, sendo designado para trabalhar no 15º Batalhão de Polícia Militar Metropolitano, no município de Guarulhos/SP, época, também, que se matriculou no curso de direito das Faculdades Metropolitanas Unidas, no bairro da Liberdade – São Paulo/SP, formando-se em Direito no ano de 1985.

Posteriormente, meu irmão, Edgard Moreira, foi trabalhar no 11º Batalhão de Polícia Militar Metropolitano, no Bairro da Liberdade – capital de São Paulo, sendo que, depois de uns anos, foi prestar serviços na Academia de Polícia Militar do Estado de São Paulo (APMBB), no bairro Água Fria – São Paulo/Capital, casando-se, em dezembro de 1984, com a senhora Elisa Mitsuo Shimura, tendo dois filhos, Erica Moreira e Edgard Moreira Filho. No ano de 1988, prestou concurso para o Ministério Público de São Paulo. Tendo sido aprovado, foi designado para cidades do interior até chegar em São Paulo e especializar-se em "DIREITOS DIFUSOS". Hoje em dia, Edgard Moreira é Procurador de Justiça do MPESP.

Eu e o meu irmão Ênio continuamos trabalhando na Gráfica Tortorelli Ltda. Em 1977, tendo completado 18 anos, alistei-me no Exército Brasileiro, tirei toda minha documentação, título de eleitor e carteira de identidade, ambos em 02/05/1977, e carteira de motorista e motociclista (A-3 D) em 25/07/1977.

Nesse ano, meu irmão Ramos prestou exames para o Curso de Formação de Bombeiros para Oficiais (CBO). Na época, eu, o Ênio e o Ramos pegávamos ônibus até a estação Carandiru e depois o metrô, juntos, até a estação Tiradentes, no bairro da Luz, quando eu e Ênio íamos para a gráfica e o Ramos para a Faculdade de Tecnologia da USP (FATEC). À tarde, Ramos fazia a parte prática do curso no bairro Água Fria, nos fundos da APMBB. O Ramos formou-se Oficial do Corpo de Bombeiros da Polícia Militar do Estado de São Paulo, no final do ano de 1977, indo trabalhar, a princípio, no 6º Grupamento de Incêndios e Salvamento, no litoral paulista, localizado na cidade de Santos/SP. Ia e voltava todos os dias para a capital, porque estava cursando o curso de Ciências Jurídicas e Sociais (DIREITO) nas Faculdades Metropolitanas Unidas – FMU, no bairro da Liberdade, tendo como um de seus professores, o grande mestre Percival de Souza.

Ramos formou-se em Direito em 1980 e se casou com a senhora Maria Edite Polônio, em 03 de fevereiro de 1981, na capela militar de Santo Expedito, localizada na Rua Jorge Miranda, no bairro da Luz – São Paulo – SP. Em 1983, nasce a filha Caroline Polônio Moreira, fruto desse casamento.

Ao final de 1977, fui designado para cumprir o Serviço Militar Obrigatório, no BATALHÃO DA GUARDA PRESIDENCIAL, em Brasília/DF, tendo que me apresentar no Batalhão de Exército, localizado no Parque do Ibirapuera/SP, em 12 de janeiro de 1978. Depois de uma viagem de dezesseis horas, chegamos em Brasília/DF no dia 13 de janeiro de 1978. Foram para o DF aproximadamente 30 ônibus lotados em comboio. Na chegada, a primeira ordem que recebemos foi cortar os cabelos no estilo americano e tomar o café da manhã (famoso "kaol"). Lá aprendemos e nos acostumamos com a rígida disciplina militar, a hierarquia, cantar todos os hinos brasileiros, do Exército, da Bandeira, do Duque de Caxias, Canção do Expedicionário, Hino da Independência, da Proclamação da República, do Batalhão da Guarda Presidencial, dentre outros, além de ordem unida o dia todo. Quando chegamos no Batalhão da Guarda Presidencial, localizado no Setor Militar Urbano em Brasília/DF, ficamos 45 dias reclusos no quartel, em regime de adaptação, sendo o meu número de identificação 2380, da 5ª Companhia de Guarda Presidencial (COMPANHIA COBRA). Ninguém podia sair das dependências do quartel. Viajar para São Paulo, para visitar a família nem se cogitava. Ficávamos, nos finais de semana, fazendo faxina, catando folhas com as mãos, ocupando o tempo ocioso. Durante a semana, ordem unida, educação física, treinamentos de tiros, aulas de canto, treinamentos de combate em localidade, túneis de gás lacrimogênio, técnicas de rastejar em diversos terrenos, pistas de reação, descidas de cordas em rapel, travessia da falsa baiana, comando craw, montagem de barracas, tomando diversas vacinas contra Tifo, BCG, Varíola, Meningite, etc. Esses treinamentos duraram, aproximadamente, três meses (janeiro a março), quando, a partir de então, passamos a fazer serviços de guarda nos Palácios de Brasília, como o do Planalto, Alvorada, residência oficial do Presidente da República Ernesto Geisel, Granja do Torto, onde residia o general João Baptista de Figueiredo, chefe do SNI e futuro Presidente da República, Fazendinha, residência dos oficiais generais do Alto Comando do Exército.

Tirávamos guarda nos Ministérios do Exército, Estado Maior das Forças Armadas, Granja do Riacho Fundo, residência do Presidente da República aos finais de semana, guarda do quartel, dentre outros Palácios de Brasília e Congresso Nacional, onde me recordo haver disparado um tiro de fuzil automático leve num cidadão que invadiu as dependências do Congresso.

AGORA É COMIGO!

Fazia-se o trabalho de guarda por vinte e quatro horas, retornava-se para o Batalhão, efetuavam-se treinamentos até às 17:00 horas, dormia-se e, no dia seguinte, mais um serviço de guarda (regime de 24 horas de serviço por 08 horas de folga). Às 06h00 da manhã era dado o toque de alvorada, tendo todos que se levantar, tomar café, vestir o uniforme correspondente, levar o outro de brim na mala, para trocar à noite, deslocar-se para a sede do Pelotão, onde se pegavam o armamento e munições, depois íamos para a formação e embarque nos caminhões, tipo espinha de peixe, onde éramos transportados para os locais onde daríamos serviços de guarda.

Outras funções do Batalhão da Guarda Presidencial eram a Guarda de Honra para receber diplomatas e autoridades estrangeiras no Palácio do Planalto; a abertura oficial do ano legislativo no Congresso Nacional; às terças e quintas-feiras, o Presidente da República subia a rampa do Palácio do Planalto para a qual tínhamos a formação do Batalhão da Guarda Presidencial feita pela Companhia do Cerimonial e, finalmente, a Guarda de Honra, que era formada quando o presidente saia do Palácio da Alvorada para ir trabalhar, pela manhã, quando retornava do almoço para o Palácio e quando retornava para sua residência, antes das 22:00 horas.

Recordo-me que, no mês de março de 1978, ausentei-me do Batalhão da Guarda Presidencial, sem a devida autorização de meus superiores, e desloquei-me para São Paulo/SP para visitar a família. Retornei no sétimo dia, o que me custou vinte dias de prisão, fazendo serviço (eu prestava os trabalhos de guarda e, nas folgas, depois das instruções diárias, era recolhido à cadeia, a qual ficava no Batalhão).

Os meus comandantes eram o coronel de exército José Moretzsohn; o comandante do Batalhão da Guarda Presidencial; o subcomandante e tenente-coronel de exército, José Maria de Amorim Monteiro, o qual respondia pelo Comando quando fui punido com 20 dias de prisão, prestando serviços; o comandante da 5ª Companhia de Guarda, capitão de exército Sodré e o comandante de pelotão, 2º tenente de exército, Bastos. Haviam, também, outros oficiais, como o tenente Belchior, tenente Linhares, tenente Lucio, tenente Constantino, tenente Amador, tenente Nilson, dentre outros.

Um dos grandes momentos de tensão em 1978, quando servia o Exército Brasileiro em Brasília/DF, foi a promoção de João Baptista de Oliveira Figueiredo a general de exército, tendo todo o efetivo do Exército Brasileiro ficado de prontidão, pois aquela promoção era a certeza que ele seria, como de fato o foi, o próximo Presidente da República.

Prestar o serviço militar longe do meu estado e de minha família, foi uma fase muito dura, pesada, pois estava sozinho, sem apoio de nenhum familiar, isso fez com que crescesse no meu aprendizado de vida ("ME DESMAMEI DOS MEUS PAIS E IRMÃOS", como se diz na gíria popular). Essa prestação de serviço militar obrigatório ajudou, e muito, no meu futuro e durou de 13 de janeiro de 1978 a 09 de março de 1979, seis dias antes do general de exército, João Baptista de Oliveira Figueiredo, tomar posse como Presidente da República Federativa do Brasil.

Licenciado do Serviço Militar Obrigatório, retornei para a capital paulista, retomei o meu serviço de impressor na Gráfica Tortorelli Ltda., que havia mudado da Rua Guilherme Maw, 28 para a Rua Dutra Rodrigues, 147, ambos endereços no bairro da Luz – São Paulo/SP.

CAPÍTULO 7

- O Retorno ao Trabalho na Gráfica
- A Formação 1º Grau
- A Ida para Rota – Rondas Ostensivas
  Tobias de Aguiar
- A Morte de Deoclácia Moreira – Minha Avó Materna

Ao retornar ao trabalho na Gráfica Tortorelli Ltda., em março de 1979, retomei, também, meus estudos, tendo optado por fazer um intensivo no Colégio Modelar S/C Ltda., na Avenida Tiradentes, no Bairro da Luz – São Paulo/SP, enquanto meu irmão Ênio retornou aos estudos, tendo terminado os anos que faltavam no Colégio Estadual Gonçalves Dias. Como eu tinha optado por fazer um curso intensivo, ao final do 1979, prestei os exames supletivos, com sucesso, na Secretaria de Estado da Educação do Governo de São Paulo e conclui o Primeiro Grau, recebendo meu diploma em 20 de fevereiro de 1980.

Logo em seguida, fui dispensado da Gráfica Tortorelli Ltda., indo trabalhar como motorista profissional de caminhões na empresa COFRETES Ltda., localizada na Rua Paula Souza, esquina com Rua da Cantareira – Bairro Centro – São Paulo/SP, permanecendo nesta empresa até setembro de 1980, quando fui aprovado no concurso de soldado da Polícia Militar, iniciando o Curso de Formação de Soldados em 10 de setembro de 1980, no CEFAP – Unidade do Rio Pequeno – 16º Batalhão da Polícia Militar Metropolitano, na Avenida Corifeu de Azevedo Marques – bairro Rio Pequeno – São Paulo/SP, quase divisa com Osasco/SP.

Em 16 de janeiro de 1981, terminei o curso de formação intensiva, tendo sido designado para trabalhar no 1º Batalhão de Choque da Polícia Militar (1º BPChq), na Avenida Tiradentes, esquina com a Rua Jorge Miranda – Bairro da Luz – São Paulo/SP, Batalhão ao qual pertence as RONDAS OSTENSIVAS TOBIAS DE AGUIAR (ROTA). Nesta época, o governador do estado de São Paulo era Paulo Salim Maluf.

No batalhão da ROTA, mandaram-me para a Guarda do Quartel, onde permaneci por quarenta e cinco dias para conhecer todos os integrantes do 1º BPChq (Oficiais, Sargentos, Cabos e Soldados), todos que trabalhavam nas ruas, bem como os que trabalhavam internamente. Depois, fui para a sala de aula para aprender como um policial militar das Rondas Ostensivas Tobias de Aguiar deve se portar no trabalho de ronda. Cada dia de serviço, as Rondas são designadas para uma determinada região da cidade de São Paulo, sendo, às vezes, destacadas para trabalhar no interior. Aprendi como eram as funções, como tinha que atuar e me portar como um POLICIAL DE ROTA. Em seguida, fui destacado para ser o 5º homem da guarnição, sentando no banco de trás/no meio (chamado "estagiário do meio"), depois ia para um dos lados da viatura de Rota e, caso quisesse ser motorista oficial da viatura de Rota, tinha que fazer um curso de pilotagem ofensiva e defensiva, embora todos os Policiais de Rota sejam obrigados a saber dirigir, para casos de emergência.

Rondas Ostensivas Tobias de Aguiar

Neste intervalo, nossa família perde, por falecimento, minha avó Deoclácia Francisca Moreira, em 10 de março de 1981. História muito triste foi a maneira como minha vovó veio a falecer. Ela foi mordida por um cão raivoso, na zona rural da cidade de Pilar/PB, contraindo o vírus da raiva. Durante o tratamento no Hospital Municipal da cidade de Pilar, ocorriam prolongados apagões (falta de energia elétrica) e as vacinas contra a raiva, que estavam sendo aplicadas em seu tratamento, estragaram e perderam a validade. O hospital continuou, irresponsavelmente, aplicando as vacinas assim mesmo, causando-lhe grande sofrimento e posteriormente morte.

Com a posse do Governador André Franco Montoro, em 15 de março de 1983, fui transferido para 11º Batalhão de Polícia Militar Metropolitano e, depois, para o 5º Batalhão de Polícia Militar Metropolitano.

AGORA É COMIGO!

CARTÓRIO DO REGISTRO CIVIL

ESTADO DE Paraiba
COMARCA DE Pilar
MUNICÍPIO DE Pilar
DISTRITO DE Pilar

Maria Lucia da Silva Alcântara

Oficial efetivo do Registro Civil

Certidão de Óbito

CERTIFICO que, em data de 30 de março de 1981, no Livro Nº C 01, à fls. 296, sob o Nº 760, foi feito o Registro de óbito de DEOCLACIA FRANCISCA MOREIRA falecida em 30 de março de 1981, às 11,00 horas, nesta Cidade de Pilar, Estado da Paraíba.x-x-x-x-x- do sexo femenino de cor Branca, profissão Domestica natural de Pilar,Paraiba.x-x-x-x-x-x-x-x- domiciliado e residente no Sitio Figueredo,deste distrito.x-x-x- com setenta (70) anos de idade, estado civil viúva, filha de Luiz de França Coutinho de Paiva e de Francisca Coutinho do / Espirito Santo,ambos falecidos.x-x-x-x-x-x-x-x-x-x-x-x-x-x-

tendo sido declarante José Artur Ferreira.x-x-x-x-x- e o óbito atestado pelo Dr. digo,duas testemunhas.x-x-x-x-x- que deu como causa da morte Causa indeterminada.x-x-x-x-x- x-x-x-x-x-x-x-x-x-x-x-x-x-x- e o sepultamento foi feito no cemitério de público desta Cidade.x-x-x-x-x-x-x-x-x-x-x-x- Observações: A falecida era viuva por falecimento de Severino Moreira de Vasconcelos,com quem era casada em notas deste Cartorio,no // ano de 1.928.Deixa oito (8) filhos maires e bens.x-x-x-x-x-x

O referido é verdade e dou fé.

Pilar 31 de março de 1981

Maria Lucia da Silva Alcântara
Oficial

CARTORIO "MACÉD

Certidão de óbito de minha avó materna –
Deoclácia Francisca Moreira – Pilar – Paraíba

CAPÍTULO 8

- Os Tiroteios no Tempo de Trabalho na Rota
- O Governo do João Figueiredo
- Os Atentados a Bomba no Rio Centro – Rio de Janeiro
- O Movimento Pelas Diretas Já
- A Nova República
- Morte de Tancredo de Almeida Neves
- O Ingresso na Faculdade de Direito

Durante o tempo em que trabalhei na Rondas Ostensivas Tobias de Aguiar (ROTA), do 1º BPChq, participamos de diversos tiroteios com criminosos da mais alta periculosidade. Muitos destes criminosos foram mortos, em LEGÍTIMA DEFESA E NO ESTRITO CUMPRIMENTO DO DEVER LEGAL. Atuamos nos bairros do Jardim Brasil, Vila Formosa, São Mateus, Guaianazes, Belém, Jardim da Glória, Cambuci, Cidade Ademar, Santo Amaro, Parelheiros (áreas do 11º, 43º e 48º Delegacias de Polícia Distritais), Pirituba, Perus, Lapa, Vila Romana, Vila Mazzei, Jardim Cabuçu, Vila Nova Galvão, Favela São Rafael, Parque Novo Mundo, Penha, Favela Mimosa Jaçanã, Final da Avenida do Sanatório, no Jardim Brasil/Parque Edu Chaves/Jaçanã, Rua Altoporã, Rua Osaka, no Jardim Japão, Vila Maria, Final da Antiga Avenida Cabuçu, Tucuruvi/Vila Mazzei, Avenida Angélica, Barra Funda, Aclimação, Rua Imbiras na Vila Mazzei, Jardim Peri, Casa Verde, Parque Peruche, Vila Olímpia, Av. Giovanni Gronchi, Bairro do Morumbi, Vila Sônia, Vila Guilhermina, Vila Mariana, Santa Cruz, Bosque da Saúde e muitos outros bairros da cidade de São Paulo/SP.

Em 31 de maio de 1982, comecei o Curso de Formação de Cabos no CFAP – Rio Pequeno, nos fundos do 16º Batalhão de Polícia Militar Metropolitano, mesma unidade em que cursei o Curso de Formação de Soldados, concluindo-o em 10 de setembro de 1982, retornando a minha unidade de origem, qual seja, 1º BPChq.

Em 15 de março de 1983, quando o governador André Franco Montoro passou a governar o estado de São Paulo, foram transferidos todos os policiais militares, que tinham em seus prontuários individuais mais de três confrontos com criminosos que vieram a falecer.

Foi o governo de André Franco Montoro que extinguiu o convênio do DOPS com o Governo Federal, sendo seguido por outros estados da Federação. Então, fui transferido para o 11º Batalhão de Polícia Militar Metropolitano, no bairro da Liberdade – São Paulo/SP e, depois, para o 5º Batalhão de Polícia Militar Metropolitano na zona norte de São Paulo/SP.

Em seguida, fui transferido, para o COPOM, SETEC e CPC/Comando de Policiamento da Capital que, depois, passou a se chamar Comando de Policiamento Metropolitano, todos localizados no bairro da Luz – São Paulo/SP. Por último, fui transferido para a Academia de Polícia Militar do Barro Branco, no bairro da Água Fria – São Paulo/SP, com uma rápida passagem pela Casa Militar do Governo do Estado de São Paulo, em 1987, durante o Governo Quércia.

O 30º Presidente da República Federativa do Brasil, general de exército, João Baptista de Oliveira Figueiredo, tomou posse em 15 de março de 1979, recebendo a faixa presidencial das mãos do general de exército, Ernesto Geisel. Seu vice-presidente, foi o mineiro de Três Pontas/MG, Aureliano Chaves, tendo seu mandato sido marcado pela continuação da abertura política iniciada no governo do presidente Geisel.

Pouco tempo depois de assumir a presidência, houve a concessão de anistia "AMPLA, GERAL E IRRESTRITA" aos políticos cassados com base em Atos Institucionais, sendo que em 1980, extinguiu-se o bipartidarismo, instaurado durante o Regime Militar, tendo sido criado, a partir desse fato, o PARTIDO DO MOVIMENTO DEMOCRÁTICO BRASILEIRO (PMDB), como sucessor do MDB, o PARTIDO DEMOCRÁTICO SOCIAL (PDS), como sucessor da ARENA, dentre outros novos partidos, como o PTB, o PDT e o PT. O presidente e seu vice filiaram-se ao PDS, sendo que durante o Governo Figueiredo, ocorreram vários atentados, atribuídos a setores da direita e militares da LINHA DURA.

Em janeiro de 1980, ocorre uma onda de ataques, prosperando nos meses seguintes, sendo registrados vinte e cinco atentados a bombas, sem vítimas, em sua maioria explosões em bancas de jornais que vendiam periódicos de esquerda. E a situação se agravou quando, em 27 e 28 de agosto de

1980, cartas-bombas foram enviadas ao vereador do Rio de Janeiro, Antônio Carlos de Carvalho, do PMDB e ao presidente da Ordem dos Advogados do Brasil, Eduardo Seabra Fagundes. Em consequência desses atentados, o jornalista José Ribamar de Freitas, chefe de gabinete do Vereador Antônio Carlos, ficou gravemente ferido e a senhora Lídia Monteiro da Silva, secretária da Ordem dos Advogados do Brasil, faleceu. Imediatamente, os presidentes de todos os partidos políticos reuniram-se no Congresso Nacional, em Brasília, para manifestar solidariedade à luta contra o terrorismo e cobrar providências do governo do General Figueiredo.

O mais notório atentado à bomba aconteceu no dia 30 de abril de 1981, no RIOCENTRO, situado na Barra da Tijuca – Rio de Janeiro/RJ, quando duas bombas explodiram durante um show de música popular, promovido pelo Centro Brasil Democrático (Cebrade), em comemoração ao Dia do Trabalho. No local havia cerca de vinte mil pessoas, em sua maioria jovens. Não se sabendo se por acidente ou imperícia, uma das explosões ocorreu em um carro particular que manobrava no estacionamento do RIOCENTRO, matando um dos ocupantes, o sargento de exército, Guilherme Pereira do Rosário e ferindo gravemente o capitão Wilson Luís Chaves Machado, que dirigia o veículo, ambos pertenciam ao DOI-CODI do I EXÉRCITO. A imprensa e a opinião pública se convenceram de que as vítimas eram os próprios terroristas, mas o general de exército, Gentil Marcondes, comandante do I Exército, divulgou a versão de que ambos cumpriam MISSÃO DE ROTINA, determinando o sepultamento do sargento com honras militares.

O atentado provocou uma crise política que acabou sendo solucionada à base de muitas concessões. Não houve punição ostensiva aos militares, integrantes da "LINHA DURA" e o I Exército pôde fazer seu próprio IPM (Inquérito Policial Militar), concluindo que os dois militares do exército haviam sido "VÍTIMAS DE UMA ARMADILHA ARDILOSAMENTE PLANEJADA, ONDE AS BOMBAS FORAM COLOCADAS DENTRO DO VEÍCULO DO CAPITÃO".

O Governo negou conhecimento da operação no RIOCENTRO, e, a partir de então, não ocorreu nenhum atentado terrorista significativo.

A solução não agradou a todos os membros do Governo Figueiredo, em razão da não punição dos autores e responsáveis pelo atentado do RIOCENTRO e, em 06 de agosto de 1981, o general de exército, Golbery do Couto e Silva, principal articulador do processo de distensão política, pediu demissão do cargo de chefe da Casa Civil da Presidência da República, cargo que ocupava desde o início do Governo Geisel, alegando divergências irreconciliáveis.

AGORA É COMIGO!

O presidente Figueiredo atribuía os atentados aos "BOLSÕES RADICAIS, PORÉM SINCEROS", ou seja, MILITARES DA LINHA DURA que não queriam que a abertura política dele (Figueiredo) prosperasse, por medo de revanchismo, caso a oposição chegasse ao poder.

Na economia, como Presidente da República, discursou na Assembleia Geral das Nações Unidas, criticando os altos juros impostos pelos Países desenvolvidos. Sua gestão ficou marcada pela grave crise econômica que assolou o Brasil e o mundo, com as altas taxas de juros internacionais, pelo segundo choque do petróleo em 1979, pela disparada da inflação, que ultrapassou 45% ao ano, chegando a 230%, ao longo de seis anos, fazendo crescer a dívida externa do Brasil, a qual, pela primeira vez, rompeu a marca dos cem bilhões de dólares, levando o País a recorrer ao Fundo Monetário Internacional (FMI) em 1982.

No entanto, em seu último ano de governo, o Brasil havia conseguido sair da recessão e o Produto Interno Bruto (PIB) atingiu um crescimento superior a 7% ao ano. As contas externas também encontraram relativo equilíbrio ao final de seu governo, com a explosão das exportações e o aumento da independência nacional do mercado externo, especialmente na área do petróleo.

Implementou também, o programa de incentivo à agricultura, que tinha como slogan "PLANTE QUE O JOÃO GARANTE". O programa foi criado pelo ministro do Planejamento, Antônio Delfin Neto, embora muitos agricultores tenham quebrado por causa dos incentivos, que visavam modernizar a agricultura brasileira.

A agricultura foi realmente modernizada e o programa foi o grande responsável por termos o Brasil, atualmente, como um dos maiores e melhores exportadores agrícolas do mundo, graças ao grande mineiro Allison Paulinelli, Ministro da Agricultura.

Os preços do arroz e feijão, dentre outros alimentos básicos, baixaram consideravelmente, pois eram considerados muito caros para os mais pobres. O Governo Figueiredo também foi autor do maior programa de habitação da história do Brasil, construindo quase 3.000.000 (três milhões) de casas populares – mais que toda a história do Banco Nacional de Habitação (BNH), que posteriormente foi incorporado à Caixa Econômica Federal, implantada pelo então Ministro do Interior, Mário Andreazza.

Alguns atos marcantes de seu governo foram a Anistia aos punidos pelo AI-5; o perdão aos crimes de abuso de poder, tortura e assassinatos, cometidos por órgãos de segurança; a garantia do processo de abertura política, iniciado pelo presidente Ernesto Geisel, a qual resultou no fim do regime militar; a extinção do bipartidarismo, o que dividiu a oposição entre novos partidos criados, mantendo a união dos Arenistas, garantindo a presidência da Câmara dos Deputados; o estabelecimento do reajuste semestral do salário mínimo; a criação do Estado de Rondônia; a criação do programa GRANDE CARAJÁS; a ampliação do programa de reforma agrária no Norte do Brasil; a assinatura da lei de número 7.116/1983, a qual assegura a validade nacional das carteiras de identidade; a criação das Companhias de Trens Urbanos (CBTU), em 1984; a assinatura da atual Lei de Segurança Nacional, em 1983 e a extinção da Rede Tupi de Televisão, a primeira emissora de televisão da América Latina.

Figueiredo não passou a Faixa Presidencial a seu sucessor, José Sarney, por ele ser o vice de Tancredo de Almeida Neves, bem como por achá-lo um "impostor", e, então, copiou o presidente Humberto de Alencar Castelo Branco, que, também, não passou a faixa ao seu sucessor Arthur da Costa e Silva.

Depois de seu governo, afastou-se definitivamente da vida política, ficando célebre a sua declaração de despedida, dada ao jornalista ALEXANDRE GARCIA, para a extinta TV MANCHETE: "BOM, O POVO, O POVÃO QUE PODERÁ ME ESCUTAR, SERÁ TALVEZ OS 70% DE BRASILEIROS QUE ESTÃO APOIANDO O TANCREDO NEVES. ENTÃO DESEJO QUE ELES TENHAM RAZÃO, QUE O DOUTOR TANCREDO CONSIGA FAZER UM BOM GOVERNO PARA ELES. E QUE ME ESQUEÇAM".

Foi o quarto mandatário da República, com maior tempo no cargo (1979 a 1985), ficando seu mandato atrás, apenas, de Getúlio Vargas (dezoito anos), Fernando Henrique Cardoso (oito anos) e Luiz Inácio Lula da Silva (oito anos).

Concomitantemente, na família Moreira da Silva, minha irmã Edna começa a trabalhar como recepcionista, em 1979, na empresa de contabilidade Everaldo Drubi Passos. Posteriormente torna-se bancária do UNIBANCO S/A até 1988, quando entrou para o funcionalismo público, permanecendo até sua aposentaria em 2016. Casou-se com o engenheiro Wiliam em 1989, tendo a linda filha Stéphanie desta união.

Os anos de 1980 foram fundamentais na minha estruturação futura, pois havia ingressado nos quadros da Polícia Militar do Estado de São Paulo, retomado os estudos, matriculando-me no Curso Supletivo Modelar, na Avenida Tiradentes – São Paulo/SP, concluindo o 2º grau no dia 15 de julho de 1982, quando já cursava o Curso de Formação de Cabos da PMESP. No final do mesmo ano de 1982, prestei vestibular para o Curso de Formação em Ciências Jurídicas e Sociais nas Faculdades Integradas de Guarulhos, na Vila Rosária – Guarulhos – São Paulo.

Foram anos de pouco dinheiro e muito sacrifício, tendo de gastar com livros, cadernos, advogados de defesa, mensalidade da faculdade, palestras,

AGORA É COMIGO!

roupas, etc. Lembro-me que, às vezes, tinha que ir e voltar da faculdade, caminhando pelas ruas da Zona Norte e de Guarulhos, em São Paulo, por falta de dinheiro para o pagamento das passagens. Minha residência ficava, como dizem na linguagem popular, "FORA DE MÃO".

Durante o curso de Direito, participei de diversas conferências e palestras com os eminentes professores/doutores Jaques de Camargo Penteado, José Damião Pinheiro Machado Cogan, Kazuo Watanabi, Hermínio A.M. Porto, Miguel Colassuano, Celso Tomás Bastos, Hélio Bicudo, Ulisses Guimarães, Michel Temer, Romeu Falconi, Celso R. Bastos, Narciso Orlandi, Luiz Antônio Fleury Filho, Arnaldo Faria de Sá, Milton Sanseverino, Carlos Frederico Nogueira, Júlio Fabrinni Mirabete, Washington de Barros Monteiro, Maria Helena Diniz, Percival de Souza, dentre outros, respectivamente nos anos de 1984, 1985, 1986, 1987 e 1988.

Os anos mais pesados do curso foram os anos de 1985/1986, quando, no dia 30 de setembro de 1985, depois de ter prestado concurso interno, ingressei no Curso de Formação de Sargentos da Polícia Militar do Estado de São Paulo, no Centro de Formação e Aperfeiçoamento de Praças (CFAP), formando-me como 3º sargento da Polícia Militar do Estado de São Paulo, em 15 de maio de 1986, tendo como paraninfo da turma, o governador do estado de São Paulo, André Franco Montoro, o qual compareceu à cerimônia de formação acompanhando pelo futuro governador Orestes Quércia, do prefeito da cidade de São Paulo, Dr. Mário Covas, do secretário de segurança pública Michel Temer, dentre outras personalidades políticas, familiares e convidados.

Outro grande acontecimento dos anos 1980 foi a grande mobilização popular, com apoio da mídia, artistas e políticos, pelas eleições diretas. Esse movimento ficou conhecido como "DIRETAS JÁ" e pretendia influenciar a votação no Congresso Nacional da "EMENDA DANTE DE OLIVEIRA", que visava o retorno imediato das eleições diretas para Presidente da República. Movimento apoiado por Tancredo Neves e Ulisses Guimarães, sendo que este último que ficou conhecido como "SENHOR DIRETAS". A emenda foi rejeitada pelo Congresso Nacional, com o apoio do presidente João Baptista Figueiredo. Mas, em contrapartida, naquele ano, foi realizada eleição indireta para Presidente da República, sendo eleitos Tancredo de Almeida Neves para Presidente da República e José Ribamar Ferreira Araújo da Costa Sarney para vice-presidente, ambos do Partido do Movimento Democrático Brasileiro (PMDB), derrotando a chapa oficial com 480 votos a favor, contra 180 votos da chapa liderada por Paulo Salim Maluf, do Partido Democrático Social (PDS). Começava, nesse momento político brasileiro, a era denominada "NOVA REPÚBLICA".

Tancredo de Almeida Neves sequer chegou a assumir o cargo de Presidente da República, posse que estava marcada para o dia 15 de março de 1985, pois teve que ser submetido a uma cirurgia de emergência, exatamente um dia antes de sua posse. Então, assumiu o posto seu vice-presidente, JOSÉ RIBAMAR FERREIRA ARAÚJO DA COSTA SARNEY, "JOSÉ SARNEY". Infelizmente, após sete cirurgias, Tancredo Neves faleceu no BIOCOR do Hospital das Clínicas em São Paulo/SP, no dia 21 de abril de 1985, o que causou grande comoção social no País, gerando uma instabilidade política, por ser o primeiro governo após o término do Regime Militar. Havia grande expectativa da desvinculação entre política e militarismo, sendo que a morte de Tancredo Neves ocasionava a possibilidade de retomada do Regime Militar, o que foi evitado, graças às costuras políticas da época, realizadas pelo SENHOR DIRETAS, Ulisses Guimarães, com o Ministro do Exército.

CAPÍTULO 9

- O Governo José Sarney
- A Nova Constituição de 1988
- A Eleição do Presidente Collor de Mello –
  Caçador de Marajás
- O Confisco das Cadernetas de Poupança
- A Cassação do Mandato do Presidente Collor
- O Presidente Itamar Franco

O vice-presidente José Sarney, que havia assumido interinamente o cargo de Presidente da República Federativa do Brasil, tornou-se efetivamente o 31º Presidente da República, em 22 de abril de 1985, dando continuidade ao processo de transição política no país para um governo civil, primeiro, conseguindo aprovar no Congresso Nacional, em 08 de maio de 1985, a Emenda Constitucional que estabeleceu "ELEIÇÕES DIRETAS" para Presidente da República, governadores de estado e prefeito, e, segundo, convocando uma ASSEMBLÉIA NACIONAL CONSTITUINTE, visando a elaboração de uma nova Constituição da República, a fim de substituir a Carta Constitucional adotada pelo Regime Militar de 1967, tendo sido formada a Assembleia Nacional Constituinte em 01 de fevereiro de 1987.

Instalada a Assembleia Nacional Constituinte, foi eleito presidente Ulisses Guimarães, do PMDB/SP. A maior parte da Assembleia Constituinte era formada pelo Centro Democrático (PMDB, PFL, PTB, PDS e partidos menores), ficando conhecido como "CENTRÃO", apoiados pelo Poder Executivo, liderado por José Sarney. O "CENTRÃO" representava as facções conservadoras da sociedade e teve uma influência decisiva no trabalho da Constituinte e no resultado das decisões importantes, tais como a manutenção da política agrária e o papel das Forças Armadas.

Independentemente das controvérsias de cunho político, a nova Constituição Federal de 1988, assegurou diversas garantias constitucionais com o objetivo de dar maior efetividade aos direitos fundamentais, permitindo a participação do Poder Judiciário sempre que houver lesão ou ameaça de lesão a direitos. Para demonstrar a mudança que estava havendo no sistema governamental brasileiro, o qual estava saindo de um regime rígido a outro mais liberal, a nova Constituição Federal qualificou, como crimes inafiançáveis, a tortura e as ações armadas contra o estado democrático de direito, a ordem constitucional, criando assim dispositivos legais para bloquear golpes de qualquer natureza, ficando definitivamente firmadas as eleições diretas para todos os cargos eletivos no País.

A nova Constituição Federal da República Federativa do Brasil foi promulgada em 05 de outubro de 1988, ficando conhecida como "CONSTITUIÇÃO CIDADÃ", sendo que a meu ver, poderia ser muito mais "ENXUTA", pois muitos artigos constantes da Carta Magna, poderiam constar de Leis infraconstitucionais e Leis Ordinárias, inclusive que muitas Leis complementares, até hoje, não foram regulamentadas, tendo o Grande Historiador BORIS FAUSTO feito o seguinte comentário a respeito da Constituição Federal: "O TEXTO CONSTITUCIONAL REFLETIU AS PRESSÕES DOS DIVERSOS GRUPOS DA SOCIEADADE, INTERESSADOS NA DEFINIÇÃO DE NORMAS QUE OS BENEFICIASSEM".

O Governo Sarney sofreu com a alta da inflação, além das crises políticas e internacionais. Para tentar "desafogar" o País, criou diversos planos econômicos, dentre eles os planos "PLANOS CRUZADO I e II" e "PLANO BRESSER". Pelo Plano Cruzado, o Cruzeiro, moeda vigente na época, foi mudado para CRUZADO e os salários foram congelados, tendo reajuste sempre que a inflação atingisse 20%, o famoso "GATILHO SALARIAL". Apareceram os "FISCAIS DO PRESIDENTE SARNEY". A correção monetária foi extinta, sendo criado o SEGURO – DESEMPREGO. No início, o Plano conseguiu atingir seus objetivos, diminuiu o desemprego e reduziu a inflação. A popularidade do plano conseguiu fazer com que o partido do presidente Sarney (PMDB), saísse vitorioso nas eleições de 1985, conseguindo eleger 19 dos 25 prefeitos das capitais estaduais brasileiras, sendo que, no ano seguinte, em 1986, elegeu os governadores de todos os estados brasileiros, com exceção do estado de Sergipe e, no Congresso Nacional, conseguiu 261 vagas (54%) de um total de 487 da Câmara dos Deputados e no Senado Federal conquistou 45 cadeiras, 62% dos 72 Senadores.

Logo após as eleições, o Plano Cruzado começou a decair, tendo os comerciantes começado a esconder mercadorias para se beneficiarem do

"ÁGIO", taxa adicional, sobre o produto, para venderem os comercializados acima do preço estabelecido, causando o anúncio do "PLANO CRUZADO II". O plano fracassou e a inflação atingiu o nível de 20%, provocando a troca de Ministros da Fazenda, saindo Dilson Funaro, entrando Luiz Carlos Bresser Pereira. Pouco tempo depois da posse do novo Ministro da Fazenda Bresser Pereira, a inflação já estava em 23,21%. Visando controlar o déficit público, onde o governo gastava mais que arrecadava, apresentaram, em junho de 1987, em caráter de emergência, o "PLANO BRESSER", instituindo o congelamento de preços e salários por três meses.

Com o intuito de diminuir o déficit público, foram tomadas algumas medidas como: "DESATIVAÇÃO DO GATILHO SALARIAL, AUMENTO DE TRIBUTOS, ELIMINAÇÃO DO SUBSÍDIO DO TRIGO, ADIAMENTO DE OBRAS DE GRANDE PORTE JÁ PLANEJADAS, COMO A FERROVIA NORTE-SUL, TREM BALA ENTRE SÃO PAULO E RIO DE JANEIRO, PÓLO PETROQUÍMICO DO RIO DE JANEIRO, ETC.". As negociações com o Fundo Monetário Internacional (FMI) foram retomadas, ocorrendo a suspensão da moratória. Mesmo com essas medidas, a inflação atingiu o índice alarmante de 366% no acumulado de 12 meses, em 1987.

O Ministro da Fazenda Bresser Pereira se demitiu em 06 de janeiro de 1988, sendo substituído por Maílson da Nóbrega, o qual instituiu a "POLÍTICA DO FEIJÃO COM ARROZ", criou o "PLANO VERÃO", em 1989, o qual decretou um novo congelamento de preços e criou uma nova moeda, o "CRUZADO NOVO" e, assim como todos os outros planos, fracassou e José Sarney terminou o governo com uma forte recessão econômica.

Já na política externa, José Sarney assumiu a presidência nos últimos anos de "GUERRA FRIA", tendo em 1986 reatado as relações diplomáticas com Cuba, o que externamente representou a aproximação de países capitalistas com socialistas e, internamente, o fim das características do Regime Militar, pois fora o primeiro governo militar, do presidente Castelo Branco, que havia rompido relações diplomáticas com Cuba. Devido às crises econômicas, o Governo Sarney achou necessário buscar novas parcerias com países africanos que utilizavam a Língua Portuguesa.

No Governo Sarney notabilizaram-se as acusações de CORRUPÇÃO ENDÊMICA, em todas as esferas do governo, sendo o próprio presidente José Sarney denunciado, embora as acusações não tenham sido levadas à frente pelo Congresso Nacional. No período entre 1987 e 1989, eclodia a crise política, aliada à crise econômica, onde foram citadas suspeitas de superfaturamento e irregularidades em concorrências públicas, como a da Ferrovia Norte-Sul, denúncias de nepotismo, ou seja, favorecimento de amigos e conhecidos, com concessões em rádios e televisões, deixando insatisfeita uma ala do PMDB, provocando um racha e a criação e fundação do PARTIDO DA SOCIAL DEMOCRACIA BRASILEIRA (PSDB).

O auge da crise ocorreu durante a Assembleia Nacional Constituinte, onde os membros do partido votaram pelos quatro anos de mandato para José Sarney, apesar da tese dos cinco anos ter prevalecido, capitaneada pela maioria da bancada do PMDB e de políticos conservadores, bancados pelo Presidente da República.

Em sua saída, o presidente José Sarney decretou feriado bancário, no dia 14 de março de 1990, a pedido de seu sucessor e, com isso, tomou conhecimento antecipado do "CONFISCO QUE SERIA REALIZADO POR FERNANDO COLLOR DE MELLO", informando a familiares e amigos mais próximos, os quais retiraram o dinheiro dos bancos, enquanto o restante do povo brasileiro ficou com todo o dinheiro confiscado, prejudicando a maioria do povo, inclusive eu, meus familiares e amigos, levando muitos brasileiros a cometerem suicídio.

O presidente José Sarney foi substituído em 15 de março de 1990, quando tomou posse o Presidente da República, Fernando Collor de Mello, eleito em 1989, pelo Partido da Renovação Nacional (PRN), juntamente com seu vice-presidente Itamar Franco, em uma disputa de segundo turno com o sindicalista Luís Inácio Lula da Silva, utilizando a "BANDEIRA DE CAÇADOR DE MARAJÁS".

Prometendo atender todos os anseios de um povo recém saído do Regime Militar (1964 – 1985), Fernando Collor de Mello tomou posse como o 32º Presidente da República Federativa do Brasil, em 15 de março de 1990, tendo como vice-presidente Itamar Franco, sendo que mesmo antes de sua posse, confiscou as poupanças do povo brasileiro, juntamente com a Ministra da Fazenda, Zélia Cardoso de Mello, com a criação do "PLANO COLLOR". O plano previa a recuperação da economia brasileira, injetando recursos na economia, com a alta de impostos, abertura dos mercados nacionais e a criação de uma nova moeda, "O CRUZEIRO". Determinou o confisco das cadernetas de poupança com valores superiores a Cr $ 50.000,00 (Cinquenta mil Cruzeiros), durante o prazo de dezoito meses, dizendo ter apenas "UMA BALA EM SEU REVÓLVER", fazendo com que o general Milton Cruz, dissesse: "SE ELE TINHA APENAS UMA BALA EM SEU REVÓLVER, PORQUE NÃO DEU UM TIRO NA CABEÇA?". A recepção do Plano Collor para recuperação da economia foi, de imediato, negativa, principalmente pelos médios e pequenos investidores, trazendo uma série de polêmicas e prenúncios que afundariam o seu governo, aliado à atitudes como passear

AGORA É COMIGO!

em aviões a jato da Força Aérea Brasileira, corridas pelas ruas e avenidas de Brasília, imitando o Governo Menem da Argentina. Sendo um político de articulação restrita, Collor montou um Ministério recheado de figuras desconhecidas ou sem nenhum respaldo para enfrentar os enormes desafios a serem resolvidos pelo seu governo. Além de não alcançar as metas previstas no plano econômico.

O presidente Collor envolveu-se em um enorme escândalo de corrupção, o qual ficou conhecido como "O ESCÂNDULO PC-FARIAS", sendo tais práticas denunciadas pelo próprio irmão do presidente, Pedro Collor de Mello e publicadas nos mesmos órgãos de imprensa que tinham dado apoio a sua candidatura. Com uma crise econômica, somada a uma crise política, Fernando Collor de Mello foi alvo de uma Comissão Parlamentar de Inquérito (CPI) que conseguiu provar as irregularidades a ele atribuídas. Sem nenhuma base de apoio no Congresso, ainda foi pressionado por uma imensa campanha estudantil, conhecida como "OS CARAS PINTADAS", pelos rostos pintados de verde e amarelo, que exigia o fim de seu mandato, com a renúncia.

Não tendo dado certo o Plano Collor I, veio o Plano Collor II. Iniciado em janeiro de 1991, o Plano Collor II incluiu novos congelamentos de preços e a substituição das taxas de overnight, com novas ferramentas fiscais que incluíam, no seu cálculo, as taxas de produção antecipada de papéis privados e federais. O plano conseguiu apenas um curto prazo de queda da inflação. Logo em seguida, a inflação voltou a subir, atingindo 20% anuais em maio de 1991, ocasionando a demissão da Ministra da Fazenda Zélia Cardoso de Mello, que foi substituída, em 10 de maio de 1991, pelo Ministro da Fazenda Marcílio Marques Moreira, um economista formado pela "GEORGETOWN UNIVERSITY", sendo que, na época de sua nomeação, era embaixador do Brasil nos U.S.A..

Em meados de 1992, denúncias de irregularidades começaram a surgir na imprensa, envolvendo pessoas do círculo próximo ao presidente Fernando Collor, como ministros, amigos, até mesmo, a primeira-dama Rosane Collor, além do tesoureiro de campanha, Paulo César Farias. Em entrevista à revista Veja, em maio de 1992, Pedro Collor de Mello, irmão do presidente, revelou o esquema de corrupção que envolvia o tesoureiro de campanha, Paulo César Farias, entre outros fatos comprometedores para o presidente Collor. Em meio a essas denúncias e com forte comoção popular, foi instalada, em 27 de maio de 1992, na Câmara Federal, uma COMISSÃO PARLAMENTAR DE INQUERITO (CPI) para apurar os esquemas de Paulo César Farias na campanha presidencial, bem como a ligação do Presidente da República com os fatos divulgados na mídia.

Em primeiro de junho de 1992, a CPI começa seus trabalhos com forte cobertura dos meios de comunicação. A revista "ISTOÉ" publica, em 01/07/1992, uma matéria, confirmada na edição seguinte, de 08/07/1992, na qual Eriberto França, motorista da secretária do presidente Collor, revela que ele próprio pagava as despesas pessoais do presidente Collor, com dinheiro de "UMA CONTA FANTASMA", mantida por Paulo César Farias, reforçando a tese do irmão do presidente Collor, Pedro Collor de Mello. Em 02 de setembro de 1991, é aberto o processo de Impeachment na Câmara dos Deputados Federais, proposto por Barbosa Lima Sobrinho e Marcello Lavenére Machado, impulsionado pela maciça presença do povo nas ruas, como "O MOVIMENTO DOS CARAS PINTADAS". Em 29 de setembro de 1992, por 441 votos a 38 votos, a Câmara dos Deputados vota pelo "IMPEACHMENT" do presidente Fernando Collor, que é imediatamente notificado e afastado do cargo.

A Presidência da República é assumida no dia 02 de outubro de 1992, pelo vice-presidente Itamar Franco. Em 29 de dezembro de 1992, o Presidente da República Fernando Collor renunciou à Presidência da República, horas antes de ser condenado pelo Senado Federal por "CRIME DE RESPONSABILIDADE", tendo seus direitos políticos suspensos por oito anos.

Foi a primeira vez, na História Republicana do Brasil, que um presidente, legitimamente eleito pelo povo através do voto direto e universal, fora afastado de seu cargo, pelas vias democráticas.

O governo do Presidente da República Itamar Franco teve início em 29 de dezembro de 1992, com a renúncia do presidente Fernando Collor de Mello (após processo de impeachment), governando o Brasil até 01 de janeiro de 1995, período no qual o País vivia um momento conturbado e uma inflação altíssima.

O novo Presidente procurou realizar uma gestão transparente, buscando apoio dos partidos políticos, procurando atender os anseios da sociedade brasileira. Sua equipe era composta, majoritariamente, por mineiros, sendo ele baiano, erradicado em Minas Gerais. Seu governo ficou conhecido informalmente "COMO A REPÚBLICA DO PÃO DE QUEIJO". Defendendo diversas bandeiras, entre elas, o relançamento do VW Fusca, ficando ele conhecido como o "FUSCA DO ITAMAR".

O governo do presidente Itamar Franco herdou uma inflação anual de 1.191,09%, entregando uma inflação a 916,43%, tendo registrado crescimento de 10% do PIB e 6,78% da renda per capita dos brasileiros. Quando assumiu a Presidência da República, o Brasil estava no meio de uma grave crise econômica, alcançando em 1994, 2.708,55% de inflação anual (a maior da história do Brasil). Itamar teve de trocar de Ministro da Fazenda várias vezes, até que acertou, com Fernando Henrique Cardoso, quando este assumiu o Ministério da Fazenda do Governo Itamar Franco, vindo do Ministério das Relações Exteriores.

Em abril de 1993, cumprindo o determinado pela Constituição da República Federativa do Brasil, o governo realiza um Plebiscito para a escolha da forma e sistema de governo no Brasil. Dos que compareceram às urnas, 66% votaram a favor do sistema republicano, 10% a favor da monarquia. O presidencialismo recebeu 55% dos votos, ao passo que o parlamentarismo 25% dos votos.

Em função do resultado, foi mantido o sistema republicano e presidencialista. A votação foi livre, havendo a tentativa de ressurreição da Monarquia, quando o Deputado Federal Antônio Henrique da Cunha Bueno, do Partido Social Democrático de São Paulo, membro da Assembleia Nacional Constituinte, que aprovou a nova Constituição Federal da República de 1988, tentou a última cartada para retornar com a figura do Rei no governo Brasileiro.

A UNIDADE REAL DE VALOR (ou URV, sigla pela qual se popularizou) foi a parte escritural da atual moeda corrente do Brasil, cujo curso obrigatório se iniciou em fevereiro de 1994. Foi um índice que procurou refletir a variação do poder aquisitivo da moeda, servindo apenas como unidade de conta referência de valores.

Teve curso juntamente com o Cruzeiro Real (CR$) até 01 de julho de 1994, quando foi lançada a nova base monetária nacional, o REAL (R$). Instituída pela Medida Provisória número 482/1994 (posteriormente transformada na Lei nº 8.880/1994), foi parte fundamental do "PLANO REAL", contribuindo, positivamente, como mudança de moeda, para a estabilização monetária e econômica do Brasil, sem medidas de choque como confiscos e congelamentos, que traumatizaram os brasileiros.

O Ministro da Fazenda, responsável em gerir a equipe de economistas que planejou a entrada do Real como moeda corrente no Brasil e que executou o processo, foi FERNANDO HENRIQUE CARDOSO, que foi eleito Presidente da República, em outubro de 1994. A equipe de economistas era composta por Pérsio Arida, André Lara Rezende, Francisco Lopes, Gustavo Franco, Pedro Mallan, Edmar Bacha e Winston Fritsch, coordenados pelo Secretário Executivo do Ministério da Fazenda, Clóvis Carvalho, o qual atuou como uma espécie de gestor da equipe. Foi feita a partir de idealização do economista EDMAR BACHA, que estabilizou a economia e acabou com a crise hiper inflacionária do Brasil.

O presidente Itamar Franco fez projetos de combate à miséria, ao lado do sociólogo "BETINHO", sendo que, em 1994, apoia o então candidato Fernando Henrique Cardoso, o qual saiu vitorioso nas urnas. Itamar terminou o seu governo com 41% de aprovação popular.

Na próxima eleição para presidente, em 1998, Itamar considerou-se traído pelo seu amigo e ex-Ministro da Fazenda, eleito Presidente da República em 1994, Fernando Henrique Cardoso, pois com a ajuda do Congresso, FHC instituiu no Brasil a reeleição de candidatos a cargos dos Poderes Executivos Federal, Estadual e Municipal.

Com essa manobra, FHC foi reeleito Presidente da República nas eleições de 1998, enquanto Itamar Franco, sem conseguir legenda para disputar a eleição para Presidente da República com Fernando Henrique, concorreu ao governo de Minas Gerais, vencendo nas urnas o então governador do estado, Eduardo Brandão de Azeredo.

CAPÍTULO **10**

- A Colação de Grau
- O Curso Preparatório Êxito
- O Exame da Ordem dos Advogados em São Paulo
- O Ingresso na Carreira de Delegado de Polícia
- A Mudança para as Minas Gerais
- O Começo como Delegado de Polícia/MG
- A Convocação para Coordenar Cursos na ACADEPOL de Minas Gerais
- As Correntes Dentro da Polícia Civil/MG

Em 15 de dezembro de 1988, formei-me no Curso de Ciências Jurídicas e Sociais (DIREITO), colando Grau no dia 17 de janeiro de 1989, iniciando no dia 01/02/1989, o Curso Extensivo de Preparação de concursos na Área Jurídica, "CURSO ÊXITO", localizado na Rua Senador Feijó – Praça da Sé – Centro – São Paulo/SP, onde tive um aprendizado excelente e de suma importância em todos os ramos do Direito Público, Privado, Tributário, de famílias, das coisas, Trabalhista, Processual Penal, Processual Civil, etc., ficando no curso até dezembro de 1989.

No cursinho tive aulas com excelentes Professores como Júlio Fabrinni Mirabete, Antônio Pierangelli, Carlos Frederico Nogueira, Milton Sanseverino, desembargadores do Tribunal de Justiça de São Paulo, Ministério Público de São Paulo, Procuradoria do Estado de São Paulo, dentre outros grandes Juristas do Direito Brasileiro.

Durante o cursinho, prestei concursos para a Carreira de Delegado de Polícia, no Estado de São Paulo, chegando até os exames orais, onde era reprovado, embora respondesse todas as indagações jurídicas feitas pelos examinadores. Naquele momento, eu não sabia o motivo pelo qual era eliminado nessa fase do concurso, vindo somente a descobrir, no ano seguinte à nomeação de Delegado da Polícia Civil de Minas Gerais, que as reprovações eram devidas a processos criminais, aos quais respondia na Justiça Militar Estadual, quando trabalhava na Polícia Militar do Estado de São Paulo, durante os tiroteios, travados com criminosos, os quais vieram a falecer em razão desses confrontos.

Em 09 de julho de 1989, depois de prestar o primeiro exame estabelecido, a partir de então, pela OAB/BR, obtive habilitação no EXAME DE ORDEM "DA ORDEM DOS ADVOGADOS DO BRASIL – SEÇÃO SÃO PAULO, com o número 24.517, porém não exerci as funções de advogado, visto que era Funcionário Público, servindo como Segundo Sargento da Polícia Militar do Estado de São Paulo, portanto impedido de exercer as funções advocatícias.

Em 20 de março de 1990, depois de um grande esforço para arranjar dinheiro para as passagens de ônibus São Paulo/Belo Horizonte, pois o governo do Presidente da República Fernando Collor de Mello havia suspenso todas as movimentações bancárias, sendo que ninguém poderia sacar ou mexer no dinheiro que estava nos bancos brasileiros, praticamente um confisco do dinheiro dos brasileiros.

Como sabia que iria prestar provas do concurso de Delegado em Minas Gerais, deixei o meu salário, na conta bancária do Banco do Estado de São Paulo, motivo pelo qual fiquei impossibilitado de fazer os saques necessários para viajar para a capital de Minas Gerais, a fim de prestar o Concurso Público para a carreira de Delegado de Polícia.

No entanto, graças a Deus e a meus grandes irmãos, os quais se cotizaram e conseguiram o necessário para a compra das passagens de ônibus. Então, viajei para Belo Horizonte/MG, onde prestei a primeira prova para o concurso da carreira de Delegado de Polícia, tendo ficado alojado no Batalhão de Trânsito da Polícia Militar de Minas Gerais, situado na Avenida Amazonas – Bairro Gameleira – Belo Horizonte/MG, Batalhão mais próximo do Campus da PUC/MG, Campus Coração Eucarístico – Belo Horizonte/MG.

Conseguindo êxito na primeira etapa, retornei no dia 07 de abril de 1990 à cidade de Belo Horizonte/MG, onde, na Academia de Polícia Civil de Minas Gerais, no Bairro Nova Gameleira, prestei a prova escrita do concurso para a carreira de Delegado de Polícia de Minas Gerais. Eram 309 vagas para a Carreira de Delegado de Polícia, que desde de 1987, não havia realizado nenhum concurso para as carreiras de policiais civis, durante o Governo Nilton Cardoso.

Mais uma vez, consegui passar nesta etapa do concurso, onde no mês de maio, realizei os exames psicotécnicos, no Centro de Belo Horizonte.

AGORA É COMIGO!

Recordo-me que no dia desses exames psicotécnicos, realizados na parte da manhã, teria nesse mesmo dia, às 17:00 horas, de fazer a prova oral para a carreira de Delegado de Polícia do Estado de São Paulo, na Universidade de São Paulo (USP) na cidade Universitária – São Paulo/SP.

Foi então que combinei com meu irmão Severino do Ramos de me apanhar no Aeroporto de Guarulhos/SP, pois, mais uma vez com sacrifício, consegui comprar uma passagem aérea da Empresa Viação Aérea São Paulo S/A (VASP) para retornar para a capital paulista, logo após realizar os exames psicotécnicos para Delegado de Polícia em Minas Gerais.

Embarquei na cidade de Confins/MG às 14:30 horas, tendo o voo partido às 15:00 horas. O voo teve uma grande turbulência, jamais vista por este cidadão – no trajeto para o Estado de São Paulo, "cheguei até a pensar que o avião iria cair" tamanhos foram os balanços da aeronave durante a turbulência.

Cheguei no Aeroporto de Guarulhos/SP, exatamente às 16:00 horas e claro, foi aquela correria digna de filmes, pela Marginal do Tietê e Marginal do Rio Pinheiros, até chegar na cidade Universitária, mais especificamente, Academia de Polícia Civil de São Paulo, onde prestei a entrevista, seguida de exame oral, saindo por volta das 21:00 horas da cidade Universitária, chegando em minha residência, por volta das 23:00 horas. Foi um dia bem puxado.

Na ACADEPOL/MG, obtive êxito, indo para a próxima fase, dos exames Médicos. Mas ao contrário, na Polícia Civil de São Paulo, mais uma vez, fiquei no exame oral, pela quinta vez, pelas razões já apontadas anteriormente. Em vinte de maio, retornei à Belo Horizonte para os exames médicos, sendo que a maioria dos exames de sangue, urina, fezes e outros foram feitos em São Paulo, pois meu irmão Ramos conseguiu um desconto num laboratório de um médico amigo dele, no bairro da Vila Maria.

Realizados os exames médicos e conseguindo a aprovação, no fim de maio de 1990, retornamos à Academia de Polícia Civil de Minas Gerais, para, desta vez, realizar os exames físicos (corrida de cem metros com saco de 60 kg nas costas, subida de seis metros na corda, corrida de 3.100 m e outros), mais uma vez conseguimos aprovação. Então, providenciamos e entregamos as documentações necessárias exigidas para a matrícula, sendo matriculado no Curso de Formação de Delegados de Polícia/Turma I de 1990.

No dia 11 de junho de 1990, eu e mais 157 candidatos iniciamos o Curso de Formação, na Academia de Polícia Civil de Minas Gerais, tendo como Diretor Geral, o Doutor Cid Nelson Safe Silveira, Vice-Diretor e Coordenador Geral do Curso, o Doutor Jorge Travassos, Coordenadores de Turma, Doutores José Antônio de Moraes e Jari Ricas. Fiquei morando na companhia do aluno e amigo Kleber de Oliveira, chamado carinhosamente de Tatuí, devido à cidade onde morava, TATUÍ/SP, na casa da saudosa DONA DICA, na Rua Oscar Negrão de Lima – Bairro Nova Gameleira – Belo Horizonte/MG, durante todo o Curso de Formação da Carreira de Delegado de Polícia.

Em 21 de setembro de 1990, conclui o Curso de Formação de Delegados de Polícia Civil do Estado de Minas Gerais, sendo designado para trabalhar na cidade de Carmo da Cachoeira/MG, pertencente à Comarca de Varginha/MG, sendo subordinada, à época equivocadamente, à Delegacia Regional de Alfenas/MG, hoje corrigido, está subordinada à Delegacia Regional de Três Corações/MG.

Permaneci trabalhando no município por alguns dias, porque no dia 19 de outubro de 1990 fui convocado para ser Coordenador de Turmas de Formação das Carreiras policiais civis do Estado de Minas Gerais na ACADEPOL/MG, ficando à disposição dos Cursos de Formação até 15 de março de 1991.

Durante os cinco meses que permaneci à disposição da ACADEPOL/MG, trabalhei como Coordenador Disciplinar de todo o Curso de Formação de Delegados de Polícia Civil, Médicos Legistas, investigadores de polícia Civil, Escrivães de Polícia Civil, Identificadores de Polícia Civil, Vistoriadores de Veículos, Auxiliares de Necropsia e Carcereiros de Polícia Civil, todas as Carreiras policiais civis, exceto Peritos Criminais, sendo aproximadamente, 2.000 (dois mil) alunos, contando com inscritos através de mandatos judiciais. Começávamos a trabalhar às 06:00 horas e parávamos às 23:00 horas, pois a formação teria que ocorrer até o dia 12 de março de 1991, quando todos seriam nomeados pelo Governador do Estado de Minas Gerais, Nilton Cardoso, o qual deixaria o Cargo de Governador, no dia 15 de março de 1991.

Foram meses de intenso trabalho, ininterrupto, estafante, de sacrifícios e muita dedicação na formação dos dois mil novos policiais civis, os quais integrariam as mais diversas carreiras, defasadas pelos anos que não tiveram reposição dos quadros da PCMG. Em 12 de março de 1991, todos os formandos foram nomeados pelo Governador do Estado e foram trabalhar nos quadros da PCMG e nós, os Coordenadores de Cursos, retornamos para nossas funções, nos municípios Mineiros onde estávamos lotados.

Para entender algumas passagens que virão, vou tentar explicar: Na Polícia Civil de Minas Gerais, havia duas correntes políticas antagônicas, uma ligada ao saudoso Doutor Cid Nelson Safe Silveira e a outra, ao saudoso Secretário de Estado da Segurança Pública, Doutor José Rezende de Andrade, ambos de altíssima competência, honestidade e muita lealdade.

Os mais radicais de ambas as correntes, não aceitavam a ideia de ter, em sua equipe, profissionais da corrente oposta, gerando uma contenda prejudicial à Instituição, à população e aos integrantes, em geral, da Polícia Civil de Minas Gerais. Quando uma ala assumia, alguns, da outra ala, acabavam ficando sem função. Ficavam no "CORREDOR", o que, em SP, é chamado de "NASA". Na realidade, isto representava um grande desperdício de pessoal capacitado, já que esses profissionais recebiam seus salários dos cofres públicos sem a devida contraprestação, nada produzindo para o Estado e sua população.

Como fui convocado para ficar na ACADEPOL, formando policiais civis das diversas carreiras policiais, dediquei-me totalmente em formar, da maneira mais profissional possível, aqueles novos Aspirantes-Alunos, dentre eles, muitos parentes e amigos de ambas as correntes políticas e antagônicas que mencionei. Dada minha dedicação e foco total no trabalho sob minha responsabilidade, não tomei conhecimento dessa contenda entre as correntes, razão pela qual fui alvo da corrente contrária, a qual pensou que eu, EDSON MOREIRA, pertencia à corrente do Doutor Cid Nelson. Já havia assumido a Secretaria de Segurança, o Doutor José Rezende de Andrade, por fazer parte do Secretariado do saudoso Governador Hélio Garcia, o qual tomara posse no dia 15 de março de 1991.

Com isso, eu não conseguia muitas oportunidades de crescer na carreira e, periodicamente, sofria boicotes velados que dificultavam minha evolução profissional. Exemplo disto foi quando trabalhei como Delegado na cidade de Carmo da Cachoeira/MG. Na ocasião, ainda que a cidade não comportasse dois Delegados, designaram um segundo Delegado para trabalhar comigo, sinal óbvio de que eu seria movimentado para outra Comarca, uma vez que este segundo Delegado de Polícia já havia trabalhado no município e tinha mais contato com a política da região.

Claro que acabei sendo transferido da cidade de Carmo da Cachoeira, no mês de abril de 1991, para a Comarca de Natércia/MG, mais ao Sul do Estado de Minas Gerais, quando, na verdade, meu objetivo era uma cidade nas proximidades de Belo Horizonte/MG, com muito mais movimentação e, consequentemente, possibilidade maior de progredir na carreira.

Imaginem o que passei, um profissional novo, advindo da maior capital do País, tendo trabalhado intensamente no combate aos criminosos, louco para mostrar serviço, indo trabalhar numa cidade de aproximadamente sete mil habitantes, tranquila, com pouco trabalho de investigação, sem profissionais de outras carreiras para auxiliar, tendo que atuar como Delegado, Escrivão, Investigador, Vistoriador, Identificador, Licenciador de veículos. Tive, na verdade, que me "virar nos trinta", como diz o grande apresentador Fausto Silva, da Rede Globo de Televisão.

Para piorar ainda mais, a Delegacia da cidade de Natércia/MG era subordinada, na época, à Delegacia Regional de Segurança Pública de Itajubá/MG, a 70/80 Km de distância, subindo e descendo serras, estrada de terra, enquanto a Delegacia Regional de Pouso Alegre distava 30/40 km, tudo asfaltado, estradas retas, muito melhores para deslocamento; Como mais um fator contra, não havia viatura policial na Comarca de Natércia e eu tinha que utilizar meu próprio veículo para trabalhar para o Estado, sem nada receber em troca. Foram meses duros, sem apoio, sem nada, "muito peito", coragem e determinação para trabalhar sozinho, com a própria arma. Foram meses de muitos sacrifícios pessoais e profissionais, mas valeram a pena.

CAPÍTULO **11**

- O Trabalho na Comarca de Natércia
- A Transferência Para as Cidades de Poços de Caldas e Campanha
- Os Olhos do Secretário de Segurança Pública de Minas Gerais

Permaneci trabalhando na Comarca de Natércia/MG por aproximadamente seis meses, recordando-me que foi durante este período, no qual prestei o último concurso para a Carreira de Delegado de Polícia Civil do Estado de São Paulo, jogando todas as cartas políticas, chegando a tomar um "CHÁ DE CADEIRA DE SEIS HORAS, SENTADO NUM BANCO" da antessala de gabinete, esperando ser recebido pelo Diretor do DEGRAN/PCSP, à época, Delegado Cláudio Gobetti, hoje o DEGRAN está dividido em DECAP e DEMACRO, ficando claro que tudo isso não influenciaria em nada minhas chances na Polícia Civil do Estado de São Paulo. "QUANTA E TANTA HUMILHAÇÃO PARA NADA".

Mais uma vez não obtive sucesso no exame oral do Concurso, mas, durante a entrevista, fui alertado de que enquanto perdurassem os processos a que respondia, não conseguiria passar em concursos para ser um Delegado de Polícia Civil do Estado de São Paulo; e não adiantava ficar tentando, pois o problema residia exatamente nos processos, mesmo tendo sido eles, em serviço policial militar justificado e corretamente necessário; insistia nessa vereda da polícia paulista em razão de tentar ficar próximo de meus familiares, sendo esse o motivo maior, pois tinha plena convicção de que prestaria imensa contribuição à segurança pública, onde quer que servisse e Deus me encaminhou ao generoso povo das Minas Gerais.

Durante esse período de trabalho, na Comarca de Natércia/MG, também consegui quebrar os paradigmas de pertencer a um lado da corrente política, quando na verdade, pertencia apenas aos quadros de Delegado de Polícia

Civil de Minas Gerais. Foi quando, no final de novembro de 1991, acabei por ser transferido para a Delegacia Regional de Segurança Pública de Poços de Caldas/MG.

Na cidade de Poços de Caldas, o Delegado Regional Chefe era o Doutor Abel Lobo Cordeiro, o qual me designou para trabalhar como Delegado de Polícia responsável pela Comarca, direção da Cadeia Pública e investigações de crimes de homicídio, dentre outras funções administrativas.

Na Delegacia de Poços de Caldas comecei mostrando muito serviço, chamando a atenção do Delegado Regional, Doutor Abel Lobo Cordeiro, o qual me designou para investigar crimes de extorsão, os quais estavam sendo consumados na cidade de Poços de Caldas, com possível envolvimento de policiais civis, havendo vítimas do Estado de São Paulo.

Questionei, respeitosamente, ao superior, o motivo de não acionar a Corregedoria Geral de Polícia Civil para as investigações, sendo respondido que havia tido um desgaste muito grande com a ida da CGPC na cidade de Poços de Caldas, com o afastamento administrativo do Delegado de Polícia responsável pela Delegacia de Trânsito da Regional de Poços de Caldas, sendo que tentaria resolver sem a interferência do Órgão Corregedor, por isso estava me incumbindo da missão. Iniciei as investigações nas cidades de Vargem Grande do Sul, Casa Branca e Itubi, todas essas cidades no Estado de São Paulo, onde descobrimos que criminosos estelionatários dessa região estavam, com o auxílio de policiais de São Paulo e de Minas Gerais, extorquindo vítimas no chamado "GOLPE TRÊS POR UM", fato que havia ocorrido no ano anterior, na cidade de Juiz de Fora, onde morreram policiais e criminosos num tiroteio intenso, ocorrido no interior de um estacionamento, dentro de um prédio. Recolhi todo o material coletado, provas, cópias de procedimentos instaurados no Estado de São Paulo, retornei à Poços de Caldas, conversei com Promotores de Justiça e com o Juiz de Direito da 2ª Vara Criminal de Poços de Caldas, Doutor Antônio Sérvulo dos Santos, o qual, confiando inteiramente neste Delegado de Polícia, recém chegado à Comarca, decretou a Prisão Temporária dos criminosos da região de Vargem Grande do Sul/SP, Casa Branca/SP e Itubi/SP. Com isso, cumprimos os mandados de prisão temporária, trazendo os criminosos para Poços de Caldas, onde descobrimos todos os policiais civis de Minas e de São Paulo envolvidos na extorsão, utilizando viatura policial civil da Delegacia Regional de Poços de Caldas/MG, sendo esses policiais próximos ao Titular da Delegacia Regional de Poços de Caldas/MG. Contrariando ordens recebidas, não por insubordinação, mas pelo e no interesse da comunidade local, representei e foi decretada a PRISÃO PREVENTIVA dos policiais civis de São Paulo/

AGORA É COMIGO!

São João da Boa Vista e de Poços de Caldas/MG, sendo todos condenados posteriormente. Mas a minha decisão de prender os policiais não agradou ao Titular da Delegacia Regional de Polícia Civil de Poços de Caldas, o qual me colocou à disposição da Superintendência Regional de Polícia Civil em Belo Horizonte, justamente no mês de janeiro de 1992, quando a maioria do Conselho Superior de Polícia Civil estava em férias ou viajando.

Com o retorno do Secretário de Segurança Pública de Minas Gerais, Doutor José Rezende de Andrade, e do Superintendente Geral de Polícia Civil, Doutor Paulo Sérgio Miranda Schettino, em fevereiro de 1992, fui transferido para a Comarca de Campanha/MG, subordinada à Delegacia Regional de Segurança Pública de Três Corações/MG, terra do Rei do Futebol, meu xará, EDSON ARANTES DO NASCIMENTO, "O PELÉ", sendo comandada, na época, pelo Delegado Regional, Doutor Arnoldo Amantino Coelho Palomino, o qual me recebeu com um pouco de desconfiança, mas depois que acompanhou o meu trabalho na cidade de Campanha/MG, ficou meu fã e um grande amigo.

Na cidade de Campanha/MG, encontrei uma estrutura muito melhor do que encontrei em Natércia/MG. Lá tinha Escrivão de Carreira, o grande Jarbas, investigador de polícia, o grande Job, mais funcionários administrativos, dentre eles o Hélcio. Na Cadeia Pública, éramos apoiados pela Polícia Militar do Estado de Minas Gerais, da qual, em todas as cidades de Minas que trabalhei, obtive sempre um grande apoio, tanto de pessoal, como administrativo e de material.

Umas das primeiras investigações realizadas foi o furto ocorrido na residência do Promotor de Justiça da Comarca de Campanha/MG, onde descobrimos os criminosos na cidade de Varginha/MG, dentre eles o Donizette, um dos maiores ladrões de café do Sul de Minas Gerais, o qual, depois, foi preso e cometeu suicídio no interior da Cadeia Pública de Varginha/MG. Donizette fora conduzido para aquela comarca devido ao número de crimes cometidos nas fazendas daquele município e outros como Elói Mendes, Três Pontas, Paraguaçu, Alfenas, todos em Minas Gerais.

Em Campanha/MG havia muitos inquéritos Policias de acidentes automobilísticos, com mortes, na maioria envolvendo caminhões, carretas, ônibus e automóveis de outros Estados da Federação, aguardando o cumprimento de cartas precatórias, relatei todos e encaminhei à Justiça da Comarca, concentrando nos mais recentes, principalmente envolvendo uso e tráfico de drogas, recordando de uma prisão que fiz sozinho, num sábado à noite, em que conduzi e autuei 16 pessoas, as quais foram conduzidas em fila para a Delegacia de Campanha/MG.

Outro fato ocorrido na cidade de Campanha/MG: crimes de corrupção passiva e ativa, bem como crime de concussão, em que o Prefeito da cidade estava envolvido. Como o mesmo tinha a prerrogativa de marcar dia e hora para o seu interrogatório, ele abusava, marcava e desmarcava o dia para ser interrogado, porém, na terceira vez em que não cumpriu a marcação fui pessoalmente à Prefeitura de Campanha para conduzi-lo coercitivamente para ser interrogado, tendo o mesmo fugido da cidade.

Para explicar, os crimes de corrupção passiva e ativa ocorrem quando um funcionário público solicita e aceita receber vantagem indevida para realizar algum serviço ou obra pública. O crime de concussão é quando o funcionário público exige que lhe seja dada alguma vantagem indevida, para realizar determinado serviço/obra ou deixar de fazer para beneficiar, indevidamente, alguém ou determinada empresa, até mesmo criminoso.

Foram muitos trabalhos realizados na cidade de Campanha/MG, utilizando o meu veículo particular, porque a única viatura existente na Comarca era um Fiat 147, o qual não mais funcionava, ficando encostado no Departamento de Transporte em Belo Horizonte. Com tudo isso, os pedidos de minha transferência para outra cidade eram constantes em Belo Horizonte/MG, principalmente por políticos do Sul de Minas e do Prefeito de Campanha e Vereadores, ligados ao Alcaide.

No final do mês de março, meados de abril de 1992, sou chamado a Belo Horizonte/MG, pelo Superintendente Geral de Polícia Civil, Doutor Paulo Schettino, o qual me convocava para trabalhar na Comarca de São João Evangelista/MG, no Vale do Rio Doce, pois a cidade estava precisando de um Delegado de Polícia com o meu perfil. Desta forma, o Secretário de Segurança Pública, Doutor José Rezende, pediu para o SGPC me convidar para trabalhar na cidade até o final das eleições de 1992, sendo que, depois, poderia ser transferido para trabalhar em Belo Horizonte, em qualquer Departamento de Polícia Civil ou Delegacia Distrital ou Especializada, tendo aceitado de pronto, momento em que o SGPC levou-me até o Exmo. Sr. Secretário de Segurança, o qual me orientou sobre toda a missão que deveria desenvolver na problemática e violenta cidade de São João Evangelista/MG. Esclareceu sobre o assassinato do Doutor e Professor Lúcio Vieira, a mando de Alaércio Curió e Gil Curió, do perigoso Márgio Miranda, dentre outros crimes e situações a serem resolvidos na Comarca e, depois de cumprida a missão e realizadas as eleições para Prefeito e Vereadores da cidade, poderia ser transferido para Belo Horizonte, em qualquer lugar que escolhesse. Nesse momento esclareci ao Secretário de Segurança sobre minha paixão em trabalhar na Divisão Especializada de Investigações de Crimes de Homicídios de Minas Gerais – DCCV/DI, recebendo o seu aval, mas antes deveria conversar com o Chefe da Divisão, Doutor Raul Moreira, quando chegasse a hora e, estando ele de acordo, trabalharia na Divisão de Homicídios.

Retornei para a Delegacia Regional de Três Corações, onde deveria continuar a trabalhar na cidade de Campanha/MG até a publicação do Ato de transferência, no Diário Oficial do Estado de Minas Gerais, comunicando ao Doutor Arnoldo Palomino todo o ocorrido, que tinha aceitado o convite para trabalhar em São João Evangelista/MG. Nesse instante, ele me perguntou: "VOCÊ TEM OLHO NAS COSTAS?" – Meio sem entender, respondi que não, ato contínuo falou: "ENTÃO PROVIDENCIE", esclarecendo que a região do Vale do Rio Doce era muito violenta e alguns policiais já haviam morrido em serviço nas cidades do Vale do Rio Doce, dentre elas São João Evangelista; falou da guerra de famílias dos Campos com os Pereiras, da família Curió, da família Leite e outras.

De Três Corações, retornei à Campanha/MG, pensando no que tinha ouvido do experiente Delegado de Polícia, Dr. Arnoldo Palomino. Ao chegar à Delegacia de Campanha, comuniquei ao Investigador Job e Escrivão Jarbas da transferência, momento em que eles riram sarcasticamente e falaram "Doutor toma cuidado que a região é famosa pelo folclore de matanças, inclusive de policiais, o pessoal é traiçoeiro e manda bala nos outros, não interessando se policial ou não, portanto toma muito cuidado".

CAPÍTULO 12

- A Transferência para a Cidade de São João Evangelista
- O Sentimento de Estar a Caminho do Matadouro
- O Delegado da Metralhadora
- A Prisão dos Assassinos dos Filhos do Prefeito de Materlândia
- Apagou a Luz, Pula no Chão que Vem Tiro
- Quem é o Mais Perigoso Criminoso de São João Evangelista?
- A Maior Ação de Apreensão de Armas de Fogo no Vale do Rio Doce
- Os Esclarecimentos de Diversos Assassinatos na Cidade e a Lotação da Cadeia de São João Evangelista
- A Transferência para Belo Horizonte DCCV/DIE/MG

Em meados do mês de maio de 1992, foi publicado o ato de transferência "ex-offício" para a Comarca de São João Evangelista/MG. Eu já havia feito os preparativos para a mudança, bem como combinado com o meu saudoso primo JOSÉ DELZUITO MOREIRA DA SILVA para me levar em seu veículo Chevrolet Monza até a cidade de Belo Horizonte, onde deveria levar uma viatura nova, VW Gol caracterizada e com as cores da Polícia Civil de Minas Gerais, para trabalhar na cidade, armamento, munições e outros materiais necessários, além de conversar, com o Secretário de Segurança Pública e o SGPC para receber orientações finais, numa segunda feira, dia 11 ou 12 de maio, salvo engano, na parte da manhã.

No sábado anterior, por volta das 14:00 horas, eu e meu saudoso primo Delzuito Moreira percorremos a Rodovia BR 381 – Fernão Dias em direção à

Belo Horizonte. Como já havia trabalhado na cidade de Carmo da Cachoeira, quando estávamos passando por ela na rodovia, resolvemos parar no antigo posto de gasolina da bandeira Ipiranga: "POSTO NOVO RIO", do amigo Milton Figueiroa, encontrando com o mesmo na lanchonete do posto. Nesse instante, passamos a conversar e disse a ele (MILTON FIGUEIROA), que estava indo para Belo Horizonte, pois havia sido transferido para a cidade de São João Evangelista. Como o Milton Figueiroa já havia residido em Santa Maria do Suaçuí/MG, inclusive casado com a senhora Valéria, nascida naquela cidade, portanto, conhecendo bem a região do Vale do Rio Doce, disse-me com aquele jeitão estapafúrdio: "VOCÊ TÁ LOUCO, OS HOMENS DE BELO HORIZONTE NÃO GOSTAM DE VOCÊ, ESTÃO TE MANDANDO PRÁ MORTE, VOCÊ NÃO ESTÁ VENDO, CUIDADO, MUITO CUIDADO, O PESSOAL LÁ MANDA BALA E NÃO QUER NEM SABER, ESTÃO TE MANDANDO PARA MORRERRRRRR!!!!". Nesse momento, meu primo José Delzuito, com os olhos arregalados, ficou muito assustado e preocupado, pois éramos como irmãos. Depois, o Milton me deu mais uns conselhos, indicou alguns amigos que deveria procurar e ficou conversando. Nesse instante peguei o meu primo pelo braço e o levei para fora da lanchonete e pedi a ele: "NÃO DIGA NADA AOS MEUS PAIS E FAMILIARES, LÁ EM SÃO PAULO", tendo ele respondido: "PODE FICAR TRANQUILO, NÃO VOU FALAR NADA PRÁ TIA DALILA E TIO EDGAR, ALIÁS NÃO VOU FALAR NADA COM NINGUÉM, MAS TOMA CUIDADO, DO JEITO QUE O SEU AMIGO FALOU, O NEGÓCIO DESSA CIDADE ONDE VOCÊ VAI TRABALHAR É FEIO. MAS VOCÊ TRABALHOU NA ROTA, ENTÃO TEM PREPARO PARA LIDAR COM SITUAÇÕES PERIGOSAS, SÓ TENHO MEDO É QUE TE PEGUEM PELAS COSTAS, POR ISSO TOMA CUIDADO".

Continuamos a viagem para Belo Horizonte e chegamos por volta de 21:00 horas, fomos para o Hotel Othon Palace, nas esquinas da Rua da Bahia, Rua Tupis, Avenida Afonso Pena, onde ficamos hospedamos e dormimos naquele sábado à noite, depois de lancharmos.

No domingo de manhã, meu primo José Delzuito retornou para São Paulo/SP, enquanto fiquei na Capital Mineira aguardando a segunda-feira, pois deveria me apresentar ao senhores Secretário de Segurança Pública de Minas Gerais, Doutor José Rezende e Superintendente Geral de Polícia Civil/MG, Doutor Paulo Schettino, para receber mais orientações e recomendações, o que ocorreu às 09:30 horas daquela segunda-feira, tendo recebido uma viatura nova (TENDO O DOUTOR JOSÉ REZENDE ME RECOMENDADO QUE QUANDO ENTRASSE NA CIDADE DE SÃO JOÃO EVANGELISTA, ERA PARA ABRIR A SIRENE PARA MOSTRAR QUE A CIDADE ESTAVA RECEBENDO UMA VIATURA NOVA E UM NOVO DELEGADO DE POLÍCIA).

Recebi uma metralhadora, farta munição, uma espingarda calibre 12, pistolas e outros acessórios, que apanhei com o Coordenador de Operações/SGPC, saudoso Doutor Pedrinho Raimundo de Souza, o qual me perguntou com aquela naturalidade: "ESTÁ INDO PARA GUERRA?" – Respondi que pelo que tinha ouvido falar da cidade de São João Evangelista/MG, realmente iria encarar uma guerra, instante em que ele (PEDRINHO RAIMUNDO DE SOUZA) disse: "SÃO JOÃO EVANGELISTA É FAMOSA PELOS COMENTÁRIOS CHEGADOS AQUI EM BELO HORIZONTE, LÁ O BICHO PEGA".

Coloquei todo material na viatura VW Gol caracterizada, o tanque estava cheio, peguei a Rodovia, à época BR 262, hoje BR 381 (A RODOVIA DA MORTE) com destino à cidade de São João Evangelista/MG, passando pelas cidades de Sabará (FUNDADA PELO BANDEIRANTE PAULISTA BORBA GATO), Caeté (que, na língua Tupi, significa MATO VERDADEIRO), Nova União, Bom Jesus do Amparo, Itabira (Terra do grande escritor CARLOS DRUMMOND DE ANDRADE), Santa Maria do Itabira, Ferros/Santana dos Ferros (DO SAUDOSO ESCRITOR ROBERTO DRUMMOND DA MINISSÉRIE HILDA FURACÃO), Dores de Guanhães, Carmésia, Guanhães (deriva da tribo indígena GUANAÃNS – que significa "AQUELE QUE CORRE") e, finalmente, São João Evangelista/MG.

Quando estava a caminho, "PARECIA O BOI INDO PARA O MATODOURO". Pensamentos vários passavam pela minha mente, tudo que haviam falado sobre a cidade de São João Evangelista e a Região do Vale do Rio Doce (Será que vou conseguir mesmo sair vivo dessa região para trabalhar em Belo Horizonte? E minha família em São Paulo/SP, meus irmãos...?). O quadro pintado era tenebroso e desesperador e fosse qualquer outro teria desistido. Mas, esse Delegado que aqui escreve, tem o tino, o interesse e a disposição máxima para enfrentar desafios com sucesso, porque escolheu a profissão policial por inteira vocação.

Eu tinha que encarrar aquela situação, então decidi: "A MELHOR DEFESA É O ATAQUE" e, cumprindo a determinação do Secretário de Segurança Pública, Doutor José Rezende, abri a sirene e entrei na cidade de São João Evangelista/MG, chegando na Praça Cornélio Pimenta (Praça Principal da cidade) parei a viatura, sai armado com a metralhadora, apontando para o alto e disparei uma rajada curta de tiros e gritei: "CHEGOU O NOVO DELEGADO DA CIDADE".

Aquela atitude se alastrou pela cidade de São João Evangelista/MG como um rastilho de pólvora, sendo tal atitude comentada até os dias atuais. Depois da Praça Cornélio Pimenta, desloquei-me para a Delegacia da Comarca para conversar com o Doutor José Plínio Cardoso, o qual estava deixando a Delegacia de Polícia de São João Evangelista para trabalhar em outra cidade.

Ao chegar na Delegacia, já passava das 18:00 horas, tendo sido recebido pelo Doutor Plínio Cardoso, o qual já me aguardava com aproximadamente 400 inquéritos policiais sobre a mesa. Depois dos cumprimentos, olhou de um lado para o outro, foi até as janelas, observou e me disse baixinho: "AQUI NESTA CIDADE VOCÊ TEM QUE TOMAR CUIDADO, APAGOU A LUZ, DEITE NO CHÃO IMEDIATAMENTE, PORQUE SENÃO LÁ VEM CHUMBO, MATARAM UM DELEGADO DE POLÍCIA AQUI NA FRENTE, DEPOIS QUE A LUZ ACABOU E TAMBÉM O INVESTIGADOR QUEIROGA, AQUI NA CIDADE, O DOUTOR LÚCIO VIEIRA, POR CAUSA DE POLÍTICA NA ESCOLA", dentre outras pessoas.

Aqui você tem que tomar cuidado, que as paredes tem ouvidos. Como já tinham me falado de quase tudo sobre o que estava me falando, agradeci a ele (Doutor Plínio) pelas orientações e pedidos para que tomasse cuidado, tendo também comunicado da passagem de comando, marcado para o dia seguinte, com a presença de autoridades locais, comerciantes e colaboradores da cidade. Em seguida, fomos jantar no Bar do Pereira.

Então, a partir daquele momento, passei a andar armado com uma metralhadora e dois revólveres na cintura, fato também que foi alvo de vários comentários em toda a Região do Vale do Rio Doce/MG.

No dia seguinte, foi passado o Comando da Delegacia de Polícia de São João Evangelista/MG, com a presença do Prefeito da cidade, Antônio Flausino Medina; do Juiz de Direito, Hélio Aprígio de Brito e do Promotor de Justiça, Doutor Humberto, ambos da Comarca de São João Evangelista e do empresário Milton Monteiro, dentre outras personalidades da cidade.

Depois da solenidade, passei a analisar todos os inquéritos e ocorrências policiais, procurando uma estratégia para solucionar todos os crimes da cidade.

Recebendo o comando da cidade de São João Evangelista/MG, fui convocado pelo Delegado Regional de Segurança Pública de Guanhães/MG, responsável administrativamente pela Delegacia de Polícia de São João Evangelista, Doutor Valdecir Antônio de Oliveira, para auxiliar o Delegado de Polícia da comarca de Sabinópolis, Doutor Efigênio Câmara de Souza, nas investigações dos assassinatos de dois filhos do Prefeito de Materlândia/MG, ocorrido no domingo anterior a minha chegada na Comarca de São João Evangelista.

As investigações direcionavam para criminosos da capital de São Paulo, portanto, no dia seguinte, seguimos para o Estado de São Paulo, onde na capital paulista, depois de muitas investigações na Zona Sul de São Paulo/SP, com o apoio do Departamento de Homicídios e Proteção à Pessoa/SP

DELEGADO EDSON MOREIRA

(DHPP), conseguimos descobrir e prender dois famosos "PÉS DE PATO", denominação dada a assassinos, promotores de chacinas em São Paulo/SP àquela época, Jonas e Ceará, trazendo-os para Minas Gerais, onde,depois de interrogados, confessaram os assassinatos e apontaram os outros coautores dos crimes em Materlândia/MG.

Com isso, foram totalmente esclarecidos os assassinatos e todos os autores levados à Justiça da Comarca de Sabinópolis/MG. Após solucionado os assassinatos dos filhos do Prefeito de Materlândia/MG, foi determinado pelo Delegado Regional de Ganhães, o meu retorno para a cidade de São João Evangelista/MG.

Assumindo, de fato e de direito, a Delegacia de Polícia de São João Evangelista/MG, reuni-me com todos os policiais civis, lotados na cidade, Escrivão João Coelho, Investigador Adilson Tiroteio, Carcereiro Geraldo e perguntei quem era o criminoso mais perigoso da região, tendo eles me informaram que era o indivíduo conhecido como "GERALDO CAIANA".

Então determinei que fizessem investigações para sua localização e prisão, tendo em vista que era responsável por diversos crimes de furto e agressões a policiais militares, na cidade de São João, tendo representado pela sua prisão preventiva.

Enquanto faziam as investigações para localização do alcunhado Geraldo Caiana, estudava todos os inquéritos passados pelo Delegado de Polícia Doutor Plínio, dentre eles, trinta homicídios, várias tentativas de homicídios, lesões corporais, furtos, dentre outros, passando a fazer diligências no sentido de saneá-los, esclarecer autorias, por fim, relatá-los e encaminhá-los a Justiça Criminal da Comarca de São João Evangelistas/MG.

Tendo sido localizado na cidade de Cantagalo, antes distrito da cidade de Peçanha/MG, hoje município emancipado, Geraldo Caina, deslocamos para o Morro do Distrito de Cantagalo, com aproximadamente três Policias Civis, contando comigo e mais dois policiais militares.

Passamos a escalar o morro onde estava escondido o criminoso Geraldo Caiana. Conforme íamos escalando o morro, eu à frente, notava que os demais policiais ficavam para trás, de modo que eu ficava aguardando os mesmos se aproximarem da minha pessoa.

Essas ações se repetiram por umas vezes, momento em que, atingindo o alto do morro, nos fundos do barraco, ouvi duas pessoas negociando uma máquina fotográfica. Imediatamente fui sorrateira e lentamente em direção aos fundos da habitação, surpreendo as duas pessoas e gritando: "POLÍCIA VOCÊS ESTÃO PRESOS", ato contínuo apontei e coloquei a metralhadora na cara do Geraldo Caiana, o qual incontinente "CAGOU NAS CALÇAS LITE-

RALMENTE", pedindo para não matá-lo, mesma atitude tomada por "João Negocinho", o outro criminoso, o qual negociava uma máquina fotográfica, produto de crime praticado pelo agora preso Geraldo Caiana.

Depois de apreendermos todos os objetos furtados e roubados no interior do barraco onde estava escondido Geraldo Caiana, deslocamo-nos do Distrito de Cantagalo para a cidade de São João Evangelista/MG, entrando na cidade com as Sirenes ligadas, parando na Praça Cornélio Pimenta.

A praça estava repleta de pessoas e as ruas da cidade lotadas, quando foi dado ordem aos criminosos para que descessem, sendo conduzidos até a Delegacia de Polícia, onde foram autuados em flagrante delito pelos crimes de furto e receptação, além do cumprimento do mandado de prisão preventiva de Geraldo Caiana.

A notícia desta ação se espalhou por toda cidade de São João Evangelista/MG e pela região do Vale do Rio Doce, ficando marcado, a partir de então, toda a luta que seria travada, daquele dia para a frente, no combate ao crime e aos criminosos de toda a cidade e comarcas vizinhas do Vale do Rio Doce, Vale do Jequitinhonha e Vale do Mucuri.

Em seguida, passamos a interrogar Geraldo Caiana, o qual confessou aproximadamente cinquenta furtos em residências, sítios e fazendas do centro da cidade e zona rural de São João Evangelista/MG, apontando todos os receptadores dos produtos roubados e furtados, onde instauramos e concluímos mais de cinquenta inquéritos Policiais, encaminhando todos à Justiça da Comarca, comandada pelo Juiz de Direito, Doutor Hélio Aprígio e o Promotor de Justiça, Doutor Humberto, os quais processaram e condenaram todos os envolvidos.

A cidade de São João Evangelista/MG era famosa negativamente por sua violência criminosa, bem como pelo fato de seus habitantes andarem, ostensivamente, portando armas de fogo, facas, punhais, dentre outros instrumentos criminosos.

Esse foi o motivo que nos levou, num sábado à noite, a preparar uma equipe só de policiais civis e diligenciar (dando batidas policiais) em toda a Comarca, principalmente na zona rural.

Com essa ação, apreendemos, aproximadamente, sessenta armas de fogo, vários punhais e facas. Como era humanamente impossível autuar todos os infratores no momento da apreensão, retinha os documentos das pessoas que estavam infringindo a lei, determinando que na segunda-feira seguinte eles comparecerem à Delegacia de Polícia para a formalização de todas aquelas apreensões, instaurando os respectivos inquéritos Policiais.

Na segunda-feira seguinte, todos compareceram à Delegacia de Polícia, onde foram interrogados. Testemunhas foram inquiridas no decorrer da semana e as armas foram encaminhadas para a Seção de Perícias Criminais da Regional de Segurança Pública de Guanhães, onde foram elaborados os laudos de eficiência das armas apreendidas, depois, todos os inquéritos Policiais foram relatados e encaminhados à Justiça Criminal da Comarca de São João Evangelista/MG.

Todos os inquéritos Policiais instaurados por crimes de homicídios, tentativa de homicídios, lesões corporais e os outros crimes e contravenções penais, foram esclarecidos, instruídos, relatados e entregues à Justiça Criminal, com todos os autores indiciados e alguns presos preventivamente. Com isso, a fama do Delegado Edson Moreira na cidade de São João Evangelista e toda a região do Vale do Rio Doce era inconteste; todos falavam do "DELEGADO QUE CARREGAVA A METRALHADORA", fato que gerou a confiança de toda a população da Comarca e demais cidades vizinhas.

Com isso, a população passou a cooperar com a Justiça, denunciando crimes e criminosos, motivo que nos levou ao esclarecimento de um crime de roubo com resultado de morte (LATROCÍNIO), ocorrido no Distrito de Nelson de Sena/São João Evangelista/MG, cometidos pelo alcunhado "ZÉ DA SILA" e o Geraldo Cardoso, acompanhado por dois menores. O inquérito havia sido arquivado, pois o resultado do laudo de necropsia havia dado, como "CAUSA MORTIS", morte natural por infarto, tendo em vista que o corpo da vítima havia sido encontrado no interior de sua residência, no Distrito de Nelson de Sena – São João Evangelista, vinte dias depois, em adiantado estado de decomposição. Esse motivo fez com que os parentes relatassem ao Médico Legista da cidade de Guanhães, cinco anos antes do esclarecimento do crime, que a morte havia sido por ataque cardíaco.

A partir do conhecimento desse crime, passamos a diligenciar, visando as prisões dos suspeitos, os perigosos "ZÉ DA SILA" e GERALDO CARDOSO. No momento de suas localizações, ambos os latrocidas resistiram às prisões, havendo troca de tiros entre os policiais civis e os criminosos, porque o "Zé da Sila" dizia em "alto e bom tom", para que todos ouvissem, que "jamais seria preso pelo Delegado de Polícia Edson Moreira e queria que o tal delegado cruzasse o caminho dele para enchê-lo de chumbo".

Depois da prisão dos criminosos e dos menores infratores, todos confessaram o crime de roubo com resultado morte (LATROCÍNIO). Então, o inquérito policial foi desarquivado, com fulcro no artigo 18 do Código de Processo Penal, sendo pedido aos Médicos Legistas da Seção Regional de Medicina Legal de Guanhães/MG a exumação do cadáver da vítima, enterrado no Cemitério do Distrito de Nelson de Sena, apenas envolto em um saco plástico.

Realizado o exame cadavérico da vítima, ficou constatado uma fratura na região parietal, a qual se estendia até a região occipital da cabeça, concluindo os peritos médicos no laudo como sendo morte violenta, com a "CAUSA MORTIS": "TRAUMATISMO CRÂNIO ENCEFÁLICO CAUSADO POR INSTRUMENTO CONTUNDENTE".

Com isso, os autores tendo confessado o crime, providenciamos a reconstituição de todas as ações criminosas, sendo os autores condenados, posteriormente, a mais de vinte anos de reclusão, exceto os menores que cumpriram medida sócio educativa.

Outro crime de homicídio que estava arquivado era o da vítima "CARLINHOS", um vaqueiro que trabalhava na Fazenda do Senhor Aderbal, na Zona Rural de São João Evangelista/MG, conhecida como Palmeiras. Este fazendeiro Aderbal, para ficar com a esposa do "CARLINHOS", conhecida como 'MARINHINHA" contratou o pistoleiro "DODO PEDRA" da cidade de Coroaci/MG, para assassinar o seu vaqueiro e ficar com a esposa dele, fato ocorrido no ano de 1986, seis anos antes de minha chegada à cidade.

Fui procurado pela irmã de "CARLINHOS", a qual trabalhava como despachante de veículos na época. Esta pediu para conversar comigo, solicitando a apuração do crime de homicídio de seu irmão, devido à confiança que tinha em nossa pessoa, demostrada pelos inúmeros crimes esclarecidos até aquela data.

O crime foi devidamente investigado e, depois de encontrarmos vestígios e indícios, representamos pelo desarquivamento do inquérito policial, o qual havia sido arquivado por falta de autoria do crime. Com isso, o pistoleiro "DODO PEDRA", autor da empreita e morte da vítima "CARLINHOS", tomou conhecimento que estávamos em seu encalço, fugindo da cidade de Coroaci/MG para a cidade Governador Valadares/MG, depois Juatuba/MG e por fim para Contagem/MG. Descobrindo a sua localização, conseguimos prendê-lo, com o apoio da Equipe de Investigadores da Superintendência Geral de Polícia Civil, chefiados pelo Inspetor de Polícia Civil, Lacerda, hoje Presidente da Associação dos policiais civis de Minas Gerais.

Com a prisão do Pistoleiro "DODO PEDRA", o crime ce homicídio de "CARLINHOS" foi totalmente esclarecido, o mandante e o pistoleiro presos preventivamente, o inquérito foi desarquivado, instruído e relatado, o mandante preso, depois de relatado, encaminhado à Justiça da Comarca, com as prisões preventivas decretadas pelo Exmo. Juiz de Direito Hélio Aprígio, com parecer pela decretação do Promotor de Justiça, Doutor Humberto, os quais processaram os criminosos que, depois, foram condenados.

Auxiliamos a Divisão de Homicídios na investigação e prendemos, preventivamente, pistoleiros e membros da família Curió de São João Evangelista, responsáveis pelo mando da morte do Doutor Lúcio Vieira, dentre eles, Alaércio e Gil, Sebastião Barbosa, José Neto, bem como os pistoleiros Gaúcho e Bigode, estes últimos no Estado do Mato Grosso, respectivamente em Cuiabá e Chapada dos Guimarães, sendo que os dois foram contratados e ficaram hospedados em Guanhães/MG, depois foram para a fazenda de José Neto Barbosa, fora do município de São João Evangelista.

Por sua vez, o "grande" Márgio Miranda, dono de uma extensiva ficha criminal e responsável pelo duplo homicídio dos irmãos José Adair Gomes e Itacir Luiz Gonzaga, em companhia de Gil "CURIÓ", na cidade de Virginópolis/MG, foi preso no município de Jaru – Estado de Rondônia, próximo ao município de Ji-Paraná, no ano de 1995, sendo que, no momento de sua prisão, aconteceu um intenso tiroteio com outros criminosos, os quais estavam foragidos próximo do local onde foi preso o nosso foragido, Márgio Miranda.

Na cidade de São João Evangelista/MG, em seis meses de trabalhos intensos e incessantes, encaminhamos para a Justiça Criminal da Comarca mais de quinhentos inquéritos Policiais concluídos, entre os que foram recebidos, quando da minha chegada na cidade, e os instaurados durante minha permanência no município.

Em 15 de novembro de 1992, ocorreram as eleições municipais para Prefeito Municipal e Vereadores, onde o "WALTINHO CURIÓ", oposição ao Prefeito Antônio Flausino, ganhou as eleições, derrotando o Candidato Hércules Procópio, o qual, posteriormente, veio a ser Prefeito de São João Evangelista/MG, entre 2008 e 2012, salvo engano, tendo os eleitores reconhecido o grande valor do candidato derrotado em 1992.

Após realizadas as eleições municipais, conforme o acordado com o Superintendente Geral de Polícia Civil, Doutor Paulo Schettino e o Exmo. Sr. Secretário de Segurança Pública, José Rezende, com o aval do Chefe da Divisão de Homicídios, Doutor Raul Moreira, é publicado no Diário Oficial do Estado de Minas Gerais, no dia 28 de novembro de 1992, o meu Ato de Transferência "ex-offício" da cidade de São João Evangelista/MG para a Divisão de Crimes Contra a Vida/DIE, na cidade de Belo Horizonte, tendo me apresentado no dia 01 de dezembro de 1992 na Divisão de Homicídios, inaugurando a 5ª Delegacia Especializada de Homicídios/DCCV/DIE.

CAPÍTULO 13

- O Começo na 5ª Delegacia Especializada de Homicídios
- O Homicídio do Tio Patinhas na Rua Goiás
- O Grande Apoio da Jornalista Glória Lopes
- As Prisões no Vale do Mucuri, de Pistoleiros da Família Leite, Estendendo até Bahia/Espírito Santo
- O Fechamento de Investigações Importantes
- O Assassinato na Mata do Bom Sucesso

Assim que assumi a 5ª Delegacia Especializada de Homicídios/DCCV/DIE, todos os crimes de homicídios, acontecidos em Belo Horizonte, durante as próximas semanas, passaram a ser distribuídos para esta nova Delegacia Especializada, a fim de equiparar os números de Inquéritos Policiais com as outras Especializadas de Homicídios.

O primeiro caso que fui encarregado de investigar foi um homicídio e uma tentativa de homicídio, ocorrido na primeira semana de dezembro de 1992, na Rua Goiás, na porta do Bar e Restaurante Tio Patinhas, onde Odete Conceição Fernandes Vieira foi atingida por disparos de arma de fogo e seu namorado, Edson Vieira de Souza, veio a ser a vítima fatal de Cláudio Custódio Vieira, funcionário da CEMIG (Centrais Elétricas de Minas Gerais), o qual não aceitava a separação de sua ex-esposa, Odete.

Por incrível que pareça, dois anos mais tarde, o filho de Cláudio Custódio Vieira e Odete Conceição Fernandes Vieira, Ronan Fernandes Vieira, estudante, também cometeu um crime de homicídio, a pedradas, contra a desconhecida 140/94/IML, na Rua Adilson de Paula Souza, 265 – Bairro São João Batista – Região de Venda Nova – Belo Horizonte/MG, sendo que ele e a irmã foram morar em companhia da mãe Odete.

Depois de algum tempo morando com a mãe, voltaram, novamente, a morar com o pai Cláudio Custódio Vieira, sendo que Ronan abandonou os estudos e acabou por cometer o crime de homicídio contra a desconhecida.

A Divisão de Crimes Contra a Vida, chefiada pelo saudoso e competente Doutor Raul Moreira, Professor de Investigação Policial na Academia de Polícia Civil de Minas Gerais (ACADEPOL), tinha como titulares na 1ª Delegacia Especializada de Homicídios, o Doutor Odimar Alves; na 2ª Delegacia Especializada de Homicídios, o saudoso Doutor José Arcebispo da Silva Filho; na 3ª Delegacia Especializada de Homicídios, o Doutor Dagoberto Alves Batista; na 4ª Delegacia Especializada de Homicídios, o Doutor Otto Teixeira Filho, o qual, posteriormente, tornou-se Chefe da Polícia Civil de Minas Gerais, período 2003/2007 e tendo eu ficado com a titularidade da 5ª Delegacia Especializada de Homicídios.

A competência da Divisão de Crimes Contra a Vida abrangia todos os homicídios, instigação ao suicídio e infanticídio dentro da cidade de Belo Horizonte/MG e, subsidiariamente, todo o Estado de Minas Gerais, de modo que viajávamos muito para o interior do estado, para apurar crimes de homicídios, tentativas de homicídio e outros delitos para os quais éramos designados pelo Superintendente Geral de Polícia Civil, pelo Secretário de Segurança Pública e pelo Governador do Estado de Minas Gerais.

Delegados de Polícia – O saudoso José Arcebispo da Silva Filho – Edson Moreira – Otto Teixeira Filho – O saudoso Raul Moreira – Dagoberto Alves Batista – Odimar Alves Divisão de Crimes Contra a Vida – DCCV/DIE/DEIC/MG

AGORA É COMIGO!

No meu começo de carreira, na apuração de crimes de homicídios na DCCV/DIE, tive uma ajuda muito importante, principalmente a dada pela jornalista e Radialista Glória Moraes Lopes, a qual apresentava, na Rádio Itatiaia de Minas Gerais, o programa POLÍCIA É NOTÍCIA, de grande audiência em todo o Estado de Minas Gerais e no Brasil, do próprio Chefe da Divisão de Homicídios, Dr. Raul Moreira, do saudoso Dr. José Arcebispo, chamado carinhosamente de "BISPO", do Dr. Otto Teixeira, outros jornalistas experientes, os quais cobriam diariamente o Departamento de Investigações Especializadas/MG – DIE (DEIC/MG).

O trabalho na Divisão de Homicídios/DIE era científico porque demandava um conhecimento profundo e pormenorizado da matéria MEDICINA LEGAL, uma das Cadeiras de Direito, hoje infelizmente não mais obrigatória e sim optativa, desvalorizando, a meu ver, o Curso de Direito.

Esse fato me fez estudar, e muito, a matéria, para uma boa especialização na área de homicídios, principalmente com sua parte investigativa propriamente dita (que só funciona com muita "sola de sapato"), sendo que com o passar dos dias, meses e anos, após muitas viagens e estudos, especializei-me na investigação de crimes de homicídios, o que me garantiu uma ascendência enorme na carreira policial, tendo sido o responsável, nos últimos trinta anos, pelas investigações mais complexas que ocorreram nas Minas Gerais, inclusive na área de Extorsão Mediante Sequestro (artigo 159 do CPB), como veremos, mais pormenorizadamente, mais à frente, com as narrativas de alguns casos que alcançaram grande repercussão municipal, estadual, nacional e internacional.

O assassinato, a golpes de foice, do jovem Alexandre, ocorrida em meados do mês de dezembro de 1992, na mata do Bairro Bonsucesso, próximo ao Hospital Eduardo de Menezes, especializado em doenças infectocontagiosas, Região do Barreiro em Belo Horizonte, desafiou a equipe da 5ª Delegacia Especializada de Homicídios/DCCV/DIE, composta pelos Escrivães de Polícia Carlo da Silva Garcias e Kátia Regina Chagas, dos investigadores de polícia, chefiada pelo saudoso Paulo César Olegário, Wagner Boscatto, "O SACOLINHA", João Mascarenhas do Espírito Santo, "O TIMBURÉ", Marcelo da Matta, "O PARAIBANO" e Nilson Placidônio dos Santos, "O NPS".

Tendo como principal suspeito a pessoa de Ivo, amigo de Alexandre, o qual, no decorrer das investigações, descobriu-se que tinha um relacionamento íntimo com a vítima Alexandre.

A investigação desafiadora decorreu durante alguns meses, chegando a meados de 1993, quando as evidências colhidas no inquérito policial, permeadas pelas provas científicas, fizeram com que o autor do homicídio passional, Ivo, confessasse o assassinato, reconstituindo, detalhadamente, toda a mecânica e ação criminosa, que culminou com o homicídio, a golpes de foice, do jovem Alexandre, na Mata do Bairro Bonsucesso, na Região do Barreiro, Belo Horizonte/MG.

O caderno apuratório foi encaminhado ao Primeiro Tribunal do Júri da Comarca de Belo Horizonte, com a prisão preventiva decretada pelo saudoso Juiz de Direito Sumariante, Doutor Lamberto Oliveira Sant'Anna, sendo este caso um dos batismos de minha pessoa à frente da 5ª Delegacia Especializada de Homicídios/DCCV/DI(DEIC/MG), fato amplamente divulgado pelas mídias, principalmente minha Madrinha, Glória Lopes da Rádio Itatiaia de Minas Gerais, a qual dedicou um programa inteiro para contar todos os meandros e dificuldades da investigação que culminou com a prisão preventiva e futura condenação do autor.

Logo em seguida, o Chefe da Divisão de Crimes Contra a Vida, Dr. Raul Moreira, determina o deslocamento da 5ª Delegacia Especializada de Homicídios para a Região do Vale do Rio Doce e Jequitinhonha, Estado do Espírito Santo, para cumprimentos de mandados de prisões preventivas de pistoleiros e apuração de crimes de homicídios praticados a mando da família Leite.

A família Leite era famosa na década de 1980/1990, por mandarem assassinar seus algozes, fazendeiros e produtores rurais concorrentes, por meio de pistoleiros como Albino, "Giramundo", "Salatiel", "Carlinhos Pastor" (responsável pela morte de um recluso, alcunhado "MENININHO", dentro da Penitenciária Nelson Hungria, em Contagem, tida como de segurança máxima, no ano de 1995), Sebastião de Assis, dentre muitos outros.

Albino e "TONINHO LEITE" foram assassinados pelas famílias Jardim e Cordeiro, do município de Malacacheta/MG, por terem participado, a mando da família LEITE, na execução das mortes de membros daquelas famílias, na famigerada "CHACINA DE MALACACHETA"; Salatiel e Sebastião de Assis também morreram, sendo que foram presos pela Equipe da 5ª Delegacia Especializada de Homicídios, com apoio do Doutor Antônio Carlos de Faria e Equipe, os pistoleiros "Giramundo", no município de Medeiros Neto/BA, Olfenir no município de Linhares/ES, integrantes da Família Leite, no município de Conceição da Barra/ES, dentre outros pistoleiros.

Com as prisões, seguidas de interrogatórios dos presos, ficaram, definitivamente, esclarecidos os homicídios de Felisbino Monteiro, conhecido por "BINO MONTEIRO"; assassinato de um desafeto dentro do hospital de Malacacheta/MG, praticada por "CARLINHOS PASTOR", ambos no mesmo município de Malacacheta/MG; assassinatos de "JUQUITA" e de "SANTINHO DO QUEIJO", irmão do "JOÃO PEGO", ambas as mortes no município de Água Boa/MG; assassinato de "JOÃO PEGO", no Mercado Municipal de Santa Maria do Suaçui/MG, dentre outros assassinatos cometidos na Região do Vale do Rio Doce e Jequitinhonha/MG.

Quando ainda estava na missão de apuração dos assassinatos da Família Leite, recebi determinação do Excelentíssimo Senhor Secretário de Segurança Pública, Doutor José Rezende e do Superintendente Geral de Polícia Civil, Doutor Paulo Schettino de me deslocar, quando do retorno daquela missão, para o Garimpo do Morro do Cruzeiro, município de São José do Safira/MG, para apuração de um duplo homicídio ocorrido no interior do garimpo pertencente a uma família de Governador Valadares/MG que detinha a outorga de exploração do respectivo garimpo de pedras semipreciosas.

CAPÍTULO 14

■ Os Assassinatos no Garimpo do Morro do Cruzeiro

Como foi determinado pelo Secretário de Segurança Pública de Minas Gerais, desloquei-me, com a equipe da 5ª Delegacia Especializada de Homicídios, escrivão de polícia Carlo da Silva Garcias, investigadores de polícia, Wagner Boscatto, João Mascarenhas e Marcelo da Mata, para o Garimpo do Cruzeiro. Subimos uma montanha, o Morro do Cruzeiro, em São José do Safira/MG e parecia que estávamos chegando no espaço sideral, passando entre nuvens, estrada de terra muito estreita e com curvas acentuadas de modo que a Viatura Chevrolet Patrulheira deslizava e escorregava para a beirada, parecendo que íamos despencar de uma altura de mais de 200 metros, até que chegamos no topo, onde funcionava o garimpo.

Chegando ao garimpo, fomos entrevistar a empregada da sede e escritório da lavra, testemunha ocular do duplo assassinato, que nos narrou uma estória estapafúrdia, não condizente com a realidade, ficando patente que estava escondendo, por medo, o autor dos hediondos homicídios.

Naquele momento em que questionávamos várias testemunhas, entra na sala em que estávamos um soldado reformado da Polícia Militar de Minas Gerais, portando, na cintura, um revólver Taurus calibre 38, cano curto de duas polegadas, carregado com seis cartuchos intactos.

Nesse momento, passo a entrevistar o referido policial aposentado, instante em que solicito permissão para pegar a arma em sua cintura e, com ela já em mãos, examino-a e, em seguida, apreendo-a e afirmo que iria levar a arma para confronto balístico na Seção Técnica de Criminalística do Instituto de Criminalística/MG, em Belo Horizonte/MG.

Observando o policial militar aposentado, percebi que ficou com a feição de preocupação, narrando que havia atirado em lagartos, na Estrada do Morro do Cruzeiro, fato ao qual não demos muita importância naquele momento da investigação.

Logo em seguida, inquirimos, por escrito e formalmente, as testemunhas no garimpo. Depois nos deslocamos até o centro da cidade de São José do Safira/MG, onde ouvimos e passamos a termos os depoimentos de testemunhas que conheciam o soldado, investigando sua vida pregressa, constatando, com isso, ser ele uma pessoa violenta que queria administrar o garimpo pertencente à licença exploratória de seu sobrinho de Governador Valadares.

Retornamos na sexta-feira à noite para a sede da Divisão de Crimes contra a Vida, na cidade de Belo Horizonte, deixando, no Cartório da 5ª Delegacia Especializada de Homicídios, o armamento apreendido, ofícios de encaminhamento ao Instituto de Criminalística, solicitando o confronto balístico do revólver apreendido com o soldado reformado, com os projéteis retirados dos corpos das vítimas e retirados das paredes do local onde foram assassinados, sendo que esses projéteis, foram coletados e apreendidos pela equipe chefiada pelo Delegado de Polícia EDSON MOREIRA, Titular da 5ª Delegacia Especializada de Homicídios.

Na segunda-feira seguinte, logo pela manhã, encaminhamos todo o material apreendido para o Instituto de Criminalística/MG, solicitando os exames balísticos e os respectivos laudos de eficiência e micro comparação de projéteis, retirados dos corpos das vítimas, das paredes do escritório, local dos homicídios, com a arma apreendida em poder do policial reformado da Polícia Militar de Minas Gerais.

Aguardamos de quinze a vinte dias para recebermos os laudos do Instituto de Criminalística/MG, com os respectivos resultados, os quais, como esperávamos, "DERAM POSITIVO NO CONFRONTO DE PROJÉTEIS DA ARMA APREENDIDA, COM OS PROJÉTEIS RETIRADOS DOS CORPOS DAS VÍTIMAS DOS ASSASSINATOS E DO ESCRITÓRIO, NO GARIMPO DO MORRO DO CRUZEIRO – SÃO JOSÉ DO SAFIRA/MG".

Juntamos os laudos periciais de Eficiência e Balística, de Necropsia e de Local de Crime (Perinecroscópico) aos autos de investigação, representamos pela prisão preventiva do policial militar Reformado, em seguida seguimos viagem para a cidade de Santa Maria do Suaçui/MG, sede do Juízo Criminal da Comarca responsável pela cidade de São José do Safira/MG, onde ficava localizado o Garimpo do Morro do Cruzeiro. Com todas as provas apresentadas, foi decretada prisão preventiva pelo Exmo. Dr. Juiz de Direito da Comarca de Santa Maria do Suaçui/MG, em desfavor do representado.

Cumprimos o mandado de prisão preventiva no dia seguinte, intimamos e inquirimos, novamente, todas as testemunhas, principalmente a empregada da sede do garimpo, testemunha ocular, a qual, dessa vez, narrou, em depoimento, toda a verdade sobre o duplo homicídio, bem como o soldado reformado, que afirmou que o policial reformado executou as duas vítimas no interior do Garimpo do Morro do Cruzeiro. Posteriormente, relatamos o inquérito policial, encaminhado à Justiça Criminal da Comarca de Santa Maria do Suaçui/MG.

Tomando conhecimento que o Soldado Reformado, depois de condenado a trinta anos pelo Duplo homicídio, faleceu no interior da carceragem da Cadeia Pública de Santa Maria do Suaçui/MG, enquanto cumpria a pena imposta pela Justiça Pública de Minas Gerais.

A apuração dos hediondos crimes cometidos no Morro do Cruzeiro – São José da Safira/MG, foi amplamente divulgada pelas imprensas mineira e brasileira, principalmente pela minha madrinha Glória Lopes, a qual dedicou o Programa "POLÍCIA É NOTÍCIA" da Rádio Itatiaia de Minas Gerais inteiro para divulgar a apuração científica e pormenorizada do duplo homicídio.

CAPÍTULO 15

O Latrocínio do Cientista Político e Professor da Universidade Federal de Minas Gerais

As Prisões – Fora do Estado – dos Criminosos das Gangues Panteras Negras e Tigre de Bengala

O Latrocínio da Estudante da UFMG

O Garrote

Em janeiro de 1994, o Doutor Otto Teixeira Filho respondia pela Chefia da Divisão de Crimes Contra a Vida, quando, no dia 15 de janeiro, é assassinado o Professor da UFMG e Cientista Político Carlos Eduardo Baesse de Souza, de 47 anos de idade, sendo encontrado o seu cadáver no dia 22/01/1994, no interior de seu apartamento, localizado à Rua Juruá, 261 – apartamento 504, no Bairro da Graça – Belo Horizonte/MG. Foram, também, roubados seu veículo Ford Escort I, placas GPX 3123, grande quantidade de dinheiro, dólares americanos, relógio de ouro, pares de tênis, dentre outros pertences recolhidos do interior do apartamento.

A família do Professor da UFMG e Cientista Político, solicitou ao Exmo. Sr. Secretário de Segurança Pública de Minas Gerais, Doutor José Rezende que as investigações do crime de latrocínio, fossem apuradas pelo Delegado Edson Moreira, Titular da 5ª Delegacia Especializada de Homicídios, tendo o Chefe da Divisão, Doutor Otto Teixeira Filho, determinado que assumíssemos as investigações do Latrocínio que vitimou o respeitado Professor e Cientista Político.

De imediato, deslocamo-nos para o local do crime, estudando os detalhes e a dinâmica do crime, em seguida comparecemos ao Instituto Médico Legal de Belo Horizonte/MG, para conversarmos com os médicos legistas, Doutores Alberto Cardoso e Rogêdo, os quais narraram os ferimentos internos no pescoço e pulmões do Professor Baessi, mais precisamente no osso hioide, Manchas de Tardieu e petéquias nos pulmões, além de demonstrar como supostamente a vítima fora assassinada por seus algozes, isso tudo, dentro do necrotério do Instituto Médico Legal, o qual estava forrado de corpos nas mesas e gavetas.

Depois passamos a investigar os últimos passos do Professor e Cientista Político, descobrindo que o mesmo tinha conhecido um rapaz de Contagem/MG nas festas de passagem de ano, no Praia Clube de Contagem/MG. Intensificamos as diligências policiais para descobrir quem era o rapaz, tomando conhecimento do apelido dele, "ROBINHO".

Próximo passo a ser dado era descobrir o endereço do "ROBINHO", a fim de qualificá-lo. Assim, dirigimo-nos a uma empresa no Jardim Industrial – Contagem – Minas Gerais, onde ele havia trabalhado como tesoureiro. Dessa maneira, conseguimos qualificar ROBSON RODRIGUES GALVÃO, "O ROBINHO", na época com 22 anos de idade, o qual andava na companhia do Padeiro Agnaldo Fernandes Figueiredo, do mesmo Bairro e cidade de Contagem – Minas Gerais.

Dando sequência às investigações do crime de latrocínio, descobrimos as residências de Robson e Agnaldo, onde, conversando com parentes, tomamos conhecimento que eles estavam rodando com o veículo Ford Escort de propriedade do Professor e Cientista Político e, depois, resolveram vender o carro, chamando o motorista Itamar da Silva Vaz e o vendedor Geraldo Alves Gomes para seguir com eles até o Paraguai, para vender o veículo Ford Escort I, ano 1994, placas GPX 3123, de propriedade do Professor da FAFICH/UFMG e Cientista Político, Carlos Eduardo Baesse de Souza.

Seguimos em viagem para o Paraguai, com o auxílio da Polícia Federal de Foz do Iguaçu/PR. Diligenciamos no Paraguai/Argentina/Brasil, sendo que, durante as investigações policiais, principalmente na cidade Paranaense de São Miguel do Iguaçu, tomamos conhecimento de que os criminosos tinham sido presos numa blitz da PRF e o carro tendo sido apreendido, sendo todos levados para a Delegacia de Polícia local.

Deslocamo-nos para a Delegacia de Polícia da cidade de São Miguel do Iguaçu/PR, encontrando o veículo da vítima apreendido, juntamente com dois presos, o Robson Rodrigues Galvão, "O ROBINHO" e o Itamar da Silva Vaz, tendo sido Agnaldo Fernandes Figueiredo e Geraldo Alves Gomes liberados pela autoridade policial de São Miguel do Iguaçu/PR, fato este que deixou a equipe de policiais civis e eu, principalmente, com "A PULGA ATRÁS DA ORELHA": quatro são detidos e dois autuados em flagrante delito.

Deslocamo-nos, com a cópia do inquérito policial, até o Juiz de Direito da Comarca, onde conseguimos a liberação e remoção dos presos e do veículo roubado da vítima. Em seguida, retornamos para a cidade de Belo Horizon-

AGORA É COMIGO!

te/MG, trazendo os presos Robson e Itamar, fazendo comunicação com o responsável pela Chefia da Divisão de Crimes Contra a Vida, Doutor Otto Teixeira Filho, relatando toda a diligência e pedindo para localizar e prender os outros dois criminosos, Agnaldo Fernandes e Geraldo Alves, tendo o Dr. Otto determinado as Rondas do Departamento de Investigações Especializadas – RODI – que efetuassem as localizações e prisões, o que ocorreu com sucesso.

Na 5ª Delegacia Especializada de Homicídios/DCCV/DIE, interrogamos todos os presos, tendo Robson Rodrigues Galvão, "O ROBINHO" confessado todo o crime perpetrado na companhia de Agnaldo Fernandes de Figueiredo, o qual, a princípio, não confessou, mas durante a reconstituição do evento criminoso ficou patente a sua participação no crime de roubo, com resultado morte (LATROCÍNIO), tendo como vítima o Professor e Cientista Político da Fafich/UFMG, Carlos Eduardo Baesse de Souza.

"ROBINHO" detalhou em sua confissão que o Professor Carlos Eduardo marcou encontro com ele e o buscou na Praça Sete, no centro de Belo Horizonte/MG, estando o autor em companhia do amigo Agnaldo. A vítima levou ambos para o interior de seu apartamento, no Bairro da Graça – Belo Horizonte/MG, onde depois de praticarem relações íntimas, foi estrangulado e morto por "ROBINHO", acompanhado por Agnaldo. Em seguida roubaram os pertences e dinheiro da vítima e seu veículo, levando tudo para a cidade de Contagem – Minas Gerais.

Em Contagem/MG, "ROBINHO" entrara em contato com Itamar e Geraldo, quando resolveram levar o carro para o Paraguai, para vendê-lo. Itamar e Geraldo foram indiciados por receptação dolosa e coautoria do crime de latrocínio.

O inquérito policial foi relatado e encaminhado ao Fórum da comarca de Belo Horizonte e distribuído para uma das Varas Criminais; os pertences roubados e o veículo da vítima foram apreendidos e restituídos aos seus familiares, depois do Laudo de Avaliação.

O caso foi amplamente divulgado em todas as mídias (faladas, escritas e televisadas) em âmbito nacional e mundial, principalmente porque a vítima era conhecida mundialmente no mundo acadêmico. E mais uma vez, a madrinha Glória Lopes utilizou, dessa vez, dois programas de rádio, para esclarecer a todos os seus ouvintes a mecânica criminosa, detalhadamente e seus autores confessos. Essa divulgação repercutiu por toda a semana nas mídias estaduais, nacionais e mundiais.

A experiência na apuração de crimes contra a vida solidificou-se, sendo que a 5ª Delegacia Especializada de Homicídios, por mim chefiada, era a que esclarecia a maioria dos homicídios de Belo Horizonte/MG e de todo o Estado de Minas Gerais, como os crimes de homicídios cometidos pela "GANGUE DOS PANTERAS NEGRAS E TIGRE DE BENGALA", apoiados pelo "MANOEL SEIS DEDOS", na Favela do Cafezal, Belo Horizonte/MG, homicídio de Rogéria Satler, no Edifício JK, pelo seu marido Francisco Prata Neto, Síndico do Condomínio JK, Bairro Santo Agostinho, Belo Horizonte/MG.

Outros crimes de grande repercussão, ocorridos na cidade de Belo Horizonte e municípios mineiros e que foram solucionados pela nossa 5ª Delegacia, durante minha gestão: o assassinato cruel de Eunice Pedro, na Rua Cerqueira Leite, 337 – Bairro Universitário – Belo Horizonte/MG, cometido por espancamento e asfixia por José Raimundo de Lima, "O GARROTE"; o "HOMICÍDIO DAS CABRITAS", onde Hiure Machado Rocha foi morto pelo próprio pai, o Subtenente da Polícia Militar José Severino Machado, no Bairro Lindéia – Belo Horizonte/MG; o Latrocínio da estudante de Odontologia da UFMG, Juliana Melo Correia, pelos criminosos Wanderlei Januário de Souza, "O DELEI", Fabio Marcos Costa, Vanilson Justino, "O CAOLHO" e o menor, na época, A.F.C., dentre outros crimes.

CAPÍTULO 16

O Assassinato do Advogado Doutor José Raimundo, na Cidade de Uberaba, do Famoso Medium Chico Xavier

Entre 19 e 20 de julho de 1994, na cidade de Uberaba/MG, terra onde o saudoso Espírita "CHICO CHAVIER" ficou mundialmente conhecido, assim como o município, é assassinado, no interior de sua residência, próximo ao Bairro Centro – Uberaba/MG, o advogado José Raimundo Jardim Alves Pinto, um dos mais atuantes da cidade naquela época.

O crime chocou os habitantes da cidade de Uberaba, sendo que em março de 1994, assumiu a Secretaria de Segurança Pública de Minas Gerais, o Delegado João Fonseca Perfeito, residente em Uberaba/MG, o qual determinou ao Chefe da Divisão de Crimes Contra a Vida, Doutor Raul Moreira, que mandasse para a Comarca de Uberaba, para apuração do homicídio contra o advogado José Raimundo Jardim Alves Pinto, a equipe chefiada pelo Delegado Edson Moreira.

A referida exigência foi da OAB/MG, seção Minas Gerais, portanto o chefe da Divisão de Homicídios designou, para viajar e apurar o assassinato de grande repercussão, a 5ª Delegacia Especializada de Homicídios/DCCV/DIE, por mim chefiada.

A Equipe foi composta pelo escrivão de polícia, Carlo da Silva Garcias, pelos investigadores de polícia, João Mascarenhas, Wagner Boscatto, Marcelo da Mata, Piloto do Helicóptero João Batista e o saudoso Adonis, que pertencia ao Departamento Estadual de Operações Especiais (DEOESP).

Chegando ao Aeroporto da cidade de Uberaba/MG, fomos recebidos pelo Delegado de Polícia, Paulo Eustáquio de Araújo Porto, Delegado Regional de Segurança Pública de Uberaba/MG, o qual nos conduziu para a sede da Regional e colocou-nos a par de todas as investigações realizadas até aquele momento, deixando à nossa disposição dois investigadores da Delegacia Regional, o "GALEGUINHO" e o Arilson.

De imediato, compareci ao local do crime em companhia dos Peritos Criminais, responsáveis pelo Exame Perinecroscópico, estudamos o local detalhadamente, concluindo, em princípio, que ninguém entraria naquela fortaleza, que era a residência da vítima, a qual estava em separação de corpos em relação à sua esposa, portanto, morando sozinho naquela casa, se não fosse em sua companhia ou autorizado pelo próprio advogado José Raimundo Jardim Alves Pinto. Assim, logicamente, seu assassino deveria ser uma pessoa muito próxima dele.

Descobrimos que o Doutor José Raimundo era extremamente cuidadoso, cauteloso, muito organizado e fazia sucesso com as mulheres e se relaciona-va com um número muito grande desse gênero.

Apuramos que o doutor José Raimundo havia pedido para um amigo muito próximo, que trabalhava nos Estados Unidos, que aplicasse US$ 400.000,00 (Quatrocentos mil dólares americanos) nos bancos daquele país, por causa da inflação galopante no Brasil, principalmente a partir do governo dos Presidentes Fernando Collor/José Sarney, sendo esse amigo Cláudio D'Orleans Brissac Motta Martinelli, conhecido como "CLAUDIO MARTINELLI", empresário e representante de uma grande multinacional.

A vítima, José Raimundo, já vinha cobrando o dinheiro de Cláudio Martinelli, porém não estava conseguindo resolver, sendo, há algum tempo, enrolado por ele, inclusive sentindo-se ameaçado, momento em que começou a andar armado com um revólver calibre 32, arma esta que foi utilizada para retirar-lhe a vida dentro de sua própria casa e pelo seu melhor amigo Cláudio Martinelli, com um tiro na cabeça.

No dia 28 de julho de 1994, o assassinato de José Raimundo Jardim Alves Pinto foi totalmente esclarecido, levando o autor, Claudio Martinelli, a cometer suicídio com um tiro na boca, depois de beber um litro de Whisky, no interior de sua fazenda, de nome Esplendor, no KM 06 da BR-050, na cidade de Uberaba/MG.

Contaremos esses e outros crimes em um livro à parte, devido à grande complexidade na apuração desse e de outros crimes de homicídio, tendo os autos de inquérito policial, mais de dois volumes, portanto aproximadamente quinhentas laudas.

O autor desse bárbaro homicídio tentou simular como se a vítima tivesse cometido suicídio, porém não teve êxito, haja vista que José Raimundo Jardim Alves Pinto, percebendo que iria ser assassinado, tentou se desvencilhar do cano de sua própria arma, tendo o tiro atingido a região da cabeça, atrás da orelha esquerda e a vítima era canhoto (SINISTRO), o que nos levou à conclusão de negativa de suicídio, uma vez que ele não conseguiria, ainda que quisesse, atingir aquela região da cabeça.

AGORA É COMIGO!

O inquérito policial foi encaminhado à Justiça da Comarca de Uberaba/MG, sendo o esclarecimento amplamente divulgado na mídia falada, televisada e escrita, tendo, mais uma vez, a Rádio Itatiaia de Minas Gerais, através do Programa "POLÍCIA É NOTÍCIA", da saudosa repórter e radialista Glória Lopes, dedicado dois programas inteiros para narrar os esclarecimentos, com minúcias, a todos os ouvintes da Rádio Itatiaia de Minas Gerais.

Retornando à Belo Horizonte/MG, fui chamado ao Gabinete do Secretário de Segurança Pública, Doutor João Perfeito, o qual parabenizou toda a equipe e prometeu uma promoção para este Delegado de Polícia e a todos os policiais civis que trabalharam no caso, entretanto, houve uma greve no mês de outubro/setembro de 1994, coordenada pelo Presidente da ADEPOL/MG, fazendo com que o Secretário de Segurança não cumprisse o prometido.

Desta forma, por causa dessa greve, em reunião realizada pelo CONSELHO SUPERIOR DA POLÍCIA CIVIL DE MINAS GERAIS, foi decidido que, naquele final de 1994, nenhum policial civil do departamento de Investigações de Minas Gerais seria promovido, fato este que me deixou muito chateado na época, abatido e que, no começo de 1995, refletiu um pouco no rendimento, sendo, porém, rapidamente suprimido por conta do profissionalismo deste que vos escreve.

CAPÍTULO **17**

- **As Explosões de Bombas em Belo Horizonte pelo Grupo Reação**
- **A Prisão da Quadrilha de Pistoleiros do Estado do Espírito Santo, Responsável por Diversas Mortes e Assassinatos, Dentre Eles a do Agiota do Diabo**

No ano seguinte, 1995, houve a troca do Secretário de Estado da Segurança Pública de Minas Gerais, estando no governo de Minas Gerais, Eduardo Azeredo, pois fora eleito nas eleições de 1994, escolhendo para ser titular da Pasta, o saudoso Doutor Santos Moreira da Silva, Delegado de Classe Geral de Polícia Civil, o qual escolheu e nomeou para ocupar a Chefia do Departamento de Investigações Especializadas (DEIC/MG), o também Delegado de Classe Geral de Polícia e Chefe da Divisão de Crimes Contra a Vida/DIE, o saudoso Doutor Raul Moreira, que escolheu para sucedê-lo na Divisão de Crimes Contra a Vida/DIE, o Delegado de Classe Especial, Doutor Otto Teixeira Filho, tendo eu permanecido na 5ª Delegacia Especializada de Homicídios/DCCV/DIE.

A escolha do Secretário de Segurança Pública não agradou a alguns integrantes da Polícia Civil de Minas Gerais, os quais passaram a explodir alguns artefatos-explosivos na cidade de Belo Horizonte/MG, seguidos de cartas anônimas, onde se autodenominavam 'GRUPO REAÇÃO", encaminhando notas à imprensa, procurando desestabilizar o atual titular da Pasta da Segurança Pública, Santos Moreira e todo o Conselho Superior de Polícia Civil. Foram dias difíceis, sendo que as ações foram se intensificando com o passar dos meses, como mostraremos à frente.

Aproximadamente no dia 08 de setembro de 1995, na Avenida Atlântica, 1900 – Bairro Castelo/Santa Terezinha, Região da Pampulha, foi assassinado a tiros, o empresário Lourival Soares de Lima, natural de Iúna/ES, no interior de seu estabelecimento comercial, numa ação típica de crimes de pistolagem.

AGORA É COMIGO!

Designados pelo Chefe da Divisão de Crimes Contra a Vida, Doutor Otto Teixeira Filho, para apoiar nas investigações do hediondo crime de homicídio, a 2ª Delegacia Especializada de Homicídios, comandado pelo saudoso Doutor Alexandre Alves Liberal, tendo em sua equipe de policiais civis, o saudoso Investigador de Classe Especial Paulo César Olegário, Escrivã de Polícia Tania, hoje Oficial de Justiça, dentre outros Investigadores.

Durante as investigações conseguimos descobrir que havia uma quadrilha de pistoleiros, do Estado do Espírito Santo, chefiada por Welington Costa Martinez, tendo, como um dos seus integrantes, Marcos Aurélio Souza, pistoleiro dos mais frios e eficientes do Estado do Espírito Santo, dentre outros integrantes, os quais foram contratados pelo intermediário do Fazendeiro Sebastião Ribeiro da Silva, "O TIÃOZINHO DO CAFÉ" e de seu irmão Romildo Ribeiro da Silva, Vereador de Iúna/ES, Alfredo Marques da Silva, "O ALFREDÃO", para assassinar diversos membros da Família Soares de Lima, a qual estava em guerra com "TIÃOZINHO DO CAFÉ" da cidade de Iúna/ES.

A quadrilha foi presa nas cidades de Espírito Santo, porém Marcos Aurélio Souza, que estava contratado para matar outra pessoa na cidade de Barreiras/BA, foi preso pela equipe da 2ª e 5ª Delegacias Especializadas de Homicídios/DCCV/DIE, chefiada pelo Delegado de Polícia Edson Moreira. Com o apoio de investigadores de polícia do Estado da Bahia, após intenso tiroteio com Marcos Aurélio e outros comparsas, efetuamos as prisões e autuações em flagrante delito por resistência. Outros dois integrantes da quadrilha foram feridos e morreram a caminho do Pronto Socorro da cidade, tendo apenas Marcos Aurélio sido transferido para a cidade de Belo Horizonte/MG, depois de liberado pelo Exmo. Sr. Juiz de Direito da Comarca de Barreiras/BA, pelo envolvimento na morte de Lourival Soares de Lima.

Todos os integrantes da quadrilha estavam presos em Belo Horizontes e, quando foram interrogados na Divisão de Crimes Contra a Vida/DIE, confessaram mais de dez homicídios e tentativas de homicídios em Minas Gerais, Espírito Santo, Rio de Janeiro, São Paulo/SP, dentre eles o do "AGIOTA DO DIABO", Amilar Menezes, no município de Marataízes/ES. No momento de seu assassinato, praticado por Marcos Aurélio de Souza, o "AGIOTA DO DIABO" tinha sobre a mesa onde estava, duas granadas e uma metralhadora, armas que não intimidaram o frio e cruel pistoleiro Marcos, o qual, sozinho, desferiu vários tiros no "AGIOTA DO DIABO", ceifando sua vida.

Confessaram como foram contratados, através do "VEREADOR ALFREDÃO" e "TIÃO DO CAFÉ", para cometerem o assassinato de Lourival e outros integrantes de sua família, bem como homicídios nas cidades de Iúna, Cachoeiro do Itapemirim, Guaçui, Ibatiba, Marataízes, Alegre, Castelo e São

Mateus, todas no estado do Espírito Santo e mais outros assassinatos na região de Mutum, Belo Horizonte, Laginha, Roseiral do Mutum, dentre outros municípios de Minas Gerais, além de outros assassinatos no estado da Bahia.

Com relação aos homicídios do Estado do Espírito Santo, o DHPP de Vitória/ES enviou uma Equipe Chefiada pelo Delegado Gilson Rocha, que inquiriu todos os integrantes da quadrilha de pistoleiros, esclarecendo todos os homicídios pendentes no Estado do Espírito Santo, dentre eles o mais cobrado, que era o do "AGIOTA DO DIABO", Amilar Menezes, na cidade de Marataízes/ES.

O inquérito policial foi relatado, com a transformação de prisões temporárias em prisões preventivas de todos os envolvidos, encaminhados ao Tribunal do Júri de Belo Horizonte/MG, fatos amplamente divulgados pela mídia falada, televisada e escrita, tendo, mais uma vez, o programa Polícia é Notícia dedicado dois programas de rádio, para esclarecer os ouvintes sobre tantos crimes de homicídios cometidos pela quadrilha. A madrinha Glória Lopes trabalhou dia e noite para tomar ciência de todas as ações criminosas, perpetradas pela quadrilha de pistoleiros do Espírito Santo, divulgando em seu programa de rádio.

Enquanto trabalhávamos diuturnamente, procurando elevar o nome da POLÍCIA CIVIL MINEIRA, outros integrantes ficavam enrolando, procurando desdenhar os trabalhos realizados pela Divisão de Homicídios, que sempre dava a pronta resposta.

Enquanto o Grupo Reação ficava detonando artefatos explosivos pela cidade de Belo Horizonte, enviando cartas anônimas aos meios de comunicação, denegrindo a imagem do Secretário de Segurança Pública, o saudoso Santos Moreira da Silva, "gente muito fina, mas que, cá para nós, gostava de contar umas estorinhas, sabia de tudo, rsrs, gente boa, rsrsrs". Assim transcorreu o ano de 1995, quando apurávamos todos os casos de homicídios e latrocínios, tanto na capital de Belo Horizonte, como em todos os municípios de Minas Gerais onde éramos designados para apurar crimes de homicídios de competência da Divisão de Crimes Contra Vida/DIE(DEIC/MG).

CAPÍTULO 18

A Chacina no Bairro Taquaril – "Chacina do Taquaril"

Em 14 de março de 1996, estava ministrando aulas na Academia de Polícia Civil de Minas Gerais, na Rua Oscar Negrão de Lima, Bairro Nova Gamaleira – Belo Horizonte/MG, quando por volta das 09:00 horas, recebo um telefonema do Doutor Otto Teixeira Filho, Chefe da Divisão de Crimes Contra a Vida/DIE, determinando que comparecesse imediatamente à Divisão, pois recebera ordens do Secretário de Segurança Pública de Minas Gerais, Doutor Santos Moreira, para assumir as investigações de uma chacina de três adolescentes no Bairro do Taquaril/BH. Doutor Otto afirmou ter contactado, de imediato, o Diretor Geral da Academia de Polícia Civil, Doutor Jairo Lellis Filho, pois eu assumiria as investigações do caso.

Três Adolescentes, Gilmar Ferreira França, Jamil Martins Romão e Junior Sandro Marques Leão, haviam sido sequestrados na Região Central de Belo Horizonte/MG, nas proximidades da Ruas Oiapoque, Rio de Janeiro, Guaicurus e São Paulo, sendo levados para a Estrada do Taquaril, Região Leste de Belo Horizonte, amarrados com arame e executados a tiros de pistola 6,35 mm, tendo os autores se identificado, como sendo do Grupo Reação, deixando uma carta anônima, numa caixa de correios, próximo ao Mercado do Barroca, Bairro Santo Agostinho – Belo Horizonte/MG.

Na carta, o Grupo Reação assumia a autoria da chacina, a qual ficou conhecida como "CHACINA DO TAQUARIL", ofendendo e proferindo palavras chulas (xingando), o Governador do Estado de Minas, Eduardo Azeredo e o Secretário de Segurança Pública, fazendo apologia ao saudoso Grupo dos 'MAMONAS ASSASSINAS", chamando o Doutor Santos Moreira de "ROBOCOP GAY", dentre outras ofensas ao Governador e Secretário.

Assumindo as investigações, sentimos, eu e o Doutor Otto Teixeira Filho, que muitos investigadores de polícia e Escrivães de Polícia da Divisão de Homicídios não queriam participar da Equipe de Policiais que estava sendo composta para a apuração da "CHACINA DO TAQUARIL", pois pressentiam que havia a participação de policiais civis nos assassinatos dos adolescentes.

Montadas as equipes de policiais, intensificamos as investigações, descobrindo que fora utilizado para capturar os adolescentes-vítimas, no Centro da cidade de Belo Horizonte/MG, um veículo VW Gol, de cor Verde. Em vista disso, pedimos ao Secretário de Segurança Pública de Minas Gerais, Doutor Santos Moreira da Silva, que determinasse que fossem levadas, para uma vistoria pericial no Departamento de Transporte da Polícia Civil de Minas Gerais, todos as viaturas descaracterizadas que tivessem as características descritas pelas testemunhas que assistiram os adolescentes serem capturados,

Na semana seguinte, as viaturas VW Gol de cor verde são levadas ao Departamento de Transportes da Polícia Civil de Minas Gerais, periciadas por Peritos Criminais da Seção de Crimes Contra a Vida, do Instituto de Criminalística de Minas Gerais.

Essas providências provocaram, dois dias depois, numa noite de quarta-feira/quinta-feira, num lixão da cidade de Sabará/MG, próximo à estrada que liga a cidade ao município de Caeté/MG, que o veículo Gol verde fosse encontrado em chamas, pela Equipe de investigadores responsáveis pelas Investigações. Uma prova importantíssima estava sendo inutilizada pelos autores da hedionda "CHACINA DO TAQUARIL", fazendo com que perdêssemos evidências e vestígios importantíssimos para o total esclarecimento dos crimes desses homicídios.

Ao fazer o levantamento completo do veículo VW gol de cor verde, utilizado na Chacina do Taquaril, descobrimos que ele fora utilizado por criminosos do Estado de São Paulo, em vários assaltos a bancos na Região do Sul de Minas Gerais, inclusive na cidade de Pouso Alegre/MG, entre os anos de 1990/1993, tendo sido, possivelmente, apreendido durante essa investigações policiais na época dos crimes.

Não houve esmorecimento por parte da equipe de policiais civis que estavam à frente das investigações, ainda mais que recebemos o reforço do Doutor Wagner Varturi, Promotor de Justiça do Segundo Tribunal do Júri de Belo Horizonte, designado pelo Procurador Geral de Justiça de Minas Gerais para acompanhar as investigações da Chacina do Taquaril. Com isso, conseguimos chegar ao esclarecimento da chacina dentro de algum tempo, depois de muitas investigações, bem como noites e noites em claro, buscando provas para prender os autores dos hediondos crimes, com cobranças diárias de políticos e da Imprensa em geral.

Alguns meses depois, prendemos um dos autores, Eduardo Alves Salgado, "O DOM RATÃO", único que não usava máscara no momento da abordagem dos adolescentes. Preso, o "DOM RATÃO" foi denunciado e condenado a 54 anos de prisão, em regime fechado, pelo Segundo Tribunal do Júri, tendo como Promotores de Justiça, atuadores na acusação, os Doutores Wagner Varturi, Ronaldo Cardoso e Francisco de Assis Santiago, "O CHICO PRETO".

A Juíza Sumariante foi a Doutora Electra Maria de Almeida Benevides e presidiu o Tribunal do Júri, no dia do julgamento, o Juiz Presidente do Segundo Tribunal do Júri de Belo Horizonte/MG, o Doutor José Amâncio de Souza Filho.

A apuração foi amplamente divulgada na mídia falada, televisada e escrita, no Brasil e no mundo inteiro, tendo em vista a repercussão mundial da "CHACINA DO TAQUIRIL", principalmente por órgãos de direitos humanos nacionais e internacionais, onde, mais uma vez, o programa Polícia é Notícia da saudosa repórter e radialista da Rádio Itatiaia de Minas Gerais, Glória Moraes Lopes, dedicou alguns programas para explicar todo o enredo criminoso e a complexa investigação policial.

CAPÍTULO **19**

■ O Suicídio com Cinco Disparos de Arma de Fogo

Gostaria de esclarecer que, no dia 15 de março de 1996, uma sexta-feira, no período do almoço, durante as investigações da "CHACINA DO TAQUA-RAIL", estava cumprindo escala pela Permanência do dia, na Divisão de Crimes Contra a Vida, pela 5ª Delegacia Especializada de Homicídios/DCCV/DIE. A Equipe de Permanência comparece a todos os locais de crimes da competência da Divisão de Crimes Contra a Vida/DIE, durante as vinte e quatro horas do dia, sendo que o Plantão da Divisão de Homicídios assume a partir das 18:00 horas, durante os dias de semana.

Feita essa pequena explicação, no dia 16/03/1996 a Equipe de Permanência foi acionada para um duplo homicídio, ocorrido no interior do Motel Dallas, próximo ao Anel Rodoviário – Bairro Califórnia – Belo Horizonte/MG.

Ao chegar àquele local de homicídio, constatamos dois corpos sobre a cama de uma das suítes do Motel Dallas. A mulher havia sido atingida com dois disparos de arma de fogo na cabeça e coração, enquanto o homem, com cinco tiros, quatro no peito, lado esquerdo (região torácica) e um abaixo da boca, entre o pomo de adão e o queixo (próximo ao osso hioide).

Esse disparo passou por baixo da língua e parou na entrada do cérebro, parando próximo à região nasal, ou, como se fala popularmente, "CÉU DA BOCA".

Chegando àquela suíte, passamos a observar todos os detalhes, enquanto aguardávamos a chegada dos Peritos Criminais (da Seção Técnica de Crimes Contra a Vida) do Instituto de Criminalística.

A banheira estava cheia de água, munições espalhadas na cama, revólver calibre 38, duas polegadas, marca Taurus, ao lado da mão direita do homem, coldre de canela na perna esquerda da referida vítima, alvejada com cinco tiros; a vítima mulher deitada, sem roupas, com a cabeça sobre o travesseiro e, no balcão giratório da suíte, pratos com sobremesas, como sorvete e pudim, dentre outros detalhes.

Tudo foi analisado e fotografado pelos Peritos Criminais do Instituto de Criminalística. Os Peritos Criminais, designados para o exame perinecroscópico (LEVAMENTO DE LOCAL), foram a Perita Criminal Inezita, Perita Criminal Élida e Perito Criminal Wallace Wellington "O DOURADO", nas fotografias.

Cheguei, inclusive, a ajudar nas análises dos corpos, após a devida colocação de luvas apropriadas, tendo em vista que os corpos eram pesados, principalmente para as Peritas Criminais mulheres os movimentarem para os devidos exames visuais detalhados.

Ao mesmo tempo em que ajudava as Peritas Criminais, observava atentamente os detalhes nos corpos da vítimas, tais como: – "QUATRO TIROS COM O CANO DA ARMA ENCOSTADO NO PEITO, COM ÁREAS DE ESFUMAÇAMENTO E QUEIMADURAS, CÂMARA DE MINA DE HOFFMAN (OU BURACO DE MINA), ORIFÍCIO DE ENTRADA DE FORMAS ESTRELADAS IRREGULARES, DENTRE OUTRAS CARACTERÍSTICAS, ISSO NO HOMEM", já na mulher: -"OS TIROS FORAM DADOS À CURTA DISTÃNCIA OU QUEIMA ROUPA, ORLA OU ZONA DE QUEIMADURA, POIS ERAM LATENTES O CONE DE EXPLOSÃO, CAUSADOS PELO CONE DE EXPLOSÃO DA BOCA DA ARMA, OS RESÍDUOS DA COMBUSTÃO E OS GRÃOS INCOMBUSTOS, NOS TRÊS TIROS QUE A ATINGIRAM, DENTRE OUTROS DETALHES MÉDICOS LEGAIS).

Após todas as análises e estudos, naquele complexo local de crime, o Delegado de Polícia, Doutor Jaime Francisco Monteiro de Barros, responsável pela Seccional de Polícia Civil Norte, o qual já havia sido Perito Criminal da Polícia Civil de Minas Gerais, notando que as Peritas Criminais estavam com uma feição de grandes dúvidas, onde só se viam pontos de interrogação, perguntou a este Delegado Titular da 5ª Delegacia Especializada de Homicídios, responsável pelas investigações preliminares daquelas mortes: – "E AÍ DOUTOR EDSON MOREIRA, O QUE VOCÊ ACHA QUE ACONTECEU AQUI? – DE IMEDIATO RESPONDI QUE O HOMEM, APÓS PASSAR A NOITE COM A MULHER, ACORDOU, RELACIONOU-SE SEXUALMENTE COM A MESMA, TOMOU CAFÉ. DEPOIS FORAM JUNTOS PARA A BANHEIRA, TOMARAM BANHO E FIZERAM SEXO NOVAMENTE.

EM SEGUIDA PEDIRAM O ALMOÇO, FIZERAM A REFEIÇAO. EM SEGUIDA O HOMEM TROCOU DE ROUPA, COLOCOU A ARMA NO COLDRE DE CANELA, FOI AO BANHEIRO. ENQUANTO A MULHER AGUARDAVA A SOBREMESA PEDIDA. VOLTOU, SURPREENDEU A MULHER, ATIRANDO POR TRÊS VEZES EM SUA CABEÇA E PEITO.

ELA ESTAVA DEITADA. ATO CONTÍNUO, ELE DEU A VOLTA NA CAMA, SENTOU, RECARREGOU A ARMA, INCONTINENTE PASSOU A ACIONAR O GATILHO DA ARMA, COM O CANO ESCOSTADO EM SEU PRÓPRIO PEITO,

DO LADO ESQUERDO, REPETINDO A AÇÃO POR QUATRO VEZES. COMO NÃO CONSEGUIA APAGAR, ENCOSTOU O CANO DA ARMA NA REGIÃO DO PESCOÇO E BOCA, EFETUANDO O DISPARO QUE O FEZ PERDER OS SENTIDOS. MAS DEVERIÁMOS AGUARDAR OS EXAMES NECROSCÓPI-COS, A SEREM REALIZADOS NA MANHÃ SEGUINTE NO INSTITUTO MÉ-DICO LEGAL".

Outro fato que analisei nos corpos das vítimas foi a ausência de qualquer ferimento de defesa (LESÃO DE DEFESA), pois, quando uma vítima está sen-do assassinada, percebendo a ação do agressor, tem a reação de lutar de-sesperadamente a fim de defender-se, evitar a agressão do agente para que, com isso, o mesmo não consiga o seu intento de assassiná-la, chamado por muitos de "INSTINTO DE DEFESA".

A conclusão era de que a mulher fora morta pelo homem, que se auto ex-terminou na sequência, pois, além de a vítima mulher não apresentar os feri-mentos característicos de defesa, todos os disparos foram efetuados com o cano da arma encostado no corpo daquela vítima, evidências que caracteri-zavam, já que não estava o taxista amarrado, o autoextermínio.

Da mesma forma, quando interpelado por toda a imprensa presente, mineira e nacional, cujos repórteres aguardavam ansiosamente pelas reve-lações sobre o duplo homicídio no interior do famoso Motel Dallas, todos saíram com uma interrogação nas cabeças, refletidas nas manchetes do dia seguinte, 17 de março de 1996: "DELEGADO EDSON MOREIRA FALA QUE VÍTIMA MATOU E SUICIDOU-SE COM CINCO TIROS????".

investigadores de polícia esclareceram, junto à irmã da vítima homem, agora devidamente qualificado como um taxista, que o mesmo trabalhava, à noite, na portaria da "BOATE SCORPION", localizada na Rua Cristóvão Co-lombo – Savassi – Belo Horizonte – Minas Gerais. Conforme esclarecido, foi nessa boate que o taxista conheceu a linda e formosa vítima, com todos os predicados imagináveis, iniciando um relacionamento com a mesma, tendo posteriormente tirado ela do trabalho noturno da boate, unindo-se marital-mente e passando a residirem juntos.

Como não conseguia manter a vida levada por sua amada antes de se unirem, o taxista e a mulher foram morar juntos num dos cômodos da casa da irmã do taxista. Foi nessa residência que encontraram uma carta do taxis-ta, o qual estava aniversariando naquele dia fatídico, despedindo-se da vida, mostrando a sua frustação por não ter conseguido ser um investigador de polícia, bem como por não conseguir dar uma vida melhor para sua amada, a qual, há poucos meses, ele havia tirado do trabalho de "mulher de progra-ma" na Boate Scorpion.

Apuraram, também, que, na quinta-feira anterior, o taxista havia levado a mulher para trabalhar novamente na Boate Scorpion, já que aquela lhe havia comunicado que retornaria para a referida boate, pois seu amado não estava conseguindo manter o seu padrão de vida quando trabalhava na noite.

Aproveitando que estava aniversariando, o taxista convidou sua amada para, juntos, comemorarem seu aniversário numa suíte do Motel Dallas, para consumar o que havia planejado e premeditado, pois, como afirmou na carta: "COMO ELA NÃO VAI SER MINHA, NÃO SERÁ DE MAIS NINGUÉM".

No dia seguinte, 16 de março de 1996, um sábado, a imprensa nacional e internacional, alunos de Direito e Medicina da UFMG, PUC, Milton Campos e outras universidades de Belo Horizonte, dos Cursos de Formação de Delegados de Polícia, Peritos Criminais, investigadores de polícia, Escrivães de Polícia da Academia de Polícia Civil de Minas Gerais, as peritas criminais que fizeram o Levantamento de Local no Motel Dallas, Inezita e Élida, bem como vários populares e curiosos, lotavam todo o Instituto Médico Legal, no Bairro Nova Gameleira, seus terrenos e vias de acesso, todos queriam saber se o que o Delegado Edson Moreira afirmara no dia anterior teria o devido respaldo científico.

Quando os Médicos Legistas, responsáveis pelos exames necroscópicos, entraram na sala de necropsia do Instituto Médico Legal, levaram um tremendo susto, porque nunca haviam visto antes tantas pessoas, estudantes e estagiários dentro de uma sala de necropsia. Mais assustados ainda ficaram, quando lhes apresentei dois quesitos, perguntando, "se a morte do homem, havia sido MEDIATA OU IMEDIATA?

Começaram a necropsia pela vítima mulher, confirmando o que as Peritas Criminais e este autor haviam comentado com a imprensa, depois partiram para a vítima homem, o Taxista, o qual tinha cinco perfurações de entrada de tiros de revólver no corpo. Depois de aproximadamente duas horas examinando detalhadamente o cadáver do taxista, ficou constatado que nenhum dos quatros tiros, disparados no peito do lado esquerdo, praticamente no coração, chegou a perfurar o músculo cardíaco. Os tiros atingiram apenas pulmões e diafragma.

Foi neste momento da necropsia que, respondendo aos quesitos formulados, os Médicos Legistas concluíram "que a morte foi causada por HEMOTORAX, CAUSADOR DO CHOQUE HEPOVOLEMICO, portanto a "A MORTE TERIA SIDO MEDIATA", confirmando a tese de que ocorrera na suíte daquele Motel Dallas, no dia 16/03/1996, UM HOMICÍDIO SEGUIDO DE SUICÍDIO, tudo o que havia falado mesmo antes de saber os resultados dos exames necroscópicos nas vítimas.

Confirmado toda a minha tese, esplanada no dia anterior, em entrevistas concedidas aos meios de comunicação local, estadual, nacional e mundial, as reportagens enalteceram a grande coragem e conhecimento do Delegado Edson Moreira na Investigação Especializada de Crimes Contra a Vida.

Confirmou-se, assim, tudo o que os meus superiores da Divisão de Crimes contra a Vida/DIE/DEIC/M disseram quando cheguei na Divisão de Homicídios, em novembro de 1992: "PARA SER UM BOM DELEGADO DE POLÍCIA, APURADOR DE CRIMES DE HOMICÍDIOS, É IMPORTANTÍSSIMO TER UM CONHECIMENTO MUITO ACURADO DA MATÉRIA DE DIREITO "MEDICINA LEGAL".

CAPÍTULO 20

O Assassinato do Investigador Primo, em Uberlândia

Após o término das investigações que apuraram a CHACINA DO TAQUA-RIL, o Chefe da Divisão de Crimes Contra a Vida/DIE, Doutor Otto Teixeira Filho, determinou que eu, com a 5ª Delegacia Especializada de homicídios/DCCV/DIE e com a 4ª Delegacia Especializada, viajássemos para Uberlândia/MG, Tupaciguara/MG, Monte Alegre/MG, Uberaba/MG e São Francisco no Norte de Minas Gerais para apuração de diversos homicídios importantes e não apurados, acontecidos nessas cidades.

Escolhi primeiro viajar com a 4ª Delegacia Especializada de Homicídios/DIE para a cidade de Uberlândia/MG, a fim de apurar o assassinato do investigador de polícia Primo, da cidade de Tupaciguara/MG, o qual nos ajudara na apuração do homicídio que vitimou o candidato a Prefeito de Tupaciguara/MG, Enodes, durante a disputa eleitoral de 1992. Primo havia sido alvejado na cidade de Uberlândia/MG, em frente ao Colégio Objetivo, por um elemento utilizando uma arma de fogo, montado numa motocicleta Tererê, de cor azul.

No interior do porta-luvas do veículo do investigador de polícia Primo, foi encontrado, um mandado de prisão, em razão de condenação, de um tal "MAGRELO", parceiro de um dono de uma academia de musculação do município de Uberlândia/MG.

Nas proximidades do local do crime, nunca havia visto tantas motocicletas Tererê juntas numa única cidade, como naquela investigação policial.

Empreendemos diversas diligências nas cidades de Tupaciguara e Uberlândia, ambas em Minas Gerais, descobrindo que "Magrelo", juntamente com seu patrão, haviam matado o Investigador Primo, pois o mesmo estava tentando extorquir dinheiro deles, para não dar cumprimento ao Mandado de Prisão por Condenação de "MAGRELO".

Houve o apoio de policiais militares e civis, ficando a complementação dessas investigações por conta da Delegacia Regional de Segurança Pública, a pedido do Delegado Regional, Doutor Aloísio Couto, ao Exmo. Sr. Secretário de Segurança Pública, Doutor Santos Moreira, o qual determinou ao Doutor Otto Teixeira que mandasse a equipe retornar, porque praticamente estava tudo resolvido na cidade Uberlândia/MG.

Assim dispensamos os policiais civis da 4ª Delegacia Especializada de Homicídios/DCCV/DIE, convocando os policiais civis da 5ª Delegacia Especializada de Homicídios/DCCV/DIE para se deslocarem para o município de Uberaba/MG, onde iriámos investigar "O FAMOSO CRIME DO PONTAL", ocorrido naquele município, com diversas complicações surgidas no decorrer das investigações policiais, realizadas por Investigadores da Delegacia Regional de Uberaba/MG.

CAPÍTULO 21

▪ O Assassinato Cometido pela Viúva e Sua Amante, para Viverem Juntas, com Uma Fortuna
▪ Crime do Pontal da Cidade de Uberaba – Triângulo Mineiro

Chegando à cidade de Uberaba/MG, passamos a estudar os Autos de inquérito policial que apuravam a morte do empresário e comerciante Paulo Roberto Ferreira dos Santos, "O PAULÃO", ocorrida na Rua Canarinho, 115 – Bairro Pontal – Uberaba – Minas Gerais.

No dia 16 de novembro de 1995, "PAULÃO" foi alvejado por tiros de revólver, no interior de seu Veículo FORD PAMPA, placas de Uberaba/MG – BKS 7114, quando saía de sua residência para o trabalho, por volta das 7:15 horas. Este crime ficou conhecido como o "ASSASSINATO DO PONTAL".

Depois de estudar e analisar os Autos de inquérito policial, passamos a investigar a esposa de Paulo Roberto Ferreira dos Santos, "O PAULÃO", Nilce Campos Ferreira dos Santos e sua empregada Rosângela Bernardino Ferreira dos Santos, "A LOTE", que, segundo os comentários correntes na cidade de Uberaba/MG, estavam se relacionando amorosamente desde 1992, quando Rosângela, "A LOTE", foi trabalhar na fábrica de flores de Nilce Campos.

Algum tempo depois de se criar uma forte amizade entre Nilce Campos e "Lote", a primeira disse ao marido estar preocupada com a situação financeira de sua empregada, levando a mesma para residir na residência do casal, à Rua Canarinho, 115 – Bairro Pontal – Uberaba/MG.

Decorrido algum tempo, "PAULÃO" descobriu o romance entre Rosangela e Nilce, começando as desavenças do casal, tendo as brigas gerado várias separações e retornos. O último retorno de Paulo Roberto para a residência do casal ocorreu no mês de setembro de 1995, quando as duas, Nilce e Rosangela, "A LOTE", passaram a arquitetar o assassinato de "PAULÃO", sendo que as duas não queriam sair sem nada do casamento, ou seja, sem levar nenhuma vantagem financeira.

A partir de então, passaram a pesquisar os procedimentos para fazerem "SEGUROS DE VIDA", principalmente nas Instituições financeiras dos bancos BEMGE, FINASA, BANCO DO BRASIL e MERCANTIL DO BRASIL, onde ficaram sabendo como agiriam para conseguir o intento, deixando como beneficiária Nilce Campos Ferreira dos Santos, esposa de direito do "PAULÃO".

Levaram a documentação e falsificaram a assinatura de Paulo Roberto Ferreira dos Santos, "O PAULÃO", realizando seguros de vida no valor de US$ 600.000 (seiscentos mil dólares americanos), do qual pagaram duas prestações.

No dia 16 de novembro de 1995, assassinaram "PAULÃO" com três tiros à "QUEIMA ROUPA". Quando "PAULÃO" estava no interior de seu veículo, saindo para trabalhar, Nice e Rosângela se aproximaram, tendo "LOTE" se agachado próximo à janela do condutor, como se fosse conversar com a vítima, sendo que, quando ele engatou marcha-a-ré no carro e acionou o portão eletrônico, Rosângela, "A LOTE", desferiu três tiros à queima roupa, tirando a vida de 'PAULÃO", tendo o carro, que estava engrenado na marcha-a-ré, ainda saído da garagem.

Naquele exato momento em que o portão eletrônico foi acionado e o carro engatado passou a sair da garagem da residência, a testemunha ocular, Tânia de Fátima Barros, chegava à casa de sua irmã, Jane Pérola de Barros Baez, localizada em frente ao portão da garagem de PAULÃO, estando Jane, naquele momento, lavando roupas no tanque, localizado bem próximo ao portão defronte à casa da vítima. Os disparos efetuados contra a vítima., despertam a atenção de ambas as irmãs.

As duas testemunhas assistiram a tudo, observando, detalhadamente, o momento dos disparos, como Rosângela agachou e Nilce distraiu a vítima, enquanto sua companheira executava o crime. Ouvimos as testemunhas oculares em depoimentos no cartório da Delegacia Regional de Segurança Pública de Uberaba. Em seguida, diligenciamos e buscamos outras provas que corroborassem todos os depoimentos, além de investigarmos a vida pregressa de todos os envolvidos, reforçando a informação sobre o relacionamento que existia entre Nilce e Rosângela.

A fim de conseguirmos provas matérias do crime, apreendemos as Apólices de Seguro de vida dos Bancos BEMGE, BANCO DO BRASIL, FINASA e MERCANTIL DO BRASIL, encaminhando-as para EXAMES GRAFOTÉCNICOS na Seção de Documentoscopia do Instituto de Criminalística de Minas Gerais, em Belo Horizonte, para saber se a assinatura de Paulo Roberto Ferreira dos Santos, "O PAULÃO", havia sido falsificada pelas suspeitas investigadas.

AGORA É COMIGO!

Os exames técnicos foram realizados pelos Peritos Criminais do Instituto de Criminalística de Minas Gerais, os quais confeccionaram os Laudos Grafotécnicos, concluindo que as assinaturas de Paulo Roberto Ferreira dos Santos, "O PAULÃO", nas apólices de Seguro de Vidas, eram "FALSIFICADAS. Com isso, carreamos para os autos uma prova científica incontestável, reforçando ainda mais a autoria do homicídio investigado.

Desta forma, o ASSASSINATO DO PONTAL", da cidade de Uberaba/MG, foi devidamente esclarecido e as autoras Nilce Campos Ferreira dos Santos e Rosângela Bernardino Ferreira dos Santos, "A LOTE", foram indiciadas por HOMICÍDIO TRIPLAMENTE QUALIFICADO, sendo o inquérito policial remetido à Justiça Pública de Uberaba/MG.

Os fatos foram amplamente divulgados na mídia falada, televisada, escrita e digitalizada, tendo como manchete: "AMANTES MATAM PARA VIVER UM GRANDE AMOR". O programa Polícia é Notícia, da Rádio Itatiaia de Minas Gerais, apresentado pela saudosa Repórter e Radialista Glória Lopes, dedicou um programa inteiro, para falar do Crime do Pontal, envolvendo "LESBIANISMO" e o homicídio do investigador de polícia Primo, na cidade de Uberlândia/MG, sendo seguido por outros programas de televisão.

CAPÍTULO **22**

■ O Assassinato Cometido por Maria Madalena – a Viúva Negra – na Cidade São Francisco – Norte de Minas Gerais

Saindo da cidade de Uberaba/MG na segunda-feira seguinte à total elucidação do "ASSASSINATO DO PONTAL", a equipe de policiais civis da 5ª Delegacia Especializada de Homicídios/DCVV/DIE, comandada pelo Delegado Edson Moreira, deslocou-se para a cidade de São Francisco/MG, na Região Norte do Estado, próxima ao município de Montes Claros, Januária e Brasília de Minas, Mirabela, conhecida popularmente pela sua saborosa carne de sol, dentre outras do Norte Mineiro.

Em São Francisco/MG, havia sido assassinado, no interior de sua residência, o Ex-Presidente da Câmara Municipal de São Francisco/MG, o fazendeiro e comerciante Floriano Gonçalves de Mendonça, em dezembro de 1995, por um homem alto, magro, utilizando um capuz, supostamente tentando roubar a vítima, aproveitando-se que acabara a luz, fato corriqueiro à época na cidade.

As suspeitas recaiam sobre um ex-funcionário de Floriano Gonçalves, o qual havia levado o fazendeiro às barras da Justiça Trabalhista, tendo este ex-funcionário se vingado dele, assassinando-o com um tiro à queima-roupa, conforme as suspeitas plantadas pela verdadeira autora do assassinato.

A vítima não tinha filhos e, com isso, deixou uma herança milionária para sua esposa Maria Madalena Montenegro Mendonça, a qual, na época em que chegamos à cidade de São Francisco/MG, não mais residia na cidade, tendo retornado à terra natal, Recife/PE, onde tinham casa de residência e casa de praia, deixando os negócios do marido sob a responsabilidade de parentes do Floriano na cidade de São Francisco/MG.

A versão apresentada por Maria Madalena, viúva da vítima Floriano, era de que, no dia do assassinato de seu marido, uma sexta-feira do mês de dezembro, a luz na cidade teria acabado desde às 17:00h e, por volta de dezenove horas, após o jantar, seu marido Floriano Mendonça estava sentado à mesa de jantar, aproveitando a luz das velas e do lampião para ler o jornal, como costumeiramente fazia.

De repente, apareceu, no alpendre da residência, um homem alto, utilizando um capuz para tampar o rosto, abriu a porta de vidro da residência e anunciou "O ASSALTO". Imediatamente, seu marido Floriano Mendonça foi em direção à porta de vidro e passou a resistir à entrada daquele invasor, o qual portava um revólver, calibre 38.

Enquanto seu esposo tentava fechar a porta de vidro, o desconhecido encapuzado efetuou um disparo de arma de fogo através do vidro da porta, vindo a acertar o peito/abdômen de Floriano, o qual, atingido pelo disparo, foi cambaleando até a mesa onde estava lendo o jornal e caiu ferido, enquanto o criminoso empreendeu fuga.

Segundo Maria Madalena, ela saiu em busca de socorro para seu marido, mas, infelizmente, Floriano Mendonça veio a falecer em razão do ferimento provocado por aquele desconhecido encapuzado, cujas características, dadas pela viúva Maria Madalena, recaiam sobre um empregado que tinha contendas trabalhistas com o fazendeiro Floriano Gonçalves de Mendonça.

A estória da viúva Maria Madalena Montenegro de Mendonça não estava me convencendo, primeiramente porque a mesma estava escondendo a vontade, manifestada várias vezes a Floriano Mendonça, de que queria residir definitivamente, na cidade de Recife/PE, onde tinham uma residência de veraneio na beirada da praia, além de ficar mais próxima de seus parentes.

Entretanto, Floriano Mendonça, homem nascido e criado na região de São Francisco/MG, com raízes na terra, onde construiu um verdadeiro império, com fazendas, imóveis, gado de corte, etc., não queria se mudar da cidade onde nasceu, viveu, construiu, com muito trabalho, os seus negócios, enquanto Maria Madalena, queria porque queria residir na cidade de Recife/PE, não querendo mais morar na pacata e pequena cidade de São Francisco/MG.

Aquela versão, apresentada pela Viúva Maria Madalena Montenegro de Mendonça, não estava me convencendo, deixando várias interrogações em minha cabeça: como uma pessoa vai até a casa de Floriano Mendonça, numa sexta-feira à noite, para roubar, encapuzado e nada leva, não ataca a testemunha ocular, dentre outros questionamentos, mal explicados e não respondidos.

Passo, então, a analisar o Laudo de Necropsia da vítima, realizado por uma ex-aluna minha, Médica-Legista Doutora Selma, onde visualizo que a entrada do orifício, provocado pela arma utilizada no homicídio, apresentava as características de tiro encostado, ou seja, "ÁREA DE ESFUMAÇAMEN-

TO E QUEIMADURA, CÂMARA DE MINA DE HOFFMAN (OU BURACO DE MINA), ORIFÍCIO DE ENTRADA DE FORMA ESTRELADA IRREGULAR, DENTRE OUTRAS CARACTERÍSTICAS".

Encaminhei o Laudo de Necropsia de Floriano Gonçalves de Mendonça à Seção de Crimes Contra a Vida, do Instituto de Criminalística de Minas Gerais, em Belo Horizonte, juntamente com as fotos do orifício da porta de vidro, da residência da vítima, fazendo o seguinte quesito: "É POSSÍVEL UM DISPARO DE ARMA DE FOGO, EFETUADO ATRAVÉS DE UMA LÂMINA VÍTREA, DEIXAR NO ORIFÍCIO DE ENTRADA DO PROJÉTIL, AS CARACTERÍSITICAS DE UM TIRO COM O CANO ENCONSTADO NO CORPO DA VÍTIMA?".

Quando chegou o laudo da Seção de Crimes Contra a Vida, do Instituto de Criminalística, assinado pelos Peritos Criminais, Ângela Romano, Renan Viana de Lacerda e Carla Regina, com a resposta: "É IMPOSSÍVEL, QUANDO O DISPARO É EFETUADO ATRAVÉS DA LÂMINA VÍTREA, DEIXAR A CÂMARA DE MINA DE HOFMAM. O PROJÉTIL LEVA PARA O ORIFÍCIO DE ENTRADA A FALSA TATUAGEM, COM PEDACINHOS DE VIDRO, DO LUGAR DO IMPACTO, LEVADO PELO PROJÉTIL – COM RELAÇÃO AO ORÍFICIO DA PORTA DE VIDRO, PELAS BORDAS, PODEMOS AFIRMAR SEM SOMBRAS DE DÚVIDA, QUE FOI EFETUADO DE DENTRO DA RESIDÊNCIA PARA FORA". Com esse Laudo Pericial, toda a versão apresentada pela viúva caia por terra.

Com o Laudo do Instituto de Criminalística nas mãos, bem como os demais laudos, interrogamos novamente a viúva Maria Madalena Montenegro Mendonça, a qual caiu em diversas contradições. Logo em seguida, passamos para a RECONSTITUIÇÃO SIMULADA DOS FATOS ("RECONSTITUIÇÃO DOS FATOS CRIMINOSOS"), ficando patente que quem havia assassinado Floriano Gonçalves de Mendonça tinha sido a esposa Maria Madalena Montenegro Mendonça, esclarecendo o homicídio.

Com a verdade aparecendo, o crime ficou conhecido na Região Norte de Minas Gerais, como: "O CRIME PRATICADO PELA VIÚVA NEGRA DE SÃO FRANCISCO", sendo Maria Madalena indiciada por homicídio qualificado de seu marido, o fazendeiro e comerciante, Floriano Gonçalves de Mendonça, ex-presidente da Câmara de Vereadores de São Francisco/MG.

A apuração foi amplamente divulgada na mídia falada, escrita e televisada, tendo ampla repercussão nacional e internacional, tendo, mais uma vez, o programa Polícia é Notícia, da Rádio Itatiaia de Minas Gerais, dedicado um programa inteiro para detalhar aos ouvintes, pela famosa e saudosa repórter e radialista, Glória Lopes, que entendia, como ninguém, uma investigação científica de crime de homicídio.

CAPÍTULO **23**

A Exumação dos Restos Mortais do Motorista de JK, que Morreu Junto com o Ex-Presidente Juscelino, na Via Dutra

Em 14 de agosto de 1996, por voltas das 15:00 horas, participamos da exumação do corpo do motorista do Ex-Presidente Juscelino Kubitschek de Oliveira, Senhor Geraldo Ribeiro, que dirigia o veículo Chevrolet Opala, em que ambos morreram no acidente, após colidir com um ônibus da Viação Cometa S/A, na Rodovia Presidente Dutra.

O acidente aconteceu, quando o Ex-Presidente JK e o próprio Geraldo Ribeiro trafegavam na Rodovia Presidente Dutra, de São Paulo para a cidade do Rio de Janeiro/RJ. Os dois morreram em razão dos ferimentos causados pela colisão, sendo que, até hoje, tem-se suspeitas de que fora um "ACIDENTE ARRANJADO", principalmente pela denúncia do Secretário de Estado do Governo do Estado de Minas Gerais, à época, Serafim Jardim, onde afirmava: "(...) QUE O ACIDENTE, OCORRIDO EM 22 DE AGOSTO DE 1976, QUANDO O EX-PRESIDENTE E SEU MOTORISTA GERALDO VIAJAVAM DE SÃO PAULO EM DIREÇÃO AO RIO DE JANEIRO, TERIA SIDO UM ATENTADO POLÍTICO, QUE MATOU O EX-PRESIDENTE JUSCELINO KUBITSCHEK DE OLIVEIRA (...)".

Portanto, nas palavras de Serafim Jardim, o Ex-Presidente JK teria sido assassinado durante o governo militar do Presidente Ernesto Geisel, numa ação orquestrada para matar o Ex-Presidente e outros personagens contrários ao regime instalado no Brasil a partir de trinta e um de março de 1964.

A exumação foi realizada pela Equipe de Médicos Legistas do Instituto Médico Legal de Minas Gerais, chefiada pelo Chefe da Perícia no Morto/IML, Doutor Márcio Alberto Cardoso, tendo os Peritos Criminais Hamilton e Élida registrado em laudos todos os movimentos da exumação, a qual foi acompanhada por familiares de Geraldo Ribeiro, como a filha dele, a advogada Maria de Lourdes Ribeiro.

Depois de realizados os exames periciais no Instituto Médico Legal e no Instituto de Criminalística, ambos de Minas Gerais e, também, demais investigações da Equipe Chefiada pelo Delegado de Polícia Edson Moreira, ficou comprovado, o que indicava os autos de inquérito policial da época, coincidindo com o nosso inquérito policial, pois caminhavam na mesma direção.

As suspeitas de assassinato não se comprovaram, embora já se tivessem passado, à época, vinte anos do grave acidente, o qual ceifou a vida de um dos maiores e melhores presidentes da república que o Brasil já teve, Juscelino Kubitschek de Oliveira e não como alguns que hoje estão no poder e outros que tentaram se comparar a Juscelino, como foi o caso do Ex-Presidente da República, Luis Inácio Lula da Silva, até recentemente recolhido preso na Carceragem da Polícia Federal de Curitiba/PR, condenado por corrupção.

CAPÍTULO 24

Os Assassinatos do Serial Killer Roberval Carroceiro e seu Comparsa, Alcunhado "Bigode"
Especializações

Naquele ano de 1996 apuramos vários homicídios múltiplos (CONHECI-DO COMO CHACINAS), no Bairro São Gabriel/Beira Linha, Chacina do Itaipu. a mando da "RAINHA DO CRAK", Marina e seu filho "CARLINHOS"", Chacina do Ribeiro de Abreu, dentre outras, tudo apurado pela 5ª Delegacia Especializada de Homicídios/DCCV/DIE (DEIC-MG). Outros crimes de vítimas, emparedadas e enterradas, também foram apurados no ano de 1996.

Para fechar o ano de 1996, estavam acontecendo vários homicídios na região do Barreiro – Belo Horizonte – Minas Gerais, desde do ano de 1995, creditados a uma quadrilha de justiceiros. Eram mais de 14 homicídios cometidos em série, com o mesmo "MODUS OPERANDI", sempre creditados à quadrilha de justiceiros da Região do Barreiro/Beira Linha – Belo Horizonte/MG.

Para investigação de tais casos, foi composta uma Equipe de Policiais da Divisão de Crimes Contra a Vida, Coordenados Pelo Delegado Edson Moreira, da 5ª Delegacia Especializada de Homicídios/DCCV/DIE e Delegado Elcides José Batista Guimarães, Titular da 2ª Delegacia Especializada de Homicídios/DCCV/DIE, tendo as Equipes, com muito denodo e determinação, trabalhado, intensamente, no esclarecimento dos bárbaros e cruéis crimes de homicídios, os quais iam até a divisa de Ibirité/MG.

Depois de diversas diligências das Equipes de policiais civis da Divisão de Crimes Contra a Vida/DIE, foram esclarecidos mais de quatorze homicídios cometidos por apenas dois criminosos, que atuavam em conjunto, sendo eles Roberval Luiz de Lira, "O ROBERVALDO CARROCEIRO" e Almerin Pereira Pardim, "O BIGODE". Devidamente qualificados, representamos pela decretação da prisão preventiva de ambos, nos dois Tribunais do Júri de Belo Horizonte, tendo sido decretada a prisão preventiva deles.

Para o cumprimento dos mandados de prisão preventiva, foi montada a "OPERAÇÃO RELÂMPAGO" na Região do Barreiro – Belo Horizonte/MG, sendo que por volta de 21:00 horas de uma sexta-feira, conseguimos prender Roberval Luiz de Lira, "O ROBERVALDO CARROCEIRO", Almerin Pereira Pardim, "O BIGODE", bem como prender, em flagrante delito, Genair dos Santos Oliveira, "O NAIM", que tinham acabado de assassinar, a tiros de revólver, na Rua Cinco, perto do número trinta, Bairro Independência – Região do Barreiro – Belo Horizonte/MG, Gilmar Prado Mendes, outro escolhido por eles para morrer.

Com a prisão de "ROBERVALDO CARROCEIRO", "BIGODE" e "NAIM", foi esclarecida uma série de homicídios cometidos na Região do Barreiro – Belo Horizonte/MG, sendo que muitos deles já foram julgados e os referidos Roberval, Almerin e Genair condenados a mais de trezentos anos de cadeia.

Os inquéritos Policiais sobre os homicídios qualificados, cometidos por ROBERVAL LUIZ DE LIRA, "O ROBERVALDO CARROCEIRO", ALMERIN PEREIRA PARDIN, "O BIGODE" E GENAIR DOS SANTOS OLIVEIRA, "O NAIM", foram relatados e encaminhados aos Tribunais do Júri de Belo Horizonte/MG, tendo os crimes grande repercussão mundial, sendo amplamente divulgados na mídia escrita, falada e televisada, tendo o Programa Polícia é Notícia, da Rádio Itatiaia de Minas Gerais, comentado, por uma semana, as investigações realizadas pela Divisão de Crimes Contra a Vida, através da saudosa repórter e radialista Glória Moraes Lopes, seguida por outros programas das televisões brasileiras.

Há de se esclarecer que, durante os anos 1990, continuei os progressos intelectuais, participando de cursos na Polícia Civil de Minas Gerais, bem como em outras Instituições Públicas Brasileiras:

- No período de 03/02/1992 a 28/02/1992, conclui o CURSO DE APERFEIÇOAMENTO DE DELEGADO DE POLÍCIA, ministrado pela Academia de Polícia Civil de Minas Gerais;
- No período de 11/07/1994 a 29/11/1994, participei do XXIX CICLO DE ESTUDOS DE POLÍTICA E ESTRATÉGIA da Escola Superior de Guerra – Rio de Janeiro/RJ.
- No período de 05/08/1996 a 23/09/1996, conclui o CURSO DE PREPARAÇÃO PARA CHEFIA POLICIAL – DELEGADO DE POLÍCIA;
- No período de 01/08/1997 a 30/11/1997, conclui o CURSO SUPERIOR DE PLANEJAMENTO ESTRATÉGICO – CURSO SUPERIOR DE POLÍCIA, pela Academia de Polícia Civil de Minas Gerais, em convênio com a Escola Superior de Guerra do Rio de Janeiro/RJ;

AGORA É COMIGO!

– Em setembro de 1998, participei ativamente do SEMINÁRIO INTERNA-
CIONAL "SEGURANÇA PÚBLICA, ANTIGOS DESAFIOS, NOVOS MO-
DELOS", organizado pela Escola de Governo da Fundação João Pinheiro e Pela Fundação Konrad Adenauer, sob o patrocínio do Ministé*rio
do Trabalho/FAT/CODEFAT e o apoio do ILANUD-NAÇÕES UNIDAS,
dentre outros cursos de aprendizagem nas áreas policiais e de Crimina-
lística/Medicina Legal.

Tive a honra de ser o PROFESSOR HOMENAGEADO DA TURMA DE DE-
LEGADOS DE POLÍCIA DE 1996, pelas excelências dos serviços prestados
à ACADEPOL/MG nos Cursos de Formação Policial Civil.

Um dos cursos mais exigidos foi o CURSO DE ESPECIALIZAÇÃO EM ES-
TUDOS DE CRIMINALIDADE E SEGURANÇA PÚBLICA, onde fiz jus ao TÍTU-
LO DE ESPECIALISTA EM SEGURANÇA PÚBLICA E CRIMINALIDADE pela
UNIVERSIDADE FEDERAL DE MINAS GERAIS, período 2001/2003, um dos
melhores cursos de que participei, sob a Coordenação dos Professores Doutores CLÁUDIO BEATO E FLÁVIO SAPORI, ambos muito respeitados, nacional
e internacionalmente, na área SOCIOLÓGICA E SEGURANÇA PÚBLICA.

CAPÍTULO **25**

- Movimento Grevista das Forças de Segurança Pública de Minas Gerais
- A Morte do Cabo Valério em Frente ao Palácio da Liberdade e QG do Comando Geral da Polícia Militar de Minas Gerais

O ano de 1997 foi tumultuado devido a diversos acontecimentos manchados com sangue, como a greve das polícias militar e civil por melhores salários, no mês de junho de 1997, liderada por policiais militares, como o Cabo Júlio e o Sargento Rodrigues, que, diga-se de passagem, colheram frutos, sendo eleitos Deputados Federal e Estadual. Nesta greve, foi morto, com um disparo de arma de fogo na cabeça, o cabo da Polícia Militar, Valério dos Santos Oliveira, na porta do Quartel General da Polícia Militar do Estado de Minas Gerais, na Praça da Liberdade, ao lado do gabinete do governador do estado, o senhor Eduardo Brandão de Azeredo, do PSDB.

O movimento, que recebeu total apoio da sociedade e da população mineira, teve início no começo de junho de 1997, quando estava em viagem para a cidade de Capelinha, Santa Maria do Suaçui e outras cidade da região do Vale do Rio Doce/MG, para apuração de homicídios e, também, cumprimento de mandados de prisões preventivas, tanto de criminosos mandantes, como pistoleiros.

Na segunda marcha do MOVIMENTO GREVISTA DAS POLÍCIAS MILITAR E CIVIL DE MINAS GERAIS, no dia 23 de junho de 1997, eu já havia sido convocado pelo Secretário de Segurança Pública de Minas Gerais, Santos Moreira, pelo Chefe do Departamento de Investigações Especializadas (DIE-DEIC/MG), Dr. Raul Moreira e pelo Chefe da Divisão de Crimes Contra a Vida, Dr. Otto Teixeira Filho, para permanecer na Divisão de Homicídios, à disposição para qualquer acontecimento, uma espécie de prontidão. Todos Já estavam prevendo os acontecimentos, ficamos todos os Delegados de Polícia de Permanência na Divisão de Crimes Contra a Vida.

O movimento grevista estava transcorrendo pacificamente, até que os grevistas resolveram se deslocar para a porta do Quartel General da Polícia Militar de Minas Gerais, na Praça da Liberdade – Belo Horizonte – Minas Gerais, ao lado do Palácio da Liberdade, sede do Governo do Estado de Minas Gerais.

Por essa manobra grevista, os ânimos se acirraram e foi quando, por volta das 17:00/17:30 horas, daquele dia fatídico, foi atingindo com um tiro na cabeça, o Cabo da PM, Valério dos Santos Oliveira, após ocorrerem diversos disparos de arma de fogo, tanto dos policias militares que estavam no QGPMMG, quanto dos grevistas, sendo o Cabo PM Valério imediatamente socorrido para o Hospital de Pronto Socorro João XXIII, onde veio a falecer no sábado seguinte, em razão dos traumas celebrais,.

O Doutor Otto Teixeira Filho determinou ao Doutor Marco Antônio Teixeira que juntamente comigo (DELEGADO EDSON MOREIRA), fizéssemos os levantamentos de local e as primeiras investigações. Isso aconteceu já era por volta das 19:00 horas, aproximadamente, quando começamos os levantamentos de local e investigações preliminares, acompanhados pelos Peritos Criminais Hamilton e Élida.

Nos primeiros contatos com os manifestantes e os Oficiais da Polícia Militar, aparecia como principal suspeito, o Comandante do Policiamento da Capital, Coronel PM Edgar Eleutério Cardoso, por ele ser o Oficial Superior, responsável por evitar uma invasão do Quartel do Comando Geral da Polícia Militar do Estado de Minas Gerais, como queriam os manifestantes naquele momento da manifestação.

Foram selecionadas várias testemunhas presenciais, que eram encaminhadas imediatamente para a Divisão de Crimes Contra a Vida, onde eram entrevistadas e, depois tomados seus depoimentos passados, em termos próprios.

Continuávamos as investigações noite adentro, enquanto todos da mídia questionavam como estava o estado de saúde do Cabo PM Valério, quando me foi me informado, extraoficialmente, que ele (Cabo Valério) havia tido morte cerebral, pois o projétil havia atingido a região parietal – frontal esquerda, saindo pela região temporal, havendo muita perda de massa encefálica.

Comentei com uma amiga da Rede Globo, a qual não segurou a notícia e contou para sua diretora geral, a qual mandou divulgar em Rede Nacional, tendo a matéria do JORNAL NACIONAL afirmado que: "O DELEGADO EDSON MOREIRA FALOU QUE O CABO VALÉRIO DOS SANTOS OLIVEIRA, BALEADO NESTA TARDE, NA PORTA DO QUARTEL DO COMANDO GERAL, TEVE MORTE CELEBRAL".

A notícia caiu como uma bomba dentro do Governo Eduardo Azeredo, que estava negociando com os grevistas e já havia acionado, através do Presidente da República Fernando Henrique Cardoso, o auxílio das Forças Amadas, tendo o Comandante da Região Militar, General Carlos Patrício Freitas Pereira, enviado tanques de guerra, helicópteros, blindados e mais de duzentos homens para guarnecer o Palácio da Liberdade, tendo sido a notícia desmentida, para não acirrar ainda mais os ânimos dos policias militares e Civis grevistas.

No dia seguinte, 24 de junho de 1997, retornamos ao Quartel do Comando Geral da Polícia Militar de Minas Gerais, acompanhados dos Peritos Criminais Hamilton, Élida e Wallace Wellington, "O DOURADO", para continuar os trabalhos investigativos e periciais, momento em que foram encontrados na parede do hall de entrada do Quartel do Comando Geral da PMMG, na trajetória do tiro que acertou o Cabo da PM Valério dos Santos Oliveira, uma mossa (marca proveniente de choque ou pressão) provocada por projétil de arma de fogo, contendo restos de massa encefálica.

Esse achado foi a chave para descobrir o autor do disparo que ceifou a vida do Cabo da Polícia Militar de Minas Gerais, Valério dos Santos Oliveira, durante a tentativa de invasão do Quartel do Comando Geral da Polícia Militar do Estado de Minas Gerais.

Arrumamos uma escada, tiramos fotos de todos os ângulos, estabelecemos a trajetória e buscamos em todas as Emissoras de Televisão de Minas Gerais, as imagens do dia 23 de junho de 1997, no horário aproximado em que a vítima, o Cabo Valério, foi atingida com um disparo de arma de fogo.

Nas análises, encontramos, tanto no interior quanto no exterior do prédio do Comando Geral da PMMG, diversos projéteis de arma de fogo, comprovando que houve disparos por parte da tropa comandada pelo Coronel Edgar Eleutério e também pelos grevistas.

O encontro da mossa, no hall de entrada do QCG, provocado por projétil de arma de fogo, comprovava que o disparo que acertou a vítima, Cabo Valério, veio da multidão e a tropa comandada pelo Coronel da Polícia Militar Edgar Eleutério estava do lado de dentro do prédio, portanto não poderia ter efetuado aquele disparo, ficando provado que ele, como estavam dizendo diversas testemunhas, não foi quem disparou a arma e acertou o Cabo da Polícia Militar de Minas Gerais, Valério dos Santos Oliveira.

Entretanto deveríamos analisar e investigar todas as imagens de televisão, visando buscar e identificar o atirador que efetuou o disparo no meio de todos os grevistas, que estavam em enorme quantidade, incalculável no momento dos acontecimentos investigados.

AGORA É COMIGO!

Depois de vários dias investigando e analisando as imagens, principalmente as imagens da Televisão do Estado de Minas Gerais (REDE MINAS), conseguimos milimetricamente, visualizar o autor do disparo, desde o acionamento do gatilho da arma, o disparo, sua trajetória, a entrada na cabeça da vítima, a saída, até impactar com a parede do hall de entrada do Quartel do Comando Geral da Polícia Militar de Minas Gerais, levando pedaços de massa encefálica da infeliz vítima.

A partir dessas análises, foi então identificado o Soldado da Polícia Militar Wedson Gomes Campos, lotado no Batalhão de Choque da PMMG, como o autor do disparo fatal.

Os laudos Perinecroscópico (LEVANTAMENTO DE LOCAL DE CRIME) foram confeccionados com todas as etapas de imagens captadas, para que não restasse nenhuma dúvida de quem efetuou o disparo fatal, que ceifou a vida do Cabo da Polícia Militar Valério dos Santos. Estes laudos foram juntados aos autos de inquérito policial e inquérito policial militar.

Depois os autos, com o indiciamento do Soldado PM Wedson Gomes Campos, foram encaminhados para a Justiça Militar do Estado de Minas Gerais, onde o autor foi julgado e condenado.

Houve ampla divulgação nas mídia escrita, falada e televisada do mundo inteiro, tendo, mais uma vez, o programa Polícia é Notícia da jornalista e radialista, Glória Lopes, da Rádio Itatiaia de Minas Gerais, dado amplo destaque ao evento, que culminou com a morte do Cabo da Polícia Militar de Minas Gerais, Valério dos Santos Oliveira, utilizando alguns programas para esclarecer a população mineira.

Na cobertura da Greve da Polícia Militar e Polícia Civil de Minas Gerais, dois Repórteres de Rádio tiveram grande atuação, fazendo com que ambos se destacassem e ganhassem o Prêmio Esso de Jornalismo, foram os Repórteres José Eduardo Costa e Mônica Miranda, ambos da Rádio Itatiaia de Minas Gerais. Isto lhes trouxe grande evolução na carreira jornalística, em níveis estadual, nacional e internacional.

Ainda como consequência da morte do Cabo Valério, deu-se a criação do instituto com o nome de VALÉRIO DOS SANTOS OLIVEIRA, que recupera toxicômanos (usuários de drogas ilícitas), prestando excelentes serviços para o Estado de Minas Gerais.

Esse evento foi muito desgastante, porém, no final de agosto de 1997, um crime igual ou mais complexo que a investigação extenuante e estressante da morte do Cabo da Polícia Militar de Minas Valério dos Santos Oliveira seria a tentativa de homicídio contra o Prefeito de Betim/MG, JÉSUS MÁRIO DE ALMEIDA LIMA, do Partido dos Trabalhadores.

CAPÍTULO **26**

A Tentativa de Assassinato do Prefeito de Betim – Caso Jésus Lima – a Grande e Engenhosa Trama para Colocar o Vice Prefeito na Cadeira de Jésus Lima

No dia 29 de agosto de 1997, por volta das 21:30 horas, no Centro Educacional Técnico e Artes Profissionais (CETAP), localizado na Rua Doutor Silvio Lobo, 123/222 – Bairro Angola – Betim/MG, foi alvejado, com cinco tiros, o Prefeito Municipal da cidade de Betim/MG, JÉSUS MÁRIO DE ALMEIDA LIMA (JÉSUS LIMA). Também foram alvejados o Senhor Milton Pereira, com um tiro no pescoço e a Senhora Lúcia Maria Severino, com um tiro nas nádegas. Todos foram vítimas de dois pistoleiros que se misturaram aos mais de mil participantes de um congresso estudantil, que se iniciava naquele dia quase fatídico para o Prefeito de Betim, Jésus Lima, que ficou gravemente ferido, sendo socorrido para o recém inaugurado Hospital Regional de Betim/MG, onde ficou internado na UTI daquele nosocômio.

O Governador do Estado de Minas Gerais, Eduardo Azeredo, determinou ao Secretário de Segurança Pública, Doutor Santos Moreira, que a Divisão de Crimes Contra a Vida/DIE de Belo Horizonte/MG assumisse as investigações do atentado contra o Prefeito de Betim/MG, Jesus Lima, sendo que o Chefe da Divisão, Doutor Otto Teixeira Filho, ligou-me, por volta de 06:00 horas, determinando o deslocamento imediato para a cidade de Betim/MG, a fim de assumir as investigações, juntamente com uma equipe de policiais civis.

Chegando à cidade de Betim/MG, por volta de 09:00 horas, deslocamo-nos, com o Chefe da Divisão de Homicídios, Investigadores e Delegado Seccional de Betim/MG, para o CETAP do Bairro Angola, para os estudos e análises iniciais do evento criminoso. Efetuamos entrevistas e levantamentos de local, juntamente com a Equipe de Peritos Criminais, notando, a princípio, a complexidade da ação dos dois pistoleiros, em meio a milhares de participantes daquele congresso, vistos e notados por pouquíssimas pessoas, as quais não queriam se identificar, logicamente, por estarem aterrorizadas e com muito receio de testemunharem sobre os acontecimentos.

Aquele congresso serviria, também, para elaboração e sugestões para o orçamento participativo da Prefeitura Municipal de Betim/MG, para o ano de 1998, bandeira lançada pelo Partido do Prefeito da cidade em todos os municípios governados.

A apuração da tentativa de homicídios era muito complexa, por envolver promessas e acordos políticos, principalmente para a eleição do Prefeito de Betim/MG, Jésus Lima, obras com empresários, cargos para políticos de diversos partidos, dentre eles o ex-Presidente da Câmara Municipal de Betim/MG, José do Nascimento Elias, outros Vereadores e muitos outros, dependentes da política do município próspero de Betim/MG.

Estávamos "pisando em ovos" e sob grande pressão, o Ex-Presidente da República, Luiz Inácio Lula da Silva esteve no Hospital Regional de Betim/MG, visitando o Prefeito, o Deputado Federal Patrus Ananias, dentre outros políticos do Partido dos Trabalhadores, aumentando ainda mais, a pressão sobre nós, que tínhamos de trabalhar na investigação, com muita cautela, calma, dedicação, tranquilidade, imparcialidade política, para se chegar até a verdade real.

Começamos trabalhando na vida pregressa do Prefeito Jésus Lima, que era professor do município, universitário e ex-vereador de Betim/MG, sendo muito atuante na Casa Legislativa e muito aguerrido nas lutas ideológicas, atacando sempre a oposição à prefeita Maria do Carmo, a qual substituiu na Prefeitura de Betim/MG.

Para a eleição de Jésus Lima, a Prefeita de Betim/MG na época da eleição, Maria do Carmo Lara, juntamente com o próprio candidato, costuraram apoios políticos e fizeram compromissos com as lideranças políticas nas respectivas áreas de atuação de cada um, indústrias, comércios, esportes, ensino, etc., inclusive colocaram na chapa, para concorrer como Vice-Prefeito de Betim/MG, o empresário Alexandre Marianelli, assim ficou montada a "FRENTE BETIM POPULAR" a qual venceu as eleições municipais.

Depois de eleito Prefeito de Betim/MG, o senhor Jésus Lima, passou a descumprir os acordos feitos com os empresários, comerc antes, ligas esportivas, dentre outros ramos e classes sociais, desagradando todos que haviam colaborado na sua eleição.

O acordo com a Liga Esportiva de Betim/MG havia sido tratado com o Ex-Presidente da Câmara de Vereadores da cidade de Betim/MG, uma das grandes lideranças da cidade, José do Nascimento Elias. Entre os empresários, também não satisfeitos, estava o Vice-Prefeito de Betim/MG, Alexandre Marianelli, sendo que ambos, por coincidência, ELIAS E MARIANELLI, não estavam na cidade no dia da tentativa de assassinato do Prefeito de Betim/MG, Jésus Lima, fato este, que chamou a atenção deste Delegado de Polícia e dos demais policiais civis da Especializada de Homicídios.

As investigações com relação às tentativas de homicídios contra as vítimas Jésus Lima, Lucia Maria Severino e Milton Pereira, no CETAP do Bairro Angola – Betim/MG, intensificaram-se durante semanas, meses, inclusive foi durante as investigações do caso, que se verificou a possibilidade de erro judiciário, num homicídio de uma ex-aluna do Professor Jésus Lima, Jaqueline Dias de Oliveira, ocorrido no ano de 1994, onde os acusados que iriam a Júri Popular, poderiam não ser os autores do bárbaro homicídio, conhecido como "O ASSASSINATO DO DIA DAS MÃES EM BETIM/MG".

Todas as hipóteses possíveis e imagináveis foram investigadas, inclusive o álibi do Vice-Prefeito Alexandre Marianelli, o qual foi confirmado, ficando difícil de ligá-lo aos crimes. Este alegou que estava viajando para o estado do Pará, onde mantinha negócios com madeira.

Restava confirmar o álibi do Ex-Presidente da Câmara de Vereadores de Betim/MG, José do Nascimento Elias. Partimos, então, para o estado do Espírito Santo, principalmente para o município de Brejetuba/ES, próximo à cidade de Afonso Cláudio/ES, terra natal de ELIAS. Em suas declarações, ele havia afirmado ter viajado para um Distrito de Brejetuba/ES, conhecido como São Jorge de Oliveira (OU APENAS SÃO JORGE), um dia antes da tentativa de Homicídio contra Jésus Lima, para providenciar uma mudança sua de São Jorge/ES para Betim/MG, alugando, inclusive, um caminhão para efetuar o transporte.

Antes de se deslocar para a cidade de Brejetuba/ES, passamos pelo município de Ibatiba/ES, responsável pela circunscrição do município a ser diligenciado, para solicitar o apoio da Polícia Civil do Espírito Santo para as incursões investigativas naquele Estado, conseguindo com o Delegado de Polícia da Comarca, apoio, colocando à nossa disposição a Viatura Caracterizada da PCES, para o deslocamento dentro do Estado do Espírito Santo.

Em companhia do investigador de polícia do Espírito Santo, lotado na Comarca de Ibatiba/ES, partimos para o município de Brejetuba/ES, eu, Inspetor Eustáquio e Investigador Marcos Teixeira.

Chegando no município de Brejetuba/ES, fomos até a casa do Prefeito daquela cidade, o qual convivera com ELIAS, esclarecendo que ele, era uma pessoa, ardilosa e muito decidida, falando ainda da índole vingativa e violenta do mesmo, notabilizando que ELIAS era um político de palavra,

"TRATOU TÁ TRATADO E PRONTO" e, quando ficou sabendo do atentado contra o Prefeito de Betim/MG, logo veio à sua mente a pessoa de José do Nascimento Elias, por conhecer o mesmo há muitos anos.

Depois dessa entrevista esclarecedora com o Prefeito de Brejetuba/ES, deslocamo-nos para o Distrito de São Jorge Oliveira/ES, onde entrevistamos e conversamos com os parentes de José do Nascimento Elias, sendo que os mesmos se mostraram muito nervosos. Eles comentaram que não esperavam que ELIAS comparecesse ao Distrito para apanhar alguns pertences e utensílios, pois todos foram pegos de surpresa, tanto com a ida de Elias ao Distrito de São Jorge, como com nossa presença para confirmar os passos e o dia em que ele (ELIAS) estivera naquela localidade.

Depois do distrito de São Jorge Oliveira/ES, resolvi passar pelo município de Mutum/MG, por ser o caminho mais próximo para se atingir a cidade de Ibatiba/ES, onde nós deixamos a viatura descaracterizada da Divisão de Homicídios de Belo Horizonte, tendo que buscá-la para retornarmos à cidade de Betim/MG.

O trajeto feito por mim e a equipe de policiais civis foi pratica e tão somente em estrada de terra, com muita poeira, sendo que na viatura da PCES havia um buraco, próximo à alavanca do câmbio, que direcionava toda a poeira da estrada na direção de meu rosto e corpo, então, quando cheguei no Roseiral do Mutum/MG, Distrito do município de Mutum/MG, só se viam, no meu corpo, os buracos do nariz, olhos, ouvidos e boca, pois eu estava no banco dianteiro, tomando toda aquela poeira no rosto.

No caminho para o Distrito do Roseiral do Mutum/MG, fomos conversando com o investigador de polícia do Espírito Santo, que nos esclareceu sobre um crime de extorsão mediante sequestro, ocorrido em Vitória/ES, tendo os criminosos sido presos naquele Distrito de Roseiral do Mutum/MG, bem como os reféns resgatados, também naquela localidade. Esse fato aguçou, ainda mais, a minha vontade de passar por aquela localidade, em meu retorno à Ibatiba/ES.

No Distrito de Roseiral do Mutum/MG, deslocamo-nos até o Destacamento da Polícia Militar de Minas Gerais, onde conversamos com os Policiais daquele destacamento, sobre o sequestro, tendo eles nos esclarecido que houve, também, naquele distrito, um homicídio nas proximidades do destacamento e que o crime tinha sido cometido por um tal de "REDONDO", o qual fora condenado e estava cumprindo pena na Penitenciária de Teófilo Ottoni/MG, de onde estava foragido, desde o ano anterior.

Este outro fato me despertou, ainda mais, a atenção para aquele distrito de Mutum, próximo e divisa com o município onde José do Nascimento Elias havia estado no dia da tentativa de homicídio. Mais um "GRILO" na cabeça e, enquanto pensava e meditava, os Policiais Militares do Destacamento me chamaram e me mostraram o tio do tal homicida "REDONDO", o qual estava numa carroça parado e conversando com outro senhor, despistando, para nos observar, momento este em que perguntei: "QUAL O NOME DO TIO DELE, TENDO ELES ME RESPONDIDO: – LIBERALINO. AÍ QUE EU ENCAS-QUETEI MESMO – LIBERALINOOOO!!!".

Nesse instante me desloquei junto com a equipe de policiais civis da Homicídios, assinei duas intimações e determinei para o Liberalino comparecer à Delegacia da Comarca de Mutum/MG, para ser inquirido, não falei do assunto, bem como para não despertar suspeitas, intimei também, a pessoa que estava conversando com ele (LIBERALINO), no meio da estrada, próximo ao Destacamento da Polícia Militar, sendo que o que despertou a curiosidade de todos, inclusive do próprio Liberalino, foi a presença da equipe de policiais civis, numa Viatura Caracterizada da Polícia Civil do Espírito Santo.

Depois seguimos para Ibatiba/ES, passando pela cidade de Mutum/MG, visitamos a Delegacia de Polícia Civil da Comarca, reservamos o hotel para passarmos a noite e retornamos para Ibatiba/ES. Chegando em Ibatiba/ES agradecemos ao Delegado de Polícia da Comarca e ao investigador de polícia por todo o apoio, despedimo-nos e retornamos para a cidade de Mutum/MG, onde fiquei mais de duas horas debaixo do chuveiro para tirar toda a poeira, gastando quase uma bucha inteira e uns dois sabonetes, depois fomos lanchar e dormir, rsrsrs.

No dia seguinte, fomos para a Delegacia de Polícia da Comarca de Mutum/MG, inquirimos o amigo de Liberalino, o qual, como já imaginávamos, nada sabia. Com relação a Liberalino Francisco de Souza, este nos relatou que era amigo de José do Nascimento Elias, tendo estado na cidade de Betim/MG, no dia 07/08/1997, para fazer uma consulta com o oculista, arranjada por Elias. Quanto a seu sobrinho, o "REDONDO", não o via desde o homicídio que ele havia cometido no Distrito do Roseiral do Mutum/MG.

Diante desses esclarecimentos, da qualificação de Liberalino e da confirmação de sua estada no município de Betim/MG, no início do mês em que ocorrera o atentado contra o Prefeito Jésus Lima, vislumbrou-se a descoberta do intermediário do crime de pistolagem. Necessitando, apenas, confirmar e buscar mais provas de sua participação, para, definitivamente, confirmar sua coautoria nas tentativas de homicídio contra as vítimas Jésus Lima, Milton Pereira da Silva e Lúcia Maria Severino.

Após inquirimos o Liberalino e seu amigo, almoçamos e resolvemos nos deslocar até a cidade de Vitória/ES, mais precisamente até a Divisão de Ho-

AGORA É COMIGO!

micídios e Proteção à Pessoa do Espírito Santo, tendo em vista a nossa cooperação nos esclarecimentos de vários homicídios naquele Estado, no ano de 1995, principalmente, com a prisão da quadrilha de pistoleiros, responsáveis por diversos crimes de homicídios no Estado do Espírito Santo.

Chegando à Divisão de Homicídios, relatamos as investigações no Estado e a descoberta, ainda em fase de comprovação, do intermediário e um dos pistoleiros, Antônio Honorato, "O REDONDO", sobrinho de Liberalino, passando e solicitando a ajuda dos colegas daquela Divisão de Homicídios, os quais ficaram de nos ajudar nas investigações, em seguida retornamos para o município de Betim/MG, para seguir nas investigações policiais.

As investigações foram intensificadas para o descobrimento de toda a trama criminosa, que culminou com três vítimas de tentativas de homicídio, no CETAP do Bairro Angola – Betim/MG, sendo descoberto, após as diligências no Estado do Espírito Santo, o mandante do crime como sendo, realmente, José do Nascimento Elias, "O ELIAS". Caso tenham havido outros mandantes ou conspiradores acima dele, ele não falou e "SEGUROU A BRONCA", como se diz no jargão policial. "ELIAS" foi além e tomou a frente nas ações, contratando intermediário, pistoleiros e o motorista que levou os matadores até o CETAP. Depois de atirarem no Prefeito de Betim/MG e nas outras duas vítimas, "ELIAS" deu fuga aos pistoleiros, sendo tal motorista ligado diretamente a "ELIAS", Gladstone Oliveira, o "DETO".

Continuando os levantamentos sobre o intermediário Liberalino Francisco de Souza, descobrimos que ele também esteve na cidade de Betim/MG e Belo Horizonte, nove dias antes da tentativa de homicídio contra o Prefeito de Betim/MG, Jésus Lima. Ao ser novamente interrogado por este escritor, alegou que viera à Belo Horizonte/MG, no dia 20/08/1997, para comprar duas serras para sua motosserra, utilizada no seu sítio, em Roseiral do Mutum/MG, sendo que poderia comprar em qualquer cidade próxima, como Mutum/MG, Manhuaçu/MG ou até mesmo, Ipatinga/MG.

O quebra-cabeças estava sendo completado e a situação de José do Nascimento Elias, "O ELIAS", complicava-se a cada passo dado na investigação, até que, novamente, retornamos à Divisão de Homicídios do Espírito Santo, onde o investigador de polícia, apelidado de "CHOPINHO", entregou-nos a qualificação e fotografias de Paulo Sérgio Batista de Oliveira e Antônio Honorato de Souza, o "REDONDO", como sendo os possíveis pistoleiros que atuaram na tentativa de homicídio contra o Prefeito de Betim/MG, Jésus de Almeida Lima.

De posse das fotografias e da qualificação dos suspeitos, retornamos para Betim/MG, onde intimamos as testemunhas que tinham visto os pistoleiros, providenciamos o reconhecimento fotográfico e os dois pistoleiros foram reconhecidos pelas testemunhas sem nenhuma sombra de dúvidas, sendo que uma delas, de tanta emoção, caiu em prantos ao ver os dois pistoleiros, mesmo em fotografias colocadas entre outras de pessoas com características idênticas.

Com o reconhecimento dos Pistoleiros Paulo Sérgio Batista de Oliveira, de Cachoeiro do Itapemirim/ES e Antônio Honorato de Souza, "O REDONDO", de Roseiral do Mutum/MG, sobrinho do intermediário Liberalino Francisco de Souza, amigo e morador das proximidades do Distrito de São Jorge Oliveira/ES, do mandante José do Nascimento Elias, "O ELIAS", do motorista que deu fuga aos Pistoleiros, Gladstone Oliveira, "O DETO", ligado diretamente a "ELIAS", motivação para o crime e toda a dinâmica do evento criminoso, o inquérito policial, acompanhado pelo Representante do Ministério Público de Minas Gerais, Doutor Francisco de Assis Santiago, "O CHICO PRETO", desde seu início, foi relatado e encaminhado ao Tribunal do Júri da Comarca de Betim/MG, com pedidos de prisão preventiva de todos os envolvidos, os quais foram presos nos dias, semanas e meses seguintes, "ELIAS e DETO", em Betim/MG, "LIBERALINO" em Roseiral do Mutum/MG, Paulo Sérgio Batista de Oliveira, em Cachoeiro do Itapemirim/ES e Antônio Honorato de Souza, "O REDONDO", em Queimados/RJ.

Os crimes foram amplamente divulgados pela imprensa falada, televisada e escrita, em todo o mundo, tendo o programa Polícia é Notícia, da repórter e radialista Glória Lopes, da Rádio Itatiaia, dado ampla divulgação e explicação minuciosa a todos os ouvintes, bem como o programa Itatiaia Patrulha, na época comandado pelo repórter Paulo Sérgio, programa esse também transmitido pela Rádio Itatiaia de Minas Gerais. Além de reportagens no Jornal Nacional, telejornais e programa Fantástico da Rede Globo de Televisão, programas jornalísticos da TV Record, SBT, Bandeirantes, dentre outras emissoras nacionais e internacionais.

Esta investigação durou alguns meses e foi muito tumultuada, pois o Prefeito de Betim/MG, ficou internado por várias semanas, inclusive no CTI do Hospital Regional de Betim/MG. Chegamos ao ponto de ter o Soldado da Polícia Militar de Minas Gerais, Gilberto Fernandes, colocado explosivos no hospital em que Jésus Lima estava internado, possivelmente para mostrar serviço e ser contratado para a segurança pessoal do Prefeito de Betim/MG, o que foi descoberto pela nossa Equipe, sendo que o crime em questão, para não misturar as investigações, foi investigado pelo Departamento Estadual de Operações Especiais/MG, Delegacia de Armas e Munições, na época tendo como Delegado Titular o Delegado de Polícia Silvano Almeida.

Nesta investigação, aprendi uma grande lição, a qual deveria ter aplicado numa investigação complicada, de dezembro do ano de 2000. Apelidei esta lição, obtida com o Doutor Otto Teixeira Filho, de:"PÁRA DE DAR VOLTINHAS, OTTO", pois tínhamos todas as provas contra José do Nascimento Elias, o "ELIAS" e os demais autores e participantes, mas sempre o Doutor Otto ganhava tempo, "cozinhando o galo", às vezes até repetindo determinada diligência efetuada, reforçando as provas e ganhando tempo para divulgar todo o esclarecimento do crime.

Descobri o motivo das "VOLTINHAS" no ano de 2000/2001, quando trabalhei na investigação policial de um crime cometido por um repórter, onde a técnica das "VOLTINHAS" teria sido fundamental para a divulgação do esclarecimento do crime, o que me foi lembrado pelo competente Chefe da Polícia Civil de Minas Gerais, Dr. Otto Teixeira Filho, durante o bombardeio que sofri por não ter aguardado mais um pouco para o indiciamento do assassino desse caso, que narrarei mais à frente, quando voltarei às "VOLTINHAS DO DOUTOR OTTO TEIXEIRA".

CAPÍTULO **27**

▪ Latrocínio em Território Paraguaio, Esclarecido pela Especializada de Homicídios de Minas Gerais

Assim transcorreu o ano de 1997, com vários crimes complexos resolvidos pela Divisão de Crimes Contra a Vida/DIE, principalmente pela 5ª Delegacia Especializada de Homicídios/DCCV/DIE, como foi o caso do Prefeito de Betim/MG, Jésus Mário de Almeida Lima, Milton Pereira da Silva e Lúcia Maria Severino, ocorrida no CETAP do Bairro Angola -Betim/MG, no dia 29 de agosto de 1997.

Agora, já com todos os envolvidos presos preventivamente, transcorria no 1º Tribunal do Júri de Betim/MG, presidido pelo Juiz de Direito, Doutor José Américo e, tendo, agora, como Promotor de Justiça, responsável pela acusação, o Doutor Gregório Assagra, para a continuação do julgamento de todos os envolvidos, já no ano de 1998.

Recordo-me que foi o Doutor Gregório Assagra que solicitou à Divisão de Crimes Contra a Vida a nova investigação sobre o assassinato de Jaqueline Dias de Oliveira, conhecido como "O ASSASSINATO DO DIA DAS MÃES EM BETIM/MG ".

Isso, no ano de 1999, tendo a investigação sido acompanhada pelo Programa "FANTÁSTICO" da Rede Globo de Televisão, com o repórter Pedro Bial, da Globo do Rio de Janeiro/RJ, apresentador do programa, juntamente com a repórter Glória Maria, vindo à Belo Horizonte/MG,, à época das apurações, para reportagem, juntamente com a repórter Adriana Araújo, hoje apresentadora do Jornal da Record com o apresentador Celso Freitas.

A 5ª Delegacia Especializada de Homicídios/DCCV/DIE também investigou, em julho de 1997, um latrocínio, cometido na cidade de Porto Adélia no país vizinho, Paraguai, pelo mineiro de Santa Maria do Suaçui/MG, Geraldo Guedes Pereira, contra outro mineiro, da mesma cidade, Valdevino Gonçalves Antunes.

Valdevino Gonçalves Antunes já se encontrava no Paraguai, trabalhando na lavoura, quando familiares de Geraldo Pereira pediram para Valdevino recebê-lo em sua casa e ajudá-lo a melhorar de vida, mas esconderam que Geraldo Guedes Pereira estava fugindo da justiça brasileira, por condenação por crimes praticados em Santa Maria do Suaçui/MG.

Valdivino progredia graças ao seu trabalho, enquanto Geraldo não queria saber de trabalho, na verdade estava apenas aguardando que os crimes, cometidos em Santa Maria do Suaçui, "esfriassem", para voltar ao Brasil. Contudo, não trabalhando, não conseguia dinheiro para seu sustento e seus vícios.

Aproveitando-se de um descuido de Valdivino, enquanto este estava se aquecendo próximo à lareira da residência em Porto Adélia, isso no ano de 1988, pegou um machado e decapitou Valdivino, jogando sua cabeça no fogo para queimar e ocultou o restante do corpo, enterrando-o em cova rasa. Em seguida, roubou o dinheiro de Valdevino, suas economias, fugindo para Santa Maria do Suaçui/MG.

A polícia paraguaia investigou o caso, mas cabia à Polícia Civil de Minas Gerais localizar o local onde Geraldo Pereira estava escondido, concluir a investigação policial e prender o criminoso, cumprindo Carta Rogatória, expedida pela Justiça Paraguaia e cujo cumprimento foi determinado por nosso Supremo Tribunal Federal. Coube à 5ª Delegacia Especializada de Homicídios, comandada pelo Delegado de Polícia Edson Moreira, realizar a diligência policial, por determinação do Chefe da Divisão de Homicídios/MG, Doutor Otto Teixeira Filho.

Deslocamo-nos para a cidade de Santa Maria do Suaçui/MG, investigamos, localizamos Geraldo Guedes Pereira, prendemo-lo, em cumprimento ao mandado de prisão, interrogamo-lo, concluímos a investigação e encaminhamos para a Justiça Criminal do Paraguai.

Os fatos foram amplamente divulgados pela mídia escrita, falada e televisada, principalmente por ser um crime cometido no exterior, por um brasileiro, contra outro brasileiro.

CAPÍTULO **28**

O Brutal Assassinato do Delegado de Polícia da Cidade de Três Pontas, Terra do Vice Presidente da República

Em abril de 1998, o Doutor Otto Teixeira Filho assumiu a Chefia do Departamento de Investigações Especializadas, sendo que o saudoso Doutor Raul Moreira se tornou o novo chefe de Gabinete do Secretário de Segurança Pública, tendo o Doutor Otto Teixeira Filho passado a Chefia da Divisão de Crimes Contra a Vida para o Delegado Edson Moreira. A partir de então, como Chefe de Divisão, deveria trabalhar pouco na Presidência de inquéritos Policiais, mais não foi isso o que aconteceu, tendo em vista que os Delegados de Polícia, que trabalhavam na Divisão de Homicídios, iam sendo designados para a Titularidade de outras Delegacias Especializadas.

Com isso, quando esses demais delegados de polícia eram designados para a nossa Divisão de Homicídios, os mesmos chegavam com pouca experiência na investigação de homicídios, fazendo com que eu assumisse as investigações mais difíceis e complexas.

Contrai núpcias em 31 de maio de 1998, passando a diligenciar muito menos para apurar crimes no interior do Estado de Minas Gerais. Entretanto, em 04 de setembro de 1998, quando recuperava-me de uma cirurgia, assassinaram, a tiros, o Delegado de Polícia Arildo da Cunha Fraga Costa, Titular da Comarca de Três Pontas/MG, cidade do Saudoso ex-Vice-Presidente da República, ex-Ministro de Minas e Energia, ex-Governador do estado de Minas Gerais, ex-deputado federal e ex-deputado estadual, por Minas Gerais, Antônio Aureliano Chaves de Mendonça (AURELIANO CHAVES), marido da dona VIVI CHAVES, o qual tinha várias fazendas na região do Sul de Minas, principalmente nas proximidades do município de Três Pontas/MG. O Doutor Aureliano Chaves nasceu em 13 de janeiro de 1929, no mesmo município de Três Pontas/MG e faleceu com 74 anos, no dia 30 de abril de 2003, na cidade de Belo Horizonte/MG.

O crime aconteceu na residência do Delegado de Polícia, Arildo da Cunha Fraga Costa, na Rua Amazonas, 75 – Bairro Padre Vitor – Três Pontas – Minas Gerais, quando este e sua esposa Margareth Ivo Andrade Fraga Costa, foram até o alpendre da residência para fumarem, como faziam costumeiramente, depois o Doutor Arildo iria guardar a viatura caracterizada na garagem da residência.

No momento em que fumavam, no alpendre da casa, o Doutor Arildo Fraga foi surpreendido por uma pessoa desconhecida, que efetuou, aproximadamente, seis disparos de arma de fogo contra a vítima, Doutor Arildo Fraga, Delegado Titular da Comarca de Três Pontas/MG e uma das mais altas autoridades do município. Defronte à residência, havia uma Viatura Caracterizada da Polícia Civil de Minas Gerais, lotada na Delegacia de Polícia da Comarca de Três Pontas/MG, fato ignorado pelo autor deste crime.

O Doutor Arildo recebeu os primeiros atendimentos médicos no Hospital da Santa Casa de Misericórdia de Três Pontas, sendo, posteriormente, transferido para o Hospital do IMPSEMG, na cidade de Belo Horizonte, vindo a falecer no dia 13 de setembro de 1998.

Em 05 de setembro de 1998, por volta de 07:00 horas, eu, com a equipe de policiais civis da Divisão de Crimes Contra a Vida, chegamos à cidade de Três Pontas. Embora eu ainda estivesse com muitas dores e com aproximadamente dez pontos na região da cirurgia que sofrera recentemente, dirigimo-nos para a residência do Doutor Arildo, local dos fatos, para uma análise da mecânica do crime, ou seja, lugar em que a vítima se encontrava quando foi alvejada. Visualizamos diversas mossas no chão, provocadas por projéteis de arma de fogo, onde a vítima caiu, depois de atingida no queixo por disparo de arma de fogo.

Uma equipe seguiu, comigo, no helicóptero da Polícia Civil e outras duas foram com viaturas da polícia civil, uma caracterizada e outra descaracterizada, sendo as equipes dos investigadores de polícia compostas por Rubens de Souza Silva, o "RUBÃO", Naiton Cirino Rocha, José Luiz Viana Ferreira, chefiada pelo saudoso investigador de polícia, PAULO CÉSAR OLEGARIO, bem como pelo escrivão de polícia, Carlo da Silva Garcias.

Inicialmente, passamos a inquirir e entrevistar testemunhas, as quais mostravam estar com muito medo e receio de falar sobre o assassinato do Delegado de Polícia da cidade.

Descobrimos, em investigações, que o Doutor Arildo Fraga era tido como um Delegado de Polícia linha dura, que seguia a lei rigidamente, sem dar "REFRESCOS" a ninguém, nem aos parentes e amigos, colecionando, com isso, vários inimigos na cidade de Três Pontas/MG.

Já fazia três anos que o Doutor Arildo Fraga trabalhava na comarca de Três Pontas., transferido pelo Superintendente Geral de Polícia Civil da época, Doutor Francisco Eustáquio Rabello, natural de Três Pontas/MG, um dos maiores interessados na apuração do assassinato do delegado de polícia de sua cidade natal. Os familiares do Superintendente Geral moravam na cidade e também ali labutavam diariamente.

Depois de intensas investigações policiais, descobrimos que testemunhas haviam visto, no dia do assassinato do Delegado Arildo, por volta das 22:30 horas daquele dia 04 de setembro de 1998, a pessoa de Sebastião Lopes da Silva, conhecido como "TIÃOZINHO DO SAAE", encostado num muro, praticamente em frente à residência da vítima, na Rua Amazonas, Bairro Padre Vitor – Três Pontas/MG.

Dentre as referidas testemunhas, uma delas havia encontrado, horas antes, o mesmo "TIÃOZINHO DO SAAE" no Forró do Moreira, quando foi comprar cigarros ao voltar da casa de sua genitora. Em seguida, ela seguiu para sua residência, passando pela Rua Amazonas, onde, novamente, viu Sebastião Lopes, o "TIÃOZINHO DO SAAE", trajando calça jeans, boné, sendo que, inclusive, esta testemunha pensou em cumprimentá-lo, mas como ele colocou o boné sobre os olhos, desistiu, mas reconheceu, sem sombra de dúvidas, ser aquela pessoa, Sebastião Lopes da Silva, o "TIÃOZINHO DO SAAE", como aquela que viu naquela noite fatídica.

Tomamos conhecimento, durante as investigações, da ocorrência de uma autuação de prisão em flagrante delito contra o escrivão de polícia civil aposentado, que já havia trabalhado como delegado especial, antes da Constituição de 1988, João Carlos Ferreira Lemos, o "JOÃO DELEGADO" e que tivera, também, seu revólver, calibre 32, apreendido. Tudo isso foi tido por João Lemos como uma grande humilhação, feita pelo Delegado de Polícia Arildo da Cunha Fraga Costa.

O "JOÃO DELEGADO" era advogado de Sebastião Lopes da Silva, o "TIÃOZINHO DO SAAE", além de que o contratava para trabalhos esporádicos em seu sítio, na cidade de Nepomuceno/MG, fato que aguçou nossas suspeitas contra essas duas pessoas. Descobrimos, ainda, que o Doutor Arildo Fraga e uma equipe de policiais civis da Delegacia de Polícia de Três Pontas/MG, estiveram num estabelecimento de diversões, onde Sebastião Lopes era segurança de portaria, tendo ele barrado um aluno da ACADEPOL, irmão de um carcereiro da delegacia da comarca de Três Pontas/MG, momento em que humilharam "TIÃOZINHO DO SAAE", bem como desferiram tapas em seu rosto, fazendo com que Sebastião – Tiãozinho os denunciasse na Delegacia Regional de Segurança Pública de Alfenas/MG, certamente orientado pelo seu advogado o "JOÃO DELEGADO".

Sebastião Lopes da Silva, o "TIÃOZINHO DO SAAE", já respondia por dois outros homicídios, na comarca de Três Pontas/MG, sendo que tinha oferecido a venda de um revólver calibre 32 para pessoas da cidade, arma esta utilizada no assassinato do Delegado de Polícia, Arildo da Cunha Fraga Costa. Assim tornava-se claro que tudo estava encaminhando, com provas testemunhais e periciais, para Sebastião Lopes, o "TIÃOZINHO DO SAAE" e seu Advogado João Carlos, o "JOÃO DELEGADO".

Como dissemos mais acima, o Dr. Arildo Fraga era um Delegado de Polícia linha dura, conseguindo angariar diversos inimigos pelas cidades onde trabalhou, fazendo-se necessário que todos tivessem de ser investigados. Então passamos a diligenciar em outras cidades de Minas Gerais em que o Doutor Arildo havia trabalhado no combate intenso ao tráfico de drogas, cidades como Jacuí, Monte Belo, Uberaba, Guapé, Monte Santo de Minas, Guaxupé, São Sebastião do Paraiso e Carrancas, todas no Estado de Minas Gerais.

Não encontramos, nessas cidades, algum motivo para que alguém se deslocasse para tirar a vida do Delegado de Polícia, Arildo ca Cunha Fraga Costa, sendo que ele era natural do interior de São Paulo, mais precisamente da cidade de Pirajuí, que também foi checada, com nada sendo constatado, portanto, as suspeitas ficaram ainda mais fortes e robustas contra o "JOÃO DELEGADO" e o "TIÃOZINHO DO SAEE", tendo em vista as ações da vítima contra eles, na cidade de Três Pontas/MG, conforme citado anteriormente e que serviram de motivação para o crime.

Depois de dois meses de investigações contra Sebastião Lopes da Silva, o "TIÃOZINHO DO SAAE" e João Carlos Ferreira Lemos, o "JOÃO DELEGA-DO", além de efetuarmos buscas e apreensões na casa de ambos, encontrando projéteis de calibre 32, o mesmo utilizado para assassinar o Delegado de Polícia Arildo Fraga, o qual foi atingido por um disparo na altura do queixo, que depois foi alojar-se na coluna cervical, levando a vítima à morte.

Diante de todas as provas testemunhais, periciais e documentais, foram indiciados Sebastião Lopes da Silva, o "TIÃOZINHO DO SAAE", responsável pelo homicídio do Delegado Arildo e por três assassinatos na Comarca de Três Pontas/MG e, como coautor e mandante, João Carlos Ferreira Lemos, o "JOÃO DELEGADO", humilhado pela vítima na Delegacia de Polícia da Comarca de Três Pontas/MG, sendo pedido a prisão preventiva de ambos, decretada pela Justiça Pública de Três Pontas/MG e cumpridas pela Divisão de Crimes Contra a Vida e a Delegacia de Polícia da Comarca.

O trabalho foi amplamente divulgado pela mídia falada, televisada e escrita e, mais uma vez, a repórter e radialista Glória Lopes, em seu programa de rádio, deu destaque a essa apuração, principalmente porque o Delegado de

Polícia Chefe da Divisão de Homicídios, este que vos escreve, mesmo com mais de dez pontos devidos a uma cirurgia, realizada poucos dias antes do crime, deslocou-se para a cidade de Três Pontas/MG e trabalhou ininterruptamente no caso, sendo que teve de ser socorrido várias vezes pelo Doutor Valério José de Paula Vítor Brito, o qual teve de refazer, diversas vezes, os pontos rompidos da cirurgia, em seu consultório na cidade de Três Pontas/MG.

Ambos os autores foram levados a júri popular e condenados, estando cumprindo vários anos de prisão pelos delitos cometidos, tendo o "TIÃOZINHO DO SAEE", depois de condenado no primeiro homicídio que cometeu, confessado, dentro da cadeia, todo o crime, inclusive apontando e confirmando o mando por parte do "JOÃO DELEGADO".

CAPÍTULO **29**

Assassinato da Promotora de Justiça de Betim/MG
Novo Governador é Eleito

Outro assassinato de destaque no ano de 1998 foi o da Promotora de Justiça de Betim, Ângela Maria Pires Alves, no dia 06 de novembro de 1998, na Rua Doutor Leão Antônio da Silva, Bairro Guarujá – Betim/MG, pelo ex--marido Eduardo Boschi Lemos, o qual desferiu cinco tiros contra a Promotora de Justiça, depois tentou o suicídio, disparando contra o próprio peito e queixo, sendo socorrido ao Hospital Regional de Betim/MG, depois para o Pronto Socorro do Hospital João XXIII, em Belo Horizonte/MG.

A investigação policial começou com o Delegado de Polícia, Titular da 2ª Delegacia Especializada de Homicídios, Doutor Elcides José Batista Guimarães, o qual descobriu que o casal, Ângela e Eduardo, estava separado desde setembro de 1998, tinha um filho fruto do casamento, bem como Ângela tinha outros três, de um casamento anterior.

Eduardo não aceitava a separação, então resolveu assassinar a Promotora com cinco tiros, isso depois de várias ameaças, concomitantes com várias tentativas de reconciliação. Como não conseguia retomar o seu relacionamento com a Promotora de Justiça, decidiu planejar e executar o seu assassinato.

Eduardo Boschi Lemos foi condenado e cumpriu pena no Departamento Estadual de Operações Especiais (DEOESP/MG), sendo que, quando assumi a chefia daquele departamento, ele prestava serviços na garagem do órgão, devidamente autorizado pela Vara de Execuções Penais da Comarca de Belo Horizonte.

A Doutora Ângela Maria Pires Alves, prestou concurso para Delegado de Polícia, no ano de 1990, começando a cursar o Curso de Formação de Delegados de Polícia, na Academia de Polícia Civil de Minas Gerais, na turma de formação de Delegados de Polícia-03, mesma turma minha e do Doutor Elcides José Batista Guimarães.

Durante o curso de formação, Dra. Ângela prestou concurso para o Ministério Público de Minas Gerais, tendo sido aprovada, juntamente com outros colegas, que também estavam cursando o Curso de Formação de Delegados de Polícia de Minas Gerais.

Aprovada no concurso de Promotor de Justiça de Minas Gerais, a Doutora Ângela foi exercer as funções de Promotora de Justiça, sendo que estava lotada na Comarca de Betim/MG quando de seu assassinato.

O crime de homicídio da Promotora de Justiça Ângela Maria Pires Alves foi investigado pela Divisão de Crimes Contra a Vida, a pedido do Procurador Geral de Justiça, à época, Doutor Epaminondas Fulgêncio e do Promotor de Justiça da Comarca de Betim/MG, Gregório Assagra, sendo que, na ocasião de seu assassinato, eu já chefiava a DCCV/DIE. O crime teve grande repercussão nacional, sendo amplamente divulgado na mídia falada, televisada e escrita.

Em 1999, tomou posse, no governo de Minas Gerais, Itamar Cautiero Franco, tendo nomeado para Secretário de Segurança Pública, o Deputado Federal Mauro Ribeiro Lopes, o qual designou para Superintendente Geral de Polícia Civil, o saudoso Doutor Nilton Ribeiro de Carvalho, meu chefe do Departamento de Investigações Especializadas, quando da minha chegada na Divisão de Crimes Contra a Vida, em 1992, pessoa de uma aura espetacular, amigo e solidário para com os seu companheiros de Polícia Civil e Polícia Militar.

O governador anterior, Eduardo Brandão de Azeredo, havia deixado de pagar fornecedores e diárias de diligências policiais, inclusive a da equipe que investigou e apurou, em Três Pontas/MG, por, aproximadamente, seis meses, o Assassinato do delegado de polícia local, Doutor Arildo da Cunha Fraga Costa, dentre outras realizadas no final da gestão do Secretário de Segurança Pública de Minas Gerais, Doutor Santos Moreira da Silva. Por conta desta inadimplência do Governador, que deveria sanear as contas públicas, pagar fornecedores e verbas atrasadas de diligências de policiais civis, passei por um sério aperto financeiro, principalmente porque havia pago, com dinheiro de meu próprio bolso, hospedagens de toda equipe, refeições, dentre outras despesas, vindo a receber somente por volta de agosto de 1999, quase um ano depois, sem juros e sem correção monetária. Paguei para trabalhar, como aconteceu muitas vezes.

CAPÍTULO **30**

O Caso Emílio Belleti – o Programa Fantástico, da Rede Globo, Acompanha as Investigações Policiais

O Governador de Minas Gerais, Itamar Franco, estava brigado com o Presidente da República, Fernando Henrique Cardoso, tendo em vista que o Presidente Fernando Henrique, na opinião do Governador, traíra Itamar Franco quando aquele lutou e conseguiu aprovar a reeleição para os cargos de Presidente da República, Governadores de Estado e Prefeitos Municipais, sendo que, com isso, ficara inviabilizada a candidatura de Itamar Franco à Presidência da República. Ainda segundo o Governador, a sua candidatura para presidência havia ficado combinada, quando do lançamento e apoio da candidatura de Fernando Henrique, em 1994, pelo então Presidente da República Itamar Franco.

Com isso, abriu-se um verdadeiro flanco de guerra em Minas Gerais, contra o Presidente da República Fernando Henrique Cardoso, sendo que, no início do Governo Itamar, havia muitas dívidas deixadas pelo governo anterior, com fornecedores, funcionários, venda de empresas do Governo, Bancos Estaduais, como o BEMGE e o CREDIREAL, deixando o Estado em crise financeira, logo resolvida pelo competente Governador Itamar Franco, pai do Plano Real, por sua competência política e administrativa.

Na parte da Segurança Pública, eu continuava na chefia da Divisão de Crimes Contra a Vida/DIE, resolvendo os problemas de crimes de homicídios em todo o Estado de Minas Gerais, tendo o ano de 1999 começado com uma cobrança de apuração do homicídio ocorrido no Vale do Sereno, na cidade de Nova Lima/MG, no dia 12 de dezembro de 1999, mesmo dia em que estava sendo realizada, no Estádio Magalhães Pinto (MINEIRÃO), no Bairro da Pampulha – Belo Horizonte/MG, a final do Campeonato Brasileiro de Futebol, entre Sport Clube Corinthians Paulista e Cruzeiro Sport Clube.

A vítima do homicídio era o Publicitário Emílio Sérgio Belletti Rodrigues, filho de Lauricy Belletti e Antônio de Pádua, Médico da cidade de Carangola, crime este envolto em total mistério, quanto à motivação e sua autoria.

Foram encontradas pétalas de crisântemo amarelo na sala do apartamento, no corredor do prédio, no veículo CHEVROLET VECTRA, de cor azul, placa GQV 1508 e no local onde a vítima foi encontrada assassinada com cinco tiros, num total mistério e um tanto quanto "MACABRO".

A cobrança era muito grande, vinda de apresentadores e produtores do programa Fantástico, da Rede Globo de Televisão, tendo eu recebido ligações dos produtores e diretores, como Eduardo Salgado, o "CADU", Celso Lobo, repórteres Pedro Bial, André Azevedo, dentre outros, sendo o que eles queriam, nós também queríamos: a pronta apuração total dos fatos. Foi muito importante a participação deles na cobrança das investigações, pois deu um "GÁS MAIOR PARA OS INVESTIGADORES E ESCRIVÃES DA DCCV/DIE".

A investigação foi iniciada sob o comando do Doutor Elcides Guimarães, na 2ª Delegacia Especializada de Homicídios/DCCV/DIE, que, em seguida, foi transferido. Na sequência, a investigação seria passada ao Doutor Marco Antônio Monteiro de Castro, o qual era Titular da 3ª Delegacia Especializada de Homicídios/DCCV/DIE, porém, como o mesmo foi comandar a titularidade da Delegacia Especializada de Furtos e Roubos de Veículos, subordinada ao Departamento Estadual de Trânsito – DETRAN/MG, a investigação em questão acabou ficando sob minha responsabilidade, como Chefe Geral da Homicídios, devido à complexidade que, obviamente, exigia vasta experiência neste tipo de apuração.

Com nossa intensificação das investigações policiais, descobrimos que Emílio Belletti fazia um tremendo sucesso com as mulheres, portanto, tinha vários relacionamentos amorosos com mulheres lindas, verdadeiras princesas, além de ser sócio numa empresa de multimídia, chamada Versão Brasileira, em sociedade com Arnaldo Bacha, irmão do saudoso Artur Almeida, apresentador do MGTV, da Rede Globo Minas e Carlos Eugênio. Ambos mantinham a empresa de multimídia no Bairro Sion – Belo Horizonte – Minas Gerais.

Durante os levantamentos da vida pregressa, bem como de seus últimos passos, tomamos conhecimento que Emílio estava se relacionando com uma estudante de Direito da UFMG, parecida com a Atriz Ana Paula Arósio da Rede Globo de Televisão, pessoa que estava fazendo muito sucesso nos papéis que interpretava, tanto em novelas como em seriados apresentados pela emissora.

O nome dessa estudante era Tatiana Torres, tendo a mesma comparecido ao funeral de Emílio Sérgio Belletti Rodrigues, na cidade de Carangola, Zona da Mata Mineira, numa demonstração de sentimentos sinceros de amor e paixão alucinante para com Emílio, vítima de um homicídio cruel, impiedoso e covarde em que não foi dada nenhuma chance de defesa.

Também tomamos conhecimento que, nos últimos tempos, Emílio estava sendo seguido por uma pessoa de altura mediana, pele clara, cabelos lisos e curtos, num veículo Chevrolet Kadett, cinza escuro, placa, até então, não anotada, tendo referida pessoa se apresentado como Eduardo ao vigia que tomava conta da rua onde residia Emílio Belletti, no Bairro Sion – Belo Horizonte/MG, na noite da sexta-feira anterior ao assassinato de Emílio Belletti, dizendo-se amigo da vítima, falando até particularidades de sua vida.

Entrevistadas e inquiridas as pessoas próximas de Emílio Belletti, nada de suspeito apresentava-se para as investigações policiais, a não ser o fato do tal Eduardo, do qual foi feito um retrato falado.

As mulheres com quem tivera relacionamento amoroso nada acrescentavam às investigações policiais.

Como curiosidade, levantada na investigação, há a coleção de pinguins, mantida no Albanos Bar, lugar sempre frequentado por Emílio Belletti, coleção esta que, até os dias atuais, encontra-se em exposição, no mesmo lugar do Albanos Bar, localizado na esquina das Ruas Pium-Í e Caratinga – Bairro Sion – Belo Horizonte/MG, em homenagem a Emílio Sérgio Belletti Rodrigues, o qual, segundo amigos, familiares, colegas e suas antigas namoradas, não tinha inimigos, sendo que, ao contrário, só colecionou excelentes amizades, principalmente em sua área de atuação, a multimídia.

Enquanto investigávamos, as pressões continuavam por parte, principalmente, de repórteres da Rede Globo de Televisão, produtores e diretores, sendo que eu mesmo atendi alguns desses telefonemas, por exemplo, do grande repórter e apresentador Pedro Bial, do produtor Celso Lobo e do produtor Eduardo Salgueiro, o "CADU". Com isso formamos, a partir de então, uma grande amizade e parceria para esclarecimentos de diversos crimes complexos, como veremos mais à frente, nesse livro.

Realizadas as investigações da vida pregressa e dos últimos passos de Emílio Sérgio Belleti Rodrigues, precisávamos localizar e inquirir Tatiana Torres, última namorada com quem a vítima estava tendo um relacionamento.

Em meados de março de 1999, conseguimos localizar Tatiana Torres e a intimamos para comparecer à Divisão de Crimes Contra a Vida/DCCV/DIE, para prestar declarações a respeito do crime, tendo ela comparecido e prestado importantes informações para o total esclarecimento do homicídio, objeto de inquérito policial.

A testemunha Tatiana Torres esclareceu que, ultimamente, estava se relacionando com Emílio Belleti, sendo que anteriormente namorava com Ernane de Souza Abritta Filho, o qual não estava aceitando o rompimento do namoro, aparecendo sempre nos locais onde ela estava em companhia da vítima Emílio.

No princípio, ela não estranhou, porém os encontros passaram a ficar constantes, transparecendo que Ernane Abritta a estava seguindo e, em uma ocasião, seu atual namorado, Emílio, foi tirar satisfações com Ernane, não chegando às vias de fato.

Tatiana nos esclareceu que Ernane Abritta sempre lhe mandava flores, outro fato que nos chamou a atenção, sendo que, naquele momento em que prestava declarações, Ernane a estava aguardando no estacionamento do Departamento de Investigações Especializadas. Estudavam na mesma sala de aula, do Curso de Direito da UFMG e era proprietário de um veículo Chevrolet Kadett Cinza escuro, com as características descritas pelas testemunhas, dirigido pelo tal "EDUARDO", na sexta-feira anterior ao assassinato de Emílio Belletti, ocorrido no domingo, dia 12 de dezembro de 1998.

Diante dos esclarecimentos prestados por Tatiana Torres, solicitamos aos investigadores de polícia da Divisão de Homicídios que descessem até o estacionamento do Departamento de Investigações Especializadas e convidassem o aluno de Direito, Ernane Abritta, para prestar declarações na Divisão, a fim de esclarecer alguns detalhes.

Enquanto Ernane de Souza Abritta Filho prestava declarações na Divisão de Homicídios, determinamos aos investigadores de polícia que fossem até a residência das testemunhas oculares e as convidassem para comparecer à Divisão de Homicídios, com o intuito de submeter Ernane Abritta a um reconhecimento formal, tendo em vista que o retrato falado, juntados aos autos de inquérito policial, tinha uma semelhança muito grande com o agora suspeito, o qual prestava declarações na DCCV/DIE.

Ernane de Souza Abritta Filho prestou seus esclarecimentos em cartório da Divisão de Homicídios, apresentando uma versão contraditória, alguns álibis para o dia do crime, os quais seriam checados posteriormente.

Com as presenças, na Divisão de Homicídios, das testemunhas que viram o tal "EDUARDO", na sexta-feira anterior ao assassinato de Emílio Belletti, submetemos Ernane Abritta a reconhecimento, na sala apropriada, localizada no quarto andar do Departamento de Investigações Especializadas. Nesse procedimento, as testemunhas reconheceram Ernane de Souza Abritta Filho, sem sombra de dúvidas, dentre outras pessoas semelhantes e de mesmas características, colocadas ao lado dele, na sala de reconhecimento.

Com isso, as investigações policiais, com o aparecimento de um suspeito, concentraram-se, decisivamente, na pessoa de Ernane de Souza Abritta Filho, tornando-o o principal suspeito do cometimento do assassinato de Emílio Sérgio Belletti Rodrigues, sendo que seu veículo Chevrolet Kadet Cin-

AGORA É COMIGO!

za escuro, em meio a outros veículos, também foi reconhecido pelas testemunhas oculares, como sendo o mesmo visto, com o tal "EDUARDO", na sexta-feira, anterior ao crime.

De posse da qualificação de Ernane de Souza Abritta Filho, solicitamos à Delegacia Especializada de Armas, Munições e Explosivos – DEAME/DEOESP/MG, responsável, à época dos fatos, pelo registro, autorização e expedição de porte de armas, controle de explosivos, fiscalização de produtos controlados, se havia alguma arma de fogo em nome de Ernane de Souza Abritta Filho, recebendo resposta positiva para um revólver, calibre 38, com capacidade para cinco cartuchos, marca Rossi.

A vítima, Emílio Belleti, foi assassinada com cinco tiros à queima-roupa, com um revólver de calibre 38, mesmo calibre do adquirido pelo agora suspeito Ernane, informando também a DEAME/DEOESP/MG constar uma ocorrência registrada pelo proprietário, Ernane Abritta, do roubo da arma em questão, no sábado anterior ao assassinato da vítima Emílio Sérgio Belletti Rodrigues.

Conferimos os álibis de Ernane Abritta, sendo que os mesmos não se sustentaram, principalmente pela contradição dos depoimentos prestados pelos colegas de Ernane, bem como de uma mulher, com a qual disse estar se relacionando.

Foi investigado e verificado nas floriculturas onde Ernane Abritta costumava comprar flores para presentear Tatiana Torres, onde descobrimos uma compra, na loja da Avenida do Contorno – Belo Horizonte – Minas Gerais, no dia do crime, de crisântemos amarelos, mesmo tipo de flores encontrado no local do crime, na sala do apartamento, no corredor do prédio, no local do assassinato e no veículo Vectra azul da vítima Emílio Belletti.

Outro vestígio importantíssimo para as investigações, foram os projéteis, arrecadados no local do crime e retirados do corpo da vítima, por serem de calibre 38, mesma arma que Ernane Abritta havia adquirido, dias antes da vítima ser sequestrada e assassinada no Vale do Sereno em Nova Lima – Minas Gerais, além do estranho comunicado de roubo da referida arma, justamente no dia anterior ao assassinato da vítima Emílio Belletti.

Diante de toda a investigação realizada, concluímos que Ernane de Souza Abritta Filho, tinha comprado o revólver calibre 38, marca Rossi, para assassinar Emílio Sérgio Belletti Rodrigues, tendo planejado, meticulosamente, toda a ação criminosa, estudado o local de trabalho, os locais onde a vítima frequentava, a residência onde morava, todos os seus costumes, tendo esperado o melhor momento para a execução do macabro crime, inclusive tendo registrado o roubo da arma no dia anterior à execução do crime.

No dia 12 de dezembro de 1999, aconteceria em Belo Horizonte/MG, no Estádio Magalhães Pinto (MINEIRÃO), o primeiro jogo da final do Campeonato Brasileiro, entre Cruzeiro Sport Clube e Sport Clube Corinthians Paulista, dia propício para Ernane Abritta colocar em execução seu plano de tirar a vida de Emílio Belletti, porque todas as atenções estariam voltadas para o jogo de futebol, estando as ruas da cidade de Belo Horizonte/MG praticamente desertas.

À tarde do dia 12 de dezembro, Ernane dirigiu-se até a floricultura, na Avenida do Contorno, comprou um buquê de Crisântemos amarelos, em seguida deslocou-se para o apartamento da vítima, passando-se por entregador da floricultura, surpreendeu Emílio no interior de sua residência, sendo que, a princípio, ele resistiu e chegou até a brigar com Ernane no interior da sala, espalhando pétalas de flores na própria sala do apartamento e no corredor do prédio, tendo sido dominado e levado até a garagem.

Emílio Belletti, sob a mira da arma de Ernane Abritta, foi obrigado a entrar em seu veículo CHEVROLET VECTRA azul, dirigir o carro até o Vale do Sereno – Nova Lima/MG, lugar conhecido do autor, onde sem dó e sem nenhuma piedade, Ernane descarregou seu revólver Rossi, calibre 38, à queima-roupa, contra Emílio Belletti, tirando-lhe a vida, para, supostamente, reconquistar a antiga namorada, Tatiana Torres. Fechou o veículo com a vítima morta em seu interior, depois retornou para onde havia deixado seu veículo CHEVROLET KADET cinza, retornando para o apartamento onde residia na época dos acontecimentos.

Tudo estava provado, mas era necessário encontrar a arma do crime, sendo que mandamos uma equipe até o apartamento de Ernane Abritta, onde ele havia dado o endereço quando registrou o roubo da arma de fogo, recém adquirida.

No endereço fornecido, a equipe de policiais civis da Divisão de Homicídios encontrou, na porta do apartamento dele (Ernane Abritta), um boleto do Clube dos Oficiais da Polícia Militar do Estado de Minas Gerais, sobre treinamento e prática de tiro, cobrando a mensalidade do curso de tiro praticado por ele (ERNANE) naquele Clube.

De posse do boleto, intimamos o instrutor de Ernane Abritta, o qual nos relatou que Ernane havia deixado o revólver Rossi, calibre 38, sob sua guarda, tendo em vista que não possuía Porte de Arma, quando, na verdade, estava escondendo-a, a qual foi utilizada na consumação do crime de homicídio contra Emílio Belletti, sendo que a testemunha esclareceu que já havia devolvido a arma a ele (Ernane Abritta). Lembremos que Ernane havia declarado, na delegacia, que sua arma havia sido roubada, mas, durante o

AGORA É COMIGO!

curso, no mês de janeiro de 1999, ela havia usado aquela arma no seu treinamento para a prática de tiro, tendo, com isso, praticado o crime de falsidade ideológica.

Solicitamos um mandado de busca e apreensão para a atual residência de Ernane Abritta, o qual voltara a conviver com os pais, no bairro Anchieta – Belo Horizonte/MG. Com o mandado em mãos, demos cumprimento ao referido, no novo endereço, porém não conseguimos encontrar o revólver, nem na residência, nem nos veículos da família.

Passados alguns dias, A.R. procurou a Divisão de Homicídios e entregou o revólver de Ernane Abritta, esclarecendo que Ernane Abritta, havendo tomado conhecimento de que haveria uma busca e apreensão em sua residência, pediu-lhe para deixar uma mala com objetos, no porta-malas do veículo de A.R., sendo que no sábado seguinte Ernane buscaria a sua mala. Entretanto, no sábado combinado, Ernane não foi buscar a mala e A.R., já tendo conhecimento de que Ernane era suspeito do homicídio cometido contra o publicitário Emílio Belletti, temeroso de ser envolvido no crime, decidiu entregar na Divisão de Homicídios, ao Delegado de Polícia, Chefe da Divisão, Edson Moreira, a bolsa contendo a arma do crime, que, imediatamente, foi apreendida.

Depois de solicitarmos ao Juízo Criminal de Nova Lima, os projéteis retirados do corpo da vítima Emílio Belletti, além dos demais encontrados no local do crime, encaminhamos a arma apreendida e os projéteis ao Instituto de Criminalística de Minas Gerais – Seção de Balística, para os exames de eficiência e micro comparação de projéteis. Claro e evidente que o resultado dos confrontos balísticos, com a arma apreendia, foram positivos. Portanto, aquele revólver Rossi, comprado por Ernane de Souza Abritta Filho, foi o utilizado para assassinar a vítima Emílio Sérgio Belletti Rodrigues, no dia 12 de dezembro de 1999, ficando mais que comprovada a autoria e materialidade dos crimes cometidos pelo Estudante de Direito da UFMG, Ernane Abritta.

De posse de todas as provas, Ernane de Souza Abritta Filho foi indiciado por homicídio triplamente qualificado e falsidade ideológica, pois declarou, em documento público, que sua arma havia sido roubada, quando na verdade, estava sendo escondida, depois de assassinar a vítima Emílio Sérgio Belletti Rodrigues.

O inquérito policial foi encaminhado à Justiça Criminal da Comarca de Nova Lima/MG, com representação pela decretação da prisão preventiva do indiciado Ernane Abritta. O Juiz de Direito da Comarca de Nova Lima decretou a prisão preventiva de Ernane de Souza Abritta Filho, tendo ele sido preso no dia 26 de março de 1999, sendo encaminhado, no mesmo dia, para a cadeia pública da Comarca de Nova Lima/MG.

Os fatos foram amplamente divulgados pela mídia falada, televisada e escrita, inclusive com grande repercussão no Programa Fantástico da Rede Globo de Televisão, jornais Bom dia Brasil, Hoje e todos os regionais dos vinte e sete estados da Federação, sendo que o repórter e apresentador Pedro Bial esteve, pessoalmente, fazendo todas as reportagens sobre a apuração do crime de homicídio de Emílio Sérgio Belletti Rodrigues.

Após os esclarecimentos dos crimes contra o publicitário, houve grandes movimentações contra a violência em Minas Gerais, diversos atos, conclamados e presididos pelos amigos de Emílio Belletti, sua genitora Lauricy Belletti, irmãs e demais familiares e colegas, tendo ampla cobertura da mídia falada, escrita e televisada, além de diversos protestos e acompanhamentos de grande repercussão no estado de Minas Gerais, como o MOVIMENTO DESARME A VIOLÊNCIA – AÇÃO PELA VIDA * EMÍLIO BELLETTI.

CAPÍTULO **31**

O Brutal Homicídio do Dia das Mães – Prisão e Tortura de Inocentes
O Programa Fantástico, da Rede Globo, Acompanha as Investigações Policiais

Como dissemos linhas atrás, quando falávamos sobre a apuração do atentado contra a vida do Prefeito de Betim/MG, Jésus Mário de Almeida Lima, o "JÉSUS LIMA", analisamos o inquérito policial que apurou o assassinato da contabilista Jaqueline Dias de Oliveira, no mês de maio de 1994, num sábado, véspera do dia das mães, crime que ficou conhecido como "O ASSASSINATO DO DIA DAS MÃES", onde notamos algumas incongruências nas investigações policiais, as quais acusavam quatro jovens pelo estupro e morte da vítima, dentre eles, o chapista Edson da Silva e o pedreiro João Silvestre Amato.

O Promotor de Justiça Gregório Assagra seria o promotor que defenderia a acusação, no Tribunal do Júri de Betim/MG, para o caso de Jaqueline. Quando estudava o Processo Penal de Homicídio de Jaqueline, o referido promotor decidiu pedir a suspenção do processo e o envio de cópias para a Divisão de Crimes Contra a Vida, a fim de serem procedidas novas investigações policiais, em autos apartados, encaminhamento de cópias das investigações realizadas no 1º Distrito Policial de Betim/MG, no Bairro Teresópolis, sob a presidência do Delegado de Polícia, Doutor José Eustáquio de Souza, bem como as realizadas pelo Delegado de Polícia Titular do 3º Distrito Policial, Delegado de Polícia, Doutor Marco Túlio Fadel Andrade, o qual indiciou os quatro jovens.

Segundo constava dos autos de inquérito policial, a Contabilista Jaqueline Dias de Oliveira havia rompido o namoro com Otávio Rodrigues Costa, que tentava, insistentemente, reatar o relacionamento com a jovem, entretanto Jaqueline não queria mais namorar Otávio, o qual ainda devia à vítima uma importância de R$ 4.500,00 (Quatro mil e quinhentos Reais).

No sábado, um dia antes do dia das mães, Otávio esteve na casa de Jaqueline, com seu veículo WV Fusca – Sedan, de cor branca, sendo que ambos foram ao CARREFOUR de Contagem/MG, localizado na Rodovia BR-381 Fernão Dias, onde efetuaram compras para as festividades do dia das mães, bombons, biscoitos, presentes, dentre outras compras necessárias para o evento em sua residência.

Na volta, pararam no Posto de Gasolina Amigão, próximo a BR-381. Segundo versão de Otávio, enquanto conversavam, apareceram dois meliantes anunciando um assalto, em seguida atiraram no braço de Otávio, através do vidro do veículo. Atingido no braço esquerdo, Otávio conseguiu fugir e, segundo ele, foi buscar ajuda, enquanto os criminosos levaram o carro e mataram Jaqueline Dias de Oliveira, próximo ao Laboratório da TEKSID, no Jardim das Laranjeiras – Betim/MG, versão um tanto quanto, contraditória.

As investigações policiais foram iniciadas pelo 1º Distrito Policial de Betim/MG, no Jardim Teresópolis. Depois, o 3º Distrito Policial resolveu investigar em paralelo, sendo que o Delegado de Polícia, Marco Túlio Fadel, após ter sido negado seu pedido de Prisão Temporária contra o suspeito Otávio Rodrigues Costa, no mês de março de 1995, apresentou como autores do assassinato de Jaqueline Dias de Oliveira, os cidadãos Edson da Silva, João Silvestre Amato, Cláudio Roberto Campos e o menor, à época, Samuel Santos Rosa, os quais confessam terem estuprado a vítima, roubado as mercadorias do interior do veículo, matando-a a tiros, numa confissão totalmente contraditória e não condizente com os Laudos Periciais de local de crime, elaborados pelos peritos criminais da Seção Técnica de Criminalística de Betim/MG, apontando que os produtos que a vítima comprara no CARREFOUR, foram encontrados no interior do veículo VW, de propriedade de Otávio Rodrigues Costa, acompanhante de Jaqueline e que, segundo ele, fora poupado pelos criminosos.

O laudo de necropsia de Jaqueline apontava os ferimentos provocados por arma de fogo, mas não mostrava nenhuma evidência de cometimento de estupro, sendo que suas roupas estavam alinhadas, mostrando que não foram retiradas, mais um vestígio inquestionável de que não houvera estupro, o que, por consequência, não corroborava a versão dada pelos autores confessos.

Os cidadãos Edson da Silva, João Silvestre Amato, Cláudio Roberto Campos e o menor Samuel Santos Rosa prestaram depoimentos em juízo, alegando que confessaram o crime porque foram torturados no 3º Distrito Policial de Betim/MG, pelos investigadores de Polícia, comandados e ajudados pelo Delegado de Polícia, Marco Túlio Fadel Andrade, motivo que os fizeram confessar o crime, que não cometeram. Dessa maneira e com essa farta documentação, analisamos toda a investigação realizada.

AGORA É COMIGO!

Iniciamos nossas investigações policiais, analisando todos os depoimentos de testemunhas, do acompanhante de Jaqueline Dias de Oliveira, dos supostos autores confessos, os quais alegavam que haviam estuprado a vítima e comido os biscoitos e bombons que estavam dentro do veículo, comprados pela vítima quando estivera no CARREFOUR de Contagem/MG.

Depois comparamos as declarações de confissões dos acusados com os laudos periciais de levantamento de local, onde constavam terem sido encontradas, intactas no banco traseiro do WV Sedan Branco, de propriedade de Otávio Costa, as mercadorias compradas, bem como os mencionados bombons e biscoitos.

Outro vestígio importante é o que constava sobre as vestes da vítima, que estavam em perfeitas condições e alinhadas, não tendo sido retiradas, como deveriam ter sido no caso de cometimento de crime de estupro. Também não encontraram sêmen, nem qualquer outro vestígio de cometimento do suposto delito de estupro.

Com isso, a versão apresentada pelos autores confessos não encontrava sustentação científica nos laudos periciais e de necropsia da vítima Jaqueline Dias de Oliveira, confirmando-se, então, a possível tortura para confissão dos crimes por parte de Edson da Silva, João Silvestre Amato, Cláudio Roberto Campos e o menor, à época, Samuel Santos Rosa.

Continuando nos trabalhos investigativos, solicitamos ao Tribunal do Júri de Betim/MG os objetos apreendidos no Processo Criminal, dentre eles a camisa usada por Otávio Rodrigues Costa no dia do assassinato de Jaqueline Dias de Oliveira, sendo uma camisa vermelha, apresentando zonas de queimaduras e vestígios intensos de pólvora na manga esquerda, onde Otávio alegara ter recebido um tiro no braço, através do vidro do carro.

A camisa, suja de sangue e com os vestígios de pólvora, foi encaminhada ao Instituto de Criminalística de Minas Gerais para exames periciais. Aproveitando a experiência de apuração de outros crimes semelhantes, elaborei dois quesitos para os Peritos Criminais:

1 – SE ERA POSSÍVEL UM TIRO, DISPARADO ATRAVÉS DO VIDRO DO VEÍCULO, LEVAR RESÍDUOS DE PÓLVORA PARA A MANGA DA CAMISA DA VÍTIMA, DEIXANDO-A NAQUELE ESTADO;

2 – SE O DEPOIMENTO DO, AGORA SUSPEITO, OTÁVIO RODRIGUES COSTA ERA CONDIZENTE COM O LAUDO DE LEVANTAMENTO DE LOCAL E O QUE ACONTECERIA SE O TIRO FOSSE DISPARADO ATRAVÉS DO VIDRO DO VEÍCULO.

Enquanto os exames periciais estavam sendo realizados no Instituto de Criminalística de Minas Gerais, passamos a realizar diligências nas imediações do local da execução da vítima Jaqueline Dias de Oliveira, atrás da TEKSID, num terreno enorme, próximo à linha férrea, quando, então, localizamos três testemunhas, as quais estavam próximas do local do crime, naquela noite fatídica.

Essas testemunhas viram quando um veículo VW Fusca de cor branca estacionou no terreno. Curiosos, pensando que as pessoas do interior do veículo fossem praticar relações sexuais, ficaram espiando, próximo de uma moita de vegetação, quando viram que o motorista, que estava sozinho, desceu do carro, abriu a porta do passageiro, retirou a mulher do interior do veículo e, em seguida, passou a efetuar disparos de arma de fogo contra a mulher. Nesse instante, pensando que seriam também vítimas daquela pessoa que atirava, os três saíram em desabalada carreira, rumo à linha do trem.

As testemunhas disseram que ouviram outro disparo e "aí é que correram mais ainda", a ponto de sentir seus calcanhares baterem em suas nádegas. Em suas palavras: -"DE TANTO QUE A GENTE CORRIA, EU SENTIA OS CALCANHARES BATEREM EM NOSSAS BUNDAS".

Afirmaram que no veículo VW Fusca, de cor branca, só estavam a vítima, atingida pelos tiros, e o autor, que desceu do carro e disparou impiedosamente contra a mulher, a qual não teve nenhuma chance de defesa.

Os Peritos Criminais Ângela Romano, Luíza Valéria de Abreu Maia e Robson Sangiorgi confeccionaram o Laudo Pericial e responderam aos dois quesitos por mim solicitados, mostrando que era impossível um tiro ser efetuado através da lâmina vítrea e levar vestígios de pólvora para a camisa vermelha usada por Otávio Rodrigues Costa. O tiro levaria, sim, pedaços de vidro, deixando a pólvora no vidro atingido pelo tiro, sendo que a narração feita nas declarações de Otávio não encontrava respaldo científico, portanto eram mentirosas suas declarações, tendo aquele ferimento, em seu braço esquerdo, sido efetuado pelo próprio autor dos disparos.

Tudo o fora afirmado foi sendo demonstrado em simulações, devidamente fotografadas e registradas em laudos periciais.

De imediato, convocamos Otávio Rodrigues Costa para realizar a reconstituição simulada dos acontecimentos, ficando patente que foi o próprio Otávio quem assassinou Jaqueline Dias de Oliveira, momento em que representamos pela decretação de sua prisão preventiva, efetuada ao fim da reconstituição do crime, a qual foi acompanhada por uma equipe da Rede Globo de Televisão, com a repórter Adriana Araújo, bem como por outras emissoras de rádios e pela imprensa escrita.

O inquérito policial foi concluído com o indiciamento de Otávio Rodrigues Costa, com representação da prisão preventiva, a qual foi cumprida pela equipe de policiais civis da Divisão de Crimes Contra a Vida/DIE, sendo o preso conduzido para a cadeia pública de Betim/MG.

Uma equipe de reportagem do programa Fantástico, da Rede Globo de Televisão, comandada pelo repórter Pedro Bial e coordenada pelo diretor Eduardo Salgueiro, o "CADU", vieram a Betim/MG, onde fizeram toda a reportagem, exibida no programa Fantástico, da Rede Globo de Televisão, no domingo seguinte ao esclarecimento do crime de homicídio, do qual foi vítima Jaqueline Dias de Oliveira, por parte do indiciado Otávio Rodrigues Costa, inocentando, assim, as pessoas de Edson da Silva, João Silvestre Amato, Cláudio Roberto Campos e Samuel Santos Rosa, injustamente acusados de um crime que não cometeram, pelo então Delegado de Polícia, Marco Túlio Fadel de Andrade, o qual, posteriormente, foi devidamente exonerado da Polícia Civil de Minas Gerais. Assim foi solucionado pela Divisão de Crimes Contra Vida/DIE/DEIC/MG, o "CRIME DE ASSASSINATO DO DIA DAS MÃES", da Comarca de Betim/MG.

CAPÍTULO **32**

- Homem é Incendiado Vivo e é Morto para Recebimento de Seguro de Vida
- O Programa Fantástico, da Rede Globo, Acompanha as Investigações Policiais

Outra investigação policial complexa, foi o desaparecimento do pedreiro Sinval Vieira da Silva, ocorrido nos dias 03 e 04 de fevereiro de 1998, no Bairro São Lucas – Belo Horizonte/MG. Sinval foi visto, pela última vez, em companhia do comerciante Wilson Venâncio Felix, que, segundo ocorrência policial, estava dirigindo o veículo VW Logus, de placa GPU 0130, registrado em nome da esposa de Wilson, também comerciante, Maria Geralda de Souza Felix.

O Veículo VW Logus, placa GPU 0130, apareceu queimado no Morro dos Cabritos, divisa das cidades de Rio Piracicaba/João Molevade – Vale do Aço/MG, estando, no porta-malas do carro, um corpo completamente carbonizado, irreconhecível, além de ferramentas de pedreiro ao lado do corpo encontrado.

A proprietária do Veículo VW Logus, placa GPU 0130, ao receber a notícia do encontro do corpo carbonizado no interior de seu veículo, começou a chorar e afirmou que era seu marido, o comerciante Wilson Venâncio Felix, porém não explicou o encontro das ferramentas de pedreiro no porta-malas do veículo VW Logus queimado, o que causou suspeitas na Polícia Civil da cidade de João Monlevade, encaminhando o inquérito policial, a pedido de familiares do pedreiro desaparecido, para a Divisão de Crimes Contra a Vida/DIE, em Belo Horizonte – Minas Gerais.

As investigações policiais iniciaram com o titular da 3ª Delegacia Especializada de Homicídios/DCCV/DIE, Marco Antônio Monteiro de Castro, em 1998. Com a transferência do mesmo para assumir a titularidade da Delegacia Especializada na apuração de Furtos e Roubos de Veículos/DETRAN/MG, assumi a presidência do inquérito policial, o qual apurava os fatos, juntamente com o desaparecimento do pedreiro Sinval Vieira da Silva.

AGORA É COMIGO!

Intensificamos as investigações policiais, descobrindo que Wilson Venâncio Felix e sua mulher Maria Geralda de Souza Felix haviam feito seguros de vida de Wilson, o que, com sua morte violenta, renderiam a quantia de R$ 450.000,00 (QUATROCENTOS E CINQUENTA MIL REAIS). Havia muitas dívidas por parte do casal, além do que, Maria Geralda, dias antes de seu veículo aparecer queimado no Morro dos Cabritos, havia feito uma proposta de compra para o imóvel onde residia, no Bairro Parque São Lucas, em Belo Horizonte/MG, com a promessa de pagar em, aproximadamente, sessenta dias após a proposta, prazo em que, supostamente, receberia o seguro de vida do marido.

Descobrimos que no dia 03 de fevereiro de 1998, Wilson Venâncio Felix convidou o pedreiro Sinval Vieira da Silva para fazer trabalhos de reparação em seu sítio, localizado no Distrito de Ravena, na cidade de Sabará/MG, sendo que, depois, Sinval não foi mais localizado, tendo a esposa dele (Sinval), Maria Lídia, registrado seu desaparecimento na Delegacia de Pessoas Desaparecidas, inclusive postando fotografias nos jornais de Minas Gerais.

Esclarecemos, ainda, que Sinval Vieira havia saído na companhia de Wilson Venâncio Felix, que dirigia o Veículo VW Logus, placa GPU 0130, registrado no nome de sua esposa Maria Geralda de Souza Felix, sendo que ambos eram proprietários da Empresa Kellência Modas, localizada no Bairro São Lucas, Região Leste de Belo Horizonte/MG.

As características físicas de Sinval Vieira da Silva eram idênticas às de Wilson Venâncio Felix, motivo que despertou ainda mais as suspeitas de que o corpo carbonizado, encontrado dentro do Veículo VW Logus, placa GPU 0130, pertencia mesmo a Sinval Vieira, desaparecido no mesmo dia em que foi convidado por Wilson Venâncio Felix, para realizar reparos em seu sítio em Ravena.

Mas, numa manobra suspeita, digna de uma estelionatária, Maria Geralda de Souza Felix, consegue fazer o reconhecimento, impossível de ser feito sem exames de DNA, no IML de Belo Horizonte/MG, onde o corpo, totalmente carbonizado, encontrava-se aguardando exames de DNA, para o total reconhecimento. Maria Geralda leva os restos mortais para a cidade Augusto de Lima/MG, próxima a Montes Claros/MG, realiza o funeral de Wilson Venâncio Felix e, em seguida, entra com a documentação, exigindo o pagamento das apólices de seguro, no valor de R$ 450.000,00 (Quatrocentos e cinquenta mil Reais).

Essas ações criminosas realmente demonstraram que estávamos diante de um crime muito bem arquitetado, com o fim de dar um golpe nas seguradoras, utilizando o cadáver de uma terceira pessoa, a qual havia sido assassinada pelo marido de Maria Geralda, Wilson Venâncio Felix, com a finalidade pequena de receber apólices de seguro de vida, "conseguindo" uma certa independência financeira.

O Instituto de Criminalística de Minas Gerais ainda não possuía, em 1999, um Laboratório para exames de DNA em ossos humanos, embora lutasse muito para arrumar verbas junto à Secretaria de Segurança Pública, para montar tal laboratório.

Mas, como sempre, os Governantes Estaduais e Federais pouco investiam nos novos métodos científicos de identificação de cadáveres, principalmente naquele estado de carbonização em que se encontrava aquele cadáver, que a "viúva" insistia em reconhecer como Wilson Venâncio Felix, com o propósito de receber R$ 450.000,00 (quatrocentos e cinquenta mil Reais), o que aguçava, ainda mais, nossas suspeitas de que aqueles restos mortais pertenciam, de fato, à vítima desaparecida, Sinval Vieira da Silva.

Diante das dificuldades para realizar os exames de DNA daquele cadáver carbonizado, encontrado no interior do Veículo VW Logus, placa GPU 0130 de propriedade de Maria Geralda, entramos em contato com o repórter Pedro Bial e com o diretor do programa Fantástico, Eduardo Salgueiro, o "CADU", solicitando ajuda para a realização do exame de DNA, na Universidade do Estado do Rio de Janeiro (UERJ), onde tínhamos conhecimento de que tais tipos de exames eram realizados.

O diretor do programa Fantástico, da Rede Globo de Televisão, entrou em contato com o professor Eliseu Fagundes de Carvalho, da UERJ, onde conseguiram que se realizassem os exames de DNA dos restos mortais, encontrados no Morro do Cabrito.

Com a resposta positiva do repórter Pedro Bial e do diretor Eduardo Salgueiro, ambos da Rede Globo de Televisão, com respeito à realização do exame de DNA pela Universidade do Estado do Rio de Janeiro, solicitamos aos peritos criminais Marcão e Fabiola Soares do Instituto de Criminalística de Minas Gerais, que entrassem em contato com o professor Eliseu Fagundes de Carvalho, para verificarem o que seria necessário para a realização de exame de DNA daqueles restos mortais carbonizados.

Precisávamos, também, levar o material para aquela universidade e, portanto, representamos ao Juiz de Direito, Doutor Alberto Diniz Junior, da 1ª Vara Criminal da Comarca de João Monlevade/MG, autorização para a exumação do cadáver carbonizado e inumado no Cemitério da cidade de Augusto de Lima/MG, bem como a devida autorização para realização de exames de DNA na UERJ – Estado do Rio de Janeiro.

AGORA É COMIGO!

Com os mandados judiciais em mãos, deslocamo-nos para a cidade Augusto de Lima/MG, com a Equipe de peritos criminais do Instituto de Criminalística de Minas Gerais, chefiada pelos peritos criminais Marcão e Fabíola Soares, médicos legistas do IML/MG, chefiados pelo Doutor Márcio Alberto Cardoso e equipe de investigadores e escrivães de Polícia Civil da DCVV/DIE, onde realizamos a exumação do corpo carbonizado, tendo o perito criminal Marcão conseguido retirar um pedaço do fêmur e um dente do cadáver carbonizado, acomodando-os conforme orientação do professor Eliseu, da UERJ. Depois, deslocamo-nos para Belo Horizonte, onde o rabecão da DCCV/DIE levou os restos mortais para o IML de Belo Horizonte.

Em seguida, a perita criminal Fabíola Soares colheu o material genético do filho de Sinval Vieira da Silva e de Maria Lídia, sua esposa, levando todo o material para a Universidade do Estado do Rio de Janeiro, onde, finalmente, foram realizados os exames de DNA.

Nossas suspeitas foram confirmadas quando chegou o resultado do exame de DNA, confirmando que o cadáver carbonizado, encontrado no interior do Veículo VW Logus, placa GPU 0130, pertencia à vítima de homicídio, Sinval Vieira da Silva, assassinado, de forma fria e cruel, por Wilson Venâncio Felix em concurso com sua esposa Maria Geralda de Souza Felix.

De posse do resultado dos Exames de DNA, representamos ao Juiz de Direito da 1ª Vara Criminal de João Monlevade, a decretação da prisão preventiva de Wilson Venâncio Felix e de sua esposa Maria Geralda de Souza Felix, tendo sido decretada a prisão preventiva de ambos.

Com isso foi presa, preventivamente, Maria Geralda, indiciada no crime de homicídio qualificado, tendo como vítima Sinval Vieira da Silva. Wilson Venâncio Felix, também indiciado pelo mesmo crime, continuou foragido, tendo informes de que ele matara outra pessoa no interior do estado do Rio de Janeiro, caseiro do sítio onde estava homiziado.

O inquérito policial foi relatado e encaminhado à Justiça Criminal da Comarca de João Monlevade/MG, tendo o caso ampla divulgação no programa Fantástico, da Rede Globo de Televisão, sendo que o diretor Eduardo Salgueiro, o "CADU" e o repórter Pedro Bial, compareceram, pessoalmente, para gravarem as reportagens sobre o macabro crime de homicídio, arquitetado pelo casal Wilson Venâncio Felix e Maria Geralda de Souza Felix. O caso também teve repercussão em toda mídia televisada, escrita e falada.

Os repórteres Eduardo Costa, da Rádio Itatiaia de Minas Gerais e Carlos Viana, da Rede Record Minas, repercutiram, por muitos dias, as investigações científicas realizadas pela Divisão de Crimes Contra a Vida. Nas palavras deles: "A DIVISÃO DE HOMICÍDIOS MAIS ESCLARECEDORA DE

CRIMES NO BRASIL", com a total dedicação do chefe da Divisão de Homicídios, o qual conseguiu o exame de DNA de ossos, não existente até aquele momento no Estado de Minas Gerais, o segundo Colégio Eleitoral do País, com a grande ajuda do repórter Pedro Bial e do diretor do programa Fantástico, da Rede Globo de Televisão, Eduardo Salgueiro, o "CADU".

CAPÍTULO 33

Mulher é Assassinada, com Todos os Órgãos Retirados do Corpo pelo Autor do Assassinato em BH – "Matei, Também, o Robocop"

Ao final do ano de 1999, mais precisamente no dia 22 de novembro, a vítima Fabrícia Maria de Jesus, de 17 anos, foi estuprada e assassinada no Bairro Novo Aarão Reis. Seu cadáver foi vilipendiado, todo aberto, couro cabeludo escalpelado, cortados um pedaço da face, as partes de cima dos seios, os grandes lábios genitais e pedaço da coxa esquerda, seu abdômen foi aberto, incisivamente, tendo sido tirados fígado, pulmões, coração, intestinos, estômago, com tudo colocado ao lado do corpo, sendo que, depois, ainda jogaram talco em todo o corpo, tudo isso praticado ao lado de um bebê de onze meses, que estava deitado na cama, filho de Fabrícia.

O crime chocou todo o estado de Minas Gerais, tamanha monstruosidade praticada contra a infeliz vítima Fabrícia Maria de Jesus de apenas dezessete anos de idade, a qual foi assassinada apenas porque não aceitava se relacionar com o mostro que a estuprou e assassinou brutalmente e sem qualquer chance de defesa.

Foi acionado o Delegado de Permanência da Divisão de Crimes Contra a Vida/DIE, para realizar o levantamento de local, com a equipe de plantão da DCCV/DIE, juntamente com os peritos criminais da Seção de Crimes Contra a Vida do Instituto de Criminalística de Minas Gerais. A partir dos vestígios e indícios, encontrados no local do crime, eles tiveram a oportunidade de autuar o suspeito Márcio Luiz do Nascimento, que era vizinho de barraco da vítima, Fabrícia Maria de Jesus, no bairro Novo Aarão Reis e que contou uma versão totalmente contraditória, quando entrevistado pelos policiais civis da Equipe de Plantão da Divisão de Crimes Contra a Vida.

Tomando conhecimento da ocorrência tenebrosa, na segunda-feira seguinte, dia 23 de novembro de 1999, partimos para o Bairro Novo Aarão Reis, Região Leste de Belo Horizonte/MG, com duas equipes de Policiais Civis da Divisão de Homicídios, compostas pelos investigadores de polícia, Geraldo

Goretti, Cleides, José Luiz, Alexandre Antônio, Alexandre Caldeira, Claudiney e as Escrivãs de Polícia, Magna de Oliveira e Cleunirian Condé, para aprimorar as investigações policiais, visando representar pela prisão temporária de Márcio Luiz, pois o tínhamos como principal suspeito, capaz de assassinar a vítima, tendo em vista, ainda, suas declarações contraditórias.

Contudo, antes de nos deslocarmos para o bairro Novo Aarão Reis, passamos pelo Instituto de Criminalística, para saber o resultado dos exames efetuados numa faca, suja de sangue, achada na casa do suspeito Márcio Luiz do Nascimento, o qual alegava ser aquele sangue, de uma galinha, que ele havia matado na tarde anterior.

O nosso intuito era confirmar se aquele sangue, encontrado na faca, era humano. Com a resposta positiva dos peritos criminais Robson Sangiorgi e Gilmar, os quais, além de confirmarem ser sangue humano, ainda constataram que o mesmo pertencia à vítima Fabrícia, deslocamo-nos para o aglomerado do bairro Novo Aarão Reis.

Intensificamos as investigações, descobrindo outros indícios e vestígios, os quais incriminavam, ainda mais, o suspeito Márcio Luiz do Nascimento, motivo que reforçou nosso pedido de prisão temporária, a qual foi decretada pelo Tribunal do Júri de Belo Horizonte/MG e cumprida de imediato, próximo ao Córrego do Onça, no mesmo bairro onde foi localizado, escondido, Márcio Luiz do Nascimento, que foi conduzido para a carceragem do Departamento de investigações Especializadas.

Interrogado, Marcio Luiz do Nascimento se recusava a confessar o monstruoso crime de estupro, seguido de homicídio, praticado contra a vítima Fabrícia Maria de Jesus, embora mostrássemos a ele diversas e indiscutíveis provas de autoria.

Resolvemos recolher o suspeito Marcio Luiz à carceragem do Departamento de Investigações Especializadas e, no dia seguinte, 24 de novembro de 1999, voltamos, depois do almoço, para buscá-lo e levá-lo para o cartório da 3ª Delegacia Especializada de Homicídios/DCCV/DIE. Servimos café, biscoitos e provemos alguns cigarros para ele fumar, conversamos e o conscientizamos de que estava preso pois já tínhamos provas suficientes contra ele, momento em que passou a refletir e, em seguida, resolveu confessar o crime.

Esclareceu que era completamente apaixonado por Fabrícia, a qual nem olhava para sua cara, desprezava-o, segundo seu entendimento. Várias foram suas tentativas de conquistá-la, mesmo durante sua gravidez, falando a ela que assumiria a criança, mas seus sentimentos não eram correspondidos.

Observava um namorado dela, que sempre ia ao barraco de Fabrícia Maria de Jesus, escutando seus gemidos de prazer, quando estava na companhia do outro. Isso alimentava, ainda mais, sua angustia e ira. Então, um dia, começou a planejar o assassinato dela e do namorado, esperando pelo melhor momento para executar o crime.

De sábado para domingo, dia 22 de novembro de 1999, depois de perceber que a Fabrícia estava sozinha, sendo que seu namorado havia estado à tarde na casa dela, resolveu adentrar em sua residência, surpreendo-a e logo em seguida, já no interior do barraco, desferiu um violento soco no rosto de Fabrícia, a qual desmaiou.

Aproveitando este momento, já de posse de uma faca, cortou suas vestes, estuprou-a e logo após ejacular em sua vagina, limpar seu pênis com a calcinha dela, esganou-a com as próprias mãos, jogando toda a sua raiva naquela ação monstruosa.

Ao perceber que Fabrícia estava morta, para simular um ritual macabro, primeiro pegou a faca e escalpelou-a, depois cortou um pedaço do rosto e foi jogando os pedaços ao lado do corpo, cortou os dois seios, enfiou a faca na altura do pescoço e foi abrindo a cavidade torácica dela, tirando o coração, pulmões, fígado, estômago, rins, todos os órgãos, e os foi colocando ao lado do corpo, cortou um pedaço da vagina, depois tirou um bife da coxa esquerda, sempre colocando ao lado do corpo da infeliz vítima. Ao final, pegou talco, que estava em cima da cama, onde a filha bebê de Fabrícia estava, espalhou pela carcaça e órgãos retirados, segundo ele, para tentar acabar com o mau cheiro, depois arrancou os intestinos de Fabrícia e colocou sobre seu rosto.

Afirmou que pensou em matar o bebê, porém alguma coisa segurou sua mão e não deixou que ele assassinasse a criança. Depois, foi para seu barraco, ao lado do barraco da vítima, e dormiu.

Retornamos ao local do assassinato de Fabrícia Maria de Jesus,, onde efetuamos a reconstituição simulada de toda a ação criminosa (RECONSTITUIÇÃO DO CRIME), deixando a população, repórteres experientes e policiais civis horrorizados com tamanha frieza e maldade ("DISSERAM QUE O DIABO INCORPOROU NESSE MALDITO – DEUS ME LIVRE PASSAR PERTO DESSE ASSASSINO").

Sem demostrar nenhum arrependimento, pelo contrário, agindo de forma sarcástica, confessou outros quatro homicídios.

Um de um tal "ROBOCOP, posteriormente identificado como Carlos Gervane Marques, ocorrido no ano de 1997, na Vila Pinho – Região do Barreiro – Belo Horizonte – Minas Gerais.

Nesse assassinato agiu de forma parecida, porém, utilizou um pedaço de lenha de eucalipto e, a lenhadas, arrancou os olhos do Robocop, tirou-lhe o cérebro, "deixando igual a uma folha de papel", segundo suas palavras.

Segundo Marcio Luiz do Nascimento, o motivo desse bárbaro assassinato foi porque Carlos Gervane Marques, o "ROBOCOP", havia dito que a namorada de Márcio mantinha um romance paralelo com outro homem. Neste momento durante a confissão, Marcio bradou: "EU MATEI ELE PARA ESTRAVASAR A MINHA RAIVA E ME VINGAR DAQUELE VERME". "Na verdade, fiz um favor para os moradores da Vila Pinho e Beira Linha" – Região do Barreiro – Belo Horizonte/MG, afirmou Márcio Luiz do Nascimento, com a frieza que lhe era peculiar.

Contou também, que havia matado um homem, na cidade de Vitória no Estado do Espírito Santo e um casal, na cidade de Governador Valadares, Vale do Rio Doce – Estado de Minas Gerais. Todos esses casos foram esclarecidos e confirmados.

Os inquéritos Policiais foram concluídos e encaminhados

– Para o 1º e 2º Tribunais do Júri de Belo Horizonte/MG, com relação aos crimes de homicídios qualificados contra as vítimas Fabrícia Maria de Jesus e "ROBOCOP".

– Para a Justiça Criminal de Governador Valadares, no caso do assassinato do casal.

A investigação policial do caso do homem, assassinado em Vitória no Espírito Santo, foi concluída pelo DHPP de Vitória.

As apurações tiveram grande repercussão nacional e internacional, havendo ampla divulgação na mídia escrita, falada e televisada e, como a repórter e radialista Glória Lopes já havia se aposentado, o programa Chamada Geral, da Rádio Itatiaia, com o repórter e professor Eduardo Costa, comentou os casos, no programa de rádio do dia 25 de novembro de 1999, dizendo-se chocado e estupefato com crimes tão demoníacos, praticados por Márcio Luiz do Nascimento, que foi preso, preventivamente, quando das conclusões das investigações policiais sobre os crimes por ele cometidos.

CAPÍTULO 34

O Desaparecimento e Assassinato de Mulheres na Mata da UFMG
Prisão de Pistoleiros e Mandantes de Crimes de Homicídio do Prefeito de Betim/MG
Estatísticas de Mortes em Belo Horizonte
A Morte da Prefeita de Nacip Raydan

No dia 10 de março de 1999, desapareceu, no Campus da UFMG, a Secretária do Instituto de Ciências Exatas (ICEX) da Universidade Federal de Minas Gerais, Elizabeth Pinheiro, sendo que tal desaparecimento desencadearia uma série de crimes nas matas da Universidade.

A investigação policial do desaparecimento de Elizabeth Pinheiro iniciou-se pelo Departamento Estadual de Operações Especiais (DEOESP/MG), bem como pela Superintendência de Polícia Federal de Minas Gerais e, com o tempo, foi passada para o Departamento de Investigações Especializadas, na Delegacia Especializada em Pessoas Desaparecidas. Mais à frente, mostraremos como esse desaparecimento repercutiu no país inteiro, principalmente a partir do ano de 2000, virada do século 21.

Outro crime, que repercutiu na mídia mineira e brasileira, foi o assassinato da prefeita municipal da cidade de Nacip Raydan, no Vale do Rio Doce/MG, Maria Aparecida Vieira, a "DONA DOCA".

Maria Aparecida lutava para que o assassinato de seu marido, o ex-prefeito municipal de Nacip Raydan, Ademar Alvarenga Amaral, fosse julgado pela Justiça Criminal de Betim/MG.

Ademar Alvarenga foi morto a tiros, no Bairro São Caetano – Betim/MG, na garagem do apartamento onde vivia com a amante Maria de Oliveira Rocha, a qual estava com um bebe de seis meses no colo, quando do homicídio de Ademar. Isso ocorreu no dia 07 de outubro de 1997, época em que investigávamos a tentativa de homicídio contra o Prefeito de Betim/MG, Jésus Mário de Almeida Lima, o "JÉSUS LIMA".

O crime de homicídio de Ademar Alvarenga Amaral foi esclarecido pela 3ª Delegacia Especializada de Homicídios/DCCV/DIE e o de "DONA DOCA", pelo Departamento Estadual de Operações Especiais (DEOESP/MG).

Nos meses de janeiro, fevereiro e março de 1998, são presos José do Nascimento Elias, em Betim/MG, Gladstone, o "DETO" e o pistoleiro Paulo Sérgio de Oliveira, na cidade de Cariacica/ES e, em 04 de outubro de 1999, foi preso, no distrito de Engenheiro Pedreira, município de Queimados/ Nova Iguaçu, no estado do Rio de Janeiro, o pistoleiro Antônio Honorato da Silva, o "REDONDO", todos envolvidos na "empreitada" para assassinar o prefeito municipal de Betim/MG, "JÉSUS LIMA", em agosto de 1997, no CETAP do Bairro Angola – Betim – Minas Gerais, como já narrado anteriormente.

Quando capturado, no estado do Rio de Janeiro, e conduzido para a Divisão de Crimes Contra a Vida/DIE, Antônio Honorato da Silva, o "REDONDO", além de confessar o crime contra o prefeito de Betim/MG, confessou, também, outros três crimes, o de um proprietário de garimpo no estado de Rondônia, o de um deputado estadual no estado do Espírito Santo e o de um proprietário de uma gleba, no estado do Pará, a mando de um fazendeiro daquele estado.

Em dezembro de 1999, o Conselho Superior de Polícia Civil me promoveu (EDSON MOREIRA) a Delegado de Polícia de Classe Especial, como que adivinhando que o ano de 2000 me reservava uma batalha, que nenhum chefe de Divisão de Homicídios de Minas Gerais jamais tivera travado.

Como veremos a seguir, foram muito grandes o sofrimento e as cobranças para desvendar os crimes de mulheres mortas na mata da Universidade Federal de Minas Gerais, dentre outros crimes solucionados.

O ano de 2000 começa com a divulgação dos números estatísticos de crimes de homicídios resolvidos pela Divisão de Crimes Contra a Vida, a qual, no ano de 1999, apresentava esclarecimentos e resoluções no patamar de 92%. No entanto, no ano de 2000, o número de homicídios cresceu 32,82% em relação aos números de 1997/1999, sendo que as resoluções/ esclarecimentos de crimes caíram 2% com relação ao ano anterior.

Notávamos um crescimento vertiginoso nos crimes de homicídios envolvendo o tráfico e uso de drogas na capital Belo Horizonte/Grande Belo Horizonte da ordem de 45% e, como consequência em todo o Estado de Minas Gerais, tendo sido criada a 6ª Delegacia Especializada de Homicídios/ DCCV/DIE, para combater o crescimento vertiginoso da modalidade criminosa de homicídios, onde eram usados principalmente para a consumação dos delitos, arma de fogo, instrumento pérfuro-contudente 73% dos casos,

16% usavam facas, instrumentos cortantes ou perfuro cortantes e o restantes dos crimes, eram por asfixia, instrumentos contundentes, como pedaços de paus, pedras, etc..

Os locais, onde mais ocorriam homicídios, por causa do tráfico e uso de drogas, eram Favela do Cafezal, Favela do Papagaio/Barragem Santa Lúcia, Favela da Ventosa/Morro das Pedras/Favela do Cercadinho, Cabana do pai Tomás/Bairro Vista Alegre, Vila Cemig, Pedreira Prado Lopes, Vila Pinho, Favela do Sumaré e Favela do Taquaril, representando 45% do total da cidade belo-horizontina.

Homicídios por vingança chegavam ao patamar de 27%, crimes de homicídios passionais 7%, por álcool 5% e outros motivos 16%. Tendo o ano de 2000 começado a todo vapor nos números de homicídios, principalmente no Bairro Florença – Região de Venda Nova, Região do Barreiro, Cabana do pai Tomás, todas em Belo Horizonte – Minas Gerais, com, aproximadamente, dez homicídios e latrocínios numa única noite, inclusive de um investigador de polícia Civil, no Bairro Sagrada Família – Região Leste de Belo Horizonte.

Em cima desses números, começavam as cobranças da mídia, da sociedade, do Governo do Estado, todos os órgãos cobravam soluções, porém sem proverem condições materiais e de pessoal para aliviar e melhorar o combate à criminalidade. Como acontece até os dias atuais, a história é sempre a mesma: faltam recursos para investir em segurança pública, educação e saúde.

Com relação ao investigador de polícia, Sandro Alves Lara, assassinado no bairro Sagrada Família – Belo Horizonte/MG, prendemos os assaltantes Mauro Xisto da Silva e Rogério da Silva Alves, o "NEGUINHO", que confessaram a prática do latrocínio, sendo apreendida, com eles, a arma do crime e a arma do policial civil.

CAPÍTULO 35

■ Dopa o Cachorro e Mata a Mulher Debaixo da Cama

No dia 09 de janeiro de 2000, a costureira Ildete Raimunda de Sena Abo Ganem foi assassinada, com seis tiros, debaixo de sua cama, na residência localizada no bairro Liberdade – Belo Horizonte – Minas Gerais, na frente de sua filha de apenas nove anos de idade.

O assassino teria pintado o rosto de negro, colocado uma peruca, usado um boné, a fim de não ser reconhecido, depois escalado o muro da casa, pelos fundos, dopado o cachorro, com antecedência, apagado a luz da garagem, a fim de não ser percebido pela vítima e por seus familiares.

Quando estava sendo consumado o crime, o filho da costureira encontrava-se no banheiro, onde se trancou sendo que o assassino tentou arrombar a porta sem sucesso. Ildete Raimunda de Sena Abo Ganem estava separada de seu marido, Hélio Tufi Abo Ganem, aposentado da PETROBRAS S/A, e, com ele, mantinha várias contendas judiciais pela guarda dos quatro filhos, sendo que ela, atualmente, estava vivendo um romance com outro homem.

Após diversas investigações policiais, descobrimos que o aposentado Hélio Tufi Abo Ganem matou sua esposa, de quem estava separado há quatro anos, sempre mantendo contendas judiciais para guarda dos filhos, sendo que Hélio não aceitava a separação, pois amava Ildete, uma linda mulher, loura, de olhos azuis, espontânea e caçula de uma família de doze irmãos.

Hélio alugou uma casa no bairro Liberdade, já planejando matar a esposa Ildete Raimunda, estudou bem como praticaria o crime, comprou um revólver, calibre 32, bem como bastante munição e, quinze dias antes de cometer o assassinato, comprou uma peruca e tinta preta.

Então, no dia 09 de janeiro de 2000, Hélio dopou o cachorro, colocando sonífero na comida dele e, por volta das 21:00 horas, pintou o rosto, colocou a peruca, o boné, municiou o revólver, calibre 32, com seis cartuchos, levando outra carga nos bolsos, escalou o muro da residência onde Ildete morava e que ele (Hélio) conhecia muito bem, surpreendeu a vítima, que correu com sua filha de nove anos para o quarto e entrou debaixo da cama. Hélio se aproximou, agachou-se, apontou a arma para Ildete e descarregou o revólver, depois o recarregou, foi até o banheiro e tentou arrombar a porta do local onde estava um filho seu, adolescente. Devido às dificuldades para abrir a porta e aos gritos do rapaz, Hélio desistiu e retornou para sua casa, onde ficou escondido.

Em 11 de fevereiro de 2000, Hélio Tufi Abo Ganem foi indiciado, na Divisão de Crimes Contra a Vida, por homicídio qualificado, momento este em que sua filha, de nove anos, revelou a verdade, dizendo que reconheceu seu pai pela voz e por suas características inconfundíveis, alegando não ter falado antes por medo de represálias por parte de seu pai e, também, por estar com muito medo e por saber que Hélio Tufi, seu pai, tinha as cópias das chaves da residência onde morava com sua mãe e irmãos.

O inquérito policial foi relatado e encaminhado para o Tribunal do Júri de Belo Horizonte/MG, tendo ampla divulgação nas mídias nacionais e internacionais devido às amizades da vítima e de seus familiares.

Posteriormente foi localizado o revólver, calibre 32, e encaminhado ao Instituto de Criminalística/MG, onde foi realizado o exame de eficiência e micro comparação, dando resultado positivo para o instrumento usado para a consumação do brutal assassinato de Ildete Raimunda de Sena Abo Ganem, por seu marido, de quem estava separada há quatro anos, Hélio Tufi Abo Ganem, sendo que ele a acusava de ter efetuado um aborto, relativo a outro relacionamento, enquanto estavam juntos.

Segundo Hélio, a vítima o traía, principalmente quando ele viajava para trabalhar nas plataformas da PETROBRAS, no estado do Rio de Janeiro, sendo os outros relacionamentos de Ildete Raimunda um dos motivos de Hélio Tufi ter assassinado, covardemente, a esposa, de quem estava separado.

Assim, no começo do ano 2000, foi solucionado mais um hediondo crime de homicídio, solução esta que foi muito cobrada por familiares da vítima Ildete, os quais tinham um bom relacionamento com a cúpula da Segurança Pública de Minas Gerais, onde também havia grande pressão para o esclarecimento o mais rápido possível do crime que vitimou Ildete Raimunda de Sena Abo Ganem, no dia 09 de janeiro de 2000.

CAPÍTULO **36**

Mulheres Assassinadas no Anel Rodoviário de BH

Realmente, o ano de 2000 começou com uma carga muito grande em cima do Chefe da Divisão de Homicídios.

As manchetes do jornal Estado de Minas, na parte GERAIS/POLÍCIA: "VIOLÊNCIA CRESCE E ASSUSTA BH – CAPITAL REGISTRA MAIS DE 40 HOMICÍDIOS EM VINTE DIAS. DESEMPREGO E NARCOTRÁFICO SÃO AS CAUSAS" – outra, na mesma página: "ASSASSINATO SEM PISTAS NO CA-FEZAL", assim seria durante todo aquele pesado ano do novo milênio que estava apenas se iniciando.

Outra manchete: "MISTÉRIO CERCA MORTE DE VENDEDORA – FAMÍ-LIA DESCONFIA DE MANÍACO EM DESAPARECIMENTO PERTO DE SHO-PPING. POLÍCIA NÃO TEM PISTAS". A matéria continuava: "Ainda sem uma grande pista, a Polícia tenta desvendar o mistério que cerca o assassinato da Promotora de Vendas Luciana Neiva Carvalho Dilly, sepultada ontem de manhã no Cemitério Parque da Colina. O corpo foi encontrado em adiantado estado de decomposição, anteontem, no bairro Caiçara – Belo Horizonte/MG, escondido num matagal (...) Desconsolados com a tragédia, os parentes tentavam ontem cercar de cuidados a filha de Luciana, de apenas dois anos e meio, que não sabe da tragédia que atingiu a família e pergunta sempre pela mãe. (...) No apartamento dos parentes, apenas Roberto Aguilar, tio do viúvo, aceitou falar sobre o assunto e fez questão de afastar qualquer sus-peita de vinculação do crime com o tráfico ou com os perueiros, como che-garam a sugerir algumas testemunhas. (...) Maníaco: (...)

Ele citou o caso da adolescente de doze anos que desapareceu depois de ser vista passando por um caixa do Supermercado BOM MARCHÉ e que até hoje não foi encontrada, lembrou ainda do caso de uma bancária desa-parecida também, depois de encerrar seu expediente de trabalho no local. "PODE HAVER UM MANÍACO", suspeita. (...).

Assim foram se sucedendo casos de morte e desaparecimento de mulheres na região do Campus da UFMG, bairro Caiçara, Belo Horizonte – Minas Gerais.

E seguiam as manchetes: "AUMENTA A VIOLÊNCIA EM BH – COMANDANTE DO POLICIAMENTO DA CAPITAL NÃO TEM DÚVIDAS: TRÁFICO DE DROGAS LIDERA ASSASSINATOS".

E mais bombardeios: "JOVENS MATAM E MORREM COMO SOLDADOS DO TRÁFICO – 80% DOS ATOS DE VIOLÊNCIA QUE ACABAM COM VÍTIMAS FATAIS SÃO PRATICADOS POR PESSOAS ENTRE 16 E 24 ANOS" – "INOCENTES PERDEM A VIDA – CENTRO, SERRA E BARREIRO LIDERAM EM VIOLÊNCIA".

Capa do jornal ESTADO DE MINAS, do dia 12 de março de 2000 – reportagem especial da PÁGINA GERAIS: "MORTES DE QUATRO JOVENS ESTARRECEM A CIDADE – ASSASSINATOS, EM CONTAGEM, DE FERNANDA DE PAIVA MIRANDA, 15 ANOS, BRUNO GONÇALVES DE ARAÚJO, 17 ANOS, ISABELA DE SOUZA CASTRO ASSIS, 15 ANOS E TIAGO BRUNO SANTANA, TAMBÉM COM 15 ANOS – NA MATA DO BAIRRO ÁGUA BRANCA EM CONTAGEM/MG, MORTOS POR ESTRANGULAMENTOS COM A UTILIZAÇÃO DOS CADARÇOS DOS PRÓPRIOS CALÇADOS, DEIXAM A REGIÃO DO BAIRRO ÁGUA BRANCA/CONTAGEM/MG EM PÂNICO".

Todo esse clima foi passado para toda a região metropolitana de Belo Horizonte/MG, fazendo com que o Secretário de Segurança Pública determinasse à Divisão de Crimes Contra a Vida para assumir as investigações da Chacina do Água Branca. Contudo, no dia seguinte, a pedido do Delegado de Homicídios de Contagem, Doutor Ermelindo Moura, as investigações voltaram para a Delegacia de Homicídios de Contagem, subordinada à 6ª Delegacia Seccional de Contagem/MG.

Os fatos e acontecimentos iam sendo misturados, desaparecimentos com estupros seguidos de morte, homicídios e latrocínios, tudo na mesma panela e na conta da Divisão de Crimes Contra a Vida, aliado ao fato, ainda, de não ser dado, pela cúpula da PCMG, o mínimo de apoio logístico e de pessoal para as investigações policiais, sendo que, muito pelo contrário, delegados de polícia, investigadores de polícia, dentre outros funcionários, eram transferidos da Divisão, sem ao menos o Chefe da Unidade ser ouvido a respeito das movimentações e o impacto negativo que as mesmas causariam no desempenho dos trabalhos investigativos.

Então, toda a cobrança recaía sobre a Unidade Policial, Divisão de Homicídios, com o Conselho Superior de Polícia cobrando e não dando o menor apoio. Os bombardeios da imprensa continuavam, os homicídios iam se sucedendo, como os de Luciana Neiva de Carvalho Dilly, da menor Jaqueline Aline Salgado, na Mata da UFMG, de Cíntia Rosa de Castro Silva, de Josélia Mara Lopes, de Solange de Jesus paixão, de Cleide Aparecida Amorim, de Cleusilene Miranda, de Hozana Abreu Correia Rodrigues, misturados com os desaparecimentos de Elizabeth Nogueira, Elizabeth Pinheiro, Selma Beatriz Silva Melo, Cibele Marques do Nascimento, Simone Alves Ferreira, Carla Emanuelle, Mary Pereira, dentre outras que desapareciam.

As cobranças vinham todas em cima do Chefe da Divisão de Crimes Contra a Vida/DIE, Delegado Edson Moreira, o qual não podia contar com o apoio de seus superiores, que, pelo contrário, até queriam colocar-lhe uma mordaça, PROIBINDO O TITULAR DA UNIDADE MAIS IMPORTANTE DA PCMG DE DAR ENTREVISTAS. Falarei disso mais à frente, neste livro.

CAPÍTULO **37**

Os Crimes de Estupro e Mortes do "Fura Bunda" em BH, Esmeraldas e Montes Claros nas Minas Gerais

Os crimes de homicídio, que a Divisão de Crimes Contra a Vida estava esclarecendo, principalmente no ano de 1999/2000, das vítimas mulheres assassinadas, não recebiam o devido destaque pela imprensa, a qual, apenas, falava, e continua falando até hoje, dos casos não resolvidos ou que estão sob investigação para esclarecimento com robustas provas de preferência.

Por exemplo, o homicídio de Hozana Abreu Correia Rodrigues, de nove anos de idade, no bairro Recreio dos Bandeirantes, Distrito de Tijuco, município de Esmeraldas/MG, no dia 25 de fevereiro de 2000.

Sessenta dias depois, em 25 de abril de 2000, foi preso o pedreiro Gilberto Fernandes da Silva, o qual, depois de diversas investigações policiais, inclusive na cidade de Montes Claros, norte de Minas Gerais, confessou o assassinato e estupro da menina de apenas nove anos, quando retornava da escola.

Além de estuprá-la, Gilberto Fernandes da Silva, alcunhado de "FURA BUNDA", porque furava as nádegas de mulheres no centro da capital Mineira, bem como no município de Montes Claros e, com essas ações, ganhou o apelido de "FURA BUNDA".

Gilberto Fernandes, o "FURA BUNDA", além de estuprar e matar Hozana Abreu, de apenas nove anos, abriu o abdômen da menina, retirando um pedaço de uma de suas nádegas, com a faca que portava no momento da consumação do crime. Um crime brutal, hediondo, que, na minha opinião, deveria ser punido com a morte do criminoso, o qual não demonstrava nenhum arrependimento, muito pelo contrário, continuava praticando crimes, chegando a fugir da prisão da comarca de Esmeraldas.

Depois, foi preso novamente por investigadores de polícia da Divisão de Crimes Contra a Vida, na Favela do Cafezal, em Belo Horizonte/MG, sendo conduzido para a carceragem do Departamento de Investigações Especializadas.

Interrogado, Gilberto confessou que estava no distrito de Tijuco, trabalhando como pedreiro, pois foi obrigado a fugir da cidade de Montes Claros, por ter praticado vários crimes, onde respondia a diversos crimes de estupro, de tentativas de homicídios e de estupros tentados.

Contou que, na manhã do dia 25 de fevereiro de 2000, sentiu uma vontade incontrolável de estuprar uma menina, que sempre via retornando da escola, com seu uniforme. Esse fato do uniforme aguçava, ainda mais, sua vontade de estuprar a criança. Então, bebeu vodca, naquela manhã e, no horário em que Hozana Abreu retornava da escola, utilizando uma faca, abordou-a na entrada do condomínio onde ela morava, no bairro Recreio dos Bandeirantes, distrito do Tijuco/Esmeraldas/MG.

Estando a menina dominada e apavorada, levou-a para o matagal, estuprou-a e, depois, para não ser denunciado, matou-a por asfixia. Para despistar a Polícia, abriu seu abdômen e, como lembrança, tirou um bife de sua nádega – "BUNDA", depois retornou, com a maior frieza e naturalidade do mundo, para a sua casa, que ficava próxima da construção onde trabalhava.

Confessou que sentia um desejo incontrolável de furar "BUNDAS" de mulheres e estuprá-las, as que ele conseguisse abordar e dominar. Esclareceu ter começado seus crimes na capital mineira, mas, depois de ser detido por policiais militares e ser entregue na Delegacia de Polícia do centro de Belo Horizonte/MG, após ter perfurado uma nádega de mulher, resolveu fugir para a cidade de Montes Claros, no norte de Minas Gerais.

Em Montes Claros, passou a morar com familiares, continuando a cometer crimes de estupro e furar bundas no Centro da cidade de Montes Claros e municípios vizinhos. Quando percebeu que os crimes praticados não mais estavam sendo investigados pela Polícia, resolveu retornar para a Grande Belo Horizonte, pois já respondia processos na comarca da capital do Norte de Minas, indo residir com familiares, na cidade de Esmeraldas/MG, mais precisamente no distrito do Tijuco. Nesse distrito, cometeu o estupro e depois assassinou, cruelmente, a criança Hozana Abreu Correia Rodrigues, de apenas nove anos de idade, cometendo em seguida as atrocidades no corpo da criança.

Com a confissão de "FURA BUNDA", realizamos a Reprodução Simulada dos Fatos (RECONSTITUIÇÃO DO CRIME), onde Gilberto esclareceu, passo a passo, os delitos cometidos contra a criança Hozana, ficando, assim, patente toda a ação brutal realizada por Gilberto "FURA BUNDA", o qual cumpre pena, até hoje, por todos os crimes cometidos e, principalmente, pelo crime contra a criança Hozana Abreu, no dia 25 de fevereiro de 2000.

CAPÍTULO 38

- Esclarecimento de Mortes no Anel Rodoviário de BH
- O Mistério do Estupro e Assassinato da Desconhecida 028/1993, no Bairro Universitário
- As Vitimizações como Fatores Desviantes das Investigações Policias
- Observador nas Investigações do "Maníaco do Parque" Francisco de Assis Pereira em São Paulo
- Cidadão Honorário de Belo Horizonte

O assassinato, a facadas, da empregada doméstica e garota de programa, Cleusilene Miranda, encontrada no interior de uma galeria de águas pluviais, no bairro Caiçaras – Belo Horizonte/MG, no dia 12 de julho de 2000, também foi esclarecido, tendo como autor Leandro Ferreira de Carvalho, o "LECO", traficante e usuário de drogas da região noroeste de Belo Horizonte/MG.

Cleusilene Miranda foi atraída por Leandro Ferreira, o "LECO", para a residência do mesmo, nas proximidades da galeria de águas pluviais do bairro Caiçara – Belo Horizonte/MG, para um programa sexual, porém passaram a fazer uso de cocaína e, em determinado momento, já em estado de alucinação, causado pelo uso da droga, "LECO" pegou uma faca e passou a golpear Cleusilene, vindo a assassiná-la, depois, para desviar as investigações e ocultar o cadáver, carregou a vítima até a galeria pluvial, para parecer que ela havia sido assassinada pelo suposto maníaco da região noroeste de Belo Horizonte, o qual vinha estuprando e matando mulheres na região.

Contudo, seguimos as manchas de sangue deixadas pelo cadáver de Cleusilene, carregado por Leandro, durante o trajeto para desovar o corpo e descobrimos a autoria, encontrando a arma do crime dentro da residência.

Leandro Ferreira de Carvalho, o "LECO", fugiu para o Rio de Janeiro/RJ, depois para outros estados do Brasil, sendo descoberto na cidade de Curitiba/PR, porém o Secretário de Segurança Pública, à época, março de 2001, não forneceu as verbas necessárias para as diligências policiais, impedindo, com isso, a Equipe de investigadores de polícia da Divisão de Homicídios/ DIE de viajar para o estado do Paraná para prender o perigoso homicida "LECO".

Mas as cobranças para as ações do Chefe da Divisão de Homicídios continuavam, como se quisessem transferi-lo da Chefia da Divisão de Crime Contra a Vida, a fim de apagar a imagem do Delegado Chefe da Divisão de Homicídios de Minas Gerais, por esse não ser do estado mineiro, mas, sim, da capital do estado de São Paulo.

Mesmo sob tal pressão e falta de apoio, logramos esclarecer vários outros homicídios de mulheres na região noroeste de Belo Horizonte/MG, como os de Cintia Rosa de Castro Silva, de Solange de Jesus paixão, de Elisangela Ribeiro, de Cleide Aparecida Amorim e, em anos posteriores, o de Elizabeth Pinheiro e de Josélia Mara Lopes, dentre outros.

Um "Serial Killer" agia na região noroeste de Belo Horizonte, um ex-carcereiro de polícia, cujo nome é semelhante àquele que representa os feitos dos Santos religiosos.

Esse criminoso era um estuprador contumaz, que foi preso e condenado, por ser reconhecido por suas vítimas de estupro, as quais ele deixou viver, após estuprá-las. Contudo, antes de ser preso e condenado a mais de cem anos de reclusão, passou a estuprar, roubar e matar suas vítimas.

Depois de alguns anos, o Laboratório de DNA do Instituto de Criminalística foi montado e ficou "TOP DE LINHA". Então, os exames de DNA comprovaram que o ex-policial foi o responsável pelos assassinatos de algumas vítimas da região noroeste, fato que a imprensa não deu o devido destaque, haja vista, também, que o ex-policial, "teria uma proteção de órgãos e entidades ligadas aos direitos humanos", era o que se comentava nos bastidores, mas, como não podemos provar, fica só na transcrição de que "COMENTAVAM – FALAVAM", mas ninguém nunca provou ou se investigou tal comentário, com mais profundidade.

O importante é que a maioria dos crimes de mulheres na região noroeste de Belo Horizonte/MG foram esclarecidos. Entretanto, devido à falta, na época, de um Laboratório de Exames de DNA, o crime de Jaqueline Aline Salgado, de dezessete anos, ficou sem o devido esclarecimento, porque não foi possível, durante as investigações, extrair o DNA do autor, do sêmen encontrado no interior de seu órgão genital.

Com relação ao homicídio da vendedora Luciana Neiva de Carvalho Dilly, a autoria do crime está dentro da família, porque ela foi encontrada, dias depois de ser morta, sem ninguém comunicar seu desaparecimento, estando ela, no local do encontro de seu corpo, com os calçados sem os cadarços, como colocados às pressas, com sinais de violência, camufladas, indicando que ela foi assassinada no interior de sua residência e desovada, às pressas, às margens do Anel Rodoviário de Belo Horizonte, nas proximidades da Mata da UFMG, local onde estavam desaparecendo mulheres e algumas sendo encontradas mortas, com sinais de terem sido estupradas, o que não foi o caso da vendedora.

Como foi falado mais acima, a imprensa não dava trégua e, mesmo com todos os esclarecimentos de crimes, as manchetes continuavam: "POLÍCIA SE UNE CONTRA DESAPARECIMENTOS – ÁREA ENTRE ANEL RODOVIÁRIO E VIA EXPRESSA, ONDE FORAM ACHADOS VÁRIOS CORPOS DE MULHERES, TERÁ POLICIAMENTO INTENSIFICADO – FAMÍLIA DE SECRETÁRIA COMEÇA A DEPOR – DEPOIMENTOS AJUDARÃO A APURAR A MORTE DE JOSÉLIA, A SÉTIMA VÍTIMA ENCONTRADA NO TRECHO ENTRE A VIA EXPRESSA E O ANEL RODOVIÁRIO DE BELO HORIZONTE".

Assim continuaram os bombardeios ao Chefe da Divisão Especializada de Homicídios de Belo Horizonte/MG, Delegado Edson Moreira, aliado à falta total de apoio da Cúpula da Polícia Civil, dos órgãos públicos, como EMBRATEL, bancos e empresas que não forneciam, mesmo com ordens judiciais, as informações solicitadas pelos delegados de polícia, principalmente com relação ao esclarecimento da morte de Jaqueline Aline Salgado, os desaparecimentos de Elizabeth Nogueira e de outras mulheres, nas proximidades do Anel Rodoviário. Era mais fácil, para a imprensa e para a Cúpula Superior da Polícia Civil de Minas Gerais, culpar o Chefe da Divisão de Homicídios de Minas Gerais, como veremos mais à frente.

Claro que, na época dos acontecimentos, ficamos frustrados, como ficamos no caso da investigação do estupro, seguido de morte, da DESCONHECIDA 028/93, encontrada assassinada às margens do Anel Rodoviário de Belo Horizonte, com um bustiê rosa, estrangulada com o cadarço de seu tênis e sutiã, sem calcinhas, com o vestido suspenso, ainda com hemorragia vaginal, provocada por um cabo de vassoura, o qual foi introduzido em seu aparelho reprodutor, perfurando útero, intestinos grosso e delgado.

A mais ou menos 200 metros do cadáver, encontramos sua calcinha. Esse crime aconteceu e eu era recém-chegado na Divisão de Crimes Contra a Vida/DIE, querendo abraçar tudo e todas as investigações de crimes de homicídios, como pudesse resolver tudo, assumi essa investigação.

DELEGADO EDSON MOREIRA

Tentaram me demover de solicitar a transferência da investigação, originalmente distribuída à 4ª Delegacia Especializada de Homicídios/DCCV/DIE, na época chefiada pelo experiente Delegado de Polícia, Otto Teixeira Filho, o qual, mais que depressa, transferiu o foguete para ser investigado pela 5ª Delegacia Especializada de Homicídios, a meu pedido. Eu não vislumbrava, naquele momento, que aquele caso era de uma complexidade incomensurável, porém, por outro lado, as investigações policiais advindas deste caso deram-me muita experiência investigativa, ajudando muito no desenvolvimento de minhas capacidades e habilidades.

Começamos a investigação policial, comparecendo ao Instituto médico legal, onde acompanhamos a necropsia da Desconhecida 028/93. Colhemos digitais, anotamos tatuagens, percorremos todos os prostíbulos à beira da Rodovia BR 262, hoje BR 381, até a divisa com o estado do Espírito Santo.

Coletamos chaves numeradas, encontradas próximo do cadáver, viajamos por vários estados, às custas deste autor, comparecemos à fábrica onde as chaves tinham sido confeccionadas, na Vila Albertina – São Paulo/SP. Inquirimos todos os moradores da região do bairro Universitário – Belo Horizonte/MG, enviamos as características da desconhecida, bem como as fotografias dela e das tatuagens e suas impressões digitais para todos os 26 estados brasileiros e o Distrito Federal.

Viajei, sozinho e por conta própria, a vários municípios de Minas Gerais, até a divisa com a Bahia, bem como a alguns estados brasileiros, como São Paulo, Goiás, Distrito Federal, Mato Grosso do Sul, Bahia, dentre outros, custeando, às minhas expensas, todas as diligências, tentando identificar a Desconhecida 028/93, para facilitar a investigação. Isso durou por dois anos ininterruptos, sem que eu tenha conseguido algum progresso.

No ano de 1995, depois de esgotar todas as possiblidades de investigação policial, possíveis e imagináveis, relatei o inquérito policial e encaminhei ao Segundo Tribunal do Júri de Belo Horizonte, tendo a Promotora de Justiça, à época responsável pelo processo, Doutora Ruth Lies Scholte de Carvalho, hoje Procuradora de Justiça, encaminhado um elogio, de duas páginas, ao Secretário de Segurança Pública, juntamente com o pedido de arquivamento do processo, encaminhado ao Juiz de Direito Sumariante do Segundo Tribunal do Júri, Doutor Rosalvo.

Depois de analisar detidamente todas as providências e diligências realizadas, o Magistrado mandou arquivar o processo, aguardando-se o aparecimento de fato novo, segundo artigo 18 do Código de Processo Penal Brasileiro. Foi essa, uma de minhas frustações, por não conseguir desvendar um crime tão brutal e hediondo, cometido na comarca de Belo Horizonte/ MG, no ano de 1993.

Antes de continuar narrando os crimes de homicídio ocorridos no período dos anos de 1999/2000, na região noroeste de Belo Horizonte/MG, cabe um esclarecimento com relação aos crimes cometidos por um "SERIAL KILLER" em São Paulo/SP.

Dias depois de assumir a Chefia da Divisão de homicídios de Minas Gerais – DCCV/DIE, começaram a ser investigados, pelo Departamento de Homicídios e Proteção à Pessoa – DHPP, da Polícia Civil de São Paulo, estupros, seguidos de morte, os quais ocorriam no interior do Parque do Estado, situado na região sul da capital paulista, tendo como vítimas Elisângela Francisco da Silva, Raquel Mota Rodrigues, Selma Ferreira Queiroz, Patrícia Gonçalves Marinho, Isadora Fraenkel, dentre outras.

O Diretor do DHPP da Polícia Civil do Estado de São Paulo, era o Delegado de Polícia Civil de Classe Especial, Marco Antônio Desgualdo, o qual eu havia auxiliado no esclarecimento do latrocínio do governador do Acre, Edmundo Pinto de Almeida Neto, no interior do apartamento 704, do Hotel Della Volpe, situado na Rua Frei Caneca, região central de São Paulo/SP.

Um dos autores desse latrocínio era natural do Vale do Rio Doce/MG, tendo fugido para a cidade de Sabinópolis/MG. Então, prendemos, nas proximidades do município de Sabinópolis – Vale do Rio Doce/MG, o principal autor, que foi buscado pela Equipe de Homicídios do DHPP/SP, de avião, o qual utilizou a pista do Aeroporto de Sabinópolis e, ao receber o preso e nos dar uma cópia do mandado de prisão, foi conduzido para o DHPP/SP, onde esclareceu todo o latrocínio do governador do Acre, Edmundo Pinto de Almeida Neto.

O preso entregou os outros comparsas, que também confessaram o crime de latrocínio, nascendo, desde então, uma grande amizade entre mim e o Doutor Marco Antônio Desgualdo, o qual, posteriormente, foi diretor do DHPP/SP e diretor geral da Polícia Civil do Estado de São Paulo.

O Divisionário de Homicídios do DHPP/SP era o Delegado de Polícia de Primeira Classe, Jurandir Correia de Sant'Anna, sendo que a Divisão de Homicídios sofria grande pressão para os esclarecimentos dos crimes de homicídios, cometido pelo Maníaco do Parque, pois toda a população da Capital paulista, principalmente as mulheres, estava apavorada, sem sair a noite de casa.

Praticamente fiz um estágio no Departamento de Homicídios, acompanhando as investigações policiais realizadas pelos brilhantes investigadores de polícia, Delegados de Polícia, Escrivães de Polícia, Peritos Criminais, enfim todos da Divisão de homicídios e do DHPP/SP.

DELEGADO EDSON MOREIRA

A Seção de Inteligência do DHPP/SP, dentre outras Delegacias do Departamento, como a de Desaparecidos, foi fundamental para o total esclarecimento e prisão do "SERIAL KILLER", identificado como FRANCISCO DE ASSIS PEREIRA, "O MANÍACO DO PARQUE".

Todos os policiais civis do DHPP/SP foram brilhantes nas Investigações Policiais, pois, antes de iniciar as próprias diligências investigatórias sobre os crimes de mulheres em série, Francisco de Assis Pereira, "O MANÍACO DO PARQUE" já havia sido intimado a depor junto ao Departamento de Homicídios e Proteção à Pessoa de São Paulo, para esclarecer a utilização de uma folha de cheque, utilizada para a compra de um capacete, sendo que esta folha de cheque estava em nome de Isadora Fraenkel, uma das mulheres, mais tarde, dada como desaparecida.

Na época, Francisco alegou que utilizou a folha de cheque de Isadora com o seu consentimento, sendo liberado logo depois, porque ainda não haviam registrado o desaparecimento de Isadora.

Francisco de Assis Pereira, "O MANÍACO DO PARQUE", trabalhava, na época dos assassinatos, como motoboy de uma empresa próxima ao DHPP de São Paulo. O proprietário desta empresa relatou aos investigadores de polícia, que ele havia estranhado a atitude de Francisco, que, logo após a visita dos policiais civis do DHPP àquela empresa, deixou um bilhete, reportando sua súbita saída do trabalho.

Esclareceu que Francisco de Assis Pereira, "O MANÍACO DO PARQUE", no dia anterior, havia cometido um "VACILO", um deslize: abordou uma garota, em sua cotidiana rotina psicótica, usando os mesmos argumentos utilizados para levar as outras vítimas ao Parque do Estado na Região Sul de São Paulo/SP, deixando com a moça, o cartão dele, com nome de Jean, com o telefone da empresa onde trabalhava, pois, naquele momento, a referida moça se recusou a acompanhá-lo (por conta do temor geral, em meio às investigações das mortes e desaparecimentos de mulheres, amplamente divulgados pela imprensa nacional e mundial).

Essa garota ligou para o DHPP e relatou todo o acontecido, entregando o cartão. Incontinente, os investigadores de polícia do DHPP/SP entraram em contato com a empresa, que esclareceu a saída repentina e inexplicável de Francisco de Assis Pereira, "O MANÍACO DO PARQUE". deixando uma folha de jornal com seu retrato falado e o bilhete de despedida.

Em meios às investigações, e após o abandono de emprego por parte de Francisco, o proprietário, patrão do suspeito, já desconfiado, ligou para o DHPP, solicitando a visita do Delegado de Polícia da Divisão de Homicídios à empresa.

AGORA É COMIGO!

Quando da chegada dos investigadores de polícia e do Delegado à empresa, o proprietário contou a descoberta de um osso de costela, junto com um RG, inserido no vaso sanitário dos banheiros da empresa de motoboys, descoberto apenas em função da quebra do vaso sanitário.

Acionada a equipe de peritos criminais do DHPP/SP, foi encontrado, no interior do referido vaso sanitário, o RG de Selma Ferreira Queiroz, parcialmente queimado. Começava a partir daquele momento, o esclarecimento dos crimes de homicídio cometidos pelo "MANÍACO DO PARQUE".

Com a divulgação, Francisco de Assis Pereira, "O MANÍACO DO PARQUE", fugiu para o sul do País, quase na divisa com o Uruguai. Lá capturado e preso, foi conduzido para o DHPP/SP, onde, na presença do Delegado de Polícia da Divisão de Homicídios, confessou todos os homicídios e estupros, levando os Investigadores e Peritos da PCSP para o Parque do Estado. No interior daquele parque, mostrou todos os locais onde abusou das vítimas, onde, também, foram encontradas as ossadas de Selma e de outras vítimas do Maníaco do Parque.

O criminoso deixou todos os envolvidos nas investigações policiais impressionados, principalmente pelo motivo de uma pessoa, sem armas, estranho e só na conversa, conseguir convencer e levar as vítimas na garupa da motocicleta ou mesmo a pé, de metrô ou ônibus, para a mata do Parque do Estado, na zona sul da cidade de São Paulo.

Com este acompanhamento e observação, consegui adquirir um vasto conhecimento sobre crimes em série, aliado ao fato de ter conseguido, com o divisionário de homicídios, Doutor Jurandir e com o diretor do DHPP, Doutor Marco Antônio Desgualdo, cópias dos inquéritos Policiais, que apuraram os estupros com mortes praticadas pelo "MANÍACO DO PARQUE", FRANCISCO DE ASSIS PEREIRA, o que nos auxiliou sobremaneira a apurar os crimes de estupro seguidos de homicídios, praticados pelo Maníaco de Contagem em Minas Gerais.

Feito este esclarecimento, voltamos ao ano de 2000, agradecendo ao Vereador de Belo Horizonte, Doutor João Medeiros, o presidente da Câmara de Vereadores de Belo Horizonte, Vereador César Masci e a todos os Vereadores da época, pela concessão do "TÍTULO DE CIDADÃO HONORÁRIO DE BELO HORIZONTE", no dia 21 de julho de 2000.

A honrosa concessão aconteceu na Câmara Municipal de Belo Horizonte/MG, estando presentes vários vereadores com mandatos à época, o Desembargador Eli Lucas de Mendonça, o Promotor de Justiça Francisco de Assis Santiago, o "CHICO PRETO", o Doutor Vagner Vartulli, a Secretária de Estado da Justiça Ângela Maria Prata Pace Silva de Assis, o Chefe do

Detran de Minas Gerais Otto Teixeira Filho, o Corregedor Geral de Polícia Civil Doutor Jairo Lellis Filho, o Chefe do DIE Jacy de Abreu, Delegados de Polícia da Divisão de Crimes Contra a Vida, Doutores Luiz Carlos, Paulo Bitencourt, Wagner Pinto de Souza, o saudoso Doutor Alexandre Alves Liberal, Alexandre França Figueira, Cinara Maria Moreira Liberal, os repórteres Shirley Barroso, o saudoso Gabi Santos, Carlos Viana, Eduardo Costa, Alan de Freitas Passos, a saudosa Glória Lopes, Benny Cohen, Dalila Abelha e Ivonéria Rodrigues.

Meus pais, Edgar Severiano da Silva e Dalila Moreira da Silva, meus irmãos, Doutor Ênio Moreira da Silva, Severino do Ramos Moreira da Silva, minhas irmãs Edna Moreira da Silva e sua filha Stephanie, Elisângela Moreira da Silva. Minhas amigas Miriam Nancy Vieira, Cleunírian Condé, Elaine Olegário, dentre outras amigas e amigos. Clésio Basileu Carvalho, Camilo Jesuíno Neto, Júlio Fernandes, Dálcio Antônio Cardoso, o saudoso e grande advogado Ariosvaldo de Campos Pires, o advogado Carlos Frederico Pires, o saudoso Paulo César Olegário e outros amigos.

Em meio ao turbilhão da época, foi um momento de comemoração e reconhecimento, por parte da sociedade Belo-Horizontina, o qual me deixou muito feliz e contente, num ano tão conturbado e de tantas cobranças por resultados, sem o devido apoio por parte de quem deveria fazê-lo.

Em meio às investigações policiais, que apuravam os desaparecimentos e mortes violentas de mulheres, às margens do Anel Rodoviário de Belo Horizonte, às margens da Via Expressa – Avenida Juscelino Kubitschek de Oliveira, bairro Camargos, todos na região noroeste de Belo Horizonte/MG, também começaram a acontecer simulações de ataques as mulheres, assim como desvios causados por mentiras, contadas por pessoas que queriam "UM MINUTO DE FAMA", como se diz na gíria.

Um desses foi o caso da estudante do curso de História, da FAFICH/UFMG V.S.G., a qual simulou ter sido atacada no campus da UFMG, na noite do dia 14 de setembro de 2000, quando, na verdade, foi descoberto, durante as investigações policiais, que V.S.G. comprou todo o material utilizado para a simulação do ataque de um suposto maníaco, querendo ela apenas atenção dos familiares e amigos da universidade.

Outro fato, que desviou as investigações, foi a falsa denúncia, feita pela garota de programa, Alexandra Soares, na manhã do dia 17 de setembro de 2000, onde ela alegava que sua amiga, Cláudia, havia sido arrastada para o interior do matagal, às margens da Via Expressa, no bairro Santa Maria, local onde algumas mulheres haviam sido assassinadas.

AGORA É COMIGO!

Contudo, depois das investigações e buscas na mata, apontada por ela, foram encontrados apenas colchonetes e preservativos usados, tendo ela, depois, confessado toda a farsa, ou seja, que só contou aquela estória para aparecer na mídia e nos jornais de Belo Horizonte, naquele momento tão conturbado de assassinatos de mulheres.

As investigações dos crimes de homicídios contra mulheres e outras vítimas iam sendo desvendados, como o assassinato da vendedora Sandra Celeste Ferreira, morta no bairro Santa Mônica – Belo Horizonte/MG, no dia 21 de setembro de 2000, pelo marido; a morte do investigador de polícia, Silvio Batista da Silva, por Policiais Militares, no dia 06 de novembro de 2000, no bairro Jardim América – região oeste de Belo Horizonte/MG; a morte do investigador de polícia aposentado, José Daniel da Silveira, o "TCHÊ", no interior de um estacionamento, na região central de Belo Horizonte/MG, dentre muitos outros homicídios, esclarecidos pela Divisão de Crimes contra a Vida.

Como os homicídios na capital mineira estavam sendo todos esclarecidos, começaram a aparecer mulheres de programa mortas na Mata das Abóboras – Contagem – Minas Gerais. Nesse momento, a mídia passou a querer ligar as mortes de Belo Horizonte/MG, com as de Contagem e Sete Lagoas, também Minas Gerais. Colocaram tudo na mesma panela, até que dois acontecimentos graves fizeram com que a mídia parasse de falar sobre as mortes de mulheres da região metropolitana de Belo Horizonte/MG.

O primeiro foi o caso da "MODELO" Cristiana Aparecida Ferreira, encontrada morta no dia 06 de agosto de 2000, no interior de um flat de luxo, na Avenida Álvares Cabral – Bairro Santo Agostinho – Belo Horizonte/MG, após ingerir veneno para matar ratos, no apartamento em que se hospedou, no mesmo dia em que foi encontrada morta.

Outro caso grave foi no dia 10 de dezembro de 2000, por volta de 20:00 horas, na Rua Maria José de Jesus, 101, no Bairro Camargos – Belo Horizonte – Minas Gerais, onde foi assassinada, a tiros de revólver, calibre 38, a esposa de um jornalista, o qual trabalhava no jornal Estado de Minas, à época dos acontecimentos.

Para evitar aborrecimentos, bem como eventuais contendas judiciais, já que, seis anos depois, esse jornalista foi julgado e absolvido pelos Jurados do Primeiro Tribunal do Júri de Belo Horizonte/MG, contarei os fatos reais, porém trocarei os nomes dos personagens.

Como foi dito acima, alguns membros do Conselho Superior de Polícia Civil queriam proibir que o Chefe da Divisão de Crimes Contra a Vida/DIE concedesse entrevistas e falasse com a imprensa local, nacional e mundial, sendo que, também, vou me referir a esses membros do CSPC por nomes fictícios ou por abreviaturas dos nomes, para evitar os mesmos aborrecimentos como os citados acima, referente ao assassinato da mulher do jornalista.

CAPÍTULO **39**

- **Jornalista Assassino**
- **Vamos Calar o Chefe da Divisão de Homicídios e Retirá-lo da Chefia da DCCV/DIE**
- **Bodas de Ouro de Edgar e Dalila**
- **Morte Estranha de Modelo**

A cúpula da Polícia Civil na época, com exceção do Secretário de Segurança Pública de Minas Gerais, Deputado Federal Mauro Ribeiro Lopes, queria me transferir da Chefia da Divisão de Crimes Contra a Vida/DIE. Então, alguns acontecimentos como os dois citados no capítulo anterior, os quais passarei a minuciar, aceleraram a minha retirada da Divisão de Homicídios.

Vamos começar com o assassinato da mulher do jornalista João Clêudios da Silveira, a qual chamaremos, no presente livro, de Francisca Aparência de Abrão Silveira, que foi morta a tiros de revólver, no dia 10 de dezembro de 2000, por volta de 20:00 horas, na Rua Maria José de Jesus, 101 – Bairro Camargos – Belo Horizonte – Minas Gerais, no interior do veículo VW, de cor cinza, placa LPG 8018. Segundo o Boletim de Ocorrência, o casal foi abordado, no local dos fatos, por dois indivíduos, que anunciaram um assalto. Com a negativa da vítima em entregar seu aparelho celular, os criminosos a alvejaram com, aproximadamente, cinco tiros à queima-roupa, sendo que o marido da vítima, jornalista do jornal Estado de Minas, João Clêudios da Silveira, saiu ileso, sem sequer ser ferido ou agredido pelos ladrões.

Os assaltantes, depois de assassinarem Francisca Aparência, saíram, em desabalada carreira, em direção à Via Expressa de Belo Horizonte, sem admoestar o jornalista João Cleudios da Silveira com, nem mesmo, um tapa ou coronhada, matando, porém, a esposa dele com cinco tiros, na sua frente, deixando-o vivo e ileso.

Como se tratava de crime de Roubo com Resultado Morte (LATROCÍNIO), na época, de competência da Divisão de Crimes Contra o Patrimônio (CO-

NHECIDA COMO FURTOS E ROUBOS), o inquérito policial foi instaurado por aquela Divisão Especializada, que iniciou, no mesmo dia, as investigações policiais para a descoberta da autoria e materialidade.

O jornalista João Clêudios da Silveira, em uma de suas primeiras versões sobre o crime, declarou ao Delegado de Plantão do Departamento de Investigações Especializadas, Doutor Leonardo Vieira Dias, no dia 11 de dezembro de 2000 que: "(...) saiu com sua esposa na parte da tarde, para encontrar com as cunhadas e fazerem compras de presentes nas Lojas Americanas, (...).

(...) Depois deixou suas cunhadas no Bairro São José – Belo Horizonte/MG, final da Avenida Pedro II, onde as mesmas residem com a sogra do declarante, sendo que deixaram os presentes no interior do veículo, para não estragar a surpresa, sendo que não chegaram a descer do carro; (...), depois foram até o Shopping Del Rey, onde fariam outras compras(...)

(...) Passou para sua esposa, a quantia de R$ 500,00 para efetuar algumas compras (...) que depois de saírem do Shopping Del Rey, pegaram o Anel Rodoviário de Belo Horizonte, em direção ao Bairro Camargos – Belo Horizonte, onde passaria na casa de Olinta, outra irmã de sua esposa (...).

(...) Essa irmã não estava em seu apartamento, tendo sua esposa ligado e confirmado que ela não estava em casa e sua sogra também não (sogra do jornalista João Clêudios da Silveira), então resolveram ir embora;... que por volta de 20:00 horas quando retornavam para casa, passando pela Via Expressa (Avenida Presidente Juscelino Kubitschek), em local bastante ermo, foram abordados por duas pessoas, sendo que um próximo da janela anunciou o assalto, tendo ficado cada um de um lado do veículo (...)

(...) Nesse momento, eles adentraram ao carro e mandaram ir para uma rua mais erma, que dando continuidade ao evento criminoso, um dos meliantes passou a dar buscas na bolsa de sua esposa Francisca Aparência e, não satisfeitos com a importância roubada, cerca de R$ 300,00 Reais, os assaltantes voltaram a ameaçar o casal, nesse instante sua esposa deve ter se assustado, sendo que sua ação sugeriu que fosse reagir ao assalto, instante em que um dos criminosos atirou várias vezes contra sua esposa, não sabendo o João Clêudios da Silveira precisar quantos foram os disparos efetuados contra sua esposa (...)

(...) Que em atitude de desespero, certificou que sua esposa Francisca Aparência já estava desfalecida, vindo a confirmar momentos depois o seu óbito; que após os disparos na fuga dos agentes, ouviu um deles murmurando algo como sendo "REVÓLVER DO PAPAI"; que correu para a Via Expressa, no intuito de conseguir socorro para si e sua esposa (...).

As versões apresentadas eram totalmente contraditórias, o que fez o Delegado de Polícia de Plantão no Departamento de Investigações Especializadas, Doutor Leonardo, requisitar exame residuográfico no jornalista João Clêudios da Silveira, inquirir testemunhas, Policiais Militares, os quais haviam participado da ocorrência.

Durante entrevistas, o jornalista João Clêudios da Silveira alegou que um dos meliantes havia exigido que sua esposa Francisca Aparência de Abrão da Silveira entregasse um dos seus celulares para ele, momento em que ela jogou o celular pela janela, tendo o criminoso atirado várias vezes contra ela. Contudo o vidro estava levantado e com uma perfuração de projétil de arma de fogo.

O certo é que, a cada estória contada pelo jornalista, mais contradições apareciam, sendo que, por volta das 23:00 horas, do dia 10 de dezembro de 2000, recebi dois telefonemas, um da repórter Shirley Barroso e outro do repórter Carlos Viana, comunicando o assassinato da mulher do jornalista João Clêudio da Silveira, porém não entraram em detalhes e, como a versão girava em torno do crime de Latrocínio, de competência da Divisão de Crimes Contra o Patrimônio, decide não comparecer ao local do delito.

No dia seguinte, 11 de dezembro de 2000, compareci ao Instituto Médico Legal de Minas Gerais para acompanhar a necropsia da esposa de João Clêudio da Silveira e dar um apoio moral, num momento de muita dor, por parte dele e de todos os familiares e amigos.

Cheguei no IML por volta das 08:30 horas, encontrei com o jornalística João Clêudio da Silveira, alguns colegas repórteres do jornal Estado de Minas e demais veículos jornalísticos. Também encontrei com o repórter Eduardo Costa, da Rádio Itatiaia de Minas Gerais, o qual apresentava, e apresenta até hoje, o Programa "CHAMADA GERAL" da Rádio Itatiaia, que passou a ocupar o horário do programa "POLÍCIA É NOTÍCIA", da saudosa Glória Lopes.

No IML de Minas Gerais, cumprimentei a todos e entrei para a sala de necropsia, onde estava o cadáver da esposa do jornalista, Senhora Francisca Aparência de Abrão da Silveira, para acompanhar os exames que seriam realizados pelos médicos legistas, Doutores Tyrone Tadeu Abud Belmok e Remer dos Santos, além de analisar detalhadamente os vestígios do suposto latrocínio.

Nesse momento, observei atentamente o rosto do lado esquerdo da vítima Francisca Aparência e a sua mão esquerda, notando que os disparos foram efetuados a curtíssima distância – queima-roupa, levemente de baixo para cima, nas regiões zigomática, auricular, masseterina, carotidiana, saindo um dos projéteis, na região orbitária direita. Tudo muito estranho, pois dificilmente um assaltante atira tantas vezes numa vítima, além do que o revólver estava praticamente encostado no rosto do jornalista João Clêudio da Silveira, o qual não esboçou nenhuma ação para defender sua esposa, mãe de seus filhos, e mais, como criminosos latrocidas deixam uma testemunha ocular viva, para reconhecê-los? – Praticamente impossível.

Depois de sair da sala de necropsia, conversei com o jornalista, que contou uma outra versão em frente aos seus colegas e ao repórter Eduardo Costa. Contudo, pensei: "então, como não era a Divisão de Crimes Contra a Vida e sim, a Divisão de Crimes Contra o Patrimônio que investigaria o caso,"COMO NÃO TENHO NADA COM A QUESTÃO, DEIXA ISSO PARA LÁ, É A DCCP QUE VAI INVESTIGAR, POIS ENTÃO ELES QUE ANALISEM BEM TUDO".

Quando estava me dirigindo para a viatura policial, para retornar para a Divisão de Homicídios, o repórter Eduardo Costa me chamou e ofereceu uma carona no veículo da Rádio Itatiaia. No caminho fomos conversando, tendo ele me questionado: "QUE ESTÓRIA ESQUISITA ESSA CONTADA PELO MEU AMIGO JOÃO CLÊUDIO DA SILVEIRA, HEIN DOUTOR?" – Então respondi: "NÃO ESTÁ ENCAIXANDO MUITO, TEM MUITA CONTRADIÇÃO, MAS, COMO NÃO TENHO NADA COM ISSO, DEIXA A FURTOS E ROUBOS INVESTIGAR". E a conversa fluiu até chegarmos na Rádio Itatiaia, onde gravamos uma matéria para o programa Chamada Geral. Depois retornei para a Divisão de Crimes Contra a Vida e segui na administração dos problemas, os quais não eram poucos, como falamos acima.

Continuei meus trabalhos na Chefia da Divisão de Crimes Contra a Vida/ DIE, quando por volta de 17:30 horas, recebo um telefonema do Secretário de Segurança Pública, Deputado Federal Mauro Ribeiro Lopes, o qual determinava que eu, Delegado Edson Moreira, assumisse, pessoalmente, a presidência do inquérito policial, que apurava o Latrocínio de Francisca Aparência de Abrão da Silveira, esposa do jornalista João Clêudios da Silveira, porque todos os colegas da Redação do jornal "O Estado de Minas", e os jornalistas estavam pedindo para que o Delegado Edson Moreira investigasse o assassinato de Francisca Aparência e que, por ordem dele, Secretário de Segurança Pública, os autos já estavam a caminho da Divisão de Homicídios, por ter determinado ao Chefe daquela Divisão de Crimes Contra o Patrimônio tal providência.

Fiquei transtornado, pego de surpresa com aquela determinação. Mas ordens de superiores, num regime hierárquico, têm de ser cumpridas. Nisso, comecei a pensar, a racionar em cima de tudo que o jornalista me havia contado no IML, as reportagens e as próprias entrevistas dele para as diversas emissoras de rádio e televisão, bem como todos os jornais escritos.

Passei, praticamente, a noite pensando "como aquele crime havia sido cometido?, aquela estória, contada pelo jornalista João Clêudios da Silveira, está cheia de contradições?, tudo aquilo que ele falou não aconteceu?, não é possível, como poderia uma ação daquelas?". Foi nesse momento, altas horas da madrugada, que veio à minha mente o seguinte: "A MULHER FOI MORTA ONTEM, HOJE ELE PASSOU O DIA INTEIRO CUIDANDO DOS FUNERAIS DA ESPOSA, ATENDER FAMILIARES, AMIGOS, SOGRA, CUNHADAS, ETC. SE FOI ELE QUE MATOU A ESPOSA, A ARMA DO CRIME FOI DISPENSADA NAQUELAS PROXIMIDADES, ELE NÃO FICARIA COM A ARMA NO INTERIOR DO VEÍCULO, COM TODA A CERTEZA." Assim foi que, durante toda a noite, fiquei analisando, pensando, quebrando a cabeça.

No dia seguinte 12 de dezembro de 2000, uma terça-feira, pela manhã, chamei à minha sala da Chefia da DCCV/DIE, o Inspetor de Polícia da DCVV/DIE, saudoso Investigador de Classe Especial Paulo César Olegário, bem como mais dez investigadores de Polícia. Expliquei a todos, os pontos que avaliei, depois de ficar pensando a noite toda, analisando as entrevistas do jornalista nas mídias, principalmente na Rede Globo de Televisão, as suas declarações na Delegacia de Plantão do Departamento de Investigações Especializadas (DEIC/MG), o que ele havia me contado, no pátio do Instituto Médico Legal de Minas Gerais, quando acompanhava a necropsia de sua esposa, a lesão de defesa na mão esquerda de Francisca Aparência, os tiros no rosto, lado esquerdo dela, do lado direito do jornalista João Clêudios da Silveira. Indiquei que, se ele fosse o autor do assassinato de sua esposa Francisca Aparência de Abrão da Silveira, não teria como ficar de posse da arma de fogo, utilizada para a consumação do crime de assassinato e, certamente, o revólver teria que estar nas imediações e trajetos descritos pelo jornalista.

No máximo, essa arma, estaria a, aproximadamente, 50 metros das margens das vias, pelas quais ele havia caminhado, até a via expressa. Então, determinei aos investigadores de polícia que se deslocassem até o local do assassinato e dessem busca numa faixa de 100 metros, lado a lado, das vias por onde João Clêudios alegou passar para buscar ajuda e perto do local da consumação. Se ele fosse o autor, a arma utilizada para o crime deveria estar lá e ser encontrada, principalmente nas imediações de onde o seu veículo foi estacionado, após a execução da vítima Francisca Aparência de Abrão da Silveira e, caso encontrassem a arma utilizada, acionassem a Chefia da Divisão de Homicídios e os Peritos Criminais que fizeram o local do crime de homicídio, sem tocar em nada.

Depois das orientações, os investigadores de polícia da DCCV/DIE deslocaram-se para o Bairro Camargos – Belo Horizonte – Minas Gerais, onde, a partir do local indicado pela Perícia Criminal, começaram as buscas, num raio de 50 metros de cada lado, suficientes para uma pessoa como João Clêudios da Silveira arremessar um revólver, calibre 38, pesando de 3 a 5 quilos.

Aproximadamente depois de 60 a 70 minutos do início das buscas na mata, em bueiros, valetas e buracos, os investigadores de polícia da Divisão de Homicídios encontraram um revólver, calibre 38, marca Taurus, duas polegadas, com capacidade para cinco disparos de número PI – 11595, com quatro cartuchos deflagrados e um intacto. Arma muito bem conservada, praticamente nova, a qual, com toda certeza, foi a utilizada para a consumação do bárbaro homicídio contra a vítima Francisca Aparência de Abrão da Silveira, esposa e mãe dos filhos do jornalista João Clêudios da Silveira.

O encontro do revólver, calibre 38, foi testemunhado pelos senhores Plínio Cristiano Nascimento Andrade e Luís Prado Parreiras, ambos residentes na Rua José Mota Costa – Bairro Camargos – Belo Horizonte/MG.

De imediato, os investigadores de polícia da Divisão de Homicídios acionaram os peritos criminais Robson Sangiorgi, Luíza Valéria de Abreu Maia e Ângela Romano para complementarem o Laudo Perinecroscópico (Laudo de Local de Crime), sendo constatado, pelos peritos criminais, que o revólver, localizado a onze metros e setenta e um centímetros da cerca do imóvel, localizado nas esquinas das Ruas Gentil Portugal x Maria José de Jesus – Bairro Camargos – Belo Horizonte/MG, estava justamente com quatro cartuchos deflagrados e um intacto, compatível com os ferimentos pérfuro-contusos, constatados na vítima Francisca Aparência, reforçando, ainda com mais veemência, ser referida arma, a utilizada para assassinar a esposa do jornalista.

Então, agora, restava apenas descobrir a quem pertencia o revólver calibre 38, marca Taurus, com capacidade para cinco tiros, de número PI – 11595, momento em que foi acionada, via ofício, a Delegacia Especializada de Armas, Munições e Explosivos/DEOESP/MG, cujo Delegado de Polícia Titular, na época, era o Doutor Silvano Almeida, o qual respondeu a solicitação, através do ofício nº 221/2000/DEAME/DEOESP/MG, informando que o revólver calibre 38, marca Taurus, nº de série PI 11595, era cadastrado em nome do policial militar de Minas Gerais, José Bertoldo de Oliveira no Sistema Nacional de Armas e Munições (SINARM), registrada pela Polícia Militar do Estado de Minas Gerais.

O próximo passo seria inquirir o proprietário do revólver Taurus, calibre 38, nº de série PI 11595, constante no registro, o policial militar, agora cabo bombeiro militar José Bertoldo de Oliveira, o qual esclareceu ter vendido a

AGORA É COMIGO!

arma de fogo para seu companheiro de trabalho, o também bombeiro militar, Soldado BM Euler Gonçalves dos Santos, pela quantia de R$ 300,00 Reais, entregando cópia do recibo de venda, efetuado no dia 08 de setembro de 1999.

Inquirido em seguida, o Soldado BM Euler Gonçalves dos Santos, declarou ter vendido a arma, pelo mesmo preço ao Cabo da Polícia Militar de Minas Gerais, Natalício de Aguiar Ramos, o qual sendo interrogado na Divisão de Homicídios de Minas Gerais, esclareceu que por estar precisando de dinheiro e, sendo procurado pelo jornalista João Clêudios da Silveira, vendeu a este o revólver Taurus, calibre 38, duas polegadas, com capacidade para cinco cartuchos, de número PI 11595, pela quantia de 350,00 Reais, contudo, não fez o recibo da venda, pois confiou na integridade do jornalista, o qual frequentava a empresa onde o cabo Ramos prestava serviços extras de segurança privada.

Estava então estabelecida a relação do instrumento utilizado para a consumação do homicídio contra a esposa do jornalista João Clêudios da Silveira, senhora Francisca Aparência de Abrão da Silveira, no dia 10 de dezembro de 2000, no Bairro Camargos – Belo Horizonte – Minas Gerais, com o mesmo jornalista.

Apenas para entendimento futuro, a apuração do crime de homicídio de Francisca Aparência de Abrão da Silveira parecia estar tendo seu esclarecimento muito nítido e cristalino, contudo, algumas circunstâncias dificultavam o seu total fechamento, um dos grandes problemas era o fato de o jornalista trabalhar, na época dos fatos, em um dos grandes jornais do Estado de Minas Gerais.

Outro fator complicador era o corporativismo dos colegas de Redação e os próprios dirigentes do jornal Estado de Minas. Mais um fator, a Associação dos jornalistas do Estado, a qual, mesmo com suspeitas sérias sobre o João Clêudios da Silveira, dava-lhe grande apoio, dificultando o esclarecimento do delito e mexendo com grande parte da opinião pública, fortalecendo a versão contraditória e pífia, apresentada pelo principal suspeito até então, João Cleudios da Silveira.

Outro fator dificultador, não sabendo se pelo gênio muito forte e explosivo de Francisca Aparência de Abrão da Silveira, ou se por causa dos filhos do casal, a família dela resolveu não acreditar nas investigações e dar total apoio ao jornalista João Clêudios da Silveira, momento em que o jornal, onde ele trabalhava, passou a divulgar notícias que reforçavam a versão, por ele apresentada, além de contratar para defendê-lo, um dos melhores advogados criminalista do estado de Minas Gerais, bem como do Brasil, Doutor Marcelo

Leonardo, filho do saudoso advogado, jurista e desembargador aposentado do Tribunal de Justiça de Minas Gerais, Jair Leonardo Lopes, falecido no dia 28 de maio de 2016, na cidade de Belo Horizonte/MG.

Além de todos esses fatores, cometi um erro estratégico, como havia comentado anteriormente, o de não ter "DADO AS VOLTINHAS DO DOUTOR OTTO TEIXEIRA FILHO", técnica usada na apuração do "CASO DO PREFEITO DE BETIM/MG, JÉSUS LIMA", ou seja, não devia ter me apressado no indiciamento do jornalista João Clêudios da Silveira, deveria ficar cozinhando, cozinhando, até o final do inquérito policial.

Esse fato foi muito explorado pela Associação dos jornalistas de Minas Gerais, pelos amigos de João Clêudios da Silveira e pelo jornal Estado de Minas, para desacreditar os trabalhos de investigação policial, além de colocarem, segundo alguns membros do Conselho Superior de Polícia Civil, pressão sobre o Secretário de Segurança Pública de Minas Gerais.

Esse Secretário de Segurança Pública de Minas Gerais assumiu no dia 06 de janeiro de 2001, exatamente no meio das investigações, durante o governo do saudoso Ex-Presidente da República Itamar Franco, quando governava o estado das Minas Gerais. Aliás tive que comparecer ao Jornal Estado de Minas, por determinação do Secretário de Segurança Pública, para detalhar e explicar as investigações policiais ao saudoso diretor geral do Estado de Minas, jornalista Édison Zenóbio, o qual ficou satisfeito com as investigações policiais e a maneira como estavam sendo conduzidas.

À parte o corporativismo, que sempre tem influência nesses casos de grande repercussão nacional, alia-se o fato de que, no mês de agosto de 2000, quatro meses antes do assassinato de Francisca Aparência, o diretor do Jornal O Estado de São Paulo havia assassinado, com dois tiros nas costas, sua antiga namorada, Sandra Gomide, na cidade de Ibiúna/SP.

A etapa seguinte foi realizar o levantamento da vida pregressa do casal João Clêudios da Silveira e Francisca Aparência de Abrão da Silveira, onde inquerimos as irmãs dela, Olínia de Casseres de Abrão e Carlota Silvinia de Abrão, que relataram que João e Francisca se conheceram no Hospital da Santa Casa de Belo Horizonte, começaram a namorar e, depois, casaram-se, tendo ela dado à luz a quatro filhos de João Clêudios, estando ambos casados há mais de vinte anos.

Esclareceram que, depois de terem quatro filhos, o casal ainda adotou uma menina.

Explicaram que, no começo do casamento, a vida do casal era muito difícil financeiramente, fazendo com que João Clêudios acertasse as contas com o Jornal Estado de Minas, indo trabalhar e residir, por alguns anos, na cidade de Brasília/DF, retornando, posteriormente, à capital das Minas Gerais, por causa dos vínculos familiares de Francisca em Belo Horizonte.

Transcorridos alguns anos, estabilizaram a situação financeira, fazendo com que João Clêudios, subitamente, comprasse um apartamento, sem avisar sua mulher, com medo que ela não quisesse assumir dívidas, mas que, depois, Francisca Aparência aceitou e passaram a morar neste apartamento novo.

Esclareceram que, no dia fatídico, as irmãs Carlota Silvínia e Régia foram ao centro de Belo Horizonte/MG para fazer compras de presentes para o natal de 2000, ficando combinado que Francisca Aparência e João Clêudios iriam buscá-las depois. Foi pedido às irmãs que comprassem alguns presentes para o casal, para acertarem depois e, quando se encontrassem ao final, ainda fariam, juntas, algumas compras complementares.

Terminadas as compras, Carlota e Régia ligaram para Francisca, conforme combinado. O jornalista João Clêudios e Francisca Aparência foram até a região central de Belo Horizonte, onde apanharam as irmãs de Francisca, com as compras. Francisca e as irmãs realizaram, juntas, mais algumas aquisições de presentes.

Depois Carlota e Régia foram deixadas nas proximidades da casa da genitora de Francisca, pois os brinquedos e outros presentes estavam no interior do veículo de João Clêudios e Francisca não queria estragar a surpresa para os filhos e sobrinhos, antes da noite de natal.

Depois de deixarem as cunhadas na casa da genitora de Francisca e sogra de João Clêudios, o casal foi até o Shopping Del Rey, localizado na Avenida Presidente Carlos Luz, conhecida como "AVENIDA CATALÃO", praticamente esquina com o Anel Rodoviário de Belo Horizonte, onde Francisca Aparência realizou mais algumas compras. Depois, o casal resolveu passar na casa da irmã de Francisca, Olínia de Casseres de Abrão, no Bairro Camargos – Belo Horizonte – Minas Gerais.

No caminho, Francisca Aparência telefonou para sua irmã Olínia para avisá-la que iriam passar no apartamento de Olínia, pois João Clêudios queria usar o banheiro por estar necessitando, embora houvesse sanitários em abundância no Shopping Del Rey, de onde tinham acabado de sair, fato muito estranho de acontecer àquela altura. No entanto, Olínia ainda estava na casa da genitora e só saiu de lá após o telefonema se sua irmã Francisca Aparência, avisando que passariam pelo bairro Camargos, onde Olínia residia.

Quando Francisca chegou à residência de Olínia, esta ainda não havia chegado, quando Francisca, então, voltou a chamar Olínia, que, por sua vez orientou sua irmã a tocar a campainha da vizinha, a qual também não estava em casa, de modo que o casal resolveu retornar para sua residência.

Olínia, chegando finalmente a seu apartamento, não encontrando o casal João Cleudios e Francisca Aparência, chamou um taxi e saiu em direção à residência de Francisca e João Clêudios, quando, no caminho, tomou conhecimento do assassinato de sua irmã, deslocando-se para o local do crime, próximo de onde estava, encontrando sua irmã morta no interior do veículo, tendo tentado ainda se aproximar, mas já estavam trabalhando nas investigações e levantamentos de local, de modo que foi impedida de chegar mais próximo para visualizar o interior do carro.

Meu erro estratégico, no processo de indiciamento, ocorreu no momento em que intimamos o suspeito jornalista João Clêudios da Silveira para prestar declarações, apenas cinco dias após de ele ter, supostamente, assassinado a esposa. Confesso que eu deveria ter dado "AS VOLTINHAS DO DOUTOR OTTO TEIXEIRA FILHO", lição que mencionei em capítulo anterior, ou seja, "cozinhar" e "cozinhar", fortalecendo ainda mais as provas e não o interrogar e o indiciar de pronto pela morte de sua esposa Francisca Aparência de Abrão da Silva.

A partir do indiciamento, eu tinha certeza de que fora ele, o jornalista João Clêudios da Silveira, o real e malévolo autor do crime. Minha certeza era fortalecida pelas contradições de suas declarações, senão vejamos:

– "COMO DOIS MELIANTES, APÓS DESFERIR QUATROS TIROS NA VÍTIMA, SAEM CORRENDO E O JORNALISTA JOÃO AINDA CONSEGUE ESCUTAR A FRASE "É DO PAPAI – É DO PAPAI", tendo antes afirmado que eles tinham falado revólver do papai?

– "O AUTOR DOS DISPAROS, DEPOIS DE TER APANHADO R$ 500,00 REAIS NO BOLSO DE JOÃO CLEUDIOS E R$ 300,00 REAIS NA BOLSA DA ESPOSA FRANCISCA, PEDE O CELULAR À ELA, QUE VIRA AS COSTAS PARA O ASSALTANTE, LEVANDO QUATRO TIROS, UM NA MÃO ESQUERDA E OUTROS NA FACE, LADO ESQUERDO, SENDO QUE ELA JÁ ESTAVA DE COSTAS". Se, conforme João descreveu, a vítima tivesse virado as costas e deixado o celular cair fora do veículo, como explicar-se-iam as marcas de perfuração de tiro no vidro do carro, lado do passageiro, onde estava a vítima?

– João Clêudios alegou que: "NÃO CONHECIA BEM A REGIÃO", quando, na verdade, tinha ido muitas vezes fazer reportagens na transportadora Júpiter, inclusive na semana dos acontecimentos. João Clêudios conhecia muito bem aquele bairro, tanto que, conforme sua própria declaração, o mesmo havia falado para sua esposa Francisca Aparência, como chegar do Anel Rodoviário à casa de sua cunhada Olínia.

AGORA É COMIGO!

– É inacreditável que duas pessoas abordem um veículo em movimento desta forma: "COMO DOIS MELIANTES DÃO UMA BUNDADA NO CARRO, INTERCEPTAM O MESMO E CONSEGUEM ENTRAR, APENAS COLOCANDO A MÃO DEBAIXO DA BLUSA, SIMULANDO EMPUNHAR UMA ARMA"?

– Como o assaltante abre a porta do carro, do lado de sua esposa, para entrar no banco traseiro, sendo que teria como abrir, diretamente, a porta traseira, sem a necessidade de arredar o banco do passageiro?

Estas foram algumas dentre muitas outras suspeitíssimas e gritantes contradições, como a compra da arma de fogo do cabo PM Natalício Ramos e a forma como João abordou o militar para adquirir o revólver.

Por isso reafirmo que houve, de minha parte, uma precipitação no indiciamento do jornalista João Clêudios da Silveira, pois eu deveria ter levado as investigações em "BANHO MARIA" e sedimentado mais as provas, as quais eram fartas, tanto materiais, quanto documentais, quanto testemunhais e que teriam levado, seguramente, a outra conclusão no julgamento do suspeito.

Os autos de investigação continham provas fartas e conclusivas, mas os fatos foram explorados pelos colegas dele, pela associação de jornalistas, começando uma campanha, pela mídia escrita e falada, para desmoralizar a autoridade policial que presidia as investigações policiais, dizendo haver precipitação e perseguição ao jornalista João Clêudios da Silveira, por conta de suas matérias feitas sobre a "MÁFIA DO DETRAN E OUTRAS SOBRE O TRÁFICO DE ARMAS DENTRO DA POLÍCIA", tudo isso perdurando até seis meses após a entrega dos autos ao Tribunal do Júri de Belo Horizonte, mais especificamente ao I Tribunal.

Também ocorrera, durante a instrução do inquérito policial, a troca do Secretário de Segurança Pública de Minas Gerais, em 06 de janeiro de 2001.

Para demonstrar maior transparência e a não perseguição ao suspeito jornalista João Clêudios nas investigações policiais, solicitamos à Procuradoria Geral de Justiça de Minas Gerais a designação de um promotor de justiça, tendo sido determinado, através de publicação, que o promotor de justiça Rogério Felipeto de Oliveira acompanhasse e fiscalizasse as investigações até a denúncia no I Tribunal do Júri de Belo Horizonte.

Com a designação do promotor de justiça, as investigações e diligências continuaram com a oitiva de uma testemunha fundamental, Geraldo Westrup Hoepers, que relatou que o jornalista João Clêudios da Silveira, desde 1996, frequentava a Transportadora Júpiter Ltda., que, anteriormente, era localizada na Rua Gentil Portugal do Brasil, 55 – Bairro Camargos – Belo Horizonte/

MG, para elaborar reportagens sobre roubo de cargas, via satélite, sendo que o depoente Geraldo sempre era procurado pelo jornalista em questão para todas as matérias com relação ao assunto roubo de cargas,

Esclareceu que, no último mês de novembro, havia concedido, ao jornalista João Clêudio da Silveira, uma entrevista referente ao assunto roubo de cargas, matéria que foi publicada no domingo seguinte, e, como tinha mudado de endereço da Rua Gentil Portugal do Brasil para a Rua José Malta Costa, 339, ambas no Bairro Camargos – Belo Horizonte/MG, orientou a João Clêudios sobre como ele chegaria até a transportadora, tendo o mesmo dito que encontrou o lugar tranquilamente e sem maiores dificuldades.

Relatou, ainda, que tomou conhecimento, através de um funcionário, de um assassinato ocorrido nas proximidades de sua transportadora, no domingo à noite, dia 10 de dezembro de 2000, por volta de 20:30 horas, aproximadamente. Geraldo declarou já ter sofrido vários assaltos e que nunca tomou conhecimento que assaltantes jogassem fora os seus instrumentos de trabalho, no caso, as armas utilizadas para a consumação dos crimes.

Para a testemunha, a versão de assalto, apresentada para aquela morte, não se sustentava, principalmente por ele ter visualizado o momento exato do encontro do revólver utilizado no assassinato, estando o mesmo praticamente novo, com todas as características de preservação, "PARECIA QUE HAVIAM TIRADO O REVÓLVER DA CAIXA". Nenhum criminoso jogaria uma arma daquelas fora, após cometer um crime, a menos que não quisesse se comprometer ou que estivesse tentando esconder a autoria desse mesmo crime.

Foram realizadas diversas diligências e oitivas de testemunhas, bem como a acareação do jornalista João Clêudios da Silveira com o cabo da Polícia Militar, Natalício Aguiar Ramos, onde ficou patente que o policial militar dizia a verdade, uma vez que, ao fazê-lo, o mesmo também se incriminava, por ter infringido a lei ao comercializar ilegalmente a arma e se submetia à uma condenação por este crime. A despeito da óbvia veracidade do depoimento do cabo Natalício, com relação a ter vendido o revólver utilizado na consumação do assassinato de Francisca Aparência de Abrão da Silveira para o esposo dela, João Clêudios da Silveira, este insistia em afirmar que, apenas, estava fazendo uma reportagem sobre a venda ilegal de armas de fogo, não tendo comprado a arma de Natalício, nem tampouco intermediado compra alguma, cada um, sustentando a sua versão declarada nos autos de inquérito.

Outra diligência de suma importância foi aquela juntada aos autos de inquérito, com as transcrições das entrevistas concedidas pelo jornalista João Clêudios da Silveira, logo após os acontecimentos, à TV Globo, à Rádio Itatiaia, ao jornal Estado de Minas, ao jornal Diário da Tarde e ao jornal O TEMPO, divulgadas e publicadas no dia 11 de dezembro de 2000, ficando patente a incoerência e contradições de suas alegações.

A vítima Francisca Aparência da Silveira havia sido assassinada durante um assalto em que os ladrões se preocuparam com um telefone celular, deixando com a vítima três anéis de ouro e de prata com pedras preciosas, um relógio com caixa e pulseira de prata, uma pulseira de ouro no punho esquerdo, um cordão de ouro, com pingente, também de ouro do tipo camafeu, uma tornozeleira de ouro e um par de brincos de ouro, portanto a versão de latrocínio jamais seria sustentada da maneira como foi declarada por um jornalista experiente como João Clêudios da Silveira.

Foram juntados aos autos de inquérito policial, o laudo perinecroscópico (DE LOCAL DE CRIME) do Instituto de Criminalística de Minas Gerais, o laudo de necropsia do Instituto Médico Legal de Minas Gerais e o laudo de reconstituição do crime, reconstituição essa executada segundo a versão do jornalista João Clêudios da Silveira, ficando patente, mais uma vez, que ele, realmente, matou Francisca Aparência de Abrão da Silveira, no dia 10 de dezembro de 2000, na Rua José Mota Costa, próximo ao número 339 – Bairro Camargos – Belo Horizonte – Minas Gerais.

Para que os leitores compreendam, transcrevo alguns trechos fundamentais do excelente laudo pericial, elaborado pelos peritos criminais Ângela Romano, Carla Valéria de Abreu Maia e Robson Sangiorgi, digno dos mais relevantes elogios: "(...) AS LOCALIZAÇÕES DAS FERIDAS, PRODUZIDAS PELAS ENTRADAS DOS PROJÉTEIS, SUGEREM QUE OS DISPAROS FORAM EFETUADOS À CURTA DISTÂNCIA, HAJA VISTA A PRESENÇA DE ORLAS DE ESFUMAÇAMENTO, CONSTATADAS NAS REGIÕES CAROTIDIANA E RETRO AURICULAR ESQUERDAS E TAMBÉM QUEIMADURAS NO DORSO DA MÃO DIREITA...

ESTE ÚLTIMO FERIMENTO É CARACTERÍSTICO DE DEFESA E A ORLA DE QUEIMADURA É CONSTATADA QUANDO O DISPARO É EFETUADO MUITO PRÓXIMO DE SEU ANTEPARO, NO CASO A MÃO DA VÍTIMA, COMO PODE SER EXEMPLIFICADO NO ANEXO XEROGRÁFICO. (...) EMBORA O ÚNICO PROJÉTIL ENCONTRADO NO CORPO DA VÍTIMA NÃO TENHA APRESENTADO ELEMENTOS MICROCOMPARATIVOS COINCIDENTES COM OS PRODUZIDOS PELA ARMA ENCONTRADA NO LOCAL DO DELITO, BEM COMO AS CÁPSULAS DEFLAGRADAS ENCONTRADAS EM SEU TAMBOR, EM CONSONÂNCIA COM OS FERIMENTOS PRODUZIDOS NA VÍTIMA, INFERE-SE QUE A MESMA TENHA SIDO UTILIZADA NA CONSUMAÇÃO DO CRIME. (...)

(...) AFIRMAM OS PERITOS, QUE APÓS A VÍTIMA TER SIDO ALVEJADA, FOI RETIRADA DO INTERIOR DO VEÍCULO E COLOCADA SOBRE O PISO ASFÁLTICO, ONDE FOI CONSTATADA A MANCHA DE SANGUE POR EMPOÇAMENTO, MANCHA ESTA QUE SÓ PODE SER PRODUZIDA QUANDO UM CORPO FERIDO, PERMANECE INERTE POR UM CERTO PERÍODO DE TEMPO EM DETERMINADO LOCAL. (...)".

E prosseguem os peritos criminais: "(...) OUTRO VESTÍGIO DE DESTAQUE CONSISTE NO CINTO DE SEGURANÇA DO VEÍCULO ONDE A VÍTIMA FOI ASSASSINADA, DENOMINADO DE TRÊS PONTAS, CUJA CARACTERÍSTICA É DE SER ACIONADO AUTOMATICAMENTE POR UMA BOBINA RETRÁTIL, QUANDO O PASSAGEIRO RECEBE UM IMPACTO BRUTO(...).

(...) NO CASO EM QUESTÃO, O MESMO ENCONTRAVA-SE PRESO EM SUA TRAVA, COM A PORÇÃO TRANSVERSAL AJUSTADA AO CORPO DA VÍTIMA E A ABDOMINAL COM BASTANTE FOLGA, POSIÇÃO ESTA ADVERSA À ESPERADA, DEVIDO A VÍTIMA TER RECEBIDO SEQUENTES IMPACTOS DE 50 KG POR CADA DISPARO QUE A ATINGIU, QUE É EXERCIDO POR UM DISPARO PRODUZIDO POR PROJÉTIL PROPELIDO POR UMA ARMA DE CALIBRE 38. (...)

(...) O DESALINHO DO CINTO DE SEGURANÇA, ALIADO À POSTURA DA VÍTIMA NO BANCO, SUGEREM QUE O AGRESSOR, APÓS RETIRÁ-LA, NÃO CONSEGUIU RETORNÁ-LA À POSIÇÃO ORIGINAL, INDICANDO SE TRATAR DE UM AGRESSOR DE COMPLEIÇÃO FRANZINA OU MÉDIA (...) É INCOMUM QUE NUM LOCAL ONDE SE MATA PARA ROUBAR, O AGENTE NÃO SUBTRAIA DE SUAS VÍTIMAS ANÉIS, PULSEIRAS, RELÓGIOS, CORDÕES SEMELHANTES A JÓIAS, DINHEIRO, APARELHOS DE TELEFONE CELULARES, NÃO REBUSCA OUTRA BOLSA ALI EXISTENTE, NÃO AGRIDE OUTRA VÍTIMA, PERMITINDO QUE ELA PERMANEÇA VIVA APÓS PRESENCIAR UM CRIME DE "LATROCÍNIO" (...)".

Depois concluem, afirmando que, por tudo que foi examinado e constatado no local do evento criminoso, ocorreu uma morte violenta, "HOMICÍDIO", tendo sido a vítima atingida no interior do veículo encontrado no palco do evento (...).

Outras questões intrigavam o Delegado Edson Moreira, bem como todos os policiais civis envolvidos na investigação policial e também o promotor de justiça: a existência de constantes brigas entre o casal, jornalista João Clêudios da Silveira e Francisca Aparência de Abrão da Silveira, em todos os lugares onde residiram, além do fato de não haver nenhum bem material ou mesmo telefone registrado no nome dos dois, o veículo VW e os aparelhos telefônicos estavam registrados no nome da irmã de Francisca, Carlota Silvínia de Abrão.

AGORA É COMIGO!

Por esse motivo, solicitamos, junto à Câmara de Dirigentes Lojistas de Belo Horizonte, informações sobre o cadastro do casal, recebendo a informação de que foram emitidos por eles (Francisca Aparência e João Clêudios) vários cheques sem as devidas provisões de fundos, estando com os nomes sujos, sujeitos a várias execuções de busca e apreensão para ressarcimentos de credores.

Para finalizar, a vítima Francisca Aparência de Abrão da Silveira, enquanto era baleada pelo primeiro disparo, efetuado pelo jornalista João Clêudios da Silveira, estava ao telefone, falando com um dos filhos e, quando viu a arma apontada em direção a sua cabeça, gritou: "CLÊUDIOOOSSS", momento em que recebeu um tiro na mão, para depois ser atingida pelos outros três disparos que lhe causaram a morte.

Por tudo que foi investigado, o cabo da Polícia Militar foi indiciado e condenado por comércio ilegal de armas, enquanto o jornalista João Clêudios da Silveira foi indiciado e denunciado por homicídio triplamente qualificado.

Os autos de inquérito policial foram entregues no dia 16 de janeiro de 2001, no I Tribunal do Júri de Belo Horizonte/MG, tendo as investigações sido amplamente divulgadas pela mídia falada, televisada e escrita, inclusive tendo a grande repórter e jornalista Adriana Araújo feito uma excelente matéria para o programa FANTÁSTICO da REDE GLOBO DE TELEVISÃO, divulgando a apuração complexa do crime de homicídio, cometido pelo jornalista João Clêudios da Silveira, contra sua esposa Francisca Aparência de Abrão da Silveira, sem dar-lhe nenhuma chance de defesa e de uma forma covarde e surpreendente.

A partir de então, passei a sofrer um ataque implacável através dos jornais dos colegas do jornalista João Clêudios da Silveira, até que ingressei com uma ação na justiça criminal contra um dos jornalistas e contra o jornal Estado de Minas, no ano de 2001. Entretanto, por "covardia e omissão de uma promotora de justiça da Vara Criminal para quem havia sido distribuída a ação penal", com todas as provas contidas na inicial, pediu investigações policiais, com o intuito de procrastinar e, com isso, ganhar tempo. Desta forma, só depois de alguns anos, aquele processo de minha ação na justiça criminal foi para o Juizado de Pequenas Causas, ocasião em que outra promotora de justiça, que participou da audiência, ressaltou, enfaticamente, a não necessidade de terem sido pedidas as investigações policiais, pois estava patente, na matéria anexada aos autos, o crime pelo qual o jornal e seu responsável pela reportagem mentirosa estavam sendo processados, pedindo desculpas pela prevaricação de sua colega de Ministério Público.

Depois de entregar os autos no I Tribunal do Júri de Belo Horizonte, viajei para a cidade de São Paulo/SP, onde participei, no dia 19 de janeiro de 2001, da comemoração das "BODAS DE OURO – CINQUENTA ANOS DE CASAMENTO" de meus pais, Edgar Severiano da Silva e Dalila Moreira da Silva, na Igreja Santo Antônio de Lisboa, Vila Ede – São Paulo – SP, juntamente com meus irmãos Severino do Ramos Moreira da Silva, Maria José Moreira da Silva, Edgard Moreira da Silva, Ênio Moreira da Silva, Edna Moreira da Silva, Elisângela Moreira da Silva, bem como cunhadas, cunhados, sobrinhos, sendo uma comemoração que muito me emocionou na época, haja vista, também, os momentos de grande pressão sofridos durante o ano de 2000.

Já estávamos no ano de 2001 e, claro, muitos acontecimentos viriam para tumultuar a minha permanência na Chefia da Divisão de Homicídios de Minas Gerais/DIE/DEIC-MG.

A publicação da comemoração das Bodas de Ouro de meus pais, juntamente com todos os familiares, foi feita em 29 de maio de 2001, inserido nos jornais de Minas Gerais e na coluna EMEGÊ, onde aparece a foto do casal Edgar Severiano e Dalila Moreira, com todos os filhos, cunhados, sobrinhos, netos, etc., em homenagem a eles, merecedores das efusivas congratulações publicadas.

Com muita habilidade e competência, o Doutor Marcelo Leonardo, defensor do jornalista João Clêudios da Silveira, "cozinhou" o processo por seis anos, utilizando toda a legislação processual penal, falhas na condução do Processo Sumário, fazendo, com isso, que o crime caísse no esquecimento, finalidade primordial para conseguir uma absolvição.

Lamentavelmente, as fartas provas materiais, periciais, documentais e indiciárias não foram exploradas pela acusação, fatores fundamentais para convencer os Jurados do Conselho de Sentença da culpa do réu, e, assim, com muita habilidade e competência, a defesa conseguiu absolver, no I Tribunal do Júri, o jornalista João Clêudios da Silveira, o qual, ainda, contou com o apoio crucial da família da vítima Francisca Aparência da Silveira, sendo que, a partir de então, este jornalista passou a atacar, nas redes sociais e em todos os meios a que tinha acesso, a autoridade policial Delegado Edson Moreira, porém, nunca atacou o membro do MPMG, o qual acompanhou e convalidou todas as investigações policiais.

Os ataques duraram até o referido jornalista ser convocado, inteligentemente, pela Defesa do goleiro Bruno Fernandes das Dores de Souza, quando o jornalista João Clêudios tentou de tudo para não ser encontrado pelos Oficiais de Justiça do Tribunal do Júri de Contagem/MG, escondendo-se debaixo da cama de sua residência, mas foi conduzido, coercitivamente, para prestar depoimento, pois havia sido devidamente intimado e notificado da audiência de instrução e julgamento no ano de 2012. A partir de então, sessaram-se os ataques por parte do vingativo jornalista João Clêudios da Silveira, porque fora definitivamente absolvido pelo Supremo Tribunal Federal, depois de diversos recursos por um novo Júri por parte do Ministério Público do Estado de Minas Gerais, por estar a absolvição claramente contrariando as fartas provas de autoria contidas nos autos.

Durante as investigações policiais sobre o assassinato da esposa do jornalista João Clêudios da Silveira, foi encaminhado à Divisão de Crimes Contra a Vida/DIE, pelo Delegado de Polícia, Wellington Vital Petrillo, o inquérito policial da Delegacia de Polícia/Seccional Sul, que apurava um suposto suicídio de Cristiana Aparecida Ferreira, ocorrido no dia 06 de agosto de 2000, num dos apartamentos de um flat de luxo, localizado na Avenida Alvares Cabral – Bairro de Lourdes – Belo Horizonte – Minas Gerais.

O inquérito policial continha, em suas laudas anexas, a apreensão de uma agenda, pertencente à suposta modelo Cristiana Aparecida Ferreira, com os nomes de diversos políticos mineiros da administração do governador do estado de Minas Gerais, Itamar Cautiero Franco. Dentre os nomes, estavam o do vice-governador, Newton Cardoso, o do Secretário de Governo e Assuntos Municipais, Henrique Hargreaves, o do Secretário Walfrido dos Mares Guia, o do presidente das Centrais Elétricas de Minas Gerais (CEMIG), Djalma Moraes, dentre outros políticos. A agenda continha, também, uma relação de telefonemas realizados por Cristiana, no interior do apartamento, em que estava hospedada no dia fatídico, para o presidente da CEMIG, Djalma Moraes, para o vice-governador Newton Cardoso, para o secretário Henrique Hargreaves, e para mais algumas pessoas.

Analisei, detidamente, os autos de inquérito policial e, no dia 06 de janeiro de 2001, justamente no dia próximo da posse desse secretário no cargo, compareci ao gabinete do Secretário de Segurança Pública de Minas Gerais, explicando pormenorizadamente ao titular da pasta, como se encontravam os autos daquelas investigações policiais.

Argumentei com o referido Secretário de Segurança que, para dar maior transparência e mostrar imparcialidade sobre as suspeitas de homicídio, que estavam sendo aventadas pelos familiares da modelo Cristiana Aparecida Ferreira, deveríamos inquirir todas os políticos constantes na agenda e na listagem de telefonemas realizados por ela (Cristiana) durante a sua hospedagem no flat de luxo da Avenida Álvares Cabral – Bairro de Lourdes – Belo Horizonte – Minas Gerais.

Expliquei que as autoridades teriam o direito, como secretários de estado e vice-governador, de marcar dia, hora e local para prestarem suas declarações, conforme preceitua o artigo 221 do Código de Processo Penal Brasileiro, podendo até, sem nenhum alarde, serem inquiridos nos seus próprios gabinetes. Contudo, o Secretário de Segurança Pública, que viria a tomar posse naquele mesmo dia de 06 de janeiro de 2001, já que o anterior, Mauro Ribeiro Lopes, havia pedido exoneração do cargo, disse que não aceitaria aquelas sugestões que eu, Delegado Edson Moreira, estava fazendo.

Naquele instante, fui categórico e disse: "ENTÃO SECRETÁRIO, COM TODO O RESPEITO QUE TENHO POR VOSSA EXCELÊNCIA, ESSE INQUÉRITO POLICIAL NÃO PODE FICAR NA DIVISÃO DE HOMICÍDIOS, POIS, SE FOI ENCAMINHADO ÀQUELA DIVISÃO, É PORQUE SE SUSPEITA DE HOMICÍDIO E, COMO O SENHOR ESTÁ DETERMINANDO QUE NÃO PODEREMOS INQUIRIR OS POLÍTICOS, POR SUPOSTO RECEIO DE VOSSA EXCELÊNCIA, TAMBÉM ESSE INQUÉRITO NÃO VAI FICAR NA DIVISÃO DE HOMICÍDIOS".

O novo Secretário de Segurança Pública, recém empossado, aceitou minha argumentação e determinou que se devolvessem os autos de inquérito policial à Delegacia de Polícia – Seccional Sul, para que continuassem as investigações policiais por lá e, por sugestão de um conselheiro do Conselho Superior de Polícia, solicitou que eu, Delegado Edson Moreira, não mais concedesse entrevistas aos órgãos de comunicação, TENTANDO COLOCAR UMA MORDAÇA NESTE DELEGADO, CHEFE DA DCCV/DIE.

Sugeriu que eu não mais concedesse entrevistas à televisão, rádios e jornais. Claro que não acatei tal sugestão, ação esta que foi tida pelo Conselho Superior como uma questão de honra, tornando-se "A GOTA D'ÁGUA QUE ENTORNOU A ÁGUA DO COPO" e que custou a minha permanência na Chefia da Divisão de Homicídios de Minas Gerais, como veremos mais à frente.

O não acatamento de minhas sugestões, por parte do Secretário de Estado da Segurança Pública de Minas Gerais, no caso da modelo Cristiana Aparecida Ferreira, resultou no estouro de um dos maiores escândalos do Governo de Minas Gerais, o qual ocorreu no final do mandato do governador Itamar Franco, com repercussão mundial nas mídias. Vejam algumas manchetes de reportagens da época: "MORTE DA MODELO – PROMOTORIA QUER CONHECER VÍNCULOS ENTRE ASSESSORES DE ITAMAR E MINISTRO DE LULA COM CRISTIANA FERREIRA – INVESTIGAÇÃO NÃO POUPA POLÍTICOS DE MINAS (FOLHA DE SÃO PAULO – COTIDIANO DO DIA 31 DEZEMBRO DE 2002)" – "PRESIDENTE DA CEMIG DEPÕE NO CASO DE MODELO MORTA (SITE TERRA – DIA 11 DE DEZEMBRO DE 2002, 21:16

HORAS) – "A MORTE DA MODELO CRISTIANA FERREIRA EM UM FLAT DE LUXO EM BELO HORIZONTE" (...).

(...) Uma agenda de Cristiana levou a polícia a nomes. Autoridades do governo de Minas eram citadas (...) Um dos conhecidos da modelo seria o presidente da Companhia Energética de Minas Gerais (CEMIG), Djalma Moraes, que admitiu ser apenas um contato profissional (...) Antes de morrer, Cristiana fez 22 ligações. Na lista, constavam os números da Casa Civil de Minas, da CEMIG e da casa de Moraes. (...) O Ministro de Turismo Walfrido dos Mares Guia, (...) negou qualquer tipo de envolvimento com a modelo (...) O depoimento do governador Itamar Franco foi dispensado pelo promotor de justiça" (...).

(...) Ministério Público de Minas Gerais levantaram a possiblidade de uma ligação da morte da modelo mineira com o MENSALÃO (...)" – "FOLHA DE SÃO PAULO E ESTADO DE SÃO PAULO – ESTADÃO "(...) A MISTERIOSA MORTE DA MODELO DE 24 ANOS TROUXE À TONA AS RELAÇÕES PRÓXIMAS DA MOÇA COM O PODER, COM OS FREQUENTADORES DO PALÁCIO DA LIBERDADE, A SEDE DO GOVERNO DE MINAS GERAIS, (...) SÃO CITADOS, AINDA, NO INQUÉRITO, O VICE GOVERNADOR NEWTON CARDOSO (PMDB) E O SECRETÁRIO DE GOVERNO E ASSUNTOS MUNICIPAIS, HENRIQUE HARGREAVES. ESTE FOI INTERROGADO NA ÚLTIMA SEXTA-FEIRA POR MAIS DE TRÊS HORAS "(...).

(...) "O GOVERNADOR ITAMAR FRANCO (PMDB) NÃO ESTÁ CITADO, MAS JÁ POSOU PARA FOTOS AO LADO DE CRISTIANA (...)" – "(...) FUTURO MINISTRO SERÁ INTIMADO A DEPOR – WALFRIDO DOS MARES GUIA, INDICADO PARA A PASTA DO TURISMO – FOI CITADO EM DEPOIMENTOS, SEGUNDO A PROMOTORIA (...)".

Assim foi durante todo o segundo semestre do ano de 2002, um verdadeiro bombardeio ao Governo Itamar Franco, por causa da morte da modelo, todas as televisões, jornais e rádios do mundo inteiro falavam sobre a morte da modelo Cristiana Aparecida Ferreira, envolvendo o estafe do governador de Minas Gerais e EX-PRESIDENTE DA REPÚBLICA, ITAMAR FRANCO.

Tudo isso aconteceu por pura inabilidade do secretário de segurança pública de Minas Gerais da época. Ele poderia ter acatado minha sugestão de dar transparência ao caso e, com isso, teria evitado todo esse desgaste ao Governo do Estado, seu governador, seu vice-governador e seus secretários e assessores diretos. Com certeza, se minhas sugestões tivessem sido aceitas, além de se evitar todo este desgaste ao governo mineiro, teríamos, certamente, uma melhor conclusão para as investigações policiais, levando em conta toda a experiência e confiabilidade de quem quer e sempre trabalhou sério e com o maior profissionalismo que lhe é peculiar.

CAPÍTULO 40

- O Assassinato da Professora Universitária em Frente ao Shopping
- O Chefe da Homicídios Contraria Ordens do Conselho Superior
- Podem Me Mandar para Onde Bem Entenderem
- A Transferência para Onde Não Queria

No dia 12 de fevereiro de 2001, retornei de duas semanas de férias, após o esclarecimento do homicídio da esposa do jornalista do Estado de Minas, sendo que me encontrava na hora do almoço, na Divisão de Homicídios, quando acionaram a Equipe de Permanência, da Divisão de Crimes Contra a Vida, para atender a um crime de homicídio na Avenida Olegário Maciel, esquina com a Rua Gonçalves Dias, em frente ao Shopping Diamond Mall – Bairro de Lourdes – Belo Horizonte – Minas Gerais.

O Delegado de Polícia de Permanência tinha saído para o almoço, não havendo nenhum Delegado de Polícia na Divisão naquele momento, portanto, parti com a Equipe de Permanência para o local do homicídio, para fazer os primeiros levantamentos.

Chegando ao local, descobrimos que a vítima era a professora Universitária Márlia Mesquita Moraes, a qual foi encontrada no interior de seu veículo Honda Civic, placa GSO 9342, atingida por vários disparos de arma de fogo, feitos pelo marido dela, Moacir Ribeiro de Moraes, após ser seguida e fechada pelo veículo Mercedes-Benz, de placa GUR 9190, dirigido por Moacir, tendo este veículo seguido o da professora desde que ela havia saído de sua residência.

Moacir Moraes não aceitava a separação do casal e, por isso, seguiu sua mulher Márlia até em frente ao Shopping Diamond Mall, onde fechou o carro dela, desceu e quebrou o vidro do lado do passageiro e atirou várias vezes, tirando-lhe a vida, para, em seguida, fugir em direção ao Aeroporto Internacional de Confins/MG.

Esse caso teve grande repercussão na mídia falada, escrita e televisada e lá estava eu concedendo entrevistas a todos os veículos de jornalismo, nacional e mundial, fazendo com que "AQUELE CONSELHEIRO" do Conselho Superior da Polícia Civil ligasse para o Secretário de Segurança Pública e reclamasse das entrevistas, visto que ele sabia da proibição ao Chefe da Divisão de Homicídios, Delegado Edson Moreira, de concedê-las, porém, como o crime estava em plena ebulição, não fui admoestado pelo Secretário de Segurança Pública e por nenhum conselheiro, mas "aquele conselheiro", em especial, falou muito, como se diz no dito popular: "IGUAL POBRE NA CHUVA", sobre as entrevistas concedidas.

Minha transferência da Chefia da Divisão de Homicídios já era certa, o CSPC tinha convidado o saudoso Delegado de Polícia, Doutor José Arcebispo da Silva Filho para me substituir como Chefe da Divisão de Homicídios de Minas Gerais, apenas não me haviam comunicado. Mas os comentários na instituição Polícia Civil de Minas Gerais corriam pela "RÁDIO CORREDOR", "À BOCA MIÚDA", como falam popularmente nos meios, Era apenas uma questão de tempo, mas, não me importando com todos esses acontecimentos, continuei os meus trabalhos na apuração e prisão do homicida Moacir Ribeiro de Moraes, localizando e prendendo o mesmo na cidade de Lagoa Santa.

Moacir havia abandonado o veículo Mercedes-Benz, de placa GUR 9190, com um pneu estourado, na cidade de Vespasiano, região metropolitana de Belo Horizonte/MG, no trajeto para o Aeroporto Internacional Presidente Tancredo Neves/Confins, sendo que foi encontrada uma camisa suja de sangue no interior do veículo.

O Empresário Moacir Moraes pretendia viajar, em fuga, para o Rio de Janeiro/RJ, sendo encontrado com ele, também, a passagem de avião para aquela capital, tendo ele sido preso por volta de 21:00 horas, depois de tentar esconder-se na região da cidade de Lagoa Santa Santa/MG. Muito fatigado e cansado de fugir, foi preso e autuado em flagrante delito pelo crime de homicídio qualificado, tendo permanecido preso até minha transferência da Divisão de Homicídios de Minas Gerais.

Após o retorno do descanso de duas semanas, tive que, já na chegada, comparecer e dirigir investigações policiais de um homicídio de grande repercussão. Em paralelo, continuei a ser bombardeado por um conselheiro da Polícia Civil, sendo que começaram a apressar as negociações para minha transferência da Divisão de Homicídios de Minas Gerais.

Em seguida, fui convocado para conversar com o Secretário Adjunto da Segurança Pública, quando, em conversas, solicitei minha transferência para uma Delegacia Regional de Segurança de uma cidade de porte médio, sendo que, em hipótese alguma, gostaria de trabalhar no Departamento Estadual de Trânsito de Minas Gerais (DETRAN/MG), embora quem estivesse na direção daquele órgão da PCMG fosse o Doutor Otto Teixeira Filho, o qual conhecia, muito bem, meu trabalho como Delegado de Polícia, bem como a honestidade, credibilidade e grande empenho dedicados às missões a mim conferidas.

O Secretário de Segurança Pública Adjunto, com muita sabedoria e paciência, começou me oferecendo a Delegacia Regional de Segurança Pública da cidade de Pedra Azul, divisa com o Estado da Bahia. Claro que não aceitei. Em seguida, foi me oferecendo a cidade de Iturama, no extremo do Triângulo Mineiro, seccional de Betim/MG, outras "pontas de aterro" onde não gostaria de trabalhar como Delegado de Polícia, por fim solicitei uma Delegacia Regional no Sul de Minas ou no Triângulo Mineiro, então o Secretário falou: "VOCÊ QUER MUITO".

Neste momento, foi então que entendi, "CAIU A FICHA", que realmente eles queriam me transferir para chefiar a coordenação de operações policiais do Departamento Estadual de Trânsito de Minas Gerais (COP-DETRAN/MG), responsável pelas delegacias de polícia de furtos e roubos de veículos, acidente de veículos, plantão policial do DETRAN/MG, depósitos de veículos apreendidos, apurações de todas as falsificações de carteiras de motoristas, impostos e taxas, cobrados pelo DETRAN, embriaguez ao volante e vários outros desvios ocorridos naquele órgão de trânsito.

Tal departamento era responsável, ainda, pelos leilões de veículos apreendidos, investigações de outras funções, determinadas pela Diretoria do DETRAN, momento em que falei: "OS SENHORES PODEM ME MANDAR PARA ONDE QUISEREM, MUITO OBRIGADO", retirando-me do Gabinete do Secretário de Segurança Pública Adjunto, retornando para a Divisão de Homicídios, para aguardar a movimentação.

A publicação da Transferência da Chefia da Divisão de Crimes Contra a Vida/DIE/DEIC-MG, para chefiar a coordenação de operações policiais do Departamento Estadual de Trânsito de Minas Gerais (COP-DETRAN/MG) foi sacramentada no Diário Oficial do Estado de Minas Gerais, no dia 03 de abril de 2001, sendo que fui substituído pelo saudoso Delegado de Polícia, Doutor José Arcebispo da Silva Filho, conforme noticiado pela "RÁDIO CORREDOR".

O saudoso Doutor José Arcebispo da Silva Filho realizou algumas mudanças na Divisão de Crimes Contra a Vida/DIE, uma delas foi a extinção da Sexta Delegacia Especializada de Homicídios/DCCV/DIE, tendo em vista a

AGORA É COMIGO!

falta de investigadores de polícia, de escrivães de polícia e de delegados de polícia, além da falta de materiais logísticos, ficando claro que a Administração não reporia o pessoal que fora movimentado por aquela gestão.

Assumindo o cargo de Coordenador de Operações Policiais do Detran, consegui que alguns investigadores de polícia me acompanhassem. Meu chefe dos investigadores, o saudoso Paulo César Olegário, foi um deles. De imediato, implantamos uma técnica mais avançada de investigar crimes de competência da Coordenação de Operações Policiais e foi por isso que, logo que chegamos à Coordenação, passamos a investigar uma quadrilha de ladrões de veículos, que estavam cometendo crimes de roubo de veículos, com resultado morte – "LATROCÍNIOS", além de assaltos a bancos e joalherias.

CAPÍTULO 41

- O Latrocínio da Quadrilha do China
- Piolhos Detran
- O Desvio de Mais de Um Milhão de Reais do Erário Público
- Denúncias do Jornalista e Perseguição Implacável
- Carteiras de Habilitação de Mortos Ressuscitam Motoristas

Uma quadrilha de altíssima periculosidade estava atuando na região metropolitana de Belo Horizonte/MG, roubando veículos sob encomenda, depois "esquentavam" esses carros, utilizavam os mesmos em assaltos a joalherias, bancos, empresa de lapidação de pedras preciosas e semipreciosas, além de cometerem diversos crimes de latrocínio.

Após os roubos, eles "esquentavam" as pedras preciosas, ouro, diamantes, esmeraldas, dinheiro roubado de bancos, usando-os em transações de compra e vendas de bens móveis e imóveis, depois vendiam e repartiam o dinheiro entre a quadrilha, complementados, ainda, com as quantias que ficavam com eles, produtos de roubos e latrocínios.

A quadrilha chegou a resgatar, meses antes de nossa chegada à COP/DETRAN, sete comparsas, que estavam cumprindo pena na Penitenciária José Maria Alkmin, na cidade de Ribeirão das Neves/MG. Essa quadrilha começou a ser desbaratada pelos investigadores de polícia da COP/DETRAN, chefiados pelo Delegado Edson Moreira, quando, para tentar apagar rastros de seus crimes, executaram dois comparsas, procurados e identificados pela equipe de policiais civis da Coordenação de Operações Policiais do DETRAN/MG, Ederson Pereira da Cunha, o "EDER" e Antônio de Souza Neto, o "BINGA", no dia 23 de maio de 2001 – no lixão de Ibirité – região metropolitana de Belo Horizonte – Minas Gerais, tendo sido, os dois, atraídos e assassinados por um tal de "CHINA" e um tal de "ROBERTINHO", visando negociar um veículo Honda Civic, de placa DFX 0021.

Intensificamos as investigações policiais, prendendo José Neri Neto e Nair Rodrigues Ferreira, encarregados de "LIMPAR" e "ESQUENTAR" todos os produtos roubados pela quadrilha, os quais, depois, eram divididos entre os membros. Conseguimos identificar e indiciar os integrantes desta quadrilha de roubos e latrocínios, de altíssima periculosidade, como: Balbino Pires de Oliveira, o "CHINA", Carlos Augusto Meneguini, Cássio Augusto Meneguini, Sérgio Zan da Silva, Maciel Vilson Otônio, além dos executados, Antônio de Souza Neto, o "BIGA" e Ederson Pereira da Cunha, o "EDER" e, mais, José Neri Neto e Nair Rodrigues Ferreira.

Outros integrantes da quadrilha morreram em trocas de tiro, após resistirem às prisões, e alguns fugiram para o estado de São Paulo, enquanto os presos foram julgados nas Varas Criminais do Fórum de Belo Horizonte e Ibirité – Minas Gerais.

Assim, logo de chegada, distribuímos o nosso "cartão de visita", com o desmantelamento de uma das mais perigosas quadrilhas de ladrões de bancos, joalherias e outros estabelecimentos, cometedores de diversos "LATROCÍNIOS", todos apurados e encaminhados para a justiça pública das Comarcas onde foram cometidos, nos meses de maio, junho e julho de 2001.

Em seguida, passamos a prender diversos integrantes de quadrilhas de falsificadores, os quais dilapidavam os cofres públicos, falsificando guias de recolhimento de taxas e emolumentos ligados a veículos, bem como vendedores e criminosos que vendiam carteiras de motoristas falsificadas, adulteradas, revendendo diversos documentos falsificados, causando enorme prejuízo ao erário público.

Descobrimos e prendemos, em flagrante delito, um escrivão de polícia da comarca de Betim/MG, que "esquentava" carteiras de habilitação do DETRAN/MG, Circunscrição-BETIM da seguinte forma: "Ele, diariamente, consultava nos jornais publicados, na parte de obituários, os mortos que possuíam habilitação, separava os que tinham cadastro de condutor de veículos ou motocicletas e as repassava como válidas, quando procurado por donos de auto escolas de condutores de veículos, outros quadrilheiros (PIOLHOS DE DETRAN), os quais queriam comprar "CARTEIRAS DE HABILITAÇÃO".

Esse escrivão de polícia atualizava o cadastro do condutor morto com os dados do comprador da carteira de habilitação, passando esse comprador a dirigir com uma carteira de motorista praticamente "quente", porém adquirida de maneira fraudulenta.

Desvendamos mais de mil carteiras de habilitação conseguidas dessa maneira, cassando todas e prendendo todos os participantes do esquema fraudulento, bem como o escrivão de polícia e outros envolvidos famosos, como integrantes de banda de músicos, os quais não citarei para evitar aborrecimentos. Assim foram se passando os meses do ano de 2001.

Na COP/DETRAN/MG, continuávamos o nosso trabalho de combater, prender e responsabilizar estelionatários, que sagravam os cofres do estado de Minas Gerais, fraudando guias de recolhimento de taxas diversas, guias de multas aplicadas por diversas infrações ao Código Nacional de Trânsito e impostos relativos a veículos automotores, foi quando descobrimos que uma quadrilha estava adulterando o código de barras do sistema DETRANET/PRODEMG.

Essa quadrilha modificava os valores a serem recolhidos em taxas, multas e impostos, a serem pagos à Fazenda Pública Estadual do Estado de Minas Gerais, como por exemplo: "UMA MULTA POR INFRAÇÃO DE TRÂNSITO APLICADA A DETERMINADO PROPRIETÁRIO DE VEÍCULO, NO VALOR DE R$ 1.200,00 (um mil e duzentos Reais), ERA MODIFICADA NO SISTEMA, ATRAVÉS DA ADUTERAÇÃO DO CÓDIGO DE BARRAS, PARA R$ 12,00. Expedia uma guia já adulterada, comparecia a uma agência bancária, recolhia o valor de R$ 12,00 e, com a guia paga, apresentava na repartição de trânsito, em meio a diversas guias e documentações, baixando a multa no sistema DETRANET/PRODEMGE.

Com isso, sangrava os cofres públicos, chegando a dar um prejuízo, de, aproximadamente, R$ 2.000.000,00 (dois milhões de Reais), sendo que a quadrilha agia em todo o estado de Minas Gerais, comprando veículos em leilões, tirando veículos apreendidos em pátios de CIRETRANS e do próprio DETRAN/MG.

Para parar as modificações feitas através da adulteração dos códigos de barra das guias recolhidas de todos os emolumentos de taxas, impostos, multas, etc., o Diretor do Departamento Estadual de Trânsito de Minas Gerais, Delegado de Polícia Doutor Otto Teixeira Filho, convocou uma reunião com o Secretário Estadual da Fazenda, com o presidente da PRODEMG e com este Coordenador de Operações Policiais, o qual ficou responsável pelas investigações policiais para identificar e responsabilizar todos os responsáveis pelo crime praticado contra a Fazenda Estadual de Minas Gerais.

Nessa reunião. tomamos conhecimento de como a quadrilha agia para burlar o código de barras, em todos os municípios de Minas Gerais, onde houve vários casos de falsificação de documentos públicos, estelionatos, peculato, apropriação indébita, dentre outros.

AGORA É COMIGO!

Iniciamos as investigações policiais, instaurando o inquérito policial de número COPDETRAN-1.002.855/DETRAN/2001, passando a inquirir, principalmente, despachantes e donos de concessionárias de veículos automotores usados e alguns proprietários de veículos apreendidos que usaram da adulteração de guias de recolhimentos de impostos e multas para retirarem seus veículos apreendidos dos pátios do DETRAN/MG, bem como das CIRETRANS de todos os municípios do estado de Minas Gerais.

Solicitamos à PRODEMG a identificação dos municípios que mais sofreram com as adulterações, sendo informado vários deles, mas, principalmente, os municípios de Uberlândia, São Lourenço, Uberaba, Sete Lagoas, Belo Horizonte, região metropolitana de Belo Horizonte.

As diligências e investigações policiais transcorreram por aproximadamente nove meses, tendo a equipe de policiais civis, chefiadas pelo Coordenador de Operações Policiais do Departamento Estadual de Trânsito de Minas Gerais, Delegado Edson Moreira, por determinação do Chefe do DETRAN/MG, Doutor Otto Teixeira Filho, viajado para vários municípios mineiros.

Realizadas diversas investigações policiais no município de Belo Horizonte e Sete Lagoas, partimos para a cidade de Uberlândia, um dos principais focos de pagamento irregular de guias do Detran, de taxas, de multas e de impostos relativos a veículos automotores e motocicletas, onde realizamos diversas incursões, inquirições de testemunhas, interrogatórios de suspeitos, principalmente despachantes, descobrindo que o líder do esquema fraudulento era o técnico em informática, Marcelo Pinto de Morais, estabelecido e residente no Triângulo Mineiro, município de Uberlândia/MG, o qual desenvolveu um programa (SOFTWARE) que lhe permitia invadir o Portal do Departamento Estadual de Trânsito de Minas Gerais (DETRAN/MG).

Com esse programa, Marcelo Pinto de Morais violava o código de barras das guias emitidas para taxas, emolumentos, multas e impostos, como IPVA, por exemplo. Para tirar proveito para a quadrilha, Marcelo baixava, drasticamente, os valores de multas, taxas e impostos, permitindo, principalmente para comerciantes de veículos automotores e motocicletas, baixarem vultosas quantias desses impostos, cobrando normalmente do comprador do bem e aferindo, com isso, um elevado lucro na transação dos carros e motos, além de retirarem carros e motos dos pátios de veículos apreendidos, participarem de leilões, baixarem as multas dos veículos, causando enorme prejuízo ao erário público.

Marcelo Pinto de Morais aliciava comerciantes, proprietários de garagem, funcionários públicos e, principalmente, despachantes, causando um prejuízo de mais de R$ 2.000.000,00 aos cofres públicos do Estado de Minas Gerais. Assim passamos o ano de 2001, diligenciando nas cidades de Uberlândia, Araguari e Uberaba, todas no Triângulo das Minas Gerais.

No início do mês de janeiro de 2002, o Coordenador de Operações Policiais/DETRAN e a equipe de policiais civis, composta pelos investigadores de polícia, saudoso Paulo César Olegário, Geraldo Goretti, Rubens de Souza, o "RUBÃO" e a escrivã de polícia Elisângela, partiu para a cidade de São Lourenço – Sul das Minas Gerais, localizada no Circuito das Águas Mineiras, onde encontramos minha irmã Elisângela Moreira da Silva, a qual estava passeando pela cidade, descansando da Faculdade de Direito e do trabalho.

Nas diligências policiais, investigações policiais e inquirição de testemunhas, descobrimos que o líder da quadrilha, Marcelo Pinto de Morais, esteve, pessoalmente, na cidade de São Lourenço/MG, onde comprou, em leilões, diversos veículos automotores e motocicletas, os quais estavam apreendidos no pátio de veículos apreendidos da CIRETRAN, da Delegacia Regional de Segurança Pública de São Lourenço/MG, com altíssimas dívidas de multas e taxas de diárias de pátio, com o auxílio do comerciante de motocicletas Ednardo Rúbens Fogueira, bem como do despachante Arintom Santos, os quais aproveitaram para fraudar e retirar outros veículos nas cidades vizinhas de Caxambu, Lambari, Cambuquira, Campanha, Natércia, Heliodora, Careaçu, São Gonçalo do Sapucaí, Santa Rita do Sapucaí, Pouso Alegre, Itajubá, Varginha, Alfenas, Três Corações, dentre outras, todas no sul de Minas Gerais.

Em seguida, partimos para outras cidades do estado de Minas Gerais e, depois, retornamos para o município de Uberlândia, onde indiciamos todos os autores dos delitos e o chefe da quadrilha, Marcelo Pinto de Morais, o qual foi preso, preventivamente, no Presídio Jacy de Assis, da comarca de Uberlândia/MG, no início do mês de abril de 2002.

No dia 24 de abril de 2002, o Promotor de Justiça Fernando Martins denunciou todos da quadrilha à justiça pública da Comarca de Uberlândia/MG, por formação de quadrilha, artigo 288 do CPB, adulteração de documento público, artigo 297 do CPB e estelionato, artigo 171 do CPB, os quais foram identificados no inquérito policial presidido pelo Delegado Edson Moreira, Coordenador de Operações Policiais do DETRAN/MG, sendo Marcelo Pinto de Morais, chefe da quadrilha, preso preventivamente. Luís Mar Pereira da Silva, o "BANANA", que, na época, era despachante em Uberlândia/MG, fugiu para local incerto e não sabido, com mandado de prisão preventiva expedido pelo Juiz de Direito Joemilson Donizete Lopes.

Além deles, foram denunciados, também, Cássio de Souza Andrade, Washington José Gomes, proprietário de uma agência de Veículos na ci-

AGORA É COMIGO!

dade de Uberlândia/MG, Warley Delfino, despachante, Luiz Carlos Mendes Borges, comerciante de veículos em Uberlândia/MG, Lindomar de Oliveira, despachante, Cássio Cordeiro, dono de Agência de veículos em Uberlândia/MG, Lyngston César Vasconcelos, também comerciante de veículos, Juliano César Pereira, Weilmar Antônio dos Reis, José Eurípedes Fernandes, o "BOCHECHA", Ricardo Alves Gondin, Róbson Inácio de Oliveira, o "ROBINHO", Valéria Anchieta, todos despachantes, o office boy Weterson Pereira da Costa, Eduardo Rubens Nogueira, comerciante de motos em São Lourenço/MG, Arilton Santos, despachante em São Lourenço/MG, Agenor Lemos Guimarães, comerciante de café e veículos, na cidade de Lambari/MG, Robertson Mendes de Oliveira, o "BATATA", despachante em Sete Lagoas/MG, Edmárcio Souza de Macedo, o "KAFUNGA", comerciante de veículos em Sete Lagoas/MG, Warley de Souza Marques, despachante em Sete Lagoas/MG, Giovani Guimarães Silva, despachante, Oscar Nunes da Silva, despachante em Uberlândia/MG, Wanderlei Martins, comerciante de veículos em Sete Lagoas/MG e muitos outros de diversos municípios de Minas Gerais.

Os fatos foram amplamente divulgados pela mídia falada, televisada e escrita, principalmente pela sangria aos cofres públicos, bem como o desenvolvimento de um programa que burlou os códigos de barra da Fazenda Pública de Minas Gerais e do DETRAN/MG.

Enquanto investigávamos os crimes acima citados, o jornalista João Clêudios da Silveira, procurava tumultuar o processo por crime de homicídio, que tramitava no I Tribunal do Júri de Belo Horizonte/MG, procurando deputados federais da Comissão de Direitos Humanos da Câmara de Deputados, em Brasília/DF. Os deputados federais à época, Nilmário Miranda e Cabo Júlio, ficaram de tomar declarações para investigar a versão de um taxista chamado Rogério Márcio Carvalho, que disse que havia assistido o crime praticado por dois menores, mas, se, de fato, sua versão fosse verdadeira, "os dois supostos agressores de Francisca Aparência de Abrão da Silveira teriam batido o recorde mundial dos cem metros", como fora registrado em laudo pericial do Instituto de Criminalística, que fez uma reconstituição da versão da suposta testemunha.

O Deputado Federal Nilmário Miranda, da Comissão de Direitos Humanos da Câmara dos Deputados Federais, afirmou, em entrevistas aos jornais: "QUER QUE O ASSUNTO SEJA APURADO ATÉ AS ÚLTIMAS CONSEQUÊNCIAS", no jornal Estado de Minas dos dias 08 e 09 de agosto de 2001. Também fui convocado pela Comissão de Direitos Humanos da assembleia legislativa do estado de Minas Gerais, presidida pelo deputado estadual, Durval Ângelo, tendo, como integrante, o deputado estadual João Leite, para prestar esclarecimentos sobre denúncia de perseguição, feita pelo jornalista João Clêudios da Silveira, onde me fiz acompanhar de meu advogado, Doutor Ênio Moreira da Silva, em novembro – dezembro de 2001, tendo rebatido todas as alegações com provas irrefutáveis.

CAPÍTULO 42

▪ Transferência para Chefiar a Divisão Anti-Sequestro

▪ A Apuração do Sequestro com Morte do Empresário da Cidade de Curvelo, Seis Anos Depois da Prática do Crime

Continuamos apurando, de forma muito eficaz, os crimes praticados contra a Fazenda Pública do Estado de Minas Gerais, o que, consequentemente, mantinha a fama de bom solucionador de crimes, que este delegado possuía e que só fez aumentar, independentemente da área em que atuava. Como consequência desta nossa elevada capacidade de solucionar crimes, em qualquer área e com alta taxa de sucesso, no mês de julho de 2002, a pedido do Chefe do Departamento Estadual de Operações Especiais (DEOESP/MG), Delegado de Polícia, Doutor Elson Matos da Costa, fui transferido pelo Secretário de Segurança Pública de Minas Gerais, para aquele Departamento Estadual, para chefiar a Divisão de Operações Especiais – "DIVISÃO ANTI-SEQUESTRO – DEOESP/MG".

Poucos dias depois da minha chegada ao Departamento Estadual de Operações Especiais – DEOESP/MG, fui designado pelo Chefe do Departamento, Doutor Elson Matos da Costa, para investigar um crime na cidade de Curvelo – Minas Gerais, atendendo a pedido do saudoso senhor "ZEZITO" e de seu neto Mateus Correia, ambos do município de Curvelo/MG, pai e filho, respectivamente, da vítima de extorsão mediante sequestro, com resultado morte – artigo 159, parágrafo terceiro do Código Penal Brasileiro, empresário, provedor do Hospital Santo Antônio de Curvelo/MG e candidato a prefeito da mesma cidade, José Reinaldo Alvares Correia, ocorrida no dia 29 de março de 1996, na BR 135 – Divisa do município de Curvelo com o município de Corinto, ambos nas Minas Gerais

Essa investigação policial havia sido efetuada, anteriormente, pelos delegados de polícia, Doutor Rubens de Faria Rezende do DEOESP/MG e Doutor

Elcides José Batista Guimarães da Divisão de Crimes Contra a Vida/DIE e havia indiciado uma pessoa da cidade de Sete Lagoas/MG, no ano de 1996.

Como já havia uma pessoa sendo processada pelo assassinato do empresário José Reinaldo Alvares Correia, instauramos autos suplementares e passamos a diligenciar nas cidades de Curvelo, Corinto, Sete Lagoas, todas em Minas Gerais, onde inquirimos diversas testemunhas, dentre elas Eliane Cristina Pereira Ribeiro, descobrindo que o candidato a prefeito de Curvelo/MG havia sido abordado por volta das 17:15 horas, pelo elemento armado de revólver, conhecido por "LINGUIÇA", próximo de uma das saídas do município de Curvelo para a BR 135, mais precisamente, na Avenida Othon Bezerra de Melo – Bairro Maria Amália – Curvelo – Minas Gerais, o qual, imediatamente após dominá-lo, colocou-o no interior do veículo FIAT TEMPRA, de propriedade da vítima, de placa GON 6511 e seguiu para a BR 135, em direção ao município de Corinto/MG. Quando chegou ao quilômetro 598 da BR 135, em uma subida, o empresário José Reinaldo, após o porta-malas abrir, conseguiu pular do carro e saiu correndo na rodovia, momento este em que "LINGUIÇA" percebeu a fuga, parou o veículo TEMPRA e passou a atirar contra a vítima, atingindo-a, José Reinaldo caiu e foi executado pelo seu algoz e sequestrador, "LINGUIÇA".

De posse dos depoimentos e após realizamos investigações policiais na cidade de Curvelo/MG, qualificamos o alcunhado "LINGUIÇA" como sendo Wesley Delon Pereira, o "LINGUIÇA", onde representamos pela sua prisão temporária, por trinta dias, pelo crime de extorsão mediante sequestro, com resultado morte.

O Juiz de Direito da Vara Criminal da Comarca de Curvelo/MG decretou a prisão temporária por trinta dias, expedindo o mandado de Prisão Temporária de Wesley Delon Pereira, "O LINGUIÇA".

De posse do mandado de prisão temporária, diligenciamos até o município de Nanuque/MG, onde, depois de várias investigações, conseguimos descobrir que um dos criminosos, sequestradores do empresário José Reinaldo, Wesley Delon Pereira, o "LINGUIÇA", depois de fugir para os estados da Bahia e São Paulo, havia retornado para Minas Gerais e estava morando naquela cidade de Nanuque – Minas Gerais.

Na cidade de Nanuque/MG, conseguimos localizar e prender Wesley Delon Pereira, o "LINGUIÇA", no interior de sua residência. Antes de seguirmos viagem de retorno para a cidade de Belo Horizonte/MG, devido ao adiantado da hora, pernoitamos na delegacia regional de polícia civil da comarca de Teófilo Otoni/MG, sendo que no dia seguinte na parte da manhã, retornamos para o Departamento Estadual de Operações Especiais em Belo Horizonte/MG.

AGORA É COMIGO!

Ao chegarmos ao DEOESP/MG, passamos a interrogar Wesley Delon Pereira, o "LINGUIÇA", que confessou o crime, pormenorizadamente, delatando o outro comparsa e mentor de todo o crime de extorsão mediante sequestro, como sendo o ex-policial militar e comerciante de cristais em Minas Gerais, Amauri Vidal de Freitas. Ele havia sido expulso da Polícia Militar de Minas Gerais e, para cometimento do crime, teria comprado o revólver Rossi, calibre 38, com o qual o empresário José Reinaldo fora sequestrado e assassinado. Além do revólver, Amauri providenciou um par de algemas, um capuz, cordas para amarrar a vítima e escolheu um dos vários buracos profundos, abertos para retirada de cristais, na cidade de Corinto/MG, para onde estava sendo conduzida a vítima para ser colocada, até que fosse pago o resgate a ser exigido pelos criminosos. Os criminosos sabiam que o empresário e provedor do hospital Santo Antônio de Curvelo/MG, havia recebido R$ 900.000,00 (Novecentos mil Reais), para serem gastos na campanha eleitoral de 1996, para pleitear e concorrer às eleições daquele ano para o cargo de prefeito municipal de Curvelo/MG.

Com a qualificação do mentor intelectual do crime de extorsão mediante sequestro da vítima José Reinaldo Alvares Correia, Amauri Vidal de Freitas, deslocamo-nos para a cidade de Curvelo/MG, conduzindo o preso Wesley Delon Pereira, o "LINGUIÇA", bem como representamos e obtivemos a decretação da prisão temporária, por 30 dias, do ex-policial militar Amauri Vidal de Freitas. O criminoso Amauri Vidal de Freitas foi localizado, perseguido e preso por investigadores do Departamento Estadual de Operações Especiais – DEOESP/MG, depois de um rápido tiroteio, no bairro Maria Goretti – região leste de Belo Horizonte/MG, em razão do mandado de prisão temporária por trinta dias, expedido pela justiça criminal da comarca de Curvelo – Minas Gerais. Conduzido ao DEOESP/MG, Amauri Vidal de Freitas foi interrogado e, diante das provas apresentadas, confessou todo o crime e, ainda, que receberia o dinheiro do resgate e mataria tanto o empresário José Reinaldo Alvares Correia, como o comparsa Wesley Delon Pereira, o "LINGUIÇA", justamente para que não ocorresse o que estava acontecendo naquele instante. Amauri relatou que, inclusive, procurou "LINGUIÇA" para matá-lo, conseguindo, com isso, "UMA QUEIMA DE ARQUIVO", mas desistiu ao perceber que ele havia desaparecido da cidade de Curvelo/MG, sabendo que havia fugido para a Bahia. Esclareceu que a vítima José Reinaldo foi assassinada porque tentou fugir, sendo que não aguentou correr e parou por problemas nos joelhos. José Reinaldo havia feito uma cirurgia nos joelhos, na cidade de Belo Horizonte/MG. Quando José Reinaldo parou e colocou as mãos, segurando os joelhos, "LINGUI-

ÇA", impiedosamente, desferiu o primeiro tiro, tendo, ainda, atirado mais duas vezes para executá-lo, sem dar nenhuma chance de defesa ao empresário e candidato a prefeito municipal de Curvelo/MG. Os dois, Wesley Delon Pereira, o "LINGUIÇA" e o ex-policial militar, Amauri Vidal de Freitas, fizeram, passo a passo, a Reconstituição Simulada do Crime (RECONSTITUIÇÃO) de extorsão mediante sequestro com resultado morte: a cogitação do crime, a preparação do mesmo e sua execução, começando pela Avenida Othon Bezerra de Melo – Bairro Maria Amália – Curvelo – Minas Gerais, até os buracos das retiradas de cristais, no município de Corinto – Minas Gerais. Neste momento, os criminosos, de forma fria e sem remorso, falaram, em alto e bom tom, para toda a imprensa escutar, que receberiam o resgate e deixariam a vítima no buraco para morrer, evitando assim que os reconhecesse e os denunciasse à polícia.

Após a entrega do laudo da reconstituição realizada pela Seção Técnica de Criminalística da Delegacia Regional de Segurança Pública de Curvelo/MG, relatamos o inquérito policial suplementar, que apurava a extorsão mediante sequestro com resultado morte da vítima José Reinaldo Alvares Correia, indiciando o EX-POLICIAL MILITAR Amauri Vidal de Freitas e Wesley Delon Pereira, o "LINGUIÇA", representando pela transformação de prisão temporária em prisão preventiva, tendo sido acatado pelo Meritíssimo Juiz de Direito Criminal da Comarca de Curvelo/MG, bem como pelo Promotor de Justiça Criminal da Comarca, o qual, de pronto, denunciou ambos como incursos nos crimes de extorsão mediante sequestro, com resultado morte, artigo 159, parágrafo terceiro do Código Penal Brasileiro.

Wesley Delon Pereira, o "LINGUIÇA", foi condenado a 24 anos de reclusão em regime fechado e o ex-policial militar, Amauri Vidal de Freitas, a 30 anos de reclusão em regime fechado. Houve ampla divulgação na mídia falada, televisada e escrita, do Brasil e de todo o mundo, principalmente pela completa apuração e solução do crime, seis anos depois dos acontecimentos.

Capa e Editorial do jornal Centro de Minas, em sua edição do dia 28 de setembro de 2002:

"CASO ENCERRADO" – "CRIME ZÉ REINALDO – O PREÇO DA TRAIÇÃO": "Depois de seis anos e meio, [...] praticamente todo mundo considerava o caso sem solução. Liderada pelo Delegado Chefe da Divisão Anti-Sequestro do DEOESP – Departamento de Ope-

Delegado Edson Moreira

rações Especiais da Polícia Civil – Dr. Edson Moreira, a equipe chegou ao executor do empresário e político curvelano" Zé Reinaldo: "Amauri Vidal de Freitas [...] e seu comparsa Wesley Pereira. [...] DR. EDSON MOREIRA, BRILHANTE CONDUTOR DAS INVESTIGAÇÕES, [...] disse [...] em seu relatório, parafraseando Sir Arthur Conan Doyle," criador de Sherlock Holmes: "no momento de solucionar um problema desse tipo, c fundamental é saber refletir [...]".

CAPÍTULO 43

- Sequestraram, Mataram e Passaram com a Camionete por Cima do Cadáver do Padre e Professor da PUC/BH, Várias Vezes para Confirmarem a Sua Morte
- Fuga! Fuga! – Baianinho Mata Xuxa na Cadeia
- Matam Serginho e Roubam Sua Strada

Em outubro de 2002, fomos acionado, pela Superintendência Geral de Polícia Civil de Minas Gerais e pelo Diretor do Departamento Estadual de Operações Especiais – DEOESP/MG, Doutor Elson Matos da Costa para investigar um suposto sequestro, após o desaparecimento do padre e professor universitário da PUC/MG, José de Souza Fernandes, de 48 anos de idade, o qual havia desaparecido no trajeto de seu sítio, na cidade de Brumadinho/MG, até sua residência no bairro Tirol, na região do Barreiro – Belo Horizonte/MG. O padre José de Souza dirigia uma camionete CHEVROLET D-20, de cor vinho, placa GTE 3338, tendo também o veículo desaparecido.

A primeira providência, tomada pela Divisão Anti-Sequestro, foi um pedido de interceptação telefônica do telefone celular do padre e professor José de Souza Fernandes, descobrindo-se que ele não estava sendo utilizado pelo proprietário da linha telefônica, mas, sim, pela pessoa de Wanderson Alberto da Silva, o "XUXA", o qual foi preso no bairro São Caetano – Betim – Minas Gerais, enquanto usava o aparelho celular pertencente ao padre e professor da PUC/MG.

Ao ser detido pela equipe de investigadores da Divisão Anti-Sequestro do DEOESP/MG, "XUXA" confessou que seu primo, o servente de pedreiro Pedro Roberto Soares, juntamente com o lavrador José Claudio da Silva Rocha, o "BEM-TE-VI", haviam assassinado o padre e professor José de

Souza Fernandes, bem como roubado sua camionete Chevrolet, de placas GTE 3338 e estavam tentando vendê-la para receptadores de veículos, na cidade de Belo Horizonte, na região da Avenida Pedro II – centro da capital das Minas Gerais.

Determinamos que equipes fossem reforçadas, seguindo, posteriormente, até as cidades de Betim e Brumadinho, na região metropolitana de Belo Horizonte, para prenderem os autores do crime e descobrirem o lugar da execução da vítima, o padre e professor da Pontifícia Universidade Católica – Campus Coração Eucarístico – Belo Horizonte/MG.

As equipes de investigadores de polícia localizaram e prenderam, nas cidades de Brumadinho e Betim, ambas em Minas Gerais, Pedro Roberto Soares, José Cláudio da Silva Rocha, o "BEM-TE-VI", Aloísio Costa Alves, Paulo César Gomes, Claudemi Pereira de Mendonça, Marciano Pereira Moreira e Célio Magno de Oliveira, o "LOIRINHO CIGANO", os quais confessaram, com detalhes, a participação de cada um no crime de sequestro e latrocínio da vítima, entregando o veículo camionete CHEVROLET D-20 de cor vinho, placa GTE 3338, que estava escondida em uma garagem do bairro São Caetano – Betim/MG.

Esclareceram que Pedro Roberto Soares estava tendo um relacionamento amoroso com o padre e professor da PUC/MG, José de Souza Fernandes e, geralmente, encontravam-se em Brumadinho/MG, de onde o padre levava Pedro para sua residência no bairro Tirol – região do Barreiro – Belo Horizonte/MG, onde mantinham relacionamento íntimo e depois ele (Padre José de Souza) deixava Pedro em sua residência. Isso perdurou por cerca de dois meses.

Pedro Roberto, durante o tempo em que se relacionou com a vítima, pesquisou sobre seus bens materiais, principalmente joias e dinheiro. Querendo arrumar ainda mais vantagens financeiras com o Padre, Pedro convidou José Cláudio da Silva Rocha, o "BEM-TE-VI", para, juntos, assassinarem o padre e professor da PUC/MG, roubar a camionete, seu dinheiro, joias, telefone celular, mais outros objetos de valor da residência dele.

No dia dos fatos, Pedro marcou o encontro com a vítima, apresentando José Cláudio da Silva Rocha, o "BEM-TE-VI", para passarem a noite juntos, na residência do padre e professor, localizada no bairro Tirol – região do Barreiro – Belo Horizonte – MG, mas, no caminho para BH, desviaram e foram com a vítima para uma estrada vicinal, de terra, na cidade de Sarzedo/MG, que ficava no trajeto de Brumadinho à Belo Horizonte.

Naquela estrada totalmente deserta, da cidade de Sarzedo/MG, Pedro Roberto e José Cláudio, o "BEM-TE-VI", usando uma arma de arame, com dois pedaços de pau, um em cada ponta (estilo garrote), surpreenderam o padre e professor José de Souza Fernandes, estrangularam-no, utilizando a arma levada para esse fim. Ato contínuo, "BEM-TE-VI", de posse de uma arma de fogo, desferiu alguns tiros na infeliz e desprotegida vítima.

Não satisfeitos e com um "animus necandi" incontrolável, retiraram o padre e professor do veículo camionete, assumiram a direção, passando por várias vezes sobre a cabeça e corpo da vítima. Depois seguiram para a residência do padre-professor José de Souza, no Bairro Tirol, roubaram todos os objetos de valor, dinheiro, etc., seguindo para Betim/MG.

Em Betim – Minas Gerais, Pedro e "BEM-TE-VI", encontraram-se com Wanderson, o "XUXA", passando-lhe o aparelho celular do padre e professor. Posteriormente, todos se encontraram com os demais, dividiram o produto do roubo, combinando de venderem a camionete Chevrolet D-20, não sem antes, realizarem mais uma limpeza nas vestes da vítima, que estava abandonada em Sarzedo/MG, contudo deixaram uma folha de cheque na camisa da vítima, que ficou no local do crime, sendo encontrada por este delegado, quando retornou ao local do crime, durante as investigações.

Comparecemos ao local do crime de roubo com resultado morte, na cidade de Sarzedo/MG, onde localizamos corrente de ouro, a camisa do Padre com a folha de cheque dentro do bolso, dentes de ouro e outros dentes normais espalhados pelo local, onde a vítima havia sido assassinada, fria e cruelmente, entre outros vestígios importantes para o esclarecimento do delito.

Nesse instante, tomamos conhecimento que o corpo do padre e professor havia sido removido para o Instituto Médico Legal, onde estava aguardando o reconhecimento, o qual foi feito por parentes que foram avisados pelos policiais civis da Divisão Anti-Sequestro do DEOESP/MG, tendo o padre e professor José de Souza Fernandes, sido reconhecido prontamente.

Após a realização de todas essas diligências, todos foram conduzidos ao Departamento Estadual de Operações Especiais – DEOESP/MG, onde foram autuados em flagrante delito pelos crimes permanentes de quadrilha ou bando, artigo 288 do CPB, receptação artigo 180 do CPB e roubo com resultado morte, artigo 157, parágrafo terceiro, segunda parte do CPB e sequestro, sendo todos conduzidos para a Carceragem do Departamento Estadual de Operações Especiais/DEOESP/MG.

No dia seguinte 25 de outubro de 2002, com várias equipes de policiais civis e peritos criminais da Seção de Criminalística da Seccional de policial Civil de Betim/MG, foi realizada a Reconstituição Simulada dos Fatos (RECONSTITUIÇÃO DO CRIME), onde o servente de pedreiro, Pedro Ro-

AGORA É COMIGO!

berto Soares e o lavrador José Cláudio da Silva Rocha, o "BEM-TE-VI", bem como os demais participantes dos crimes apurados, detalharam como atraíram e levaram a vítima até a cidade de Sarzedo, como a executaram e, ainda, passaram por cima dela com a camionete, como foram até a residência e limparam o imóvel, roubando o dinheiro e como iriam vender a camionete.

Depois da chegada de todos os laudos periciais e de necropsia do Instituto Médico Legal e do Instituto de Criminalística, os autos de inquérito policial foram relatados e encaminhados à Justiça Pública da comarca de Ibirité/MG, a qual está subordinada ao município de Sarzedo/MG.

A maneira cruel, fria e com requintes de sadismo, típicos de filmes de terror, utilizando um instrumento tipo garrote, a passagem com o carro sobre a cabeça do padre, foram as grandes ênfases utilizadas pela mídia nacional para descrever a maneira sarcástica como a vítima fora executada, sendo que deram grande e ampla divulgação à apuração do hediondo crime de latrocínio, do qual foi vítima o padre e professor da PUC/MG, José de Souza Fernandes, para roubar sua camionete Chevrolet, de cor vinho, placa GTE 3338, fazendo com que a população da região quisesse linchar os autores do crime, no dia da Reconstituição. A imprensa equiparou este crime do padre e professor da PUC/MG, José de Souza Fernandes ao crime do professor e cientista político da UFMG, Carlos Eduardo Baessi, ocorrido no dia 22 de janeiro de 1994, dentro de seu apartamento, localizado no bairro da Graça – Belo Horizonte – Minas Gerais.

Durante uma tentativa de fuga frustrada, no Departamento Estadual de Operações Especiais – DEOESP/MG, no dia 05 de dezembro de 2002, Girleno Alves da Silva, o "BAIANINHO", assassinou seu colega de cela, o office boy Wanderson Alberto da Silva, o "XUXA". "BAIANINHO" acabara de ser recapturado por investigadores de polícia da Divisão Anti-Sequestro de Minas Gerais. Na cela, "BAIANINHO" alegou ter reconhecido o "XUXA" como um dos criminosos que tomou seu dinheiro, durante um assalto na cidade de Betim/MG. Na verdade, Wanderson foi morto por "BAIANINHO" como uma forma de dissimulação e vingança por este ver frustradas sua tentativa de fuga, que se deu por causa de seu pagamento a policiais corruptos do 6º Distrito Policial de Belo Horizonte/MG e a outro policial corrupto do Departamento Estadual de Operações Policiais, todos identificado e responsabilizados posteriormente.

"BAIANINHO" havia sido preso por Investigadores do Departamento de Operações Especiais – DEOESP/MG, após intensa troca de tiros, quando seus comparsas foram feridos e morreram, posteriormente, no Pronto Socorro João XXIII, depois de socorridos pelos policiais civis. "BAIANINHO" e seus comparsas haviam praticado um assalto vultoso de joias, numa Joalheria da cidade de Itabira – Vale do Rio Doce, Minas Gerais.

Todos que estavam no interior da cela 06 do Departamento Estadual de Operações Especiais/DEOESP/MG eram de altíssima periculosidade e incentivaram "BAIANINHO a matar, friamente, o office boy "XUXA", sem ao menos tentar ajudá-lo, pois todos queriam chamar a atenção da mídia, após a tentativa de fuga deles para passar o final de ano com familiares, ser frustrada pela pronta intervenção do Chefe de Departamento Estadual de Operações Especiais – DEOESP/MG e de seus investigadores.

Estávamos no meu gabinete da Chefia da Divisão Anti-Sequestro do DEOESP/MG, eu e o Delegado de Polícia Antônio Aleixo Carqueno, de uma das delegacias de polícia antissequestro, conversando, quando, de repente, ele comentou comigo: "ESSE PESSOAL TRABALHANDO EM CIMA DESSAS TELAS QUE COBREM O PÁTIO DA CADEIA" – Neste momento, virei-me para ver o que estava acontecendo, momento em que falei: "NÃO ESTÃO TRABALHANDO NÃO, ISSO É FUGA".

Nesse instante, saquei uma pistola P.40, que estava em minha cintura, e outro revólver que estava dentro de umas das minhas gavetas e passei a atirar contra aquele amontoado de criminosos, tentando fugir da cadeia do DEOESP/MG, em plena Avenida Afonso Pena – Bairro Funcionários – Belo Horizonte/MG, fazendo com que muitos dos fugitivos retornassem para as celas.

Enquanto segurava os criminosos fugitivos na bala, o Doutor Carqueno saiu do meu gabinete gritando: "FUGA, FUGA, FUGA, FUGA", momento em que cercamos todo o quarteirão, conseguindo recapturar a quase totalidade dos presos fugitivos. Essa nossa ação causou revolta nos presos que tentavam fugir da carceragem do DEOESP/MG. Quando recapturamos o "BAIANINHO", este, em represália à nossa exitosa ação de contenção, assassinou Wanderson, o "XUXA", no interior da cela 06 do Departamento Estadual de Operações Especiais – Anti-Sequestro de Minas Gerais, aonde estavam os mais perigosos criminosos do estado de Minas Gerais, alguns de São Paulo, do Rio de Janeiro e de outros estados da Federação.

Ainda prendemos, em flagrante delito, no dia 13 de dezembro de 2002, Michel Claude Melo, Wesley de Oliveira Silva, Hugo Leonardo de Rezende Moreira, os quais assassinaram, em companhia de "JOSLAIDE", Sérgio Costa e Silva, o "SERGINHO", para roubar-lhe o veículo FIAT STRADA, placa GXO 7272, na divisa dos municípios de Contagem e Ribeirão das Neves/MG, no Matagal conhecido como Mato Redondo, eles atiraram duas vezes na cabeça e mais duas vezes no pescoço da vítima "SERGINHO", comerciante do Bairro Flamengo, no município de Contagem – Minas Gerais.

Além disso transferirmos para a Penitenciária Nelson Hungria de Segurança Máxima de Contagem/MG, o empresário Luciano Farah Nascimento, proprietário da Rede West de postos de gasolina, o qual, juntamente com um policial militar e um empregado de seus postos, assassinou o promotor de justiça José Francisco Lins do Rego.

Assim terminamos o ano de 2002, já tendo um novo governador de Minas Gerais, Aécio Neves da Cunha, o qual seria empossado no dia 01 de janeiro de 2003.

CAPÍTULO 44

Sequestro e Homicídio Sem Corpo de Viviane Brandão

O ano de 2003 começava a todo o vapor. Logo após as festividades de posse do novo governador de Minas Gerais, Aécio Neves da Cunha, a Divisão Anti-Sequestro de Minas Gerais foi acionada para investigar dois supostos crimes de sequestros, praticamente ocorridos na mesma semana. Em 20 de dezembro de 2002, ocorreu o sequestro da Zootécnica Kamila Kelly dos Santos Oliveira, que acabara de se formar em Zootecnia pela Universidade de Alfenas, residente na Rua Antônio Joaquim Santana, 172 – Bairro Fonte Grande – Contagem – Minas Gerais. Trataremos deste caso no próximo capítulo. O outro caso, que enfatizaremos no presente capítulo, foi o da secretária Viviane Andrade Brandão, a qual trabalhava no grupo Vila Árabe de produtos alimentícios tradicionais do oriente médio, na Avenida do Contorno, esquina com a Rua Espírito Santo – Bairro Santo Antônio – Belo Horizonte – Minas Gerais, local de onde desapareceu, por volta de 11:00 horas do dia 27 de dezembro de 2002.

Nesse período, Viviane Brandão estava trabalhando no escritório da empresa Vila Árabe, quando desapareceu, sendo que sua mãe, a senhora Ana Brandão, registrou a ocorrência de desaparecimento, não dando trégua à Polícia Civil, cobrando o esclarecimento a qualquer custo, sempre dando entrevistas aos meios de comunicação, falando do sequestro de sua filha, que era mãe de três crianças ainda pequenas. Esta ocorrência foi registrada na Seccional de Polícia Civil – Centro – Superintendência de Polícia Metropolitana, chefiada, à época, pelo delegado de polícia, Doutor Ronaldo Cardoso Alves.

Em meio a essas grandes investigações policiais, no dia 15 de janeiro de 2003, por volta das 17:00 horas, o delegado de polícia da 2º Delegacia de Operações Especiais/DOE/DEOESP/MG, Doutor Lúcio Ivã Sales de Menezes, juntamente com os investigadores de polícia Milton José de Paiva, Eduardo Costa Pinto Santos e Edir José de Souza, sofreu um acidente automobilístico na BR-262, no município de Araxá/MG, quando investigavam roubos e sequestros nas cidades de Ibiá, São Gotardo, Patos de Minas, Carmo do Paranaíba, Rio Paranaíba, Tiros, todos na região do Alto Paranaíba e Araxá, Serra do Salitre, Patrocínio, Perdizes, no Triângulo Mineiro,.

Faleceram, nesse acidente, o Delegado de Polícia, Doutor Lúcio Ivã Sales de Menezes, os investigadores de polícia Milton José de Paiva e Eduardo Costa Pinto Santos. A perda dos policiais civis foi sentida por toda a Corporação Policial Civil, principalmente nós, que trabalhávamos juntos no Departamento Estadual de Operações Especiais – DEOESP/MG.

As duas investigações policiais começaram simultaneamente na Divisão Anti-Sequestro do Departamento de Operações Especiais – DEOESP/MG, presididas pelo Delegado Chefe da Divisão, Doutor Edson Moreira, quando passou-se a estudar a vida pregressa da vítima Viviane Andrade Brandão, suspeitando-se que a mesma, àquela altura, já estivesse morta, visto que, com três filhas pequenas, jamais deixaria de retornar para casa, a fim de cuidar de suas filhas.

Na manhã do dia 27 de dezembro de 2002, por volta de 11:30 horas, Viviane saiu, durante o serviço, a fim de tirar uma xerocópia de um documento, quando iria aproveitar para encontrar com o seu grande amor, o cabo PM Edivaldo Sales Simplício, lotado no Batalhão ROTAM da Polícia Militar de Minas Gerais, localizado, na época, na Avenida Américo Vespúcio – Bairro Caiçara – Belo Horizonte – Minas Gerais, ao lado da Rede Globo Minas, falando para colegas de trabalho, que ia aproveitar e beijar muito, muito, muito o seu amado.

Depois que saiu do escritório da Vila Árabe, Rua Espírito Santo com Avenida do Contorno – Bairro Santo Antônio – Belo Horizonte – Minas Gerais, nunca mais Viviane Brandão foi vista com vida, desaparecendo completamente.

Naquela manhã, o cabo PM Edivaldo Sales Simplício passou um período fazendo instrução e, por volta das 10:30 horas, saiu para encontrar com Viviane, inclusive já havia ligado duas vezes para o trabalho dela, constando as ligações do Batalhão ROTAM da Polícia Militar de Minas para a empresa Vila Árabe, conforme listagem telefônica, recebida da operadora de telecomunicações, depois de quebrado o sigilo telefônico.

Durante as investigações policiais, realizadas pela Divisão Anti-Sequestro de Minas Gerais, foi descoberto que o cabo PM, Edivaldo Sales Simplício, estando casado com Geralda da Silva Sales Simplício, passou a se relacionar com Viviane Andrade Brandão, na época com 13 anos de idade e virgem, sendo que ela namorava um sobrinho de Geralda da Silva Sales Simplício, chamado Ezequias Silva, quando passou a frequentar a casa do casal Edivaldo e Geralda.

A partir de então, o cabo PM, Edivaldo Sales Simplício, conquistou Viviane Brandão e passou a se relacionar sexualmente com ela, tirando a sua virgindade, ficavam juntos quase que diariamente, fazendo "AMOR" ora em motéis, ora na casa dele, ora na casa dela, ora dentro de carros. Tudo isso durou por aproximadamente nove anos, mesmo depois de Geralda da Silva ter descoberto o romance e, até mesmo, depois de Viviane Andrade Brandão ter se casado por estar grávida, filho este que, segundo os comentários, seria do cabo PM Sales.

Depois que Geralda da Silva Sales Simplício descobriu o relacionamento de seu marido com Viviane Brandão, ficou, um tempo, separada do Militar, tendo retomado o casamento quando o cabo Sales disse que havia se separado de Viviane, quando na verdade continuou com as duas.

Quando o cabo Sales trabalhava na Casa Militar do Governo de Minas Gerais, em determinada época, no escritório Central da Casa Militar do Governo de Minas Gerais, localizado na Rua Espírito Santo, próximo à Igreja São José – Centro – Belo Horizonte – Minas Gerais, Viviane Brandão e o cabo Sales encontravam-se naquele local, fazendo amor sobre a mesa das dependências onde ficava o militar de serviço, isso ocorrendo mesmo durante o turno de trabalho e por diversas vezes.

Todos os encontros e relacionamentos que ocorreram entre o cabo Sales e Viviane Brandão, bem como as ameaças da esposa e do sobrinho Ezequiel Silva, ex-namorado de Viviane, foram registrados num diário que Viviane Brandão deixou com uma amiga, num disquete de computador, temendo que algo de ruim lhe acontecesse, deixando instruções para que a amiga entregasse o disquete para a polícia, caso fosse morta ou desaparecesse para sempre – "PARECE QUE ELA ESTAVA PREVENDO O QUE IRIA ACONTECER".

Um mês antes de desaparecer, Viviane Brandão foi, acompanhada de sua filha mais velha, ao Batalhão ROTAM, situado na Avenida Américo Vespúcio – Bairro Caiçara – Belo Horizonte/MG, onde disse a ela: – "ESTE AQUI É O SEU PAI", apresentando a filha ao Cabo PM Edivaldo Sales Simplício.

A partir de então, o cabo Sales, com o auxílio de sua esposa Geralda da Silva Sales Simplício, passou a cogitar e planejar a morte de Viviane Andrade Brandão, com medo que ela entrasse com uma ação de Reconhecimento de Paternidade, cumulada com Alimentos.

Portanto, com tudo planejado, inclusive as versões e "álibis" que usariam, no dia 27 de dezembro de 2002, por volta de 09:30 e 10:00 horas, o cabo PM Edivaldo Sales Simplício que estava tendo instrução no Batalhão ROTAM da Polícia Militar de Minas Gerais, telefonou para Viviane Brandão e marcou

AGORA É COMIGO!

de se encontrarem, por volta de 11:30 horas, nas proximidades do trabalho dela, situado na Avenida do Contorno, esquina com Rua Espírito Santo – Bairro Santo Antônio – Belo Horizonte.

Quando saiu do Batalhão ROTAM para se encontrar com Viviane Brandão, o cabo PM Sales passou numa loja de ferragens e comprou sete metros de corda de nylon, colocando no interior do veículo FIAT Pálio, de sua propriedade, indo, então, encontrar a infeliz e incauta vítima, Viviane Brandão.

Depois de encontrar Viviane, esta entrou em seu veículo e seguiram em direção à Estrada do Taquaril, próximo ao clube do Minas Tênis Clube e Hotel Taquaril, quando o cabo Sales, utilizando a corda comprada, assassinou Viviane por asfixia-estrangulamento, enquanto mantinham relações sexuais no banco traseiro do veículo FIAT Pálio. Em seguida, amarrou-a com a outra parte da corda, colocando-a no porta malas e conduzindo-a, morta, no carro, chegando inclusive a passar na residência de uma senhora, no Bairro Saudade – Belo Horizonte, visando construir uma versão para sua ida àquela região, no dia do desaparecimento da vítima Viviane Brandão.

Chegando às proximidades entre o Bairro Belmonte e a cidade de Santa Luzia, retirou o corpo de Viviane Brandão do porta malas do veículo e o enterrou, ou como se diz na gíria: "Plantou o corpo dela Viviane", sendo que o seu corpo nunca foi encontrado.

Toda essa trajetória é mostrada, analisando e seguindo as ERBS do telefone celular do cabo Sales, cujo sigilo foi quebrado, mostrando, minuciosamente, o percurso utilizado por ele até se livrar do cadáver da vítima.

A INVESTIGAÇÃO POLICIAL DESSE CRIME DE HOMICÍDIO DA VÍTIMA VIVIANE BRANDÃO FOI UMA PRELIMINAR DA APURAÇÃO DO CASO DO GOLEIRO BRUNO, NO ASSASSINATO DE ELIZA SAMÚDIO, PORQUE AMBOS OS CORPOS E RESTOS MORTAIS NUNCA FORAM ENCONTRADOS, SENDO SEMELHANTES O "MODUS OPERANDI" USADO PELOS ASSASSINOS.

Como havíamos previsto, o cabo PM, Edvaldo Sales Simplício, e sua esposa, Geralda da Silva Sales Simplício, apresentaram uma versão de que ambos estariam às 15:30 horas, do dia do desaparecimento de Viviane Brandão, num consultório na região de Venda Nova – Belo Horizonte/MG, contudo a versão foi quebrada pelos registros telefônicos do aparelho celular utilizado pelo autor (cabo Sales), no dia 27 de dezembro de 2002.

Diante dessas provas, representamos no Tribunal do Júri de Belo Horizonte/MG, pelas prisões temporárias, por 30 dias, do cabo PM Edivaldo Sales Simplício, de sua esposa Geralda da Silva Sales Simplício e do sobrinho dela, Ezequiel Silva, o qual também vinha ameaçando a vítima Viviane Brandão, tendo sido decretadas as prisões pelo Juiz de Direito Sumariante do I

DELEGADO EDSON MOREIRA

Tribunal do Júri, Doutor Nelson Missias de Morais, tendo também o Meritíssimo Juiz de Direito, determinado a quebra dos sigilos telefônicos de todos os suspeitos e expedido mandado de busca e apreensão para a residência do Cabo Sales e Geralda Silva, apreensão de seus veículos, FIAT Pálio e dois Chevrolet Chevette, bem como para a Associação que eles dirigiam, no Bairro Nazaré – Belo Horizonte/MG.

Os mandados de prisão temporária foram cumpridos e o Cabo PM Edvaldo Sales Simplício, sua esposa Geralda da Silva Sales Simplício e o sobrinho Ezequiel Silva foram presos e interrogados, sendo que, em suas versões dadas, foram detectadas várias contradições, exceto na de Ezequiel Silva, o qual incriminou ainda o mais casal Edivaldo e Geralda.

No veículo FIAT Pálio, os peritos criminais do Instituto de Criminalística de Minas Gerais encontraram manchas de sangue no banco traseiro e no porta-malas do carro, bem como um pedaço da corda comprada pelo Cabo Sales e a nota do estabelecimento, onde foi efetuada a compra, dentre outros vestígios importantíssimos para o total esclarecimento do crime.

Na Associação que eles dirigiam, dentro de um cofre, foram encontradas, arrecadadas e apreendidas, diversas armas e munições, grande quantia em dinheiro vivo, dentre outros materiais suspeitos, tudo encaminhado para o I Tribunal do Júri de Belo Horizonte/MG.

Com a chegada dos laudos periciais e da materialidade indireta, o inquérito policial foi relatado, indiciando o casal cabo PM Edivaldo Sales Simplício e sua esposa Geralda da Silva Sales Simplício por homicídio qualificado e ocultação de cadáver da vítima Viviane Andrade Brandão, sendo encaminhado para o I Tribunal do Júri da Comarca de Belo Horizonte, juntamente com todo o material apreendido.

A apuração do homicídio sem corpo de Viviane Brandão teve ampla divulgação na mídia mundial, falada, escrita e televisada, principalmente durante a apuração da morte de Eliza Silva Samúdio, onde o indiciado, cabo PM Sales, atacou o Delegado Edson Moreira, tentando desacreditá-lo, principalmente no programa Chamada Geral da Rádio Itatiaia, apresentado pelo jornalista e professor Eduardo Costa e no programa TV Verdade da TV Alterosa, apresentado pelo jornalista Ricardo Carline.

O Indiciado, cabo PM Edivaldo Sales Simplício, e sua esposa, Geralda da Silva Sales Simplício, recorreram da sentença de pronúncia em todas as instâncias, ao Superior Tribunal de Justiça e ao Supremo Tribunal Federal, sendo que perderam em todas as instâncias, sendo julgados e condenados, o cabo Sales a quinze anos de reclusão e sua esposa, Geralda da Silva, a quatorze anos.

AGORA É COMIGO!

Esse julgamento ocorreu depois que o goleiro Bruno foi julgado e condenado, porque, por conta de vários recursos criminais, o julgamento acabou demorando mais de dez anos para ser realizado. Mas, ao final, a justiça prevaleceu e eles foram condenados, sendo que até hoje os restos mortais de Viviane Brandão não foram encontrados, apesar das inúmeras buscas efetuadas pela Grande Belo Horizonte/MG, pelo Delegado Edson Moreira e pela mãe de Viviane, dona Ana Brandão, sendo que ainda temos esperança de encontrar estes restos mortais.

CAPÍTULO 45

▪ Simula Sequestro após Assassinar e Enterrar o Corpo da Zootécnica no Meio de Uma Grande Mata e Exige Resgaste para Enganar Polícia do DEOSP/MG

Como dissemos no capítulo anterior, estávamos investigando, ao mesmo tempo, os supostos sequestros de Viviane Brandão e da zootécnica Kamilla Kelly Santos Oliveira, a qual havia acabado de concluir o curso de Zootecnia na Universidade José do Rosário Velano – UNIFENAS.

Kamilla residia, maritalmente, com o estudante universitário de Ciências Contábeis da PUC/MG, Anderson Magalhães de Mendonça, o "MARTELINHO".

Segundo relato de Anderson, Kamilla havia desaparecido no dia 20 de dezembro de 2002, sendo que familiares da suposta sequestrada receberam um telefonema, exigindo um resgaste de R$ 20.000,00 (vinte e mil Reais). A partir de então, a Divisão Anti-Sequestro entrou no caso e passou a investigar o crime de extorsão mediante sequestro, na primeira Delegacia de Polícia Anti-Sequestro da Divisão de Operações Especiais – Anti-Sequestro/DEOESP/MG.

Em investigações policiais do crime, os investigadores de polícia e este divisionário estranhamos a atitude do amásio de Kamilla, o qual deixou de frequentar a residência onde morava com a vítima, passando a comportar-se de maneira estranha, aparecendo, de vez em quando, para colocar comida para o cachorro Pit Bull que eles tinham para guardar a residência,

Entrevistando vizinhos do casal, nas imediações da Rua Antônio Joaquim Santana – Bairro Fonte Grande – Contagem – Minas Gerais, tomamos conhecimento que, durante a madrugada do dia 21 de dezembro de 2002, foram ouvidos, pelas testemunhas, movimentações na casa de número 172, barulhos de porta de carro batendo. As testemunhas também relataram que o veículo de Anderson, o qual gerenciava postos de gasolina na cidade de Contagem/MG, saiu da garagem da residência na madrugada, só retornando quando o dia estava clareando, por volta de 06:00 horas do dia 21 de dezembro.

Diante dos relatos das testemunhas, da conduta suspeita do estudante da PUC/MG e gerente de postos de gasolina, Anderson Magalhães de Mendonça, o "MARTELINHO", representamos pela prisão temporária do mesmo, bem como pela interceptação telefônica dos telefones de sua residência e dos parentes da zootécnica, além de mandado de busca e apreensão no interior da residência do casal Anderson e Kamilla, situado na Rua Antônio Joaquim Santana, 172 – Bairro Fonte Grande – Contagem/MG, para que os peritos criminais do Instituto de Criminalística de Minas Gerais usassem nos cômodos da casa, o reagente químico "LUMINOL", para encontrar vestígios de sangue humano, sendo que a Justiça Criminal da comarca de Contagem/MG acatou as representações e expediu os mandados de prisão temporária, busca e apreensão e ordens de interceptação telefônica para as respectivas operadoras de telefonia.

No dia 20 de janeiro de 2003, o estudante de Ciências Contábeis da PUC/MG e gerente de postos de gasolina, Anderson Magalhães de Mendonça, o "MARTELINHO", foi preso temporariamente e conduzido para a Divisão Anti--Sequestro/DEOESP/MG, enquanto os peritos criminais da Seção Técnica de Criminalística de Contagem/MG, acompanhados por investigadores da Divisão Anti-Sequestro, realizavam buscas e apreensões no imóvel de Anderson e jogavam o reagente "LUMINOL", constatando a presença de sangue em abundância no interior daquele imóvel, onde residam o casal Kamilla Kelly Santos Oliveira e Andreson Magalhães de Mendonça.

Interrogado no Departamento Estadual de Operações Especiais – DEOESP/MG, depois de cientificado dos achados criminalísticos no interior de sua residência, Anderson Magalhães de Mendonça, o "MARTELINHO", confessou que perdeu a cabeça, ao discutir, durante a noite do dia 20 de dezembro de 2002, com sua companheira de sete anos, a Zootécnica Kamilla Kelly Santos Oliveira, porque ambos tinham desejos diferentes de lugares para passarem a noite de Natal daquele ano.

Kamilla Kelly queria passar na casa de seus parentes, enquanto Anderson iria passar na residência de seus pais, então, o casal teve uma ardente discussão com agressões mútuas e "MARTELINHO", asfixiou por esganadura sua amásia, para, em seguida, esfaqueá-la e aplicar alguns golpes de martelo em sua cabeça, acabando por assassiná-la e espalhar sangue por todo o imóvel.

Ao perceber que Kamilla Kelly estava morta, levou-a até o banheiro e debaixo do chuveiro lavou todo o sangue do corpo da vítima, depois a enrolou em uma grande lona preta, colocou o corpo embrulhado no porta-malas de seu veículo, juntamente com uma pá e um enxadão, deslocando-se, por volta de 01:00 hora do dia 21 de dezembro de 2002, para a Mata do Jardim Colonial – Contagem – Minas Gerais.

Chegando à Rua das paineiras – Mata do Jardim Colonial – Contagem/ MG, carregou o corpo para o meio da mata, retornou e apanhou o enxadão e a pá, cavando um buraco e enterrando a vítima Kamilla Kelly Santos Oliveira, de 21 anos de idade, naquele buraco. Tampou-o, em seguida, ocultando o seu cadáver. Feito isso, retornou para a residência do casal, por volta de 05:55 horas, terminou de limpar as manchas de sangue e foi trabalhar normalmente.

Após confessar, com detalhes, toda a ação criminosa, levou a equipe de investigadores de polícia, juntamente com o Divisionário Anti-Sequestro, Delegado Edson Moreira, para o local onde havia ocultado o cadáver de sua amásia, onde todos passaram a retirar, levemente, a terra que encobria o cadáver da vítima, exatamente no local apontado por Anderson, para não descaracterizar o local de crime.

Ao visualizar a lona preta, determinei que suspendessem aquelas ações, acionando os peritos criminais do Instituto de Criminalística de Minas Gerais para elaboração dos laudos perinecroscópicos (LAUDO DE LOCAL DE CRIME), bem como o Rabecão para a remoção do corpo da vítima para o Instituto Médico Legal de Minas Gerais, para os exames necroscópicos e elaboração do Laudo de Necropsia.

Dois dias depois, foi feita a Reconstituição Simulada do Crime (RECONSTITUIÇÃO DO CRIME), dirigida pelo autor, o estudante de Ciências Contábeis da PUC/MG e gerente de postos de gasolina, Anderson Magalhães de Mendonça, o "MARTELINHO", tendo ficado, bem nítida e cristalina, toda a ação criminosa, que culminou com o assassinato da zootécnica Kamilla Kelly Santos Oliveira por parte de seu amásio e agora indiciado por homicídio qualificado e ocultação de cadáver, o estudante da PUC/MG e gerente de postos de gasolina, Anderson Magalhães de Mendonça, o "MARTELINHO".

Com a chegada dos Laudos Periciais, o inquérito policial foi relatado e encaminhado para a Justiça Criminal da Comarca de Contagem/MG, sendo os fatos amplamente divulgados pela mídia nacional e internacional, sendo que o programa Chamada Geral, apresentado pelo jornalista e professor Eduardo Costa, dedicou, praticamente, todo o horário do programa para divulgar toda a trama criminosa até o seu desfecho final.

CAPÍTULO 46

Falso Médico Ortopedista é Solto pela Justiça e Aleija Pacientes no Estado de São Paulo
O Capeta Faz Reféns no Banco Safra S/A
Prisão de Traficantes de Armas do Espírito Santo

Ao mesmo tempo em que eram investigados os supostos sequestros de Viviane Brandão e Kamilla Kelly, descobrimos que um falso médico ortopedista, Alessandro Aparecido Marcos Gonçalves, estava agindo nas cidades de Pedro Leopoldo, Vespasiano, Lagoa Santa, Confins, Matosinhos, Prudente de Morais e Capim Branco, Região Metropolitana de Belo Horizonte/MG. Alessandro trabalhava, também, numa Clínica Ortopédica no bairro nobre do Itapuã – região da Pampulha – Belo Horizonte, além de clinicar nas cidades de Governador Valadares, Açucena, Belo Oriente, região leste Mineira, como também, Sete Lagoas, Caetanópolis e Curvelo, região central de Minas Gerais.

Alessandro dizia ter formação em medicina pela UNIFESP (UNIVERSIDADE FEDERAL DO ESTADO DE SÃO PAULO) e apresentava o registro no CRM de número 77.439, que era falsificado e, com isso, ele conseguia prestar serviços como ortopedista, por exemplo, na equipe médica que trabalhou no Rock in Rio 2001, na Cruz Vermelha, dentre outras organizações de assistência humanitária.

Localizado pelos investigadores de polícia do DEOESP/MG, Alessandro Aparecido foi conduzido à Divisão Anti-Sequestro – DEOESP/MG, onde foi autuado em flagrante delito por estelionato e exercício ilegal da medicina, tendo sido apreendidos todos os materiais utilizados, como estetoscópio, maleta médica, etc. Contudo, foi solto pela Justiça Pública, mediante pagamento de fiança-crime e fugiu para o estado de São Paulo.

Passados dois ou três anos, acompanhei uma reportagem, apresentada no Jornal Nacional e no Jornal Hoje, ambos programas da Rede Globo de Televisão, onde se mostrava a ação de um falso médico-ortopedista, que havia operado uma mulher e um homem, no interior de São Paulo, quando foram colocadas próteses incorretas, ficando, os dois pacientes, com uma das pernas mais curta que a outra. A reportagem, então, apresentou o falso médico, Alessandro Aparecido Marcos Gonçalves, que este Delegado reconheceu de pronto.

Tudo isso poderia ter sido evitado, caso a Justiça Brasileira fosse mais célere e justa no julgamento dos crimes, com uma legislação penal, processual penal e de execução penal condizentes, como o são as Justiças Alemã, Inglesa, Norte Americana, Canadense e de outros países desenvolvidos.

Outro caso, de grande tensão e repercussão nacional, ocorreu no dia 31 de janeiro de 2003. Era perto do horário do almoço e o assassino de Viviane Brandão, cabo PM Edivaldo Sales Simplício, era interrogado novamente na Divisão de Operações Especiais – Anti-Sequestro/DEOESP/MG, quando uma quadrilha de assaltantes de bancos, liderada por Aléssio Oliveira dos Santos, o "CAPETA", invadiu o Banco SAFRA S/A, localizado na Avenida João Pinheiro, esquina com a Rua dos Timbiras no Bairro Funcionários, em Belo Horizonte, fazendo quarenta e seis reféns, entre funcionários e clientes do banco.

Conseguimos, rapidamente, compor duas equipes de investigadores de polícia, que estavam de permanência no departamento e seguimos para o local do crime. Depois da nossa chegada no local dos fatos, em concordância com o chefe do DEOESP/MG, com o chefe da Divisão Anti-Sequestro de Minas Gerais, com a chefe da Divisão de Crimes Contra o Patrimônio/ DIE/DEIC-MG e com os comandantes da Polícia Militar, foi designado, como negociador com os assaltantes, o Capitão Gilmar, do Grupamento de Ações Táticas Especiais da Polícia Militar. Após cinco horas de negociação entre os criminosos e a polícia, os reféns foram libertados e os assaltantes Wander de Jesus Silva, Leonardo de Carvalho Lopes, Antônio Marcos Nunes de Souza, Robson Prado Moreira e o menor infrator A.C.O.S., liderados por Aléssio Oliveira dos Santos, "CAPETA", entregaram-se e foram conduzidos para a Divisão de Crimes Contra o Patrimônio (FURTOS E ROUBOS), onde foram autuados em flagrante delito por roubo qualificado e cárcere privado. Uma mulher e um homem, que entraram com o armamento no Banco Safra S/A, dando início ao assalto, conseguiram fugir, levando certa quantia em dinheiro, motivo pelo qual os criminosos responderam por roubo qualificado consumado.

O novo chefe da Polícia Civil do Estado de Minas Gerais, Delegado de Polícia, Doutor Otto Teixeira Filho, nomeado pelo novo governador de Minas Gerais, Aécio Neves da Cunha, determinou que a Divisão de Operações Especiais – Anti-Sequestro – DEOESP/MG investigasse como farto armamento pesado e munições, estavam chegando nas mãos de grandes traficantes na região metropolitana de Belo Horizonte/MG.

Prontamente, passamos a investigar esse tráfico de armas e munições, descobrindo que uma quadrilha do Espírito Santo, a qual havia sequestrado o sobrinho do ex-governador daquele estado, estava envolvida no tráfico de armas para a região metropolitana de Belo Horizonte/MG, inclusive planejando grandes ações, como roubos e sequestros no estado das Minas Gerais. Depois de muitas investigações policiais, conseguimos prender Josué da Silva, na Avenida Américo Vespúcio – Bairro Ermelinda – Belo Horizonte/MG, que foi, rapidamente, interrogado na Divisão de Operações Policiais – Anti-Sequestro – DEOESP/MG, confessando os crimes. Esta confissão levou os investigadores de polícia até o Bairro Novo Progresso – Contagem – Minas Gerais, onde foram encontradas duas metralhadoras Luger, nove milímetros, uma Parabellum Smith & Wesson, calibre 45, pistolas Colt.45 e farta munição, de vários calibres.

Jaioná Madeira Moraes estava guardando as armas. Ela era uma recém foragida (aprox. 4 dias) do Presídio de Cariacica/ES e fora presa, juntamente com outros integrantes da quadrilha de sequestradores, no Distrito de Roseiral do Mutum – Mutum – Minas Gerais, onde, também, fora preso Liberalino, intermediário na tentativa de homicídio do prefeito de Betim/MG, Jésus Mário de Almeida Lima, "O JÉSUS LIMA", no ano de 1997

O casal Josué da Silva e Jaioná Madeira Moraes foi conduzido para a Divisão Anti-Sequestro – DEOESP/MG, onde foi autuado em flagrante delito por tráfico de armas e formação de quadrilha ou bando. O chefe de Polícia, Doutor Otto Teixeira Filho, comunicou toda a exitosa operação policial ao governador do estado de Minas Gerais, que, por sua vez, entrou em contato com o governador do Espírito Santo, que deu graças a Deus pela prisão dos perigosos criminosos daquele estado da Federação.

CAPÍTULO 47

- Transferência para Superintendência Geral de Polícia Civil
- A Segunda Viúva Negra
- Regional de Uberaba e o Retorno à Divisão Anti-Sequestro

Em fevereiro de 2003, o Chefe do DEOESP/MG, Delegado de Polícia, Doutor Elson Matos da Costa, assume o cargo de Superintendente Geral de Polícia Civil, designando-me para ser o Coordenador de Polícia Civil da Superintendência Geral de Polícia Civil, responsável por todo o expediente e demais Coordenações da Superintendência, sendo que permaneci no cargo até a aposentaria do Doutor Elson Matos, ocorrida em outubro de 2003.

Neste período como Coordenador de Polícia Civil da SGPC, fui designado para investigar o suposto crime de latrocínio, ocorrido na zona rural do município de Ibiá – Minas Gerais, onde um rico fazendeiro daquele município havia sido assassinado, a tiros de arma de fogo, dentro da sede de sua fazenda.

Chegando ao local dos fatos, uma fazenda, começamos a analisar os vestígios, principalmente no local imediato da ação criminosa.

Notamos que as portas de lâminas de alumínio da fazenda haviam sido forçadas de dentro para fora da casa sede. O cofre havia sido destruído a golpes de marreta e machado, ferramentas estas que foram encontradas no interior do curral, embrulhadas e escondidas num dos cantos. Tudo muito estranho, porque a viúva, com, aproximadamente, quarenta anos de idade e mais nova que a vítima, não foi assassinada e nem sequer admoestada. Seu filho de, aproximadamente, cinco anos de idade, que dormia na hora dos fatos, nada percebeu.

Investigamos a vida pregressa do fazendeiro. Ele não tinha inimigos e havia se casado com uma moça de, aproximadamente, 26 anos de idade, tendo com ela um filho de cinco anos. O menino estava dormindo no momento do assassinato do fazendeiro e não acordou e nem soube relatar nada do ocorrido, mesmo com todo o barulho de destruição das portas e do cofre, além dos tiros efetuados contra a vítima.

Esses vestígios e provas levavam-nos a um possível cenário: a viúva estava envolvida no crime, com o auxílio de um amante, que matou a vítima e ambos simularam que assaltantes haviam matado o fazendeiro, deixando sua mulher e filho vivos.

Continuamos investigando e representamos pela decretação da prisão temporária da viúva e de seu amásio. Após a prisão de ambos, os dois confessaram o delito, esclarecendo que a viúva, primeiramente, havia colocado uma substância sonífera na comida do marido e uma mínima quantidade na comida do filhinho. Quando os dois caíram no sono, pegou seu filho e o colocou na cama, esperando a chegada de seu amásio que, assim que chegou, assassinou a vítima a tiros. Em seguida, os dois prepararam toda aquela simulação para que parecesse ter sido um roubo, porém fizeram da forma errada, devido a pouca cultura de ambos os criminosos.

Os autos de inquérito policial foram relatados e encaminhados para a Justiça da Comarca de Araxá/MG, com o pedido de transformação de prisão temporária em prisão preventiva, tendo o casal permanecido preso na cadeia pública de Ibiá – Minas Gerais.

Os fatos tiveram publicação na mídia regional do Alto Paranaíba, Triângulo Mineiro e na cidade de Belo Horizonte – Minas Gerais.

Depois da apuração do homicídio qualificado da cidade de Ibiá – Minas Gerais, fui designado pelo Chefe da Polícia Civil, Delegado de Polícia, Doutor Otto Teixeira Filho, para assumir, concomitantemente, o Cargo de Delegado Regional de Segurança Pública de Uberaba/MG, até que a titular do cargo, Delegada de Polícia, Doutora Sandra Mara de Souza Wazir Arantes se recuperasse de uma cirurgia na coluna vertebral.

Permaneci no cargo de Delegado Regional de Uberaba por, aproximadamente, vinte dias, pois, mesmo antes de se recuperar totalmente, a Doutora Sandra Wazir reassumiu o cargo, de modo que retornei para Belo Horizonte e reassumi as funções de Coordenador de Polícia Civil da Superintendência Geral de Polícia Civil.

Neste intervalo, de fevereiro de 2003 a setembro de 2003, tive o prazer de receber a visita do casal Doutor Ênio Moreira da Silva e sua esposa Eliana Aparecida Reis, bem como da Doutora Elisângela Moreira, na cidade de Belo Horizonte/MG para prestigiar minha posse como Coordenador de Polícia Civil e Delegado Regional de Segurança Pública de Uberaba/MG.

Com a aposentadoria do Delegado de Polícia, Doutor Elson Matos da Costa, assumiu a Superintendência Geral de Polícia Civil – SGPC, o saudoso Delegado de Polícia, Doutor José Arcebispo da Silva Filho, o qual em novembro de 2003, juntamente com o chefe da Polícia Civil de Minas Gerais, Delegado Doutor Otto Teixeira Filho, pediram-me para retornar ao Departamento de Operações Especiais – DEOESP/MG e reassumir a Divisão de Operações Especiais – Anti-Sequestro, pois a PCMG, naquele momento, estava carecendo de um delegado especializado e eficaz na apuração de crimes de Extorsão Mediante Sequestro e nas missões realizadas pelo Departamento de Operações Especiais e a Divisão Anti-Sequestro/DEOESP/MG.

Aceitei as novas funções prontamente, embora, teoricamente, estivesse sendo rebaixado de Coordenador de Polícia Civil-SGPC para Delegado Divisionário de um Departamento subordinado à Superintendência Geral de Polícia Civil de Minas Gerais, mas o importante para esse autor era ser bem utilizado nas funções de delegado operacional, linha de frente, um profissional experiente e que jamais teria receio de combater e enfrentar criminosos de alta periculosidade, como já vimos anteriormente e que voltaremos a ver nos próximos capítulos.

CAPÍTULO 48

Crime de Extorsão Mediante Sequestro com Morte dos Filhos do Prefeito de Candiba/Bahia, Investigado em Três Estados da Federação ao Mesmo Tempo

Poucos dias depois de retornar para a Divisão Anti-Sequestro de Minas Gerais, mais precisamente no dia 04 de dezembro de 2003, fui acionado para viajar para a cidade de Uberaba, no Triângulo Mineiro, para apuração de um crime de extorsão mediante sequestro, com resultado morte dos filhos do prefeito municipal de Candiba, o empresário Reginaldo Martins Prado. Candiba está localizada no sul do estado da Bahia, sendo que as empresas de Reginaldo Martins estão em Guanambi/BA, cidade próxima de Caitité.

Fabrício Martins Prado Costa e seu irmão Reginaldo Martins Prado Junior, com mais alguns colegas do curso de Direito da Universidade de Uberaba/ MG, estavam em sua residência, alugada na cidade, quando foram surpreendidos pelos criminosos que estavam praticando a primeira etapa do crime de extorsão mediante sequestro, que se consistia na captura de Fabrício. Seu irmão Reginaldo ainda tentou evitar que o levassem, apanhando um taco de beisebol, porém foi assassinado pelos criminosos, com tiros no peito.

Imediatamente montamos uma equipe de investigadores e escrivão de polícia, seguindo de avião para o município de Uberaba/MG, passando um grande "SUFOCO", durante a viagem de avião de pequeno porte da PCMG, devido ao mal tempo, com várias turbulências no trajeto para o Triângulo Mineiro, fazendo com que o monomotor "balançasse mais que dançarina de pagode durante uma roda de samba".

Chegando no aeroporto da cidade de Uberaba/MG, fomos recebidos pela Delegada Regional de Segurança Pública de Uberaba/MG, Doutora Sandra Mara de Souza Wazir Arantes, juntamente com os demais delegados e investigadores de polícia da Regional.

De imediato, pedi que a Doutora Sandra me levasse ao local onde haviam assassinado uma das vítimas, Reginaldo Martins Prado Junior e sequestra-

249

do Fabrício Martins Prado Costa, deslocando-me, juntamente com minha equipe de investigadores de polícia, sendo que nossa escrivã de polícia e o restante da equipe de investigadores seguiriam no dia seguinte para Uberaba, com as viaturas caracterizadas e descaracterizadas do Departamento Estadual de Operações Especiais – DEOESP/MG.

Analisamos o local e procuramos por testemunhas que pudessem nos fornecer as características dos sequestradores que mataram Reginaldo e levaram Fabrício Martins para o cativeiro, para que pudéssemos fazer um retrato falado. Foi quando tomamos conhecimento que o veículo FIAT Pálio, de cor verde, utilizado pelos criminosos, foi abandonado, por falta de combustível, na Rodovia BR-262, no "TREVÃO" da cidade de Araxá – Minas Gerais.

Passamos então a entrevistar e inquirir testemunhas, no aguardo das equipes de policiais civis, que já estavam a caminho da cidade de Uberaba – Minas Gerais, tendo chegado naquela noite do dia 04 de dezembro de 2003. Também representamos para a Justiça Pública Criminal da Comarca pela quebra dos sigilos telefônicos da ERB (Estação Radio Base de celulares) próxima de onde residiam as vítimas, para rastrearmos as ligações feitas para a casa dos pais da vítima, na cidade de Guanambi/BA, e pelo mandado de busca e apreensão para o veículo FIAT Pálio, de cor verde, utilizado pelos sequestradores e assassinos na captura da vítima Fabrício Martins e abandonado no "TREVÃO" da cidade de Araxá/MG.

Com a chegada dos policiais civis do DEOESP/MG, determinei, no dia seguinte, que o delegado de polícia, Ramon Sandoli, deslocasse-se, com uma equipe de investigadores de polícia, para a cidade de Guanambi/BA, para ajudar os pais de Fabrício Martins nas negociações com os sequestradores, pois, certamente, entrariam em contato com eles para exigir o resgate.

Encaminhei as ordens judiciais de quebra de sigilos telefônicos para o Setor de Inteligência do Departamento Estadual de Operações Especiais – DEOESP/MG, com cópias dos ofícios à Operadora de Telefonia Vivo, principalmente e, depois, segui com os policiais civis, para a Delegacia Regional de Segurança Pública de Araxá, para averiguar e inspecionar o veículo FIAT Pálio, de cor verde, abandonado pelos sequestradores, no Trevo da BR-262, naquele município.

No pátio da Delegacia Regional de Araxá/MG, passei a fazer buscas no veículo, encontrando, no porta-luvas e no porta-malas do carro, cartões de recarga de telefones celulares, revistas e comprimidos estimulantes, bem como uma nota de abastecimento de combustível, do posto de gasolina Catuta, localizado na BR-262, no município de Bom Despacho/MG.

Através desses itens, conseguimos identificar alguns sequestradores, sendo que eles estavam divididos, uma parte em Minas Gerais, outra em São Paulo, de onde um deles ligou para o pai da vítima Fabrício, o prefeito Reginaldo Martins Prado, na cidade de Guanambi/BA, exigindo um resgate de R$ 1.000.000,00 (um milhão de Reais), sendo que a equipe de policiais civis do DEOESP/MG já estava acompanhando e orientando os procedimentos para a negociação.

A ligação telefônica, exigindo o resgate, havia sido efetuada de um orelhão, localizado na zona leste de São Paulo/SP, para onde encaminhamos outra equipe de policiais para investigar. Enquanto intensificávamos as investigações policiais nas cidades vizinhas à Araxá/MG, esses investigadores faziam várias diligências policiais na capital de São Paulo e na Grande São Paulo.

Neste intervalo de tempo, um dos sequestradores, que estava tomando conta do refém Fabricio Martins, descuidou-se, oportunidade em que o sequestrado refém, efetuou uma ligação rápida para a casa dos pais na cidade baiana de Guanambi, ligação esta detectada pela Equipe de Inteligência do Departamento Estadual de Operações Especiais – DEOESP/MG.

Com isso, descobrimos e localizamos o cativeiro, onde a vítima era mantida refém, próxima à Serra da cidade de Luz – Minas Gerais. De posse da localização do cativeiro, deslocamo-nos, com várias equipes de policiais civis, para o município de Córrego Dantas – Serra da Canastra – Minas Gerais, descobrindo a localização exata do cativeiro, na zona rural da cidade, às margens do Rio São Francisco, "O VELHO CHICO", foi quando invadimos o cativeiro, libertando o refém Fabrício Martins Prado da Costa e prendemos dois sequestradores, com o apoio da Polícia Militar do estado de Minas Gerais e do Batalhão de Bom Despacho/MG.

Conduzidos para a Delegacia de Polícia Regional da cidade de Uberaba/MG, os sequestradores foram autuados em flagrante delito, por extorsão mediante sequestro, com resultado morte, crime permanente.

Em diligências seguintes, prendemos vários criminosos sequestradores, que participaram e planejaram o crime, como: "Ricardo José Ribeiro Vaz, o "NEGÃO" ou "BEIÇOLA", que fornecia os veículos usados no crime, JÚLIO CÉSAR LOPES DOS SANTOS e LEONARDO HENRIQUE DOS SANTOS, que guardavam o cativeiro, JURACI ANTUNES DANTAS, da cidade de Guanambi/BA e JANSER FARIA DE SOUZA, que eram dois dos mentores do crime, e CARLOS DE CÁSSIO RODRIGUES.

O chefe da quadrilha, Marcelo Cristian Batista de Souza, o "CABEÇÃO" ou "MARCELÃO", fugiu para o Estado de São Paulo, bem como para outros estados da federação. Todos os criminosos ficaram presos no DEOESP/MG, sendo que, sempre que requisitados, eram escoltados para a Comarca de Uberaba/MG, para participar das audiências de instrução e julgamento.

A apuração e prisão dos sequestradores de Fabrício Martins Prado Costa, filho do prefeito de Candiba/BA, o empresário Reginaldo Martins Prado, foram, amplamente, divulgadas pela mídia escrita, falada e televisada, principalmente pelo fato, de que o outro filho do Prefeito, Reginaldo Martins Prado Junior, ter sido assassinado pelos sequestradores.

Com relação ao foragido Marcelo Cristian Batista de Souza, o "MARCELÃO" ou "CABEÇÃO", esse foi preso no ano de 2017, na cidade de Contagem – Minas Gerais, depois de quatorze anos foragido da Justiça Pública de Minas Gerais, sendo que, agora, será julgado e, certamente, condenado, como mentor intelectual e por ter planejado todo o crime, bem como pela extorsão mediante sequestro com resultado morte, com uma pena de, no mínimo, vinte e quatro anos de reclusão.

Assim terminamos o ano de 2003 e iniciamos 2004, investigando criminosos sequestradores e assassinos, todos de altíssima periculosidade.

CAPÍTULO 49

- Chacina de Unai
- Prisões de Sequestradores
- Estande de Tiro Dentro da Favela Prado Lopes
- Assaltos a Integrantes do Conjunto Jota Quest, em Belo Horizonte

O ano de 2004 começa tumultuado no Departamento de Operações Especiais – DEOESP/MG, com a mudança na chefia. Por problemas administrativos, o Delegado de Polícia, Doutor Eduardo Ângelo Campos Tavares, é substituído pelo Delegado de Polícia, Doutor Walter de Souza Oliveira, o qual fica respondendo, interinamente, pela Direção do DEOESP, bem como pela Delegacia Seccional de Nova Lima/MG.

No dia 28 de janeiro de 2004, os fiscais do Ministério do Trabalho, Nelson José da Silva, João Batista Soares Lage e Eratóstenes de Almeida Gonçalves, juntamente com o motorista Ailton Pereira de Oliveira, foram assassinados, em uma emboscada, na zona rural da cidade de Unaí/MG.

Os Fiscais estavam investigando denúncias de trabalho escravo na região de Unaí/MG, sendo que o episódio ficou conhecido como a "CHACINA DE UNAÍ". No dia dos acontecimentos, recebemos ordem do Chefe da Polícia Civil, Doutor Otto Teixeira Filho, para enviarmos uma equipe do Departamento Estadual de Operações Especiais – DEOESP/MG para investigar os crimes na cidade de Unaí/MG, tendo o departamento de Polícia Federal, assumido as investigações policiais, alegando competência da esfera Federal, porque as vítimas eram funcionários públicos federais do Ministério do Trabalho.

O Departamento Estadual de Operações Especiais – DEOESP/MG iria auxiliar a Polícia Federal nas investigações policiais, mas, depois de uma análise no local dos fatos, ponderei com o Doutor Otto Teixeira Filho, que os crimes tinham as características de homicídio (PISTOLAGEM), sendo melhor encaminhar uma equipe da Divisão de Crimes Contra a Vida/DIE, tendo indicado, para auxiliar a Polícia Federal, um delegado de polícia, que era de minha confiança, o qual, inclusive, eu havia exigido sua transferência para a Divisão de Homicídios, quando Chefe daquela unidade, e que, certamente, muito poderia auxiliar a Polícia Federal na apuração dos assassinatos dos Fiscais do Trabalho, na cidade Unai/MG.

Os homicídios foram esclarecidos meses depois, tendo sido presos os envolvidos Erinaldo de Vasconcelos Silva, Rogério Alan Rocha Rios, Willian Gomes de Miranda, Francisco Elder Pinheiro, Humberto Ribeiro dos Santos, os empresários Hugo Alves Pimenta e José Alberto de Castro, bem como os mandantes, Norberto Mânica e Antério Mânica, sendo que todos foram condenados.

Cabendo esclarecer que só os executores estão presos, sendo que, recentemente, morreu o contratador dos pistoleiros, Francisco Elder Pinheiro. Os mandantes e os intermediários destes hediondos crimes de homicídio qualificado estão ainda soltos, pois contrataram bons advogados,

Muitos dos sequestradores, que participaram do crime na cidade de Uberaba/MG, foram presos no decorrer do ano de 2004, na capital mineira e, também, na cidade de Montes Claros, Norte de Minas Gerais, próximo à cidade de Guanambi/BA, onde o Prefeito de Candiba/BA, Reginaldo Prado tem empresas de distribuição e transportadoras.

Outros fatores aconteciam na capital de Minas Gerais, causando mudanças na Chefia do Departamento Estadual de Operações Especiais – DEOESP/MG, quando, em meados do ano de 2004, assumi a Chefia do Departamento, por determinação do Chefe da Polícia Civil de Minas Gerais, Doutor Otto Teixeira Filho, fazendo que mudanças fossem feitas na administração e nas operações das missões exercidas pelo DEOESP/MG.

Uma das missões foi a apuração do assassinato do recluso Fabiano Lopes da Silva, o "PAULISTA", dentro da Penitenciária de Segurança Máxima de Contagem, Nelson Hungria, no dia 11 de maio de 2004. O preso Fabiano Lopes da Silva, o "PAULISTA", era considerado um dos mais perigosos criminosos do estado de Minas Gerais. Ele foi responsável, sozinho, por doze homicídios, latrocínios, roubos a bancos e pela a morte de um investigador de polícia da PCMG, Sebastião Felix Herculano, o "TATÃO", lotado na Seccional Leste.

Durante as investigações, foi descoberto que os reclusos Leandro Mateus Goulart, Girleno Alves da Silva e Arley de Oliveira Assis foram os responsáveis pelo assassinato do temido "PAULISTA", o qual teria escapado, anteriormente, de uma tentativa de assassinato na Casa de Detenção Antônio Dutra Ladeira, na cidade de Ribeirão das Neves/MG.

Outra missão, assumida pelo Departamento de Operações Especiais – DEOESP/MG, foi o combate às quadrilhas de tráfico de drogas, dentro de Belo Horizonte/MG, sendo que, no dia 16 de junho de 2004, na favela Pedreira Prado Lopes – Bairro São Cristóvão – Belo Horizonte/MG, foi presa uma quadrilha de traficantes de drogas, dentre eles Alexandre Moura, Fábio Teixeira e Maurício Reis de Oliveira, além, também, de descobrir uma "escola do tráfico", onde havia treinamento de tiro para os criminosos, inclusive estande de tiro, mostrando que, àquela época, em Minas Gerais, o crime já estava se organizando para praticar os mais diversos tipos de crimes dentro do Estado.

Outra ação, no dia 21 de junho, foi o acionamento para investigar o roubo da Picape FORD – Modelo F-150, de cor preta, placas de São Paulo/SP – CRQ 5577, tomada, de assalto, do músico do Conjunto Jota QUEST, Márcio Túlio Marques Buzelin, próximo à Favela do Vietnã, quando o músico passava para acessar o Anel Rodoviário – Bairro Primeiro de Maio – Belo Horizonte – Minas Gerais, foi fechado por outro veículo, ocupado por três criminosos, os quais o abordaram e mandaram passar para o banco traseiro da picape.

Depois de ficar mais de uma hora em poder dos criminosos, foi deixado no Bairro Santo Antônio – Belo Horizonte/MG. Acionados pelo músico, depois de várias diligências, localizamos a Picape FORD – F-150, de cor preta, placa de São Paulo/SP, com as portas abertas e intacta, na Rua Gaivotas – Bairro Planalto – Belo Horizonte/MG, restituindo-a ao músico do conjunto Jota QUEST, Márcio Túlio Marques Buzelin. Na sequência, investigamos e prendemos os criminosos no Bairro Nazaré – Belo Horizonte/MG, depois de uma rápida troca de tiros, ficando dois criminosos baleados, os quais, socorridos para o HPS João XXIII, em Belo Horizonte, vieram, infelizmente, a falecer.

CAPÍTULO **50**

▪ Sequestro e Assassinato de Empresário de Montes Claros

O empresário Djalma Freitas, proprietário de garagens e empresas de ônibus coletivos Alprino, da cidade de Montes Claros, passava sempre pela Rua Vinte e Cinco no caminho de volta à sua chácara na Vila Castelo Branco, periferia do município de Montes Claros – MG. Nesta rua, em 07 de junho de 2004, por volta das 19:20 horas, quadrilheiros, do estado da Bahia, juntamente com comparsas originários de Montes Claros/MG, tentaram interceptar a caminhonete usada pela vítima Djalma Freitas, tentando fazer com que ele parasse, a fim de capturá-lo e levá-lo para um cativeiro na cidade de Feira de Santana – Bahia, onde seria mantido refém e seria exigido resgate no crime de extorsão mediante sequestro, além de conduzi-lo, antes até a Empresa de ônibus, para roubar o dinheiro da empresa, arrecada no final de semana, nas diversas linhas de ônibus.

Contudo, o empresário Djalma Freitas não parou e os quadrilheiros passaram a atirar contra a caminhonete, atingindo a vítima que veio a falecer no local, em razão dos ferimentos dos tiros de fuzil, efetuados pelos criminosos, tendo uma parte da quadrilha fugido para outro estado da Federação.

A pedido do deputado estadual Arlen Santiago, da cidade de Montes Claros/MG, bem como de outros políticos da região norte de Minas Gerais, ao Governador do Estado de Minas Gerais, Aécio Neves da Cunha, o Chefe da Polícia Civil de Minas Gerais, Doutor Otto Teixeira Filho, designou o Departamento Estadual de Operações Especiais – DEOESP/MG para investigar o crime de extorsão mediante sequestro, com resultado morte, do empresário e proprietário da empresa Alprino de ônibus Coletivos, da cidade de Montes Claros/MG. As investigações policiais, deveriam ser dirigidas pelo Delegado de Polícia Edson Moreira, Chefe do Departamento Estadual de Operações Especiais.

Em 21 de julho de 2004, deslocamo-nos para o município de Montes Claros – Minas Gerais, para investigar a extorsão mediante sequestro com resultado morte, do Empresário Djalma Freitas, ocorrida no dia 07 de junho de 2004.

Ao chegar na cidade de Montes Claros/MG, como sempre procedemos, fomos analisar o local onde houve a emboscada ao empresário para conhecer a mecânica do delito e todas as suas circunstâncias, além de nos deslocarmos até a garagem dos ônibus para verificar o estado da camionete, dirigida pela vítima no dia de seu assassinato, quando tentava escapar dos sequestradores.

No local dos acontecimentos, descobrimos que, no dia 07 de junho de 2004, por volta das 18:40 horas, o senhor Rene de Oliveira Melo, que prestava serviços para a vítima Djalma de Freitas em sua chácara no Bairro Castelo Branco, depois de sair do trabalho, voltava à pé para sua residência e, ao passar pela primeira curva antes da entrada da Chácara, avistou um elemento com uma mochila grande nas costas e, à sua frente, uma camionete VW SAVEIRO de cor prata, com dois homens na carroceria, testando uma lanterna e dois na cabine da SAVEIRO, a qual estava virada, com a frente para a chácara do seu patrão Djalma Freitas.

Ao avistarem o senhor Rene, os dois homens que estavam na carroceria, desceram e para despistar agradeceram a carona e juntaram-se ao elemento que estava com a mochila nas costas. Portanto, determinamos, com a oitiva dessa testemunha, que cinco pessoas foram avistadas próximo ao local em que a vítima estava residindo.

Continuando seu trajeto para sua casa, o senhor Rene passou em frente ao Bar do Eustáquio, onde, novamente, visualizou a camionete VW SAVEIRO, de cor prata, novamente virada em direção à chácara em que o seu patrão Djalma Freitas residia, tendo um dos elementos encarado Rene, como se soubesse que ele trabalhava com a vítima.

Esclareceu que a vítima Djalma tinha hábitos rotineiros, sempre indo à padaria naquele horário, para comprar pão, horário em que foi emboscado. Depois de algumas horas, Rene veio a tomar conhecimento do assassinato de seu patrão, ligando as pessoas e a camionete, vistas anteriormente, com os autores da morte de Djalma.

Reconheceu, através de fotografias, um dos indivíduos que estavam próximos à chácara, mais precisamente o que estava encostado na camionete Saveiro, de cor prata, como sendo a pessoa que se identificou como José Gomes Neto, mas que, na verdade, chama-se JOSÉ RIBAMAR GOMES, o "LOIRINHO" ou "RIBA", chefe de uma das maiores quadrilhas da Bahia, especializada em roubos a banco, carros fortes e extorsões mediante sequestro.

Ainda no local, descobrimos que a vítima foi emboscada por José Ribamar Gomes e outros membros de sua quadrilha, tendo os quadrilheiros mandado ela parar, quando, ao desobedecer, os criminosos passaram a efetuar disparos de fuzis, atingindo mortalmente a vítima, na artéria femoral, levando a mesma a óbito por "ANEMIA HEMORRÁGICA AGUDA POR LACERAÇÃO DA ARTÉRIA FEMORAL, PRODUZIDA POR INSTRUMENTO PÉRFURO--CONTUDENTE.".

Após investigarmos o local da emboscada e assassinato da vítima Djalma de Freitas, deslocamo-nos até a Avenida Deputado Esteves Rodrigues – Bairro Centro – Montes Claros/MG, onde ficava localizado o hotel Skala, passando a entrevistar a recepcionista Aline Cristina Ferreira Dias, pessoa que havia atendido três hospedes do hotel, os quais se hospedaram no dia 06/06/2004, por volta das 00:30 horas, identificando-se como policiais militares do estado de São Paulo, tendo um deles apresentado a identidade falsa de José Gomes Neto, enquanto os outros disseram chamar-se Daniel e Maurício, sendo que eles estavam com um veículo, o qual ficou afastado do hotel e não foi estacionado na garagem.

A senhora Aline e mais outras testemunhas, reconheceram José Ribamar Gomes, o "LOIRINHO" ou "RIBA", como sendo a pessoa que se identificou no hotel Skala, como sendo José Gomes Neto, Carlos Eduardo Rabelo, o "DADO", como sendo a pessoa que se identificou como Maurício e Raimundo Mascilon Barros Gomes, como o que se identificou como Daniel, tendo sido eles reconhecidos, também, como três das pessoas que estiveram na Rua Vinte e Cinco – Vila Castelo Branco, Zona Rural – Montes Claros/MG.

Em seguida, fomos até a oitava Delegacia Regional de Segurança Pública de Montes Claros/MG, onde estava apreendido o veículo VW SAVEIRO, de cor prata, placa de Belo Horizonte GYZ 1363, tomado de assalto no dia 03 de junho de 2004, por volta das 19:30 horas, na BR – 040, altura do BH--SHOPPING – Bairro Belvedere – Belo Horizonte/MG, do senhor Roberto Campos Valadares Gontijo. Este veículo foi visto por testemunhas, no horário de 19:00 horas, próximo ao local do crime no dia 07 de junho de 2004. Esta caminhonete foi abandonada pelos criminosos, após o assassinato da vítima Djalma Freitas, na Rua Tietê, s/nº – Bairro Guarujá – Montes Claros/MG, nas proximidades da Lagoa do Interlagos e a poucos metros da interseção com a Rua Solimões, sendo praticamente uma estrada vicinal de terra e cascalhos.

Na carroceria da camionete, foi encontrado, dentre vários objetos, um pente contendo 19 cartuchos de munição de fuzil, calibre 5,56 mm e um cartucho deflagrado, de mesmo calibre, deixados pelos criminosos que fugiram, às pressas, depois de matarem a vítima Djalma Freitas, empresário da Empresa de Ônibus Alprino.

Dando continuidade às investigações policiais, deslocamo-nos para o estado da Bahia, onde comparecemos ao Serviço de Inteligência Policial, na cidade de Salvador/BA, quando identificamos a perigosa quadrilha do "LOI-RINHO" ou "RIBA", da cidade baiana de Feira de Santana, composta por José Ribamar Gomes, o "LOIRINHO" ou "RIBA", chefe da organização criminosa, Adão Soares de Albuquerque, Carlos Eduardo Rabelo, "BAIANO" ou "DADO", Claumir Pereira da Silva, Isval Soares Guterres, José Carlos Sales da Rocha, Halcyon Pedrosa Almeida, Marcelino da Silva Campos, Raimundo Mascilon Barros Gomes, Paulo Pereira Amorim, o "PAULÃO", Vagner Castro Pontes, Caio José Pires Lane, André Luiz Carvalho e Roselane Oliveira de Souza.

Após identificar os integrantes da quadrilha, retornamos à Montes Claros/MG, passando, antes, pela cidade de Feira de Santana/BA, tentando localizar algum membro da quadrilha, não obtendo sucesso.

Em Montes Claros/MG, intensificamos as diligências, buscando saber quem era, na cidade, a ligação com os quadrilheiros da Bahia e identificar como fora arquitetado todo o crime de extorsão mediante sequestro e roubo da empresa Alprino de ônibus coletivos.

Descobrimos que o empresário Ismael Soares Ferreira e o cabo PM, expulso da Polícia Militar de Minas Gerais, José Carlos Eulálio, o "CABO EULÁLIO", seriam os criminosos que arquitetaram e participaram de toda a ação criminosa, sendo os dois vistos andando na cidade de Montes Claros/MG com os quadrilheiros, inclusive almoçando com eles numa churrascaria da cidade.

No dia do assassinato de Djalma Freitas, Ismael e o "CABO EULÁLIO", auxiliaram os criminosos na fuga e no abandono da camionete VW SAVEIRO, de cor prata, placa de Belo Horizonte GYZ 1363, no Bairro Guarujá – Montes Claros/MG, tendo utilizado seu próprio veículo importado, Hyndai, de cor branca, para auxiliar os seus comparsas de crime.

Os autos de inquérito policial foram relatados e encaminhados à Justiça Criminal da comarca de Montes Claros/MG, indiciando e prendendo, preventivamente, Ismael Soares Ferreira, desafeto de Djalma Freitas, José Carlos Eulálio, o "CABO EULÁLIO", expulso da Polícia Militar de Minas Gerais, por envolvimento em diversos crimes. Ficaram, ainda foragidos, José Ribamar Gomes, o "LOIRINHO" ou "RIBA", chefe da quadrilha de ladrões a bancos, cargas e extorsões mediante sequestro, Carlos Eduardo Rabelo, "BAIANO" ou "DADO", Raimundo Mascilon Barros Gomes, Adão Souza de Albuquerque, Claudemir Pereira da Silva, Isval Soares Guterres, José Carlos Sales da Rocha, Halcyon Pedrosa Almeida, Marcelino da Silva Campos, Paulo Pereira Amorim, o "PAULÃO", e Vagner Castro Pontes.

A apuração teve repercussão nacional, sendo amplamente divulgada na mídia escrita, falada e televisada, principalmente no norte de Minas Gerais, mas também na região metropolitana de Belo Horizonte, no estado de Minas Gerais, na região metropolitana da Bahia e na cidade de Feira de Santana/BA.

Como veremos mais à frente, a apuração desta extorsão mediante sequestro com resultado morte da vítima Djalma Freitas, empresário da empresa Alprino de Ônibus Coletivos de Montes Claros/MG, influenciou em outra grande investigação policial de roubos e latrocínios a carros fortes no Vale do Aço, Belo Horizonte, Itaúna, região sudoeste, tudo dentro de Minas Gerais.

CAPÍTULO 51

- Sequestro e Assassinato do Radialista "Julius Bill" na Cidade de Pium-Í – Minas Gerais
- O Desaparecimento da Irmã do Lutador Vitor Belfort
- Delegado Regional de Divinópolis é Assassinado em Sua Fazenda
- Prisão do Fazendeiro Mandante da Chacina de Felisburgo/MG
- Rajadas de Tiros no Banco do Brasil – Avenida Presidente Antônio Carlos, em frente à UFMG

No retorno à Belo Horizonte/MG, já estava nos aguardando mais uma missão espinhosa, atendendo a um pedido da presidência da República Federativa do Brasil, o governador do estado de Minas Gerais, Aécio Neves da Cunha, determinou, através do Chefe da Polícia Civil de Minas Gerais, Doutor Otto Teixeira Filho, que uma equipe do DEOESP/MG fosse até a cidade de Pium-Í, sul do estado de Minas Gerais, investigar o desaparecimento do radialista Júlio César Rodrigues, o "JULIUS BILL".

O suposto sequestro do radialista havia ocorrido em 27 de maio de 2004. O veículo FIAT UNO, placa de Batatais/SP, BJB 6544, de propriedade de seu irmão, foi encontrado incendiado no município de Pains/MG, próximo ao Rio São Miguel, afluente do Rio São Francisco, o "VELHO CHICO". A solicitação expressa do Governador Aécio Neves era que a equipe fosse coordenada pelo Delegado Edson Moreira, que apurou o crime de extorsão, mediante sequestro, com resultado morte do empresário Djalma Freitas, da empresa Alprino, em Montes Claros – MG, dias anteriores.

Chegando à cidade de Pium-Í – sul de Minas Gerais, próximo à nascente do Rio São Francisco, tomamos conhecimento de que, duas semanas antes de o radialista desaparecer, homens encapuzados agrediram a vítima Júlio César Rodrigues, o "JULIUS BILL", deixando-o bem machucado e com medo de sair de casa.

De imediato, partimos para a cidade de Pains/MG, próximo a onde o veículo FIAT UNO, placa BJB 6544, da cidade de Batatais/SP, fora encontrado incendiado. Daquele ponto, passamos a acompanhar o rio São Miguel, quando, na cidade de Iguatama/MG, descobrimos que pescadores haviam encontrado um corpo humano, nas margens do Rio, preso a galhos de árvores, estando esse corpo em adiantado estado de putrefação e com um corte profundo na barriga, ação feita pelos assassinos para que o corpo afundasse e não boiasse.

Além do corte na barriga, havia três perfurações na cabeça de "JULIUS BILL", provocadas por instrumento pérfuro-contundente (projétil de arma de fogo), ficando assim comprovado que ele fora sequestrado e depois assassinado pelos seus algozes, possivelmente pessoas conhecidas da vítima, o radialista Júlio César Rodrigues, o "JÚLIUS BILL".

Depois de encontrarmos o corpo da vítima Júlio César Rodrigues, "O JÚLIOS BILL", retornamos para a cidade de Pium-Í e intensificamos as investigações policiais, principalmente focando na vida pregressa da vítima, descobrindo que ele mantinha um romance com o Eletricista Tiago Couto Pereira. Júlio havia avisado a seus familiares que, naquela noite de seu desaparecimento, iria sair em companhia de Tiago, seu companheiro de romance, por precaução, pois já havia apanhado de pessoas encapuzadas e estava com receio que alguma coisa lhe acontecesse.

Pediu o carro emprestado ao irmão, abasteceu o tanque do veículo com um cheque de R$ 20,00 (vinte Reais), encontrou-se com Tiago Couto Pereira. Juntos, Júlio e Tiago, foram, em seguida, para os arredores da cidade de Pium-Í, onde consumiram vinho e chocolate, depois mantiveram relações sexuais, tendo Tiago Couto Pereira aproveitado para surpreender "JÚLIUS BILL", desferindo três tiros em sua cabeça, utilizando uma pistola, calibre 6,35 mm, matando a vítima, o que fora previamente combinado com seu outro amante.

Em seguida, Tiago chamou seu outro amante, o empresário Mauro Alves Ferreira, que chegou onde eles estavam, já sabendo o que teria acontecido, já que ambos (Tiago e Mauro) haviam planejado tudo previamente. Neste instante, colocaram o corpo da vítima no veículo VW GOL, de cor vinho, de Mauro Alves, atearam fogo no Veículo FIAT UNO, utilizado por "JÚLIUS BILL" e partiram para a cidade de Pains/MG, onde parentes de Tiago tinham uma fazenda, próximo ao rio São Miguel.

AGORA É COMIGO!

Chegando às margens desse rio, abriram a barriga da vítima Júlio César Rodrigues, o "JÚLIOS BILL", utilizando uma faca de campanha e jogaram o corpo nas águas do Rio São Miguel, de correnteza muito forte. Depois retornaram para a cidade de Pium-Í, mantendo a rotina entre os dois, agora livre da vítima, podendo continuar o romance entre eles (TIAGO COUTO PEREIRA E MAURO ALVES FERREIRA), sem serem incomodados.

Durante as investigações policiais, descobrimos que foram Mauro e Tiago quem contrataram pessoas da cidade para aplicar uma surra na vítima, para que ela rompesse o relacionamento com Tiago e este ficasse livre para continuar seu caso com o empresário Mauro Alves Ferreira, o qual, por ciúmes, tramou, junto com Tiago, o cruel assassinato de "JÚLIUS BILL".

O inquérito policial foi relatado e encaminhado para a Justiça Criminal da Comarca de Pium-Í, juntamente com os autos apartados dos sigilos telefônicos dos indiciados, comprovando o contato entre ambos, e com o pedido de prisões preventivas de Tiago Couto Pereira e de Mauro Alves Ferreira, tendo as prisões sido decretadas pelo Meritíssimo Juiz de Direito da Comarca de PIUM I, Doutor Marlúcio Teixeira de Carvalho e cumpridas pela equipe de policiais civis do Departamento Estadual de Operações Especiais – DEOESP/MG.

Os fatos foram amplamente divulgados pela mídia televisada, falada e escrita, principalmente pelos meios de comunicações da região sudoeste do estado de Minas Gerais, bem como pelos programas da Rádio Itatiaia de Minas Gerais, das emissoras de televisão (REDE GLOBO, TV ALTEROSA E REDE RECORD), mostrando, mais uma vez, o alto índice de apurações nos casos investigados por nosso Departamento Estadual de Operações Especiais – DEOESP/MG.

Outras investigações policiais foram requisitadas ao DEOESP/MG, como o desaparecimento da irmã do lutador Vitor Belfort, Priscila Vieira Belfort, ocorrida no Rio de Janeiro/RJ, em janeiro de 2004, através do genitor deles, senhor José Marcos Lima Belfort. Entretanto, a polícia carioca não nos enviou as documentações necessárias, fazendo questão que não participássemos das investigações, mesmo porque a competência era da Polícia Civil do Estado do Rio de Janeiro.

O senhor José Marcos Lima Belfort insistiu que déssemos continuidade à investigação, chegando até a indicar que tivera notícias de que sua filha Priscila Belfort fora vista em um vagão do trem do metrô de Belo Horizonte/MG, momento em que apresentou o nome de uma testemunha, a qual foi devidamente intimada para comparecer no Departamento Estadual de Operações Especiais – DEOESP/MG para prestar esclarecimentos.

Essa testemunha compareceu no DEOESP/MG e, inquirida, disse que teria visto Priscila Belfort com as feições de infeliz e muito pálida, embarcando na estação Minas Shopping do metrô, acompanhada de um homem que a segurava pelo braço, o tempo todo, até o desembarque na estação Lagoinha do metrô em Belo Horizonte/MG. Essa testemunha havia trabalhado com o senhor José Marcos Lima Belfort, quando este jogava vôlei pelo Minas Tênis Clube. Tal declaração não parecia se sustentar, levando, até, o jornalista Acílio Lara Rezende, o qual colaborava com as buscas do pai, a não demonstrar muita esperança na versão daquela testemunha, achando muito pouco provável que isso ajudasse a encontrar Priscila Belfort, uma vez que o desaparecimento ocorrera na cidade do Rio de Janeiro.

Infelizmente, ele estava certo, pois, até a presente data, Priscila Vieira Belfort não foi encontrada e nunca mais se teve notícias da referida moça, desaparecida na capital do Rio de Janeiro, no mês de janeiro do ano de 2004.

Outra investigação policial, à qual o Departamento Estadual de Operações Especiais – DEOESP/MG deu total apoio, foi o assassinato do Delegado de Polícia Lúcio Nogueira Ferreira de Melo, chefe da Delegacia Regional de Segurança Pública de Divinópolis/MG. Seu assassinato ocorreu em seu sítio, na cidade de Florestal/MG, no final de semana (sábado à noite) do feriado de 07 de setembro de 2004.

As investigações policiais foram realizadas pelo delegado de polícia civil, Leandro Almada, hoje delegado da Polícia Federal, que contou com nosso total apoio em todas as diligências realizadas, até o total esclarecimento do crime de latrocínio que vitimou o Doutor Lúcio Nogueira, covardemente assassinado, na presença de familiares, durante um roubo acontecido em sua fazenda, no município de Florestal – Minas Gerais.

Fomos acionados no dia 15 de setembro de 2004, para prestar apoio e auxiliar a Delegacia Especializada de Roubos a Bancos do Departamento de Investigações Especializadas, no assalto ao Banco do Brasil, localizado na Avenida Presidente Antônio Carlos, 6368 – Bairro Liberdade – Região da Pampulha – Belo Horizonte – MG, onde cinco assaltantes de bancos haviam sequestrado o gerente da agência e feito trinta reféns dentro da agência do banco.

Os assaltantes de bancos, foragidos da Casa de Detenção Antônio Dutra Ladeira, em Ribeirão das Neves/MG e da Penitenciária de Vitória/Es, foram todos presos, após dez minutos de troca de tiros, entre rajadas e tiros intermitentes, disparados pelos criminosos, sendo eles: Mineiros – GILCIMAR DA SILVA, o "TIRIRICA", ELTON FERREIRA DA COSTA, o "NOJENTO"; Capixabas do Espírito Santo – NILDO ALVES DO NASCIMENTO, FABIANO LOPES DA SILVA E FRANCISCO DE ASSIS OLIVEIRA GARCIA, o "CHIQUINHO".

Os comparsas, identificados como MARCINHO E ADONIS, que haviam ficado com os familiares do gerente da agência, Olavo Augusto Neves Leite, como reféns até conseguirem levar o dinheiro, ao escutarem o noticiário, fugiram, soltando os familiares do gerente Olavo, do Banco do Brasil. Todos os criminosos foram levados para a Delegacia Especializada de Roubos a Bancos do Departamento de Investigações Especializadas e autuados em flagrante por roubo e sequestro.

O Superintendente Geral da Polícia Civil de Minas Gerais, o saudoso Delegado de Polícia, Doutor José Arcebispo da Silva Filho, determinou que uma equipe do Departamento Estadual de Operações Especiais – DEOESP/MG, chefiados pelo Delegado Edson Moreira, fosse até a capital paulista para localizar e prender o fazendeiro Adriano Chafik Luedy, o qual, no dia 20 de novembro de 2004, a partir de sua fazenda Nova Alegria – cidade de Felisburgo – Vale do Jequitinhonha – Minas Gerais, havia comandado uma ação contra invasores de terras, tendo sidos assassinados cinco trabalhadores sem-terra na nefasta ação repressora, comandada pelo fazendeiro, o qual, após a repercussão dos crimes, havia fugido para São Paulo/SP, onde possuía parente e conhecidos, os quais poderiam escondê-lo até as "COISAS ESFRIAREM".

Os advogados do fazendeiro Adriano Chafik Luedy, ao tomarem conhecimento que policiais civis de Minas Gerais estavam em São Paulo para prender seu cliente, apresentaram o fazendeiro no Departamento de Homicídios e Proteção à Pessoa, da Polícia Civil de São Paulo, onde Adriano Chafik passou a noite, sendo que, no dia seguinte, por volta das 12:30 horas, foi entregue, aos nossos cuidados, no Aeroporto de Congonhas – São Paulo – São Paulo.

Com o preso já sob nossa custódia, de pronto, voamos para a cidade de Jequitinhonha/MG, onde uma equipe da Divisão de Crimes Contra a Vida/DIE estava investigando os crimes de homicídio na Fazenda Nova Alegria, onde o Doutor Wagner Pinto de Souza interrogou o fazendeiro Adriano Chafik Luedy, que apresentou sua versão e depois o recambiamos para o Departamento Estadual de Operações Especiais – DEOESP/MG, onde ele ficou preso preventivamente, sendo solto futuramente por "Habeas-Corpus", do Superior Tribunal de Justiça.

Adriano Chafik Luedy foi julgado e condenado posteriormente, vindo a cumprir pena.

CAPÍTULO **52**

Professor de Kung Fu e Alunos Sequestram e Matam em Betim/MG – Vítima que é Obrigada a Beber Um Litro Inteiro de Cachaça Antes de Ser Assassinada

O ano de 2005 começou a todo o vapor no Departamento Estadual de Operações Especiais – DEOESP/MG, porque, desde o dia 23 de setembro de 2004, estavam sendo investigado, pela Divisão Anti-Sequestro de Minas Gerais, dois crimes de extorsão, mediante sequestro, com resultado morte, na cidade de Betim – Minas Gerais.

As vítimas eram estudantes da Escola Estadual Nossa Senhora do Carmo – Bairro Angola – Betim – Minas Gerais.

O primeiro estudante a ser sequestrado foi Cleiton Vernier Rossi, o qual foi levado para o cativeiro.

A partir de então os sequestradores passaram a exigir um resgaste de R$ 20.000,00 (Vinte mil Reais), que deveriam ser levados até o trevo de acesso da rodovia BR-381 – Fernão Dias para a rodovia BR-262, que faz ligação para o Triângulo Mineiro.

Após várias negociações, ficou acertado que o dinheiro, exigido para o resgaste, fosse entregue naquele local, no domingo seguinte, por volta das 21:00 horas. Equipes da Divisão Anti-Sequestro foram posicionadas no trevo de acesso combinado, contudo, o sequestrador passando de motocicleta pelo local combinado, percebeu que havia policiais naquele lugar e resolveu não apanhar o dinheiro do resgaste, fugindo do local e retornando ao cativeiro, onde Cleiton encontrava-se cativo.

No dia seguinte, na parte da noite, os sequestradores forçaram a vítima Cleiton Vernier Rossi a ingerir uma garrafa de aguardente e, depois levaram--no até o Bairro Bandeirinhas – Betim – Minas Gerais, onde desferiram diversas facadas em Cleiton, até se certificarem de que ele estava morto, fazendo tal ação para que não fossem denunciados, pois a vítima conhecia a todos os sequestradores, o que nos leva a concluir que, mesmo que o resgaste tivesse sido pago, certamente Cleiton seria assassinado do mesmo jeito.

As investigações policiais estavam avançando e já tínhamos, praticamente, identificado um dos sequestradores, o professor de artes marciais ("KUNG FU"), Alberino José dos Santos, o qual era proprietário de uma academia de artes marciais, chamada "WING SHUNG TAI", localizada no centro da cidade de Betim/MG, local onde, também, suspeitávamos ser o cativeiro da vítima Cleiton Vernier Rossi, motivo que nos fez representar pelo mandando de busca e apreensão na academia de artes marciais, bem como pela quebra do sigilo telefônico do professor de "KUNG FU" Alberino José dos Santos.

Entretanto, a Justiça Criminal de Betim/MG, cujo o nome do Juiz de Direito não vou mencionar, para evitar aborrecimentos e contendas judiciais, negou, surpreendentemente, os pedidos feitos pelo DEOESP/MG, os quais certamente "RACHARIAM" o crime de extorsão mediante sequestro com resultado morte da vítima Cleiton Vernier Rossi e levando, certamente, à prisão de todos os envolvidos.

Os sequestradores, percebendo que não estavam sendo incomodados, visto que a Justiça Pública havia negado os pedidos de cautelares feitos pelo Departamento Estadual de Operações Especiais – DEOESP/MG, realizaram, no dia 04 de outubro de 2004, outro sequestro, a do adolescente Rafael Anderson Carvalho de Aguiar, também aluno da Escola Estadual Nossa Senhora do Carmo – Bairro Angola – Betim – Minas Gerais, levando-o para a mesma academia de artes marciais "WING SHUNG TAI", do professor de "KUNG FU", Alberino José dos Santos.

Desta vez, ao invés de pedir resgaste, os sequestradores l garam para a Escola Estadual Nossa Senhora do Carmo, fazendo parecer que os sequestradores seriam de uma quadrilha do Bairro Angola, dizendo que haviam matado um aluno (referindo-se a Cleiton Vernier Rossi) e que, agora, iriam matar mais alunos.

Na noite do dia 04 de outubro de 2004, levaram Rafael Anderson para o Bairro Citrolândia – Betim/MG, roubaram seus pertences e tênis, depois desferiram várias facadas em Rafael, tirando-lhe a vida. Com isso, mais um aluno da mesma escola foi assassinado, levando pânico aos estudantes, pais e professores da Escola Estadual Nossa Senhora do Carmo – Bairro Angola – Betim – Minas Gerais.

Com este segundo assassinato, desconfiamos haver alguma ligação entre ambos os crimes acontecidos na cidade de Betim/MG, com alunos da Escola Estadual Nossa Senhora do Carmo – Bairro Angola, aliás mesma Região de Betim onde o Prefeito Jésus Lima havia sofrido atentado no ano de 1997,

Como esse segundo assassinato havia ocorrido na Comarca de Igarapé/MG, solicitamos ao Juízo daquela Comarca, com o auxílio do Delegado de Homicídios de Betim/MG, Delegado de Polícia João Bosco Rodrigues Silva, os mandados de busca e apreensão para a academia de artes marciais "WING SHUNG TAI", de propriedade do professor de "KUNG FU", Alberino José dos Santos, juntamente com mandados para interceptação telefônica da Escola Estadual e da Academia de Artes Marciais.

Através das interceptações telefônicas, descobrimos os outros envolvidos nos crimes de extorsão mediante sequestro, com resultado morte de Cleiton Vernier Rossi e do roubo, com resultado morte de Rafael Anderson Carvalho de Aguiar, como sendo os alunos R.S.B.A. e T.I.S., da Escola Estadual Nossa Senhora do Carmo, do Bairro Angola, que também eram alunos da academia de artes marciais "WING SHUNG TAI", de propriedade do professor de "Kung Fu", Alberino José dos Santos.

Em seguida, representamos ao Juízo da Comarca de Igarapé/MG pela prisão preventiva de Alberino José dos Santos e apreensão dos menores R.S.B.A. e T.I.S., mais uma vez com o apoio do Delegado de Polícia João Bosco Rodrigues Silva da Delegacia Especializada de Homicídios de Betim/MG, sendo todos os pedidos deferidos e os mandados expedidos.

De posse dos mandados de prisão e de busca e apreensão dos menores, além do mandado de busca e apreensão para o endereço da escola de artes marciais "WING SHUNG TAI", no dia 11 de janeiro de 2005, cumprimos todos os mandados, prendendo o professor de Artes Marciais ("KUNG FU"), Alberino José dos Santos, apreendemos os menores R.S.B.A. e T.I.S., conduzindo a todos para o Departamento Estadual de Operações Especiais – DEOESP/MG, além de cumprir o mandado de busca e apreensão na escola de artes marciais, encontrando vestígios, importantíssimos, com relação as duas vítimas mortas, um dos vestígios sendo a garrafa de aguardente vazia.

No Departamento Estadual de Operações Especiais – DEOESP/MG, o professor de artes marciais ("KUNG FU"), Alberino José dos Santos confessou, com detalhes, todo o planejamento dos dois sequestros e os respectivos assassinatos, alegando que precisava levantar dinheiro para pagar dívidas da escola de artes marciais, mas quem teria matado as vítimas Cleiton Vernier e Rafael Anderson haviam sido os menores R.S.B.A. e T.I.S..

Esclareceu que Cleiton foi assassinado para que não denunciasse a ele e aos comparsas, já que era conhecido deles e, mesmo que recebesse o dinheiro do resgate, como tentou pegar naquele domingo à noite, do final do mês de setembro de 2004, Cleiton seria morto para que não delatasse os criminosos, dentre eles o próprio Alberino.

Com relação ao assassinato de Rafael Anderson Carvalho de Aguiar, esclareceu que a Polícia Civil estava rondando a sua academia de artes marciais, então, para despistar, resolveram sequestrar e matar, do mesmo jeito, a Rafael, para desviar as investigações para a cidade de Igarapé/MG, sendo que, torpemente, os menores ainda aproveitaram para roubar dinheiro, tênis e outros pertences da vítima Rafael. Alberino comentou que ministrou as bebidas alcóolicas (AGUARDENTE – PINGA) às vítimas para que as mesmas não sofressem tanto ao receber as várias facadas que foram desferidas para matá-las.

Ao final, disse que, se tivesse sido preso quando os policiais civis estavam rondando a sua academia de artes marciais, no final de setembro de 2004, o adolescente Rafael Anderson Carvalho de Aguiar, de 15 anos de idade, não seria sequestrado e assassinado por eles, como aconteceu na noite do dia 04 de outubro de 2004, o que nos remete, todos, a refletir sobre os infelizes desdobramentos daquela primeira decisão da Justiça Criminal de Betim/MG.

Posteriormente, os inquéritos Policiais foram instruídos e relatados, com o cumprimento da prisão preventiva do professor de artes marciais ("KUNG FU"), Alberino José dos Santos, ficando ele preso no DEOESP/MG, à disposição da Justiça Criminal de Igarapé e Betim – Minas Gerais, sendo os menores R.S.B.A. e T.I.S. apreendidos e levados para o Centro de Recolhimento de Betim/MG, à disposição das Varas de Menores de Igarapé e Betim – Minas Gerais.

Os fatos foram amplamente divulgados pela mídia falada, televisada e escrita, principalmente tendo em conta o motivo dantesco que levou à morte da segunda vítima Rafael, tendo o repórter e apresentador Eduardo Costa, da Rádio Itatiaia, dado muita ênfase a esse acontecimento, pois teria sido mais uma vida salva, caso todos os responsáveis tivessem cumprindo com suas obrigações, além de parabenizar o DEOESP/MG, por mais uma grande investigação policial e apuração de outros dois crimes de extorsão mediante sequestro no estado das Minas Gerais.

CAPÍTULO 53

- Extorsões e Sequestros de Dentro das Cadeias
- Roubos a Prédios de Apartamentos Em BH
- Criação de Grupo Especial de Apoio

No início do ano de 2002, mais precisamente no mês de janeiro, quando ainda trabalhava na Coordenação de Operações Policiais do Departamento Estadual de Trânsito de Minas Gerais, em visita aos familiares na cidade de São Paulo/SP, assistia ao Programa "CIDADE ALERTA", apresentado pelo grande apresentador JOSÉ LUIZ DATENA, da Rede Record de Televisão.

Nesse programa, era denunciado, pela primeira vez, o crime de extorsão (Artigo 158 do Código Penal Brasileiro) "GOLPE APLICADO ATRAVÉS DO TELEFONE CELULAR UTILIZADO PELOS PRESOS DE DENTRO DA CADEIA". Em princípio, os presos, utilizando o telefone celular de dentro dos presídios brasileiros, ligavam para telefones comerciais, constantes nas antigas "PÁGINAS AMARELAS", da região dos Jardins, Consolação, Bela Vista, dentre outras, todas na Capital paulista, como Rua Hadock Lobo, Rua Bela Cintra, Rua Augusta, Avenida Paulista, exigindo que fossem comprados cartões com créditos telefônicos e repassados para eles, bem como depósitos em contas bancárias, passadas por eles, caso contrário mandariam assaltar as lojas e matar os funcionários.

Alguns proprietários fizeram os que os criminosos determinavam, pagando as quantias exigidas, tanto em créditos telefônicos, como em depósitos em dinheiro nas contas apontadas pelos presidiários. Outros proprietários de estabelecimentos comerciais, porém, passaram a denunciar os crimes cometidos à Polícia Civil.

Com essas denúncias, ocorreram diversas investigações, realizadas pela Divisão Anti-Sequestro de São Paulo, bem como pelo Departamento Estadual de Investigações Criminais (DEIC – SP), descobrindo que as ligações provinham de presos recolhidos nas penitenciárias dos estados de São Paulo e Rio de Janeiro.

Depois, essa modalidade criminosa foi se espalhando por todo o Brasil, inclusive Minas Gerais e com participações de pessoas do lado de fora dos presídios, os quais sacavam as quantias depositadas pelas vítimas, nos caixas eletrônicos espalhados pelas cidades brasileiras.

Continuei acompanhando as reportagens no programa, apresentado pelo grande apresentador José Luiz Datena, sobre as extorsões praticadas por criminosos de dentro dos presídios.

Recordo-me que, posteriormente, DATENA passou a apresentar o programa "BRASIL URGENTE", da Rede Bandeirantes de Rádio e Televisão, apresentado, anteriormente, pelo repórter e apresentador Francisco Roberto Cabrini, o qual, por sua vez, passou a trabalhar no Sistema Brasileiro de Televisão (SBT), hoje apresentando o programa "CONEXÃO REPÓRTER" desta emissora.

Na Divisão DEOESP/MG, em Belo Horizonte/Minas Gerais, recebíamos muitas ligações de amigos empresários, reportando terem recebido tais telefonemas extorsivos. Seus caminhões tinham as respectivas placas repassadas por quadrilheiros, de dentro dos postos de gasolina, espalhados pelo Brasil, para os criminosos de dentro dos presídios, para extorquirem dinheiro dos empresários mais desavisados e/ou precipitados. Esses encarcerados, por sua vez, ligavam para as empresas, dizendo que tinham interceptado tais veículos e que os liberariam somente se fosse paga uma certa importância em dinheiro, repassando as placas para as vítimas, como demonstração do argumento utilizado na extorsão.

Orientávamos os empresários, principalmente os donos de transportadoras, a não efetuarem tais pagamentos.

Nossa orientação era para que estes empresários não se precipitassem e fizessem contato com seus empregados, para saber da real situação. Infelizmente, essa modalidade criminosa foi se espalhando por todos os estados brasileiros, tendo o DEOESP/MG efetuado diversas prisões, em flagrante delito, dentro dos presídios do Rio de Janeiro, de São Paulo e de outros estados brasileiros, como foi amplamente noticiado pelos órgãos jornalísticos, como o jornal Estado de Minas, Hoje em Dia, Jornal O Tempo e outros, como a própria Rede Bandeirantes, SBT, Rede Globo, Rede TV, TV Educativa, Rede Cultura de São Paulo e outros veículos brasileiros.

A grande reportagem, publicada no dia 01 de fevereiro de 2005, com as manchetes com o trabalho do DEOESP/MG, na prisão desses criminosos, dentro das cadeias do Rio e São Paulo: "CEM EMPRESÁRIOS JÁ FORAM VÍTIMAS DE EXTORSÕES PELO TELEFONE", "FUNCIONÁRIOS DE OPERADORAS SÃO PRESOS", "POLÍCIA INVESTIGA CONEXÃO NO RIO", "GOLPES EXTRAPOLAM DADOS OFICIAIS".

Funcionários de empresas telefônicas também foram responsabilizados por forjarem um esquema de clonagem que gerou um prejuízo de mais de R$ 1.000.000,00 (UM MILHÃO DE REAIS), quando foram descobertos mais de 2.000 (duas mil) vítimas dos quadrilheiros, JORNAL O TEMPO DE 01 DE FEVEREIRO DE 2005 e outros cotidianos de Minas Gerais.

Dia 02 de fevereiro de 2005, "POLÍCIA ACHA ESQUEMA EM PRESÍDIO NO RIO DE JANEIRO" – "TRÊS TÉCNICOS EM TELEFONIA, MULHER QUE GERENCIAVA A CENTRAL E UM FRENTISTA FORAM PRESOS NO RIO DE JANEIRO, ACUSADOS DE DAR SUPORTE A DETENTOS", jornal Estado de Minas, de 02 de fevereiro de 2005.

Esses golpes, como outros, como o do bilhete, o do "ACHADINHO", simulações de sequestros, muitas vezes com a participação de parentes das vítimas, são aplicados até os dias atuais e continuarão a ser praticados, porque nossas leis mais beneficiam os criminosos dessas modalidades do que aqueles que os punem. Mas, com a ajuda de programas como "BRASIL URGENTE", apresentado pelo grande repórter e apresentador JOSÉ LUIZ DATENA, da Rede de Televisão Bandeirantes, programa "CIDADE ALERTA", da Rede Record de Televisão, apresentado, antes, pelo grande repórter investigativo, o saudoso MARCELO REZENDE e, atualmente, pelo grande repórter e apresentador LUIZ FERNANDO ELUI BACCI e comentado pelo grande professor e amigo PERCIVAL DE SOUZA, dentre outros, ajudam-nos a combater essas modalidades criminosas, bem como outras mais, além de nos auxiliarem, enormemente, nas prisões de perigosos criminosos de Minas Gerais e do Brasil.

Em outubro de 2004, o Chefe da Polícia Civil de Minas Gerais, Delegado de Polícia, Doutor Otto Teixeira Filho criou o GRUPO DE RESPOSTA ESPECIAL, da Polícia Civil de Minas Gerais (GRE), subordinado diretamente ao Departamento Estadual de Operações Especiais(DEOESP/MG), aos moldes do Grupamento a Repressão a Roubos e Assaltos (GARRA), do Departamento Estadual de Investigações Criminais de São Paulo (DEIC/SP), para o qual, eu havia dado a sugestão de dois nomes: GARREX (GRUPAMENTO ARMADO DE REPRESSÃO A ROUBOS E EXTORSÕES) ou continuar o GER/DEOESP – GRUPAMENTO ESPECIAL DE RESGATE, mas o Chefe da Polícia Civil optou pelo nome GRE.

Em 08 de março de 2005, o Governador de Minas Gerais, Aécio Neves da Cunha, o Chefe da Polícia Civil de Minas Gerais e o Chefe do DEOESP/MG apresentaram, para todo o Estado de Minas Gerais, o novo Grupo de Resposta Especial (GRE/DEOESP), com equipamentos de última geração, viaturas policiais especiais e prontas para apoiar todas as unidades de Po-

AGORA É COMIGO!

lícia Civil do Estado de Minas Gerais nos combates aos crimes mais graves e complexos, como extorsão mediante sequestro, extorsões, roubos a bancos, com ou sem reféns, latrocínios, rebeliões em presídios ou cadeias públicas, dentre outras operações especiais.

O grupo recebeu treinamentos especiais e preparação. Por mais de seis meses, os policiais civis do Grupo GRE/DEOESP foram, cuidadosamente, preparados para combater os criminosos mais perigosos e auxiliar na prisão e investigação de crimes de altíssima complexidade, apoiar a todas as unidades da Polícia Civil de Minas Gerais, na capital Mineira e em todo o interior de Minas Gerais.

No final do ano de 2004, quadrilheiros paulistas e cariocas passaram a cometer assaltos ousados a prédios luxuosos de Belo Horizonte/MG, atraídos por grande vantagem econômica e orientados por comparsas residentes na capital mineira.

O primeiro destes assaltos ocorreu no dia 12 de outubro de 2004, na Rua Maranhão – Bairro Funcionários – Belo Horizonte – Minas Gerais, quando os bandidos levaram, aproximadamente, R$ 60.000,00 (sessenta mil Reais), em joias, dinheiro, obras de arte e veículos dos moradores.

Outro assalto aconteceu no dia 19 de março de 2005, por volta de 19:00 horas, no Edifício Belvedere Park – Bairro Belvedere – Belo Horizonte – Minas Gerais, onde, aproximadamente, dez criminosos armados renderam os moradores e, em seguida, arrombaram quatro apartamentos, levando, aproximadamente, R$ 50.000,00 (cinquenta mil Reais) em joias, dinheiro, obras de arte e um veículo Fiat Bravo de um dos moradores.

Outros dois assaltos a prédios, na cidade de Belo Horizonte – Minas Gerais, ocorreram nos Bairros Barroca e Mangabeiras, mas o "MODUS OPERANDI" não era de quadrilheiros especializados, mas sim por descuido dos moradores, que foram rendidos por dois ou três assaltantes na entrada dos prédios e tiveram seus apartamentos roubados.

Esses dois últimos roubos foram rapidamente solucionados pelo DEOESP/MG, sendo os ladrões presos e os objetos, dinheiro e joias recuperados e restituídos às vítimas.

Os dois primeiros assaltos foram cometidos por quadrilheiros especializados em roubos a prédios, principalmente criminosos da capital do Estado de São Paulo, que tiveram auxílio de dois comparsas mineiros.

Os dois mineiros tinham duas irmãs, uma que residia no prédio da Rua Maranhão – Bairro Funcionários e outra no Belvedere – Belo Horizonte/MG e as visitavam para pegar as particularidades dos edifícios, passando-as, posteriormente, aos bandidos paulistas, com todas as facilidades e informações

DELEGADO EDSON MOREIRA

de como deveriam proceder no roubo, bem como o dia ideal para as ações criminosas.

Esses roubos a edifícios estavam sendo investigados pela Divisão de Crimes Contra o Patrimônio do Departamento Estadual de Investigações Especializadas – DEIC/MG.

Depois do pedido do Deputado Estadual por Minas Gerais, Durval Ângelo e de um Desembargador do TJMG ao Chefe da Polícia Civil de Minas Gerais, para que o nosso DEOESP/MG assumisse as investigações dos roubos a edifícios em Belo Horizonte/MG, iniciamos fazendo contato com o DEIC/SP e com os Distritos Policiais da Capital de São Paulo, onde conseguimos fotografias e prontuários de diversos assaltantes, especializados nessa modalidade criminosa, naquele estado da Federação.

Com os prontuários e fotografias de diversas quadrilhas de assaltantes dos prédios na capital de São Paulo, principalmente as que agiam com mais violência contra as vítimas, juntamente com as características dos criminosos, intimamos as vítimas para comparecerem ao Departamento Estadual de Operações Especiais – DEOESP/MG, para fazerem o reconhecimento fotográfico dos assaltantes do prédio da Rua Maranhão – Bairro Funcionários – Belo Horizonte – Minas Gerais.

A essa altura, já estavam presos os dois comparsas mineiros, os quais foram identificados e descobertos durante as investigações, porém, não estavam cooperando e com isso dificultando o progresso da apuração dos assaltos.

Os líderes da quadrilha especializada em roubos a prédios foram reconhecidos como sendo Sérgio Massatoshi Tarrara e Fábio Sales Borrego, perigosos assaltantes de bancos, os quais, tempos atrás, aterrorizaram Belo Horizonte e toda Minas Gerais, com assaltos espetaculares, onde eles usavam ternos, ficando conhecidos como a "GANG DO TERNO".

Outros integrantes foram identificados e presos, tais como Fernando Mário Gonçalves da Silva, José Aparecido de Souza e Anderson Luiz Vidal, os quais confessaram os crimes e todas as particularidades da ação criminosa nos roubos a prédios em Belo Horizonte/MG.

Alguns integrantes da quadrilha, na capital paulista, resistiram à prisão e acabaram mortos no confronto com policiais civis do DEOESP/MG e do DEIC/SP, ficando, assim, esclarecidos os roubos a edifícios residenciais da zona sul de Belo Horizonte/MG, para o que houve grande divulgação na mídia falada, televisada e escrita de todo o Brasil, principalmente Minas Gerais e São Paulo.

CAPÍTULO 54

O Maior Sequestro do Estado de Minas Gerais

Estava para acontecer, como aconteceu: Um dos maiores crimes de extorsão mediante sequestro do Estado de Minas Gerais ocorreu no dia 14 de abril de 2005, por volta de 21:00 horas, dois dias antes de meu aniversário, no Bairro Vila Teixeira – Pouso Alegre – Minas Gerais. A médica Leonara de Araújo Velasques e seu namorado, o estudante universitário Davi Ferrer Sampa foram sequestrados por criminosos paulistas.

A médica Leonara Velasques era filha do saudoso Magnífico Reitor da Universidade Maria Aparecida Velasques e grande empresário da cidade de Pouso Alegre – Minas Gerais, Doutor EDSON ANTUNES VELASQUES, enquanto Davi Sampa era universitário da cidade de Barreiras – Bahia e veio para estudar Direito na universidade UNASQUE, na cidade de Pouso Alegre – Minas Gerais.

Por volta das 2:00 horas da madrugada do dia 15 de abril de 2005, recebi dois telefonemas, um do Delegado de Polícia Aposentado, Doutor Elson Matos da Costa e outro do meu amigo e Juiz de Direito do Estado de Minas Gerais, Doutor Pedro de Tarso Tamburiu de Salchas, professor da UNASQUE e amigo da família Velasques.

Os telefonemas comunicavam o sequestro do casal, a doutora Leonara Velasques e seu namorado, o estudante Davi Sampa, num possível crime de extorsão mediante sequestro.

Sempre a postos e pronto para a luta, pulei, de imediato, da cama, tomei um rápido banho, troquei de roupa e segui para o Departamento Estadual de Operações Especiais – DEOESP/MG.

No DEOESP/MG, encontrei-me, no gabinete da chefia, com o Doutor Pedro Tamburiu, quando me foi relatado como havia sido o sequestro do casal no Bairro Teixeira – Pouso Alegre – Minas Gerais, os contatos do saudoso Magnífico Reitor da UNASQUE com o Governo de Minas Gerais, o senhor Aécio Neves da Cunha, o Chefe da Polícia Civil de Minas Gerais Otto Teixeira Filho e o Secretário de Estado Antônio Augusto Junho Anastasia.

O veículo Audi, de propriedade da vítima Leonara, foi abandonado pelos criminosos e encontrado na Rua Aymorés – Bairro Teixeira – Pouso Alegre – Minas Gerais, próximo à residência do estudante Davi Sampa, onde as vítimas foram anteriormente dominadas e sequestradas, por parte de dois dos quadrilheiros.

Depois de tomar conhecimento dos demais detalhes do crime de extorsão mediante sequestro, preparei e convoquei a equipe de policiais civis da Divisão Anti-Sequestro de Minas Gerais, apanhamos o armamento e todo o equipamento e, depois de receber a ordem do Chefe de Polícia, fomos para o Aeroporto da Pampulha, onde embarcamos no avião da PCMG e voamos para o Aeroporto de Varginha/MG, justamente para não chamarmos a atenção de possíveis "olheiros" dos criminosos, os quais poderiam comunicar nossa chegada aos restantes da organização criminosa.

No Aeroporto de Varginha/MG, fomos recebidos por familiares, amigos e funcionários da UNASQUE, onde tomamos conhecimento de mais detalhes do sequestro, deslocando-nos, em seguida, para a cidade de Pouso Alegre/MG, mais precisamente no Bairro Aeroporto, onde residia a família Velasques.

Ao chegar à residência da família Velasques, encontramos um clima muito triste e tenso, o Magnífico Reitor Edson Velasques chorava compulsivamente. Então, começamos a trabalhar, primeiramente fomos ao local onde as vítimas foram surpreendidas pelos criminosos e, incontinente, para onde os sequestradores abandonaram o veículo Audi da Doutora Leonara.

Depois, seguimos na estrada até a cidade de Poços de Caldas/MG, para tentar achar algum vestígio que nos ajudasse a esclarecer, de início, quem seriam os quadrilheiros que agiram na cidade de Pouso Alegre/MG, além de medir as ERBs (Estações Rádio Base da rede de celulares) da região da abordagem e do abandono do carro.

Em seguida representamos, na Justiça Criminal de Pouso Alegre/MG, pela quebra do sigilo das ERBS do trajeto, porém, o fato de o município de Pouso Alegre/MG ser uma cidade universitária, com vários estudantes, das mais variadas regiões do Brasil, dificultou, enormemente, as análises das ligações telefônicas efetuadas nas ERBs.

Por outro lado, as equipes de policiais civis de nosso departamento DEO-ESP/MG instalaram, no sítio da família Velasques, na beirada da Represa de Furnas, zona rural do município, próximo à cidade de Congonhal/MG, uma central de inteligência, com um sofisticado aparelho de interceptação telefônica, computadores e outros meios eletrônicos para investigações dessa modalidade criminosa.

AGORA É COMIGO!

Começamos a investigar quadrilhas de criminosos da modalidade de extorsão mediante sequestro, principalmente as do interior do estado de São Paulo, regiões de Sorocaba, Campinas, Ribeirão Preto, São Paulo e região metropolitana, Paraná e Goiás. Dentre essas quadrilhas, identificamos, em destaque, duas: a chefiada por Célio Marcelo da Silva, o "BIN LADEN" e EDIRALDO DE OLIVEIRA FREITAS, o "GALO", da região de Campinas e outra da região de Sorocaba, chefiada por Anselmo de Oliveira, o "ALEMÃO", acostumados a agir com muita violência e que já haviam matado um investigador de polícia da Delegacia de Polícia de Sorocaba/SP.

Aproximadamente de três a quatro dias depois de sequestrarem as vítimas Leonara Velasques e Davi Sampa, os quadrilheiros ligaram para o celular do Magnífico Reitor da UNESQUE, professor Edson Antunes Velasques quando, disfarçando a voz, um elemento, intitulando-se "FANHOSO", abriu a negociação: exigiam $ 4.000.000,00 (quatro milhões de Dólares Americanos) para liberarem os reféns. Identificamos a origem da ligação como sendo da região de Poços de Caldas/MG.

Identificamos o número do telefone da operadora "TIM", rastreamos e descobrimos que a compra do chip fora feita numa loja do município de Machado/MG, por um elemento de aproximadamente 1,70 m de altura, moreno, usando roupa caipira, chapéu de palha, usando óculos de grau tipo "fundo de garrafa", características essas, de Ediraldo de Oliveira Freitas, o "GALO", comparsa de "BIN LADEN".

Dias depois, chegou um envelope, com uma gravação em fita de DVD, onde mostrava a Doutora Leonara de Araújo Velasques e o estudante de Direito e namorado Davi Sampa, dentro de um buraco, no interior de alguma residência do estado de São Paulo ou de Minas Gerais. Nessa gravação, os sequestrados, seguindo determinações dos sequestradores, solicitavam ao Magnífico Reitor, Doutor Edson Antunes Velasques, o pagamento do resgate, falando que estavam fazendo necessidades dentro de um balde, além de estarem sem tomar banho e dizendo que, se demorassem para pagar o resgate, iriam cortar dedos e orelhas das duas vítimas, as quais choravam durante as falas, mostrando grande sofrimento, justamente para torturar e apavorar os familiares das vítimas, sendo que ao final da gravação, apareciam dois homens, mascarados, colocando uma tampa pesada no buraco onde estavam os reféns.

Passamos a investigar a postagem do envelope, o qual foi colocado na agência dos Correios da cidade de Borda da Mata, sul de Minas Gerais, próxima às cidades de Machado, Santa Rita de Caldas, Caldas, Poços de Caldas, Andradas – Minas Gerais, Espírito Santo do Pinhal, Mogi Guaçu,

Mogi Mirim, Limeira, Porto Ferreira, Pirassununga, Campinas, todas em São Paulo, para onde enviamos Equipes de investigadores de polícia e Delegados de Polícia, para uma investigação pormenorizada para identificação dos perigosos criminosos/sequestradores.

Os familiares de Leonara Velasques ficaram horrorizados com o vídeo, Dona Marcia do Rosário Velasques, Vivian Velasques e o próprio Doutor Edson Velasques, todos prontos para providenciar o pagamento do resgaste exigido pelos criminosos, enquanto, de nossa parte, as investigações seguiam a todo o vapor, principalmente para localizar o cativeiro, embora os criminosos/sequestradores parecessem muito bem organizados, indicando terem planejado as ações com muita antecedência e com detalhes que demostravam serem profissionais nessa modalidade criminosa.

As investigações continuavam, com diligências nas cidades de Campinas, Limeira, Mogi Guaçu, Mogi Mirim, Espírito Santo do Pinhal, Sorocaba, São Paulo, localizadas no Estado de São Paulo; Poços de Caldas, Andradas, Pouso Alegre, Machado, Poço Fundo, Borda da Mata, todas nas Minas Gerais, à procura do cativeiro, de vestígios, identificação dos criminosos, envolvimento de pessoas próximas aos familiares dos sequestrados. Com isso, o tempo ia passando, sem os sequestradores fazerem contato para continuar as negociações, visando o pagamento do resgaste e libertação dos reféns Leonara e Davi.

Os sequestradores, ficando impacientes, fazem Leonara Velasques escrever uma carta para seu pai, o saudoso Magnífico Reitor Edson Velasques, solicitando a venda da Fazenda Santa Izabel, a colocação do "TIO MOSCOVIQUES", Carlos Moscoviques, ex Secretário de Estado do Governo Hélio Garcia e ex Deputado Federal, como negociador para conversação com os sequestradores, tendo a carta sido entregue na casa da tia Julia, numa segunda feira do mês de maio de 2005.

Nesse momento, houve uma grande movimentação na cidade de Pouso Alegre/MG, pois a Tia Julia gritou, dando o alarme sobre os sequestradores, os quais estavam num veículo Ford Ka, de cor cinza claro, havendo grande movimentação de policiais civis do DEOESP/MG, perseguindo o carro, o qual tomou rumo à cidade de Poços de Caldas/MG, inclusive passando por radares e sendo flagrado e multado pelas câmeras, por excesso de velocidade, além de que testemunhas anotaram a placa do veículo Ford Ka e visto as características de um dos criminosos, como sendo um indivíduo alto, moreno, barba por fazer, magro, características de Célio Marcelo da Silva, o "BIN LADEN".

Com as placas do veículo Ford Ka, de cor cinza, descobrimos que, um dia antes do sequestro, ele fora flagrado e multado por câmeras da cidade de Itaquaquecetuba/SP, por excesso de velocidade, tendo ele sido comprado na cidade de São Paulo/SP, de um cidadão da zona sul, possivelmente inexistente, já que não se conseguia localizá-lo e a revendedora negava-se a ajudar nas investigações policiais, supostamente porque o veículo poderia ter algum problema criminal.

No sábado seguinte, o alcunhado "FANHOSO" fez contato e começou a negociar com Carlos Moscoviques, agora integrado à casa da família Velasques, onde foi se desenvolvendo o valor a ser pago pelo resgate das vítimas, devidamente orientado por nós, foi oferecido inicialmente, a quantia de R$ 200.000,00 (Duzentos mil Reais), enquanto eles exigiam $ 2.000.000,00 (dois milhões de Dólares Americanos), em seguida foi oferecido $ 350.000,00 (Trezentos e cinquenta mil Dólares Americanos), momento em que pediram $ 700.000,00 (Setecentos Mil Dólares Americanos), sendo que uma parte deveria ser pago em moeda Real.

Pedimos para que fizessem a contra oferta de $ 400.000,00 (Quatrocentos mil Dólares Americanos), mas, orientado pelo Magnífico Reitor da UNESQUE, Doutor Edson Antunes Velasques, o negociador Carlos Moscoviques, fechou em $ 700.000,00 (Setecentos mil Dólares Americanos), fechando a negociação contra a nossa vontade. Em seguida, sob nossas orientações, foi exigido dos sequestradores uma "PROVA DE VIDA" dos reféns, principalmente com relação à Doutora Leonara Araújo Velasques, tendo sido perguntado uma particularidade que só ela poderia responder: "ANTES DE SER DADO O NOME DE LEONARA, QUAL SERIA O NOME ESCOLHIDO PARA REGISTRÁ-LA", ficando os sequestradores de fornecer, na segunda-feira seguinte, o nome, com pormenores, pois precisariam perguntar para LEONARA.

Os sequestradores estavam fazendo contatos entre as cidades de Extrema, Camanducaia, Cambuí, Estiva e Bom Repouso, deslocando-se pela rodovia BR-381 – Fernão Dias, estado de Minas Gerais, indicando que o cativeiro poderia ser em algumas das cidades que estávamos investigando e diligenciando.

No dia 11 de maio de 2005, os sequestradores ligaram para dar a prova de vida exigida e orientar a família de como deveriam proceder para o pagamento do resgate. Informaram que o nome original que seria dado à Leonara seria Liliane, ficando comprovada a prova de vida. Em seguida, indicaram a cidade para onde deveria ir o motorista da família, Fabio, escolhido para entregar a mala com o pagamento do resgaste exigido, $ 700.000,00 (Setecentos mil Dólares Americanos), sendo uma parte em Reais.

A contagem do dinheiro foi feita pelos familiares de Leonara, que, por estarem tão tensos, nervosos e ansiosos para terminar com aquele sofrimento, acabaram por enviar, na mala, $ 50.000,00 (cinquenta mil Dólares Americanos) a mais, os quais foram parar nas mãos dos sequestradores.

Por volta das 18:00 horas do dia 11 de maio de 2005, começou a "GINCANA", preparada pelos sequestradores, sendo acompanhado, de longe, pelos policiais civis do Departamento Estadual de Operações Especiais – DEOESP/MG, sendo pedido pelo Magnífico Reitor Edson Antunes Velasques e sua esposa, Marcia do Rosário Velasques, a qual até me deu um terço religioso, o qual até hoje carrego comigo, para que não atuássemos e deixássemos o resgate ser pago, para não expor a vida de sua filha Leonara e do namorado Davi Sampa. Tentamos, contudo, prender os sequestradores, durante o pagamento do resgate, quando ocorreu um grande "STRESS", tendo o interlocutor dos criminosos chegado a ameaçar cortar os carros de Fabio e dos policiais civis com os tiros dos fuzis que estavam usando.

Ao chegar próximo à caixa d'água da COPASA, na cidade de Andradas/MG, nas imediações de uma plantação de pés de café, foi deixada a mala com o dinheiro do resgate, a qual foi apanhada pelos sequestradores, os quais planejaram meticulosamente o local e a "GINCANA": colocaram recados de papéis dentro de garrafas plásticas, com bilhetes orientando o motorista, com subidas e descidas e, ao final, na cidade de Andradas, deixaram um rádio transmissor dentro de uma guarita, ficando, assim, o motorista Fabio, sem contato telefônico, apenas pelo rádio dos criminosos, dificultando, sobremaneira, o acompanhamento pela equipe de investigadores de Polícia do DEOESP/MG.

No dia seguinte, 12/05/2005, a família ficou tensa o dia inteiro, quando, por volta de 19:30 horas, Leonara Araújo Velasques liga para a residência, dizendo que fora solta pelos sequestradores, junto com seu namorado Davi Sampa e que estavam no Hotel Marques Plaza, em Poços de Caldas/MG. Neste momento, corremos para o aeroporto, onde embarcamos na aeronave da família Velasques e partimos para buscar o casal na cidade de Poços de Caldas/MG.

Chegamos ao hotel, em Poços de Caldas, por volta das 20:10 horas, sendo que, na volta, não cabiam todos na aeronave e eu fiquei no hotel, aguardando o retorno do helicóptero, para voltar à cidade de Pouso Alegre/MG, o que aconteceu logo. Com a chegada do casal e familiares à cidade de Pouso Alegre e, logo em seguida, com meu retorno, aconteceu uma grande comemoração pela soltura de Leonara e Davi, sendo que, a partir daquele momento, começamos a acelerar, ainda mais, as investigações para descobrir o cativeiro e os criminosos envolvidos no crime de extorsão mediante sequestro.

AGORA É COMIGO!

As investigações policiais melhoraram sensivelmente com o testemunho do casal sequestrado, principalmente Leonara, que descreveu detalhes do percurso feito pelos sequestradores, no momento que estavam no caminho para serem libertados, como a entrada da cidade de Poços de Caldas/MG, bem como o "CHEIRO FORTE DE PLANTAÇÃO DE CANA DE AÇUCAR", durante o trajeto.

Baseando-me nessas declarações da doutora Leonara Velasques, decidi, intuitivamente, refazer o trajeto descrito, o que, por pura intuição, levou-me à cidade de Espírito Santo do Pinhal – São Paulo, tendo chegado a comentar com um dos investigadores da CIA/DEOESP-MG, que o cativeiro poderia ser naquela cidade, no estado de São Paulo, isso no dia 15 de maio de 2005.

Findadas as comemorações pela soltura dos reféns após o pagamento do resgate, prosseguimos nas investigações policiais para descobrir os envolvidos no crime de extorsão mediante sequestro das vítimas Leonara Araújo Velasques e Davi Sampa, deslocamo-nos para a região de Sorocaba/SP, onde, depois de várias diligências, no mês de junho de 2005, descobrimos que a quadrilha, daquela parte do estado de São Paulo, não estava envolvida no crime, restando a investigação com relação à quadrilha de Campinas e toda aquela parte do estado de São Paulo, chefiada por "BIN LADEN" e "GALO", envolvidos em vários crimes semelhantes, no estado de São Paulo e em um crime em Três Corações/MG, no ano de 2002, idêntico ao praticado contra a médica e o estudante, na cidade de Pouso Alegre.

Nesse sequestro de Três Corações, quando invadimos o cativeiro, os dois chefes teriam escapado do cerco realizado pelo DEOESP/MG, na cidade de Bonsucesso, próximo à cidade de Guarulhos/SP, quando resgatamos o refém sequestrado, da cidade de Três Corações/MG, o estudante Lucas Pereira Loureiro, enteado de um proprietário de distribuidora de combustíveis daquela localidade.

No mês de julho de 2005, descobrimos, com o auxílio da equipe de policiais civis, chefiados pelo Delegado de Polícia Lacy de Souza Moreira, Delegado Regional de Segurança Pública de Poços de Caldas/MG, que um antigo estudante de BIOMEDICINA da Universidade UNESQUE, de Pouso Alegre/MG, estaria envolvido no sequestro de Leonara Velasques, inclusive chegou a comentar sobre seu envolvimento com outras pessoas da cidade,

Com a descoberta, diligenciamos àquela cidade de Poços de Caldas e, com o apoio do Delegado de Polícia Lacy e de sua equipe, conseguimos qualificar o estudante de BIOMEDICINA como sendo Francisco Roniery Anchieta de Melo, sendo representado ao Juiz de Direito da Comarca de Pouso Alegre, pela sua Prisão Temporária, sendo expedido o referido mandado no dia 15 de julho de 2005, quando, numa operação conjunta do DEOESP/MG e da Delegacia Regional de Poços de Caldas, conseguimos prender o estudante Roniery Anchieta, juntamente com uma mulher de nome Cristiana Gonçalves.

Roniery foi devidamente interrogado, logo em seguida à sua prisão, tendo confessado minuciosamente toda a sua participação no crime de extorsão mediante sequestro, delatando todos os envolvidos.

Imediatamente, passamos a formalizar as suas declarações, o que durou toda a noite e madrugada daquele dia, tendo em vista o fato de que, se tais ações fossem deixadas para o dia seguinte, Roniery poderia ser influenciado pelos outros presos da cadeia, ser demovido da confissão, ou, até mesmo, ser assassinado no interior do cárcere, não mais formalizando, em termos próprios, os detalhes do crime, bem como a sua participação e dos outros integrantes da quadrilha.

Durante suas declarações, Roniery contou, detalhadamente, em dezesseis laudas, toda a sua participação, os autores, coautores, participantes, planejamento, local do cativeiro, os chefes, enfim, todos os detalhes do crime de extorsão mediante sequestro, de que foram vítimas a doutora Leonara Araújo Velasques e o estudante Davi Ferrer Sampa, esclarecendo que a mulher Cristina Gonçalves, que o acompanhava no momento da prisão, não estava envolvida no crime do casal sequestrado no dia 14 de abril de 2005.

Depois de confessar o delito, imediatamente após formalizar sua confissão, por volta das 06:00 horas da manhã, Roniery levou nossa equipe de policiais civis, juntamente com a equipe da Delegacia Regional de Poços de Caldas/MG, no dia 16 de julho, até o cativeiro, o qual, como intuitivamente desconfiávamos, ficava na cidade de Espírito Santo do Pinhal/SP, próximo à cidade de Andradas/MG, suspeita comentada com um dos investigadores de polícia da CIA/DEOESP/MG, no dia 15 de maio de 2005, depois que havíamos formalizado as declarações da doutora Leonara Velasques, como comentei mais acima, neste capítulo.

Já no interior da residência, após uma leve inspeção no ambiente, conseguimos descobrir o buraco onde as vítimas permaneceram cativas até sua soltura, após o pagamento do resgate, estando, tal buraco, completamente tampado. Em seguida, foi chamado o Delegado de Polícia Titular da Delegacia de Polícia da Comarca de Espírito Santo do Pinhal/SP, bem como a Seção Técnica de Criminalística daquela delegacia de polícia, para as análises técnicas, registros dos vestígios e confecção do respectivo Laudo Pericial de Levantamento de Local do crime.

Com a prisão de Roniery, ficou esclarecido quem compunha a quadrilha envolvida no sequestro de Leonara Araújo Velasques e Davi Ferrer Sampa, sendo o bando chefiado pelos criminosos Célio Marcelo da Silva, "BIN LA-DEN" e Ediraldo de Oliveira Freitas, "GALO", da região de Campinas/SP. As ações do crime de extorsão mediante sequestro foram todas fracionadas, ou seja, para cada passo da extorsão, eram usados criminosos diferentes, cuja participação ficava restrita àquela parte da ação criminosa.

"BIN LADEN" e "GALO", em novembro de 2004, conhecem Francisco Roniery Anchieta de Melo e pedem para ele levantar e monitorar a vida de Leonara Velasques, iniciando os atos preparatórios para o crime de extorsão mediante sequestro. Em seguida, passaram a quantia de R$ 22.000,00 (Vinte e dois mil Reais) para Ismael Paulo de Oliveira Filho, da cidade de Itupeva/SP, próxima de Jundiaí/SP, para que ele adquirisse uma casa na cidade de Espírito Santo do Pinhal/SP.

A residência foi previamente escolhida pelos chefes Célio Marcelo da Silva, "BIN LADEN" e Ediraldo de Oliveira Freitas, "GALO". Esta casa, que viria a ser utilizada como cativeiro para a vítima a ser sequestrada, era localizada na Rua Marcílio Sossai – Conjunto Hélio Vergueiro. Após a aquisição, Ediraldo e sua amásia Rosana Oliveira passaram a residir na casa, como um casal, marido e mulher, seguidos, posteriormente, por Célio Marcelo e Taiane.

"BIN LADEN" e "GALO" convidam Willians Brito de Oliveira, o "LOIRI-NHO" ou "MAKENZIE", e seu primo Silmar Fernando Brito de Santana, o "OBSTINADO" ou "DEMENTE", para a abordagem a Leonara Velasques.

O início do sequestro ocorreu quando ela estava na casa de Davi Sampa, momento em que a dupla, Willian e Silmar, abordou o casal, resolvendo levá--lo sob ameaça de suas armas de fogo. A dupla entregou Leonara e Davi para os mentores do crime de extorsão mediante sequestro, "BIN LADEN" e "GALO", na Rua Aymorés – Bairro Vila Teixeira – Pouso Alegre – Minas Gerais, deixando o veículo da doutora abandonado naquele local.

Daquele local, os criminosos seguiram para o cativeiro, na cidade de Espírito Santo do Pinhal/SP, indo à frente Célio Marcelo e Ediraldo Freitas, num veículo que era escoltado por Willians e Silmar, que seguiam em outro carro, de marca VW FOX, de cor preta, roubado na capital do estado de São Paulo, constando como Caráter Geral (veículos utilizados para a prática de certos crime no estado de São Paulo).

Ao chegarem próximo do cativeiro, na Rua Marcílio Sossai – Conjunto Vergueiro – Espírito Santo do Pinhal/SP, Willians e Silmar, que estavam no veículo VW FOX, de cor preta, roubado, perderam-se de "BIN LADEN" e "GALO", sendo presos por policiais militares, do município paulista de Espírito Santo do Pinhal.

Na delegacia de polícia, foram autuados, em flagrante, por roubo de veículos e receptação, sendo conduzidos para a cadeia pública de Espírito Santo do Pinhal/SP, porém Willians Brito de Oliveira, o "LOIRINHO" ou "MAKENZIE", foi solto para providenciar advogado para, também, soltar Silmar, segundo alegação do próprio Silmar Fernando Brito de Santana, "OBSTINADO ou DEMENTE", sendo que descobrimos essas prisões após diversas investigações, juntamente com a descoberta do comprador da casa, que serviu de cativeiro, residente em Itupeva – Região de Campinas – São Paulo.

A partir desse momento, representamos pela decretação das prisões temporárias de Willians Brito de Oliveira, "LOIRINHO" ou "MAKENZIE", Silmar Fernando Brito de Santana,, "OBSTINADO" ou "DEMENTE" e Ismael Paulo de Oliveira Filho, bem como a transferência de Silmar Fernando para Minas Gerais, a fim responder pelo crime de extorsão mediante sequestro das vítimas Leonara Araújo Velasques e Davi Ferrer Sampa, na comarca de Pouso Alegre – Minas Gerais.

De posse dos mandados de prisão temporária, deslocamo-nos até a cidade de Espírito Santo do Pinhal/SP, cumprimos o mandado de Silmar e transferimos o mesmo para Minas Gerais, depois nos deslocamos até a cidade de Itupeva/SP, com o apoio da Delegacia Anti-Sequestro de Campinas/SP, onde prendemos Ismael Paulo, bem como apreendemos o veículo FORD KA, de cor cinza, utilizado pelos criminosos no crime de extorsão mediante sequestro, o qual havia passado para sua posse.

Com isso, descobrimos a ligação entre Ediraldo de Oliveira Freitas, "GALO", com o agora preso Ismael Paulo de Oliveira Filho, alegando que recebera o veículo FORD KA gratuitamente, tomando conhecimento, da participação de outros criminosos e criminosas em toda a ação perpetrada pela perigosíssima quadrilha, desde o sequestro até o pagamento do resgate.

Identificamos e qualificamos Taiane Mello Batista, da cidade de Pouso Alegre/MG, companheira de Célio Marcelo da Silva, "O BIN LADEN", Rosana Costa de Oliveira, da cidade de Lagarto/SE, companheira de Ediraldo de Oliveira Freitas, "GALO". Taiane residiu, em companhia de Ediraldo, na residência usada como cativeiro.

Ismael Paulo e o veículo Ford Ka, apreendido, foram levados para a cidade de Pouso Alegre/MG. Depois de interrogado, o preso foi conduzido para a carceragem do Departamento Estadual de Operações Especiais – DEOESP/MG, juntamente com Roniery Anchieta e Silmar Fernando, ficando à disposição da Justiça da Comarca onde ocorrera o crime de extorsão mediante sequestro.

Após a transferência dos presos para a carceragem do DEOESP/MG, em Belo Horizonte/MG, partimos, novamente em diligência, para a capital do estado de São Paulo, a fim de localizar e prender Willians Brito de Oliveira, "LOIRINHO" ou "MAKENZIE", Célio Marcelo da Silva, "BIN LADEN", sua companheira Taiane Mello Batista, Ediraldo de Oliveira Freitas, "GALO" e sua amásia Rosana Costa de Oliveira.

Em São Paulo/SP, mais precisamente no Bairro do Jaçanã, Zona Norte da Capital, descobrimos a namorada de Willians, passando a monitora-la, além de descobrir que, com a parte do dinheiro recebido do resgate, Willians e sua namorada haviam comprado um veículo VW Gol, zero km, de cor cinza, numa concessionária de veículos próxima ao Campo de Marte, no Bairro de Santana, também Zona Norte de São Paulo, mais próximo do Centro da Capital paulista.

Com essas descobertas e com apoio de investigadores de polícia da região leste de São Paulo, perseguimos a Willians e comparsas e, após intenso tiroteio, entre as Avenidas Boturussu – São Miguel e outras ruas e avenidas da Zona Leste de São Paulo, baleamos e conseguimos prender Willians Brito de Oliveira, "LOIRINHO ou MAKENZIE" e mais alguns comparsas, os quais baleados, vieram a falecer, depois de socorridos ao Pronto Socorro do Hospital Santa Marcelina, Itaquera/SP.

Depois de ser medicado, Willians foi autuado em flagrante, na delegacia de polícia local, por resistência e tentativa de homicídio. Em seguida, cumprimos o mandado de prisão temporária, apreendemos o veículo VW Gol, todo furado de balas, adquirido com o dinheiro do resgate e transferimos Willians Brito de Oliveira, "LOIRINHO" ou "MAKENZIE" para Minas Gerais, onde, mais uma vez, ele foi medicado no Hospital Universitário de Pouso Alegre e transferido para a Carceragem do DEOESP/MG.

Interrogado, confessou sua participação no crime de extorsão mediante sequestro do casal Leonara Araújo Velasques e Davi Ferreira Sampa, reforçando a participação de "BIN LADEN" e "GALO".

Durante as diligências, apreendemos a casa comprada pela quadrilha para usarem de cativeiro, na cidade de Espírito Santo do Pinhal/SP, o veículo FORD KA, de cor Cinza, uma lancha potente e uma mansão, compradas por Célio Marcelo da Silva, "BIN LADEN" na cidade de Poços de Caldas/MG, um sítio e veículos, comprados por Ediraldo de Oliveira Freitas, "GALO" e sua amásia Rosana Costa de Oliveira, na cidade de Araras, bem como uma quantidade de Dólares e Reais.

Em 12 de agosto de 2005, no Bairro Morumbi/SP, mais precisamente na Avenida Giovanni Gronchi, numa sexta-feira à noite, depois de um intenso tiroteio, entre investigadores de polícia do DEIC/SP, chefiados pelo investigador de polícia Fábio Figueiredo, bem como policiais civis do DEOESP/MG, foi preso Célio Marcelo da Silva, "BIN LADEN" e sua companheira Taiane Mello Batista, a qual foi baleada, após "BIN LADEN" covardemente colocá-la à sua frente para que não fosse atingido pelos disparos efetuados pelas equipes policiais, as quais revidavam os tiros, injustamente desferidos pelos criminosos. Os dois estavam com documentos falsos e iriam fugir para o Paraguai.

Os comparsas de Célio Marcelo da Silva, "BIN LADEN" foram baleados e mortos, sendo ele e sua companheira autuados em flagrante por resistência e cumpridos os mandados de prisão de ambos no Departamento Estadual de Investigações Criminais – DEIC/SP, após Taiane ser socorrida ao Pronto Socorro Municipal de Santana – São Paulo/SP.

Na segunda-feira seguinte, dia 15 de agosto de 2005, o casal foi interrogado no Departamento de Investigações Criminais de São Paulo – DEIC, onde confessaram o crime de extorsão mediante sequestro de Leonara Araújo Velasques e Davi Ferrer Sampa, além de Célio Marcelo da Silva, "BIN LADEN", esclarecer, pormenorizadamente, a sua participação e a de "GALO" no crime de extorsão mediante sequestro, ocorrido em 2002, na cidade de Três Corações.

Atendendo requisição judicial e devidamente autorizados pelo Juiz de Direito Corregedor dos Presídios de São Paulo/SP, conduzimos Célio Marcelo da Silva, "BIN LADEN" e sua companheira Taiane Mello Batista para serem interrogados em Juízo da Comarca de Pouso Alegre/MG, onde foram devidamente ouvidos no processo criminal e, em seguida, retornaram para o Estado de São Paulo.

Célio Marcelo da Silva, "BIN LADEN", foi para a Penitenciária de Presidente Bernardes/SP, de segurança máxima, haja vista sua altíssima periculosidade, enquanto Taiane Mello Batista foi para a Penitenciária Feminina de São Paulo, localizada no Bairro do Carandiru, na capital paulista.

Meses depois, foram presos, na cidade de Araras/SP, Ediraldo de Oliveira Freitas e sua amásia Rosana Costa de Oliveira, num sítio em que haviam comprado com o dinheiro do resgate. Novamente, depois de intenso tiroteio, foram baleados e mortos comparsas do bando chefiado por eles, os quais participaram da "GINCANA" do pagamento do resgate, na cidade de Andradas/MG.

Ediraldo de Oliveira Freitas, "GALO" e Célio Marcelo da Silva, "BIN LADEN" responderam, também, pelo crime de extorsão mediante sequestro ocorrido na cidade de Três Corações/MG, onde ambos foram condenados e cumprem pena nas Penitenciárias Paulistas.

AGORA É COMIGO!

Recentemente, saiu uma reportagem sobre o plano em que Célio Marcelo da Silva, "BIN LADEN" e Marcos Camacho, "MARCOLA", seriam resgatados da Penitenciária de Segurança Máxima de Presidente Bernardes/SP. O plano foi descoberto e eles foram transferidos para penitenciárias federais em outros estados brasileiros.

Assim foi totalmente esclarecido um dos maiores crimes de extorsão mediante sequestro ocorrido no estado de Minas Gerais, bem como o da mãe do jogador "ROBINHO", do Santos Futebol Clube e mais outros quatorze crimes, da mesma modalidade, dentro do estado de São Paulo e de Minas Gerais, cometidos pela quadrilha chefiada por Célio Marcelo da Silva, "BIN LADEN" e Ediraldo de Oliveira Freitas, "GALO", todos de altíssima periculosidade.

A divulgação foi nacional e mundial, principalmente nos programas CIDADE ALERTA, da Rede Record de Televisão, BRASIL URGENTE, da Rede Bandeirantes, Programa FANTÁSTICO, da Rede Globo, CHAMADA GERAL, da Rádio Itatiaia de Minas Gerais, dentre muitos outros.

CAPÍTULO 55

- A Fundação da Organização Criminosa Denominada PCC – Primeiro Comando da Capital
- Sequestro e Tiroteios em Meio ao "Salve Geral!"
- Policiais Assassinados
- Crime de Extorsão Mediante Sequestro em Andradas/MG
- O Sequestro do Repórter da Rede Globo de São Paulo

Para entender os próximos acontecimentos, vou esclarecer, antes, sobre a criação do Primeiro Comando da Capital (PARTIDÃO OU PCC), que é uma das maiores organizações criminosas, atualmente, no Brasil. O grupo comanda rebeliões em presídios dos estados de São Paulo, Minas Gerais, Mato Grosso, Mato Grosso do Sul, Rondônia, Roraima, Rio Grande do Norte, Rio de Janeiro e mais quatorze estados do Brasil, além de assaltos, sequestros, assassinatos, tráfico de drogas, tráfico de armas e outras modalidades criminosas lucrativas.

A facção atua, principalmente, em São Paulo, mas também está presente em outros vinte e dois Estados, dos vinte e sete brasileiros, contando o Distrito Federal/Brasília, além de países próximos, como Bolívia, Paraguai e Colômbia. Possui, aproximadamente, 35 mil membros, sendo que, apenas no estado de São Paulo, são mais de 10.000 membros. É considerada uma das maiores organizações criminosas do País.

A organização surgiu em 1993, no Centro de Reabilitação Penitenciária do município de Taubaté/SP, no Vale do Paraíba, local que acolhia prisioneiros transferidos por serem considerados de alta periculosidade pelas autoridades públicas. Calcula-se que, hoje, tenha cerca de sete mil integrantes dentro do sistema penitenciário e outros tantos, em liberdade, apenas no estado de São Paulo.

O PCC também é identificado pelos números 15.3.3., pelo fato de as letras "p" e "c" serem, respectivamente, a 15ª e a 3ª letras do alfabeto português na época. Vários líderes da organização estão presos, como o criminoso Marcos Willians Herbas Camacho, o "MARCOLA", que cumpriu sentença por assaltos a bancos no Centro de Readaptação Penitenciária de Presidente Venceslau/SP, onde estava presa toda a cúpula da facção. "MARCOLA" e outros 21 criminosos do PCC foram transferidos para os Presídios Federais de Segurança Máxima de Porto Velho/RO, Mossoró/RN, Mato Grosso e Paraná, no dia 13 de fevereiro de 2019.

O Primeiro Comando da Capital foi fundado em 31 de agosto de 1993, por oito presidiários, no anexo da Casa de Custódia de Taubaté/SP, distante 130 Km da capital paulista, chamada de "PIRANHÃO", até então a penitenciária e prisão mais segura do estado de São Paulo.

Segundo os membros do Primeiro Comando da Capital, a facção foi fundada para combater a opressão dentro do sistema prisional paulista e vingar a morte dos cento e onze presos, ocorrida em 02 de outubro de 1992, no que ficou conhecido como "O MASSACRE DO CARANDIRU", quando os Batalhões de Choque da Polícia Militar do Estado, invadiram o Pavilhão Nove da antiga CASA DE DETENÇÃO DE SÃO PAULO".

Em fevereiro de 2001, "SOMBRA" tornou-se o Líder mais expressivo da organização criminosa, ao coordenar, por telefone celular, rebeliões simultâneas em vinte e nove presídios paulistas, que teve um saldo de dezesseis mortos. Idemir Carlos Ambrósio, o "SOMBRA", também chamado de "PAI", foi espancado até a morte no "PIRANHÃO", cinco meses depois, por cinco membros da facção, numa luta interna pelo comando geral do Primeiro Comando da Capital.

O Primeiro Comando da Capital começou, então, a ser liderado por "GELEIÃO" e 'CESINHA", responsáveis pela aliança da organização paulista com a facção criminosa Comando Vermelho (CV), do estado do Rio de Janeiro. "GELEIÃO" e "CESINHA" passaram a coordenar atentados violentos contra prédios públicos, a partir do COMPLEXO PENITENCIÁRIO DE BANGU/RJ, onde estavam cumprindo pena.

Considerados radicais por uma outra corrente do Primeiro Comando da Capital, mais moderada, "GELEIÃO" e "CESINHA" usavam atentados para intimidar as autoridades do sistema prisional e foram depostos da liderança em novembro de 2002, quando o "PARTIDÃO", foi assumido por Marcos

Willians Herbas Camacho, o "MARCOLA ou "PLAYBOY". Além de depostos, foram jurados de morte e assassinados, "CESINHA" no Presídio de Avaré/SP e "GELEIÃO", em outro. Foram mortos sob a alegação de terem feito denúncias à polícia e terem criado o Terceiro Comando da Capital (TCC).

Sob a liderança de "MARCOLA", o Primeiro Comando da Capital participou do assassinato do Juiz de Direito Corregedor, ANTÔNIO JOSÉ MACHADO DIAS, Juiz de Direito da Vara de Execuções Penais de Presidente Prudente/SP, para tentar acabar com o "RDD" (Regime Disciplinar Diferenciado), onde os presos passam vinte e três horas confinados na cela, sem acesso a jornais, revistas, rádio ou televisão, por apresentarem alto risco à sociedade.

Dia 15 de maio de 2006, na Distribuidora de água Fonte Vida, de propriedade da família Mosconi, na cidade de Andradas/MG, dois homens e uma mulher, armados com revólveres, renderam os funcionários da empresa, roubaram o veículo VW Golf, de cor cinza, pertencentes ao empresário Gustavo Mosconi de Almeida, uma importância em dinheiro e o sequestraram, levando-o para o estado de São Paulo.

No dia seguinte, ligaram para a família de Gustavo, na cidade de Andradas/MG, exigindo a quantia de R$ 200.000,00 (duzentos mil Reais), senão torturariam, cortariam as orelhas e dedos e, depois, matariam a vítima.

A equipe de policiais civis de nosso Departamento Estadual de Operações Policiais – DEOESP/MG, depois de acionada pelo governador do estado de Minas Gerais, Aécio Neves, pelo Secretário de Estado, Antônio Augusto Junho Anastasia e pelo Chefe da Polícia Civil de Minas Gerais, Delegado de Polícia Doutor Otto Teixeira Filho, seguiu para a cidade de Andradas/MG, onde passamos a realizar investigações e apoiar a família nas negociações para libertação da vítima Gustavo Mosconi.

Gustavo Mosconi estava sendo mantido cativo na capital do estado de São Paulo. Os sequestradores iniciaram as negociações e, depois de vários contatos com a família, fecharam o pagamento do resgaste em R$ 60.000,00 (sessenta mil Reais).

A quantia acertada deveria ser entregue, a princípio, na cidade de Campinas/SP. Mas, depois, os criminosos mudaram de ideia, sendo que a "GINCANA" iniciou-se na cidade de Andradas/MG, em 19 de maio de 2006, por volta de 15:00 horas, estendendo-se para a cidade de Campinas/SP e finalizando na capital paulista.

Com o apoio do saudoso Reitor da Universidade de Alfenas/MG, Professor Doutor Edson Antônio Velano, seguimos, da cidade de Andradas/MG, para a cidade de São Paulo/SP, de onde provinham os contatos telefônicos dos sequestradores. A essa altura, já sabíamos esses sequestradores ha-

AGORA É COMIGO!

viam, anteriormente, praticado um assalto na cidade de Itatiba/SP, onde roubaram um veículo, seguindo até a cidade de Andradas/MG, onde realizaram um roubo e o sequestro de Gustavo Mosconi.

Em São Paulo/SP, comparecemos na Divisão Anti-Sequestro, no bairro da Barra Funda, onde passamos a monitorar a "GINCANA", realizada pelos sequestradores, com um grande complicador, pois naquela sexta-feira, dia 12 de maio de 2006, o Primeiro Comando da Capital (PCC) passou a realizar diversos ataques à delegacias de polícia, rebeliões em presídios de São Paulo/SP, ataques à viaturas da Polícia Militar de São Paulo e à guaritas da Guarda Municipal, matando diversos policiais, guardas civis metropolitanos e investigadores de polícia, ferindo outros diversos agentes públicos.

Por isso, as delegacias de polícia, batalhões da Polícia Militar, destacamentos da Guarda Civil Metropolitana e outros prédios públicos, estavam com diversas barricadas para prevenir ataques da organização criminosa paulista. Vários policiais civis e militares e guardas municipais estavam armados até "OS DENTES", aumentando o "STRESS" de nossa ação para libertar o refém Gustavo Mosconi, pois poderíamos ser confundidos pelos polícias militares e outros agentes públicos como se fossemos membros do Primeiro Comando da Capital, já que estávamos utilizando viaturas policiais descaracterizadas, a fim de evitarmos suspeitas dos criminosos quando de nossa aproximação. Era uma situação que exigia, de nossa parte, um extremo cuidado e perícia.

Nesse clima de tensão extrema, investigadores de polícia do DEOESP/MG, chefiados pelo Delegado de Polícia, Alexandre Andrade de Castro, seguiram da cidade de Andradas/MG para a cidade de Campinas/SP, monitorando o motorista da família Mosconi, o qual estava levando o dinheiro do resgaste (sessenta mil Reais), exigido pelos sequestradores, para efetuar o pagamento para os criminosos, que deveria ocorrer, mais precisamente, na estação rodoviária da cidade local.

Da Rodoviária de Campinas/SP, os criminosos determinaram ao motorista da família Mosconi, que deixasse o veículo estacionado num estacionamento da rodoviária, apanhasse uma condução numa VAN, seguindo para o Terminal Rodoviário do Tietê – São Paulo – Capital. Enquanto isso, eu estava na Divisão Anti-Sequestro de São Paulo, juntamente com o Doutor Carlos do DAS/SP, acompanhando, em tempo real, o desenrolar da "GINCANA".

A essa altura da investigação policial, já tínhamos identificado a mulher da quadrilha, envolvida no sequestro e roubo na cidade de Andradas/MG e no roubo na cidade de Itatiba/SP, como sendo Valéria Pascoal, a qual tinha sido deixada pelos sequestradores na cidade de Paulínia/SP, para onde enviamos uma equipe de investigadores de polícia para prendê-la, pois já havíamos conseguido o mandado de prisão da referida mulher, uma vez que a mesma estava em estado de flagrante delito, por ser o crime de extorsão mediante sequestro considerado permanente, podendo os criminosos ser presos enquanto estiverem se desenrolando as ações criminosas.

Identificamos a região em que os negociadores do bando estariam realizando as conversações e negociações com a família Mosconi, na cidade de Andradas/MG, como sendo o Bairro de Guaianazes/SP, mais precisamente, Jardim São Pedro, numa favela.

Seguindo as orientações dos sequestradores, vindo da cidade de Campinas/SP, naquela VAN, o motorista, trazendo o pagamento do resgate, já se aproximava do Terminal Rodoviário do Tietê/SP, Bairro Santana/Carandiru. Neste exato momento, seguimos, com as equipes de investigadores de polícia e delegados de polícia da DAS/SP, para aquele terminal rodoviário, que é o mais movimentado da cidade de São Paulo/SP e nos posicionamos estrategicamente, em meio ao formigueiro de pessoas que transitavam no Terminal Rodoviário do Tietê.

Havia, em todos os policiais civis participantes, tanto de Minas Gerais, como de São Paulo, um alto grau de "STRESS", pois poderia ocorrer um tiroteio entre os sequestradores e nós, policiais, o que colocaria em risco a vida do refém Gustavo Mosconi e, ainda, a de transeuntes daquele terminal.

Para tornar a situação ainda mais perigosa, caso nossa investida e prisão dos sequestradores desse errado, havia, também, o risco de os policiais paulistas, de outras unidades, desconhecendo nossa ação, viessem a nos confundir com membros do PCC, que estavam realizando ataques na capital paulista e em outros municípios do estado de São Paulo. Isto poderia disparar um confronto com policiais civis e militares ou com guardas civis metropolitanos. Imaginem a situação delicadíssima em que nos encontrávamos e o "sangue frio" necessário para controlar tal situação e manter tudo como planejado.

Ficamos em contato constante com a equipe que estava acompanhando a VAN desde a Rodoviária de Campinas/SP, para que quando chegasse ao Terminal Rodoviário do Tietê/SP, pudéssemos acompanhar o motorista que iria entregar o dinheiro para os sequestradores. Dentro do terminal, colocamo-nos, estrategicamente, próximos ao ponto em que as VANs de outras cidades de São Paulo estacionavam naquele terminal rodoviário/estação do metrô, num verdadeiro formigueiro humano.

Estávamos sendo observados por várias pessoas, as quais nos olhavam desconfiados. Por outro lado, nós também estávamos desconfiados, porque

AGORA É COMIGO!

não sabíamos quem eram os sequestradores, num clima de enorme tensão. Num certo momento, dois elementos ficaram me olhando, então eu tive que andar até o meio da ponte da Avenida Cruzeiro do Sul, como se eu fosse para o Shopping Center D, sendo seguido por um dos criminosos, que chegou a me acompanhar até certa parte desse trajeto e, depois, retornou, pois a Van acabara de encostar no ponto do terminal rodoviário.

Em seguida, os criminosos determinaram para o motorista da família Mosconi que entregasse o dinheiro para eles, próximo da pastelaria da antiga Rua da Coroa, ali mesmo no terminal. Ao apanharem o dinheiro, os elementos tentaram correr, mas foram perseguidos e dominados por todos os policiais civis presentes, recebendo ordem de prisão e conduzidos para a Divisão Anti-Sequestro de São Paulo, no Bairro Barra Funda, numa ação digna de filme da SWAT, polícia especial norte-americana.

Na Divisão Anti-Sequestro, foram identificados como Francisco Jair Gomes, o "JAPONÊS" e Wábson Avelino, o "EBINHO", recém liberados do Sistema Penitenciário de São Paulo, para "O SAIDÃO DO DIA DAS MÃES", porém sem haverem retornado, tornando-se foragidos. Interrogados, Francisco Jair Gomes – "JAPONÊS" e Wábson Avelino – "EBINHO", guiaram-nos até o Jardim São Pedro, em Guaianazes/SP, onde estava cativo o jovem Gustavo Mosconi de Almeida, num cativeiro, no meio da Favela do Jardim São Pedro/Guaianases/São Paulo.

No caminho para o cativeiro, passamos por diversas barreiras instaladas em delegacias de polícia, batalhões da Polícia Militar e unidades da Guarda Civil Metropolitana, com gigantescas barricadas, vários veículos e viaturas nas entradas, em momentos de grande tensão. Até chegarmos à favela do Jardim São Pedro, em Guaianazes/SP, praticamente cortamos a cidade de São Paulo de uma ponta da região oeste até a ponta extrema, no final da Zona Leste.

No momento em que estávamos invadindo a residência usada para manter a vítima cativa, fomos recebidos a tiros por vários criminosos, os quais estavam nas imediações, neste instante, sendo três deles baleados. Incontinente, entramos no cativeiro, resgatando o jovem Gustavo Mosconi de Almeida, libertando-o e prendendo outros integrantes da quadrilha, sendo que os três baleados foram socorridos e morreram ao dar entrada no Pronto Socorro do Hospital Santa Marcelina, no bairro de Itaquera/SP.

Todos os criminosos presos foram conduzidos para a Divisão Anti-Sequestro de São Paulo, onde todos foram autuados em flagrante por extorsão mediante sequestro, no mesmo instante em que determinávamos aos investigadores de polícia do DEOESP/MG, a prisão da sequestradora Valéria

Pascoal, na cidade de Paulínia/SP, tendo sido ela também conduzida para o DAS e autuada em flagrante delito por extorsão mediante sequestro. Posteriormente, todos os criminosos foram transferidos para Andradas/MG e, depois, para a Carceragem do DEOESP/MG, em Belo Horizonte/MG, exceto o menor apreendido, que foi levado para a FEBEM do Bairro Horto – Belo Horizonte/MG.

No dia 20 de maio de 2006, após as formalidades legais, levamos o jovem libertado, Gustavo Mosconi de Oliveira, de volta para a cidade de Andradas/MG, onde ele e os policiais civis do DEOESP/MG foram recebidos pela família Mosconi e por toda a população do município, com grandes festividades e comemorações pela libertação do empresário da cidade de Andradas, muito querido por todos.

Após as comemorações, Gustavo Mosconi e todos os seus familiares fizeram um agradecimento público ao grande e saudoso Reitor da UNIFENAS, Professor Doutor Edson Antônio Velano, que só se retirou da residência dos familiares ao saber que o empresário Gustavo havia sido libertado sem nenhum ferimento e, também, sem efetuar o pagamento do resgate aos criminosos/sequestradores, Francisco Jair Gomes, o "JAPONÊS", Wábson Avelino, o "EBINHO", Valéria Pacheco, a "SÁDICA", Vadeir Macena Avelino, o "NARIGA NERVOSA", proprietário do imóvel que serviu de cativeiro e o menor de idade, um dos mais perigosos assaltantes da região de Guaianazes/SP.

A libertação do refém do sequestro de Andradas/MG teve grande repercussão na mídia falada, televisada e escrita, principalmente pelo momento tenso vivido pelas Forças de Segurança do Estado de São Paulo, bem como pela perícia e coragem heroicas dos policiais civis do DEOESP/MG, ao entrarem no estado de São Paulo, em meio ao caos criado pela organização criminosa, denominada Primeiro Comando da Capital, sendo que, na semana em que se desenvolveram as investigações policiais, vários policiais e guardas civis metropolitanos haviam sido assassinados, alvos de diversos atentados.

Lembremos que, além da população paulista, aterrorizada por todas aquelas ações de "SALVE GERAL" do Primeiro Comando da Capital, ocorreu, naquela semana, o sequestro do repórter da Rede Globo de Televisão, Guilherme Portanova e de seu cinegrafista, forçando a emissora Rede Globo de Televisão a soltar um manifesto da organização criminosa Primeiro Comando da Capital, no Programa FANTÁSTICO da emissora, durante o horário nobre, para verem os seus funcionários libertados vivos.

CAPÍTULO 56

O PCC Ordena Ataques no Sul de Minas Gerais
Sequestros de Gerentes de Bancos e Familiares
Pânico e Roubos

Ainda durante o mês de julho de 2006, houve várias ações do Primeiro Comando da Capital no Sul de Minas Gerais. Atiraram contra guardas municipais em Poços de Caldas, Pouso Alegre, Santa Rita do Sapucaí, Itajubá, Alfenas, dentre outras cidades.

O Chefe da Polícia Civil de Minas Gerais, Doutor Otto Teixeira Filho, determinou que o DEOESP/MG e o Grupo de Resposta Especial se deslocassem para a região, a fim de reforçar a segurança das delegacias e combater os criminosos, os quais estavam levando o terror a todos os cidadãos das cidades atacadas e às vizinhas, espalhando-se para o Triângulo Mineiro.

Na cidade de Alfenas/MG, os criminosos haviam incendiado um ônibus e cometido diversos assaltos. Todos esses crimes foram investigados e combatidos pelo Grupo de Resposta Especial e investigadores de polícia do DEOESP/MG.

TODOS os criminosos, responsáveis pelos ataques e roubos, foram presos e seus crimes devidamente apurados, através de Inquéritos Policiais, presididos pelos delegados de polícia do DEOESP/MG. Estes inquéritos Policiais foram encaminhados ao Poder Judiciário, nas devidas comarcas, com todos os criminosos sendo presos em flagrante ou preventivamente. Outros criminosos, resistindo à prisão, acabaram sendo baleados, sendo socorridos nos Pronto Socorros das cidades do sul de Minas Gerais, vinda a falecer posteriormente.

Houve grande divulgação nos meios de comunicação falada, televisada e escrita, o que, de certa forma, provocou um enfraquecimento da opinião pública sobre a repressão à organização criminosa paulista, quando comparada à de Minas Gerais, à época dos fatos, no ano de 2006, o que levou o Chefe de Polícia Civil de Minas Gerais a ordenar que o Departamento Estadual de Operações Especiais/MG e o Grupo de Resposta Especial retornassem para a cidade de Belo Horizonte/MG, retomando, assim, suas atividades normais.

Em 15 de junho de 2006, foi sequestrada, na cidade de Uberlândia/MG, a estudante Ana Flávia Lopes de Moura, tendo sido pedido, pelos sequestradores, a quantia de R$ 40.000,00 (quarenta mil Reais), o que, depois de negociações, caiu para R$ 30.000,00 (trinta mil Reais).

No dia seguinte, 16 de junho de 2006, o pagamento do resgaste foi levado até o Bairro Santa Mônica – Uberlândia – Minas Gerais e deixado numa lixeira, conforme orientações dos sequestradores, sendo toda a ação acompanhada pelos investigadores do DEOESP/MG, espalhados pelo bairro, sendo que, no momento em que um dos sequestradores apanhou o dinheiro, o mesmo foi cercado e preso.

Qualificado como Marcelo Borges de Oliveira, o "BROCA", ele nos levou até o cativeiro, quando libertamos a refém e prendemos os demais integrantes da quadrilha. A estudante Ana Flávia Lopes de Moura foi conduzida para a casa dos pais e devolvida aos seus familiares. Os criminosos foram autuados em flagrante por extorsão mediante sequestro e conduzidos para a Penitenciária Jacy de Assis, em Uberlândia, onde permaneceram presos.

A rápida apuração deste sequestro, desenvolvida pelo nosso Departamento Estadual de Operações Especiais – DEOESP/MG, teve grande divulgação na imprensa mineira e nacional, principalmente no programa "CHAMADA GERAL" do repórter e apresentador Eduardo Costa, da Rádio Itatiaia de Minas Gerais, no programa CIDADE ALERTA, da Rede Record de Televisão e no programa BRASIL URGENTE, da Rede Bandeirantes, dentre outros.

Na madrugada do dia 26 de julho de 2006, foi sequestrado, no Bairro Nações Unidas – Sabará – Minas Gerais, o gerente do Banco Bradesco, agência da Avenida Pedro II – Belo Horizonte – Minas Gerais, E.F.C., sua esposa G.K.O.A.C. e dois filhos, sendo todos levados para um cativeiro no Bairro São Marcos – Belo Horizonte/MG. Os criminosos exigiram do gerente a quantia de R$ 150.000,00 (cento e cinquenta mil Reais).

O Departamento de Operações Especiais – DEOESP/MG foi acionado na segunda-feira, pela manhã, entrando, rapidamente, no circuito criminoso e descobrindo os criminosos, os quais libertaram os reféns, sem o pagamento do resgate e fugiram, sendo presos seis criminosos, dentre eles, um menor, de 17 anos. Todos foram, posteriormente, autuados em flagrante por extorsão mediante sequestro.

Assim ficou resolvido mais um crime de sequestro em Minas Gerais, quando mudamos a maneira de investigar esses tipos de crimes. Anterior-

AGORA É COMIGO!

mente, tais crimes eram investigados pela Divisão de Crimes Contra o Patrimônio – Delegacia Especializada de Roubos a Bancos/DIE e passaram, a partir de então, para competência do DEOESP/MG, recebendo um novo enquadramento legal, sendo tratados, agora, como "EXTORSÃO MEDIANTE SEQUESTRO", muito mais grave do que a pena por roubo qualificado. Graças a esta inteligente mudança de enquadramento, por nós, estrategicamente implementada, obteve-se, em todo o estado de Minas Gerais, uma sensível diminuição da incidência desta modalidade de crime, por conta do aumento de sua gravidade.

CAPÍTULO **57**

▪ Gerente de Banco é Sequestrado, Torturado e Morto, Sendo, Depois, Concretado e Emparedado, Dentro de Uma Escola em Uberlândia – Minas Gerais

No dia vinte e oito do mês de novembro de 2006, foi sequestrado, no Bairro Martins – Uberlândia – Minas Gerais, o gerente do Banco Bradesco, da Agência Martins, Aleir Fernandes André, quando ia apanhar seu veículo no estacionamento do banco, na hora do almoço, por dois elementos armados, os quais ocupavam um carro FIAT PÁLIO, de cor branca, placa da cidade de Sorocaba/SP, tendo sido anotados, por uma testemunha, só os números da placa, 4807, e a cidade.

Na tarde do mesmo dia, os sequestradores entraram em contato com familiares e exigiram a quantia de R$ 60.000,00 (sessenta mil Reais), sendo que, depois de muita negociação, o valor baixou para R$ 45.000,00 (quarenta e cinco mil Reais), para libertarem o gerente do Banco Bradesco. A Polícia Militar e a Polícia Civil de Uberlândia/MG tentaram resolver o crime de extorsão mediante sequestro sem acionarem o Departamento Especializado, porém não conseguiram. Então, finalmente, no dia 01 de dezembro de 2006, acionaram, devidamente, o Departamento Estadual de Operações Especiais – DEOESP/MG, responsável, no estado de Minas Gerais, pela apuração dessa modalidade criminosa.

No mesmo dia, deslocaram-se para a cidade de Uberlândia/MG, eu, Delegado Edson Moreira, com mais dois delegados de polícia, dez investigadores de polícia e um escrivão de polícia, iniciando, imediatamente, as investigações, após instaurar inquérito policial pelo crime de extorsão mediante sequestro.

Primeiramente, como sempre somos acostumados a proceder nos crimes de extorsão mediante sequestro, deslocamo-nos para o estacionamento do Banco BRADESCO, no Bairro Martins – Uberlândia/MG, onde o Gerente do banco, Aleir Fernandes André foi sequestrado, entrando em contato com a testemunha ocular que a tudo assistiu, anotando o município da placa do veículo FIAT, de cor branca, com os números 4807 (a testemunha não anotou as letras da placa), o qual foi utilizado pelos sequestradores da vítima.

Em seguida, retornamos para a sede da Delegacia Regional de Segurança Pública de Uberlândia/MG, onde passamos a analisar as gravações dos telefonemas do negociador do crime de extorsão mediante sequestro, o qual se identificava com o codinome de "AUGUSTO". Escutamos, em um dos telefonemas dados por ele a partir de um telefone público, um telefone celular vibrando e, logo a seguir, iniciava-se uma música de passarinho cantando, indicando que "AUGUSTO estava recebendo uma ligação num aparelho celular, no mesmo instante em que negociava os valores do resgaste.

Determinei a todos os investigadores de polícia do DEOESP/MG e da Delegacia Regional de Segurança Pública de Uberlândia/MG, que escutassem aquele toque de telefone celular, pois, daquela maneira, poderíamos chegar ao negociador da quadrilha de sequestradores, além de representar pela quebra da ERB (Estação Rádio Base), daquela região do orelhão.

Prosseguindo nas investigações policiais, passamos a pesquisar, com a ajuda do DETRAN/SP e DETRAN/MG, as placas da cidade de Sorocaba/SP, com os números 4807, ao mesmo tempo em que as negociações continuavam, tendo os sequestradores colocado a vítima Aleir, no dia 03 de dezembro de 2006, para conversar com sua esposa. As negociações intensificaram-se nos dias 05, 06 e 07 de dezembro do mesmo ano com o resgaste sendo, primeiramente, baixado para R$ 30.000,00 (trinta mil Reais), ficando o pagamento, ao final, fixado para o montante de R$ 18.000,00 (dezoito mil Reais), no dia 08 de dezembro de 2006, tendo sido marcado o local para a entrega do dinheiro, para posterior soltura do refém. Naquele momento da negociação, a família solicita uma prova de vida da vítima Aleir Fernandes André, porém os criminosos não a fornecem e nem comparecem no lugar marcado para receber o resgaste, num bairro nas proximidades do Rio Araguari, na cidade de Uberlândia – Minas Gerais, momento em que se passou a suspeitar que haviam executado o gerente do BRADESCO, Aleir Fernandes André.

A partir de então, familiares de Aleir, com o apoio do banco, intensificam uma campanha, com a distribuição de panfletos e outdoors com a fotografia de Aleir, na tentativa de receber notícias sobre o paradeiro dele ou qualquer informação que os levassem à descoberta do cativeiro, porém todas as tentativas foram infrutíferas.

Em dias posteriores, o Chefe da Polícia Civil de Minas Gerais, Doutor Otto Teixeira Filho e o Superintendente Geral da Polícia Civil de Minas Gerais, o saudoso Doutor José Arcebispo da Silva Filho, convocaram-me para dar explicações sobre as investigações policiais, a respeito do crime de extorsão mediante sequestro do Gerente do Banco Bradesco, porque a diretoria nacional do banco entrou em contato com o governador do estado de Minas Gerais, Aécio Neves reclamando, de forma equivocada, das poucas informações fornecidas pelos responsáveis pelas investigações policiais, neste caso o Delegado Chefe do DEOESP/MG, Delegado Edson Moreira.

Viajamos para Belo Horizonte/MG, eu e o Delegado Kleyverson Rezende, para conversarmos com os dois superiores da Polícia Civil que nos haviam convocado, quando deixamos ambos a par de toda a investigação policial, para que informassem o adequado e eficaz andamento das investigações ao Excelentíssimo Senhor Governador do Estado de Minas Gerais e toda à presidência e direção do Banco Brasileiro de Descontos Sociedade Anônima, na cidade de Deus – Osasco – São Paulo, em seguida retornamos para a cidade de Uberlândia/MG, para a continuação das diligências policiais.

Nosso único interesse naquele momento era esclarecer o crime de extorsão mediante sequestro da vítima Aleir Fernandes André, gerente do Banco Brasileiro de Descontos, agência Martins – Uberlândia – Minas Gerais, contando, agora, com todo o apoio da direção geral do Banco Brasileiro de Descontos – BRADESCO.

O tempo transcorria rapidamente e intensificávamos as investigações e pesquisas da placa do veículo Pálio, branco, da cidade de Sorocaba/SP. Analisávamos as Estações Rádio Base das imediações do telefone público, usado pelo negociador "AUGUSTO", da quadrilha de sequestradores, passando o Natal e o Ano Novo de 2007 na cidade de Uberlândia/MG, diligenciando para descobrir os criminosos e o cativeiro onde estava a vítima, com uma forte suspeita de que Aleir já havia sido assassinado pelos sequestradores.

Por volta do dia 10 de janeiro de 2007, já tendo assumido a Secretaria de Segurança Pública de Minas Gerais, o advogado Doutor Maurício Campos e a Chefia de Polícia Civil de Minas Gerais, o Doutor Marco Antônio Monteiro de Castro, determinei que uma equipe de investigadores de polícia, chefiada pelo delegado de polícia, Doutor João Marcos de Andrade Prata, fosse para a cidade de Sorocaba/SP, para investigar dois veículos, com os finais de placa 4807, registrados naquela cidade do interior paulista, depois de cruzar várias informações referentes aos números de 3.000.000,00 (três milhões) de combinações de números de placas, em todos os departamentos de trânsito do Brasil.

Como se não bastasse, criminosos invadiram a cidade de Tiros, onde roubaram, da agência bancária daquela cidade, R$ 300.000,00 (trezentos mil

AGORA É COMIGO!

Reais) e, depois, no dia 09 de janeiro, também invadiram a cidade de São Gotardo, na região do Alto Paranaíba – Minas Gerais, assaltaram o Banco do Brasil, mataram um policial militar da cidade, sequestraram um Juiz de Direito e um Delegado de Polícia da cidade de Rio Paranaíba, também na região do Alto Paranaíba – Minas Gerais, libertando os mesmos na cidade de Sacramento, no Triângulo Mineiro.

O Chefe Adjunto da Polícia Civil de Minas Gerais, Doutor Jairo Lellis Filho determinou que eu e o Grupo de Resposta Especial da Polícia de Minas Gerais nos deslocássemos para investigar e dar apoio total ao Departamento de Polícia Civil de Patos de Minas, ao qual as delegacias de polícia das cidades de Tiros e São Gotardo eram subordinadas.

Dando cumprimento à ordem, deslocamo-nos de Uberlândia/MG, até a região dos assaltos, sequestros e latrocínios, onde demos início às investigações e repressão à quadrilha, que estava aterrorizando a população local, ao mesmo tempo em que continuávamos as investigações policiais do crime de extorsão mediante sequestro da vítima Aleir Fernandes André.

Já na cidade de Sorocaba/MG, localizamos o veículo FIAT Pálio, branco, placa daquela cidade, o qual era dirigido por Anderson Ribeiro Ferreira, que foi interrogado na Delegacia de Polícia Civil de Sorocaba/SP, pela equipe de policiais civis do DEOESP/MG, tendo alegado que esteve na cidade de Uberlândia/MG para prestar serviços de pintura para o empresário de uma escola de informática, chamado Edison Lopes Nastre, no centro da cidade mineira de Uberlândia.

A equipe de investigadores policiais do DEOESP/MG descobriu, também, que Anderson Ribeiro esteve em Uberlândia/MG, na época do sequestro de Aleir Fernandes André, em companhia do perigoso criminoso, qualificado como Jonas José de Deus Cassu, o qual não foi encontrado na cidade de Sorocaba/SP, estando foragido.

Determinamos que os investigadores de polícia Nailton Cirino e Washington fossem até a escola de informática, na Avenida Getúlio Vargas – Centro – Uberlândia – Minas Gerais, para investigar o proprietário, bem como qualificá-lo, entrevistando-o para saber a veracidade das alegações de Anderson, da cidade de Sorocaba/SP.

No momento em que conversavam com Edison Lopes Nastre, qualificando-o e anotando o número do telefone celular dele, tiveram a perspicaz e inteligente ideia de ligar para os investigadores de polícia, os quais estavam no Setor de Inteligência da Delegacia Regional de Segurança Pública de Uberlândia/MG, solicitando que ligassem, de volta, para o número do telefone celular fornecido por Edison Lopes Nastre.

Como já desconfiavam, no momento em que os investigadores de polícia efetuaram a ligação, o telefone de Nastre começou a vibrar e tocar o som de pássaro, exatamente como o som percebido na gravação da chamada telefônica do negociador "AUGUSTO". De imediato, os policiais Civis Naiton Cirino e Washington saíram do estabelecimento e informaram a descoberta para este Chefe do Departamento Estadual de Operações Especiais – DEOESP/MG, sendo que estávamos (DELEGADO EDSON MOREIRA E KLEYVERSON REZENDE) na cidade de Belo Horizonte/MG.

Recordo-me que estávamos em Belo Horizonte, juntamente com o Chefe Adjunto de Polícia Civil de Minas Gerais, Doutor Jairo Lellis Filho e com o Superintendente Geral de Polícia Civil de Minas Gerais, o saudoso Doutor José Arcebispo, planejando a ação para a repressão aos roubos a bancos, latrocínios e sequestros no Alto Paranaíba, sendo comunicados a ambos, toda a situação das investigações policiais do crime de extorsão mediante sequestro do gerente do banco BRADESCO.

No dia 17 de janeiro de 2007, de imediato, representamos ao Juiz de Direito de Plantão na Comarca de Uberlândia/MG, solicitando a prisão temporária, por trinta dias, de Edison Lopes Nastre, sua esposa Mariza Aparecida Nunes de Lima, Anderson Ribeiro Ferreira e Jonas José de Deus Cassu, estes dois últimos da cidade de Sorocaba/SP, as quais foram deferidas com seus mandados de prisão expedidos.

Aproveitando que estávamos com Chefe de Polícia Adjunto e o Superintendente Geral de Polícia, solicitamos a liberação de avião para nos deslocarmos para a cidade de Uberlândia/MG, para prender os criminosos e esclarecermos, definitivamente, as investigações naquela cidade, sendo, de pronto, autorizado o uso da aeronave para o deslocamento.

Depois de determinamos os cumprimentos dos mandados de prisões em Uberlândia – Minas Gerais e Sorocaba – São Paulo, deslocamo-nos para o Aeroporto da Pampulha, no hangar da Polícia Civil de Minas Gerais, embarcamos no avião de pequeno porte da Polícia Civil e seguimos para a cidade de Uberlândia/MG, com um tempo bastante chuvoso e de tempestade no estado das Minas Gerais.

No percurso para a cidade de Uberlândia/MG, passamos por várias turbulências, chegando a pensar, tamanha a intensidade das tempestades, que o avião iria cair, obrigando o piloto a voar baixo e desviar para a cidade de Patrocínio/MG, passando próximo ao Cristo Redentor daquela cidade, de onde, novamente, seguiu para Uberlândia/MG, onde conseguimos chegar ao aeroporto da cidade.

AGORA É COMIGO!

De imediato, seguimos para a Delegacia Regional de Segurança Pública de Uberlândia/MG, onde já estavam presos Edison Lopes Nastre e sua esposa Mariza Aparecida Nunes de Lima. Foram presos, também, em Sorocaba – São Paulo, Anderson Ribeiro Ferreira e Jonas José de Deus Cassu, permanecendo a equipe de policiais civis do DEOESP/MG providenciando junto ao Juiz de Direito da Comarca de Sorocaba, a transferência dos presos para a comarca de Uberlândia/MG.

Chegando à Delegacia Regional, passamos a interrogar Edison Lopes Nastre e sua companheira Mariza Aparecida Nunes de Lima, visando descobrir todo o evento criminoso, já com as fortes suspeitas de que o gerente do BRADESCO, Aleir Fernandes André, teria sido assassinado e seu cadáver ocultado pelos criminosos. Então, passamos, aproximadamente, cinco horas convencendo o casal a confessar todo o "ITER CRIMINILIS", ou seja, o caminho do crime, o processo de evolução do delito.

Por volta das 21:00 horas, depois de falar que havia levado Aleir Fernandes André até uma estrada de terra que ligava Uberlândia a Araguari, ambas em Minas Gerais e, que naquela estrada havia matado a vítima, pediu para que o levássemos até a sua escola de informática, perguntando a todo o momento as horas, até que às vinte e duas horas, chegamos à Avenida Getúlio Vargas no Bairro Centro – Uberlândia/MG. Não entendia o porquê de, a todo o momento, Edison Nastre perguntar as horas, até que ele confessou, quando entendi que era justamente às dez horas da noite que o estabelecimento era fechado.

Adentrando na escola de informática, de sua propriedade, Edison Nastre nos guiou até os fundos da escola e, aos pés de uma escada de ferro, a qual conduzia ao sótão do centro profissionalizante e afirmou: "ELE ESTÁ CHUMBADO AI EM CIMA", a princípio não acreditei, chegando a dizer para Edison Lopes Nastri: "VOCÊ TA TIRANDO ONDA COM A MINHA CARA".

Então continuou a narrar o crime: "... depois que tentei levar o Aleir para Araguari e ele reclamar muito, resolvi voltar, coloquei uma venda nos olhos dele, amarrei suas mãos para trás e mandei ele subir, encostando uma arma na cabeça dele, quando estávamos no interior do sótão, peguei um fio elétrico e o "ENFORQUEI"", numa menção de que o havia assassinado por asfixia, na modalidade "ESTRANGULAMENTO". Continuando a narrativa macabra de Edison Nastre: "Em seguida joguei muito cimento em cima dele, joguei pedras e mais cimento. Não satisfeito, depois chamei um pedreiro e pedi para que chumbasse aquele volume no sótão, sem falar para o pedreiro, o que havia acontecido".

Solicitei aos investigadores de polícia que subissem até o sótão e confirmassem se tudo que Edison Lopes havia contado estava condizendo com a verdade, o que foi confirmado pelos policiais civis, depois de examinar o local e encontrar o volume de concreto, onde estava oculto o cadáver do gerente do banco Bradesco, Aleir Fernandes André, agora morto e emparedado.

Em seguida, tentamos furar o concreto, porém sem êxito, primeiro pelas dificuldades e pouco espaço, depois porque já era tarde da noite, foi quando acionamos o Corpo de Bombeiros para que fosse feita a escavação no concreto até chegar ao cadáver de Aleir Fernandes André, para que, incontinente, fossem realizados os exames perinecroscópicos pelos peritos criminais da Seção Técnica de Criminalística de Uberlândia/MG, para depois elaborar o LAUDO DE LEVANTAMENTO DE LOCAL DE CRIME.

Não sendo possível a remoção do concreto, retornamos até a delegacia regional, onde passamos as declarações a termos, com a confissão de Edison Lopes Nastre e de sua companheira, Mariza Aparecida Nunes de Lima, tendo ambos confessado que o gerente do BRADESCO foi sequestrado e levado para a residência de ambos, onde permaneceu amarrado num dos cômodos da casa, sendo alimentado por eles, até Edison sair com ele numa noite e matá-lo.

Esclareceram que Aleir chorava todas as noites, pedindo para ver sua filha pequena e seus familiares. Mariza alegou que não sabia que Aleir Fernandes tinha sido sequestrado por seu companheiro, mas aceitou tomar conta dele até que fosse resolvida a contenda, entre ele e Edison Lopes Nastre.

O criminoso e sequestrador, Edison Lopes Nastre confessou, com todos os pormenores, o planejamento do sequestro, o conhecimento que tinha com o gerente Aleir, já que era correntista do banco, naquela agência, e seu envolvimento no crime de extorsão mediante sequestro, alegando que tudo foi preparado e arquitetado porque havia contraído uma dívida com o advogado Marcio Celso Barros Haddad, da cidade de Sorocaba/SP.

Então, para saldar o débito, teve a ideia de sequestrar o gerente, chamando os comparsas Anderson e Jonas, ambos da cidade de Sorocaba/SP, mesma cidade sua e de sua companheira.

Na manhã seguinte, por volta das 07:00 horas, retornamos até a escola de informática, na Avenida Getúlio Vargas – Centro – Uberlândia – Minas Gerais, juntamente com o Corpo de Bombeiros de Minas Gerais, constatando que não havia como retirar o cadáver de Aleir Fernandes André pelo sótão, devido ao grande e impenetrável concreto, então foi aberto um buraco na sala abaixo do corpo da vítima, quando, então, o mesmo foi retirado, não antes de havermos registrado, por fotografias, a situação encontrada, daquele cadáver.

Em seguida, os peritos criminais da Seção Técnica de Criminalística de Uberlândia/MG realizaram os exames periciais e liberaram o corpo, o qual foi conduzido para o Instituto Médico Legal, a fim de serem realizados os exames cadavéricos e elaboração do Laudo de Necrópsia de Aleir Fernandes André.

Após a chegada dos laudos, Edison Lopes Nastre, Anderson Ribeiro Ferreira, Jonas José de Deus Cassu e Mariza Aparecida Nunes de Lima foram indiciados por extorsão mediante sequestro com resultado morte, sendo o inquérito policial relatado e encaminhado à Justiça Criminal de Uberlândia/MG, com os pedidos de prisão preventiva de todos os envolvidos.

A apuração foi amplamente divulgada, nacional e internacionalmente, tendo grande ênfase no programa da Rede Bandeirantes de Televisão, "BRASIL URGENTE", apresentado pelo grande jornalista José Luiz Datena, Programa "CIDADE ALERTA", da Rede Record de Televisão, apresentado pelo Saudoso jornalista Marcelo Rezende, comentado pelo mestre e jornalista, meu amigo Percival de Souza e, em Minas Gerais, comentado pelo grande professor e jornalista, José Eduardo Costa, no Programa "CHAMADA GERAL" da Rádio Itatiaia, no "JORNAL NACIONAL" e no programa "FANTÁSTICO", ambos da REDE GLOBO DE TELEVISÃO.

Assim conseguimos resolver mais um crime hediondo de extorsão mediante sequestro com resultado morte, artigo 159 e parágrafos do CPB, cuja pena de reclusão é a mais alta do Código Penal Brasileiro.

CAPÍTULO **58**

- Universitários Matadores e Ladrões de Veículos
- O Sequestro da Viúva
- Assassinato e Sequestro na Terra da Lingerie
- Trator Usado para Enterrar Vítima
- O Sequestro da Criança de Sete Anos em Rio Manso

O ano de 2007 começou sobrecarregado, com a apuração do crime de extorsão mediante sequestro com resultado morte do gerente do banco BRADESCO, em janeiro de 2007, investigações sobre os roubos a bancos e latrocínios na região do Alto Paranaíba/MG, ataques a carros fortes, em Minas Gerais, região do Vale do Aço, região sudoeste, Triângulo Mineiro, Norte de Minas, dentre outras regiões do Estado.

Em 16 de abril de 2007, já estando integrado ao DEOESP/MG, como Chefe da Divisão de Operações Especiais, o Doutor Cláudio Freitas Utsch Moreira, foi presa uma quadrilha de estudantes universitários, por investigadores de polícia do departamento.

Esses quadrilheiros roubavam, sequestravam, agrediam e assassinavam suas vítimas, como no caso do assassinato do casal defronte o Pronto Socorro Risoleta Neves, na região de Venda Nova – Belo Horizonte – Minas Gerais, para roubarem um mostruário de joias, veículos, bancos e estabelecimentos comerciais da região norte de Belo Horizonte.

Os investigadores de polícia do Departamento Estadual de Operações Especiais – DEOESP/MG começaram a investigar a quadrilha, depois que o senhor César Alvares Menezes e sua esposa, procuraram-nos, chorando compulsivamente, com a boca toda ensanguentada, por ter recebido várias coronhadas na boca, com quebra de dentes. Foram sequestrados na ro-

AGORA É COMIGO!

dovia que liga a cidade de Sete Lagoas ao município de Jequitibá – Região Central do Estado de Minas Gerais, em seguida, foram levados a um cativeiro no Bairro Veneza, torturados com coronhadas, socos, pontapés, etc., sendo que os idosos ainda tiveram roubados sua caminhonete CHEVROLET D-20, dinheiro e joias.

A partir de então, partimos para as investigações, descobrindo a quadrilha de universitários ladrões e latrocidas, prendendo preventivamente e em flagrante delito Vitor Braga Silva Simões, Mateus Couto Duarte, Gutemberg da Silva, Silas Lage Moreira de Souza, Romulo Eustáquio, Vitor Braga e o alcunhado e perigoso "PIRAPORA", na cidade de Campinas/SP.

A quadrilha atuava na região metropolitana de Belo Horizonte e em cidades próximas, roubando veículos, desmanchando e vendendo as peças, adulteravam chassis e revendiam, praticavam a famosa "SAIDINHA DE BANCOS", chegando a balear e matar algumas vítimas, dentre outros crimes, como o roubo da caminhonete do senhor César Alvares Menezes.

Foram apreendidos, em poder dos criminosos, um veículo AUDI, placa da cidade de Timóteo/MG – GWF 3324, um veículo marca RENAUT, modelo Clio, placa de Belo Horizonte/MG – HBQ 3578 e um veículo VW GOL, placa de Ribeirão das Neves/MG – GRX 7784, uma casa alugada no Bairro Veneza – Justinópolis/MG, utilizada para a prática de crimes e para levar vítimas sequestradas durante os assaltos, além de uma enorme quantidade em dinheiro e notas de Dólares Americanos e Euros.

A apuração foi seguida de grande repercussão na mídia televisada, escrita e falada de Minas Gerais e de todo o território brasileiro.

No dia 1º de maio de 2007, "DIA DO TRABALHO", foi sequestrado o estilista Kleber Fabiano Garcia, na cidade de Juruaia – Minas Gerais, conhecida como a "CAPITAL MUNDIAL DA LINGERIE", próximo ao município de Muzambinho/MG, tão falado pelo jornalista esportivo Milton Neves, apresentador do programa "TERCEIRO TEMPO", da Rede Bandeirantes de Televisão.

Os sequestradores telefonaram para familiares da vítima Kleber Fabiano e para sua patroa, a empresária Rosana Marques e Marques, exigindo resgaste para a liberação do estilista, que trabalhava para sua empresa dela.

Deslocamo-nos com uma equipe de policiais civis, juntamente com o delegado de polícia, Cláudio Freitas Utsch Moreira, para a cidade de Juruaia – Sul de Minas Gerais, onde, após várias investigações, mapeamento das ligações telefônicas pedindo o resgaste, prendemos Márcio Antônio de Rezende, o qual mantinha um caso amoroso com Kleber Fabiano, tendo o mesmo, depois de vários interrogatórios, confessado o assassinato da vítima.

Esclareceu que atraiu Kleber Fabiano Garcia para sua fazenda, onde trabalhava na plantação de café, cerca de 5 Km distante do perímetro urbano da cidade de Juruaia/MG. Então, começaram a praticar relações sexuais e, num descuido de Kleber Fabiano Garcia, apoderou-se de um extintor de incêndio, no interior do veículo, deu um golpe na cabeça de Kleber Fabiano, depois estrangulou-o, tirando-lhe a vida.

Em seguida levou a vítima até a plantação de café, enterrou o corpo de Kleber. totalmente nu, utilizando um trator de sua propriedade, lançando muita terra sobre o cadáver.

O corpo foi encontrado no dia 7 de maio, com o auxílio dos policiais civis da delegacia da Polícia Civil de Muzambinho/MG, chefiados pela delegada de polícia Rosane Cecílio Justino Lunardelo.

O crime foi amplamente divulgado na mídia falada, televisada e impressa da região do sul de Minas Gerais, principalmente na cidade de Guaxupé/MG e toda Minas Gerais, principalmente no programa Chamada Geral, do repórter Eduardo Costa e na Rede Globo de Televisão – "GLOBO MINAS", TV Alterosa, Rede Record e Rede Bandeirantes de Televisão, as quais deram ampla divulgação ao crime, que aconteceu na cidade internacional das "LINGERIES".

Logo após retornamos das cidades de Muzambinho e Juruaia – sul de Minas Gerais, fomos acionados pelo chefe da Polícia Civil de Minas Gerais, Doutor Marco Antônio Monteiro de Castro e o Superintendente Geral de Polícia Civil de Minas Gerais, Doutor Gustavo Botelho Neto, para nos deslocarmos, com equipes, para a cidade de Patos de Minas – Alto Paranaíba – Minas Gerais, pois haviam sido sequestrados, no Distrito de Araporá, município de Carmo do Paranaíba, o casal de fazendeiros, Eupídio Henrique de Souza e Maura Maria de Jesus.

Sacaram de suas contas bancárias, principalmente da conta do Senhor Eupídio, dois mil Reais, em dois saques de mil Reais, em caixas eletrônicos, na cidade de Carmo do Paranaíba/MG, além de roubarem um veículo VW GOL, cinza, de propriedade do fazendeiro.

Chegando à cidade de Patos de Minas/MG, passamos a realizar as investigações policiais e providenciarmos as interceptações telefônicas. Os sequestradores estavam exigindo R$ 30.000,00 (trinta Mil Reais) para libertar os reféns.

Descobrimos que os telefonemas advinham da cidade de Uberlândia/MG, para onde deslocamos várias equipes de policiais civis. No dia 24 de maio de 2007, os criminosos resolveram contar onde o casal de ruralistas estavam, sendo eles resgatados pela equipe, depois levados ao Hospital das Clínicas de Uberlândia. Enquanto isso, continuamos com as diligencias

AGORA É COMIGO!

e investigações, sendo que conseguimos prender os criminosos sequestradores, naquela cidade de Uberlândia/MG.

Os criminosos foram autuados em flagrante por extorsão mediante sequestro, extorsão e roubo qualificado, com o inquérito policial sendo encaminhado para a Justiça Criminal de Carmo do Paranaíba/MG, com os autores presos preventivamente. A apuração teve grande repercussão na mídia falada, televisada e impressa do Estado de Minas Gerais.

Depois de poucos dias após havermos retornado das cidades de Uberlândia, Patos de Minas e Carmo do Paranaíba, todas em Minas Gerais, ocorreu, no Bairro São Bento – Belo Horizonte/MG, o sequestro da psicóloga aposentada, viúva de um ex-corregedor da Fazenda Pública de Minas Gerais, tendo sido exigido dos familiares, o resgate de R$ 150.000,00 (cento e cinquenta mil Reais).

O DEOESP/MG foi acionado e as investigações policiais se intensificaram, quando, transcorridas duas semanas, prendemos em flagrante delito, pelo crime de extorsão mediante sequestro, Marco Aurélio Soares Costa, Jairson José Rocha, a publicitária Lídia Vieira dos Santos Queiroz e a empresária Darly Antunes Miranda.

Ao serem interrogados, no Departamento Estadual de Operações Especiais – DEOESP/MG, Marco Aurélio Soares Costa e Jairson José Rocha confessaram todo o crime de extorsão mediante sequestro, planejado por Lídia e Darly, as quais, por dificuldades financeiras, resolveram sequestrar a aposentada, convidando os dois para participarem do delito, sendo que cada um ganharia dez mil Reais.

Esclareceram ainda que as empresárias utilizaram um sítio de uma vizinha, localizado no Recanto da Siriema, na cidade de Jaboticatubas/MG, sendo que Jairson tentou, por duas vezes, capturar a vítima quando ela fazia caminhada numa praça do Bairro Santa Lúcia – Belo Horizonte/MG, uma no dia 31 de maio de 2007 e outro no dia 4 de junho.

Como não obteve sucesso nas abordagens, Lídia resolveu convidar a aposentada para caminharem juntas na Praça da Barragem Santa Lúcia, foi quando, disfarçados, Darly e Jairson sequestraram as duas, sendo que Lídia foi solta no Bairro São Gabriel, depois levaram a aposentada para o sítio em Jaboticatubas/MG, onde ficaram até as cinco horas da manhã do dia seguinte, quando resolveram levar a vítima para o Bairro Granja de Freitas – Alto Vera Cruz – Região Leste de Belo Horizonte/MG. Nesse local em que a aposentada ficou cativa, até o dia 13 de junho de 2007.

Nesse intervalo, os sequestradores efetuaram diversas ligações, com ameaças de morte da aposentada, exigindo a saída da polícia do caso, senão iriam cortar os dedos das mãos, um a um e enviarem aos familiares, além de quererem, rapidamente, o pagamento do resgaste de R$ 150.000,00 (Cento e cinquenta mil Reais).

A família da vítima também recebeu dois envelopes, através de um motoboy, contendo bilhetes, montados com recortes de revistas, dizendo: "ESTE PODE SER O PRIMEIRO PEDAÇO DELA, FICOU CLARO?". "A INFORMAÇÃO SOBRE SUA MÃE É QUE TEM PASSADO MAL, O TEMPO QUE ELA FICARÁ CONOSCO É PROBLEMA DE VOCÊS. RETIRE A POLÍCIA, PARA INICIAR UMA NEGOCIAÇÃO. NÓS ESTAMOS A POSTOS".

Nas investigações, a competente equipe de policiais civis conseguiu, através das câmeras de segurança do centro comercial do Bairro Cidade Nova – Belo Horizonte – Minas Gerais, as imagens das autoras entregando os bilhetes para o motoboy, para serem entregues aos familiares da vítima de extorsão mediante sequestro.

Após a conclusão do inquérito policial, o mesmo foi encaminhado para o Fórum Lafaiete e distribuído para a Vara Criminal, com o pedido de prisão preventiva de todos os envolvidos, sendo acatado pela Justiça Criminal de Belo Horizonte.

O caso teve grande repercussão na mídia falada, televisada e escrita, sendo divulgado por todos os meios de comunicação de Minas Gerais e do Brasil.

Na quarta-feira, dia 21 de agosto de 2007, no Bairro Nova Cachoeirinha, na cidade de Rio Manso – Minas Gerais, mais precisamente na residência do empresário Venceslau Lopes da Silva, iniciou-se um verdadeiro drama, quando elementos armados, invadiram sua residência e fizeram ele, mulher e filha reféns. Os criminosos amarraram os três, tendo sido advertidos pelos pais, de que a criança, de sete anos, tinha problemas respiratórios, foi quando efetuaram buracos na fita adesiva que cobria a boca da criança, para evitar problemas.

Em seguida, passaram a roubar eletrodomésticos, eletroeletrônicos e mais dois mil Reais em dinheiro. Ato contínuo, sequestraram a filha do casal, de sete anos de idade, e exigiram o pagamento de R$ 40.000,00 (quarenta mil Reais) como resgate, para libertarem a vítima, caso contrário iriam matá-la.

O Departamento Estadual de Operações Especiais – DEOESP/MG foi acionado para assumir as investigações, sendo que, rapidamente, conseguimos identificar os criminosos, os quais seriam da cidade de Betim/MG.

Durante as investigações, descobrimos que os criminosos identificaram a residência da vítima Venceslau Lopes da Silva através de um pedreiro, que havia efetuado a reforma de sua casa e de seu supermercado, ambos na cidade de Rio Manso – Minas Gerais.

AGORA É COMIGO!

Após desconfiarem que poderiam ser presos, pois perceberam policiais civis rondando a região onde se escondiam e onde mantinham refém a menina de sete anos de idade, resolveram soltar a vítima, sem o pagamento do resgate, deixando-a com um frentista, num posto de gasolina da cidade de São Joaquim de Bicas/MG.

No dia seguinte, investigadores de polícia do DEOESP/MG invadiram o local onde a menina era mantida refém, prendendo os criminosos sequestradores, Alan de Oliveira Silveira, Ronaldo de Souza Simão, Rubens Adriano Almeida e Thiago Leal Marques de Souza.

Interrogados, confessaram o assalto à casa do empresário, alegando que não iriam sequestrar a criança, somente a estavam utilizando para que os familiares não chamassem a polícia, mas, então, Thiago resolveu pedir o resgate e levar a menina para o cativeiro, na casa de Alan, esclarecendo que o pedreiro foi quem os avisou dos valores, das joias e do dinheiro do empresário.

Os fatos foram amplamente divulgados na mídia escrita, televisada e falada dos veículos de Minas Gerais e do Brasil.

CAPÍTULO **59**

- **Mandam Matar Radialista na Cidade de Taiobeiras/MG**
- **Transferência para Chefiar Outro Departamento**
- **Vários Crimes são Esclarecidos**
- **A Feijoada do Gatão**

Em junho de 2007. fomos acionados pelo governador do estado de Minas Gerais, Aécio Neves e pelo chefe da Polícia Civil de Minas Gerais, Doutor Marco Antônio Monteiro de Castro, atendendo a pedido da Assembleia Legislativa do Estado de Minas Gerais e do prefeito municipal da cidade de Taiobeiras/MG, para que uma equipe de policiais civis do nosso Departamento Estadual de Operações Especiais – DEOESP/MG assumisse as investigações policiais do crime de tentativa de homicídio, sofrido pelo radialista e membro do Conselho Tutelar da cidade, Ronaldo Silveira Saturnino, ocorrido em maio de 2004, em uma estrada vicinal do município de Taiobeiras/MG, depois que os criminosos mexeram no carro da vítima, forçando-o a parar naquele local, onde um pistoleiro efetuou vários disparos contra Ronaldo Saturnino.

As investigações policiais foram realizadas por uma equipe de policiais civis, chefiada pelo Delegado de Polícia João Marcos de Andrade Prata, a qual, imediatamente, iniciou os trabalhos de apuração, quebrando os sigilos telefônicos dos suspeitos, na época do crime, e fazendo a análise detalhada, principalmente do ex-Prefeito do município de Taiobeiras/MG, Joel da Cruz Santos, o "JOELÃO", denunciado, pela vítima, por prostituição infantil. Segundo o radialista, "JOELÃO", quando era prefeito da cidade, aliciava meninas menores de 14 anos para promover orgias sexuais em sua fazenda, no município de Taiobeiras, inclusive com outros políticos mais chegados, de fora da cidade.

Durante as diligências policiais, foi descoberto que o pistoleiro João Batista Rodrigues Sampaio, "JOÃO DO CIPÓ" era residente nas proximidades do município de São João do Araguaia, próximo à cidade de Marabá, no Estado do Pará, mesmo local onde o ex-prefeito Joel da Cruz Santos, o "JOELÃO", possuía fazendas.

"JOÃO DO CIPÓ" foi contratado para assassinar o radialista e membro do Conselho Tutelar de Taiobeiras/MG, Ronaldo Saturnino. O pistoleiro foi buscado no estado do Pará e levado a Taiobeiras/MG, por Derlindo de Freitas Lima, o "GALEGO DO SATIL", a mando de "JOELÃO".

O crime foi planejado a partir do "contrato" de assassinato do radialista. Até que chegasse o melhor momento, o pistoleiro ficaria escondido na periferia de Taiobeiras/MG, supostamente em uma das propriedades do comparsa de "JOELÃO", Clemente José da Silva, "O LEZIN".

Depois de alguns dias planejando o assassinato do radialista Ronaldo Saturnino e sendo o mesmo mostrado para o pistoleiro "JOÃO DO CIPÓ", escolheram os festejos da "FESTA DO PEQUI" para a consumação do assassinato.

Durante os festejos, o radialista e membro do Conselho Tutelar de Taiobeiras/MG, Ronaldo Saturnino, foi sendo monitorado, a todo instante, por "LEZIN", "GALEGO DO SATIL" e pelo pistoleiro "JOÃO DO CIPÓ", os quais só aguardavam o momento propício para executarem o Radialista.

Na madrugada do dia 04 de maio de 2004, uma mulher passou mal durante a festa e foi socorrida pelo radialista Ronaldo Saturnino, que pretendia leva-la do distrito de Lagoa Grande até o centro de Taiobeiras/MG, para ser socorrida, contudo, o veículo apresentou defeito no caminho. Mesmo assim, o atencioso radialista, que viria a ser vítima, conseguiu outra pessoa para socorrer a mulher.

Enquanto isso, Ronaldo Saturnino ficou aguardando socorro, na estrada de Lagoa Grande – Taiobeiras/MG. Enquanto aguardava, chegaram o pistoleiro "JOÃO DO CIPÓ", "LEZIN" e "GALEGO DO SATIL" e disseram à vítima: 'SEU SOCORRO CHEGOU", foi onde "JOÃO DO CIPÓ" desferiu seis tiros contra o rosto e corpo da vítima, fugindo depois do local.

Ronaldo foi socorrido/levado, em estado gravíssimo, para Taiobeiras e, depois, para Salinas, enquanto os criminosos "JOÃO DO CIPÓ" e "GALEGO DO SATIL" fugiram para o estado do Pará, tendo "LEZIN" e "JOELÃO", permanecido na cidade de Taiobeiras/MG.

A vítima conseguiu sobreviver e narrou para a polícia todo o atentado, mas não apresentava as provas, momento em que o DEOESP – MG entrou nas investigações policiais, mostrando todas as provas, as quais foram carreadas para os autos do inquérito policial, inclusive mostrando todo o percurso feito por Derlindo de Freitas Lima, o "GALEGO DO SATIL" e pelo pistoleiro, João Batista Rodrigues Sampaio, "JOÃO DO CIPÓ", do estado do

Pará até o município de Taiobeiras/MG, todas as trocas de telefonemas dos criminosos, bem como demais provas.

Foi representado ao Juízo da Comarca pela decretação da Prisão Temporária de todos os envolvidos no crime de tentativa de homicídio contra a vítima Ronaldo Silveira Saturnino, radialista e membro do Conselho Tutelar de Taiobeiras/MG.

Expedido os mandados de prisões temporárias, os policiais civis do DEOESP/MG, deslocaram-se para o município de Marabá/PA, onde, no município vizinho, prenderam "JOÃO DO CIPÓ", seguido de Derlindo de Freitas Lima, o "GALEGO DO SATIL", já na cidade de Taiobeiras. O covarde ex-prefeito do município, Joel da Cruz Santos, o "JOELÃO" e seu comparsa, Clemente José da Silva, "O LEZIN", fugiram, mas foram presos posteriormente.

O crime contra a vítima Ronaldo Silveira Saturnino, radialista e membro do Conselho Tutelar da cidade de Taiobeiras/MG foi totalmente esclarecido e todos os envolvidos, presos, responderam pelos crimes na Justiça Criminal de Minas Gerais, tendo o caso grande divulgação na mídia falada, televisada e escrita, tendo sido os criminosos apresentados no Departamento de Investigações Especializadas – DIE "DEIC/MG).

A essa altura, eu já havia assumido a Chefia do Departamento Estadual de Investigações Especializadas, que, na época, era responsável pelas investigações especializadas, como os crimes contra a vida, contra o patrimônio, contra a Fazenda Pública, crimes de drogas e entorpecentes, atos infracionais de menores, falsificações e defraudações, dentre outros, com várias divisões especializadas, as quais, posteriormente, transformaram- se em Departamentos Especializados.

Em julho de 2007, fui convidado pelo chefe da Polícia Civil de Minas Gerais e pelo Superintendente Geral de Polícia Civil de Minas Gerais, para assumir a chefia do Departamento de Investigações Especializadas – DIE – DEIC/MG, sendo que o chefe daquele departamento, Doutor Antônio Carlos de Faria, assumiria a chefia do Departamento Estadual de Operações Especiais – DEOESP/MG.

Aceitei o desafio e, em setembro de 2007, fui transferido para a chefia do Departamento Estadual de Investigações Especializadas, pegando, logo de chegada, o desafio de apurar a chacina de Ribeirão das Neves, praticada contra traficantes da favela Prado Lopes, por integrantes de quadrilha rival, tendo sido esclarecido o caso, rapidamente, pela Divisão de Crimes Contra a Vida/DIE/MG.

Também foram esclarecidos todos os roubos ocorridos no Alto Paranaíba, no começo do ano, como foi comentado em capítulos anteriores, sendo as investigações policiais desenvolvidas pelo Departamento de Investigações Especializadas/DEIC/MG e pelo DEOESP, tendo sido presas as quadrilhas de ladrões de banco e de carros fortes, com um vasto arsenal de armas e munições, inclusive uma metralhadora Ponto Cinquenta, veículos roubados e clonados, apreendidos graças às investigações realizadas em Montes Claros/MG, quando da extorsão mediante sequestro do senhor Djalma de Freitas, efetuadas pelo DEOESP/MG, sendo que uma das quadrilhas presas, era a chefiada por José Ribamar, o "LOIRINHO", envolvido na morte e tentativa de sequestro, do empresário "DJALMA DA EMPRESA ALPRINO", como lhes apresentei, anteriormente, no capítulo L.

Várias investigações policiais de crimes de roubos, tráfico de drogas e homicídios estavam em andamento e, a cada mês, os crimes iam sendo esclarecidos e as quadrilhas presas, como por exemplo a gangue que assaltava os correios e seus funcionários, dando um prejuízo de mais de R$ 3.000.000,00 (três milhões de Reais) para a autarquia federal, "NA FAMOSA OPERAÇÃO CURINGA" do DIE – DEIC/MG.

Foram presos, no dia 23 de novembro de 2007, Romney Peterson Dias da Paz, o qual já estava respondendo por roubo, estelionato, furto, falsificações de documentos, Wellington Lucio dos Santos, o "GRANDE", Joel Jorge Neres, o "PAI JOEL", Cláudia Cristina dos Santos, mulher de Joel Jorge, Carlos Roberto Silva, o "MALINHA", policiais civis da Delegacia de Polícia Noroeste e funcionários dos Correios.

Eles vinham agindo há, aproximadamente, três anos, assaltando carteiros e motociclistas dos Correios, motoristas da autarquia, roubando malotes com cartões de crédito, talões de cheque, bens valiosos. Integrantes da quadrilha recebiam informações dos funcionários das agências dos Correios, para planejar e efetuar as ações criminosas, bem como as senhas para desbloquearam os cartões, tudo isso sendo acobertado pelos policiais, inclusive com empréstimo de veículos para a prática dos crimes. Tais policiais foram presos e encaminhados, juntamente com cópias dos inquéritos Policiais, para serem investigados pela Corregedoria Geral de Polícia Civil de Minas Gerais.

Estavam ocorrendo em Belo Horizonte e nos grandes municípios mineiros, guerras entre quadrilhas de traficantes, pelos diversos pontos de tráfico, fazendo com que o número de homicídios, por causa do tráfico de drogas, aumentasse na Capital mineira e em todo o estado de Minas Gerais.

Introduzimos as investigações articuladas, planejadas e executadas como operações conjuntas entre a Divisão de Crimes Contra a Vida, a Divisão de Tóxicos e Entorpecentes e a Divisão de Crimes Contra o Patrimônio, todas subordinadas ao Departamento de Investigações Especializadas de Minas Gerais. Nosso objetivo era a prisão de chefes de gangues de traficantes e seus principais comparsas e descapitalizar os traficantes. Denominei esta nova forma de atacar pelo nome de "REPRESSÃO QUALIFICADA", pois visava investigar, qualificar e prender os maiores homicidas que agiam em Belo Horizonte e demais grandes centros dos municípios Mineiros.

Com isso vários traficantes de drogas, assaltantes de altíssima periculosidade e homicidas foram presos no estado de Minas Gerais, fazendo com que o número de homicídios e latrocínios caísse sensivelmente na capital Belo Horizonte e em todo o estado de Minas Gerais.

Continuavam, no estado de Minas Gerais, os crimes de extorsão, utilizando o telefone celular de dentro de presídios brasileiros, principalmente os de Bangu/RJ, onde os presos efetuavam ligações telefônicas para números de vítimas, escolhidas aleatoriamente, tendo a Divisão de Crimes Contra o Patrimônio, subordinada ao Departamento de Investigações Especializadas – DEI/DEIC/MG, em conjunto com a Secretaria de Segurança Pública do Estado do Rio de Janeiro, prendido, em flagrante delito, diversos criminosos do Rio de Janeiro, São Paulo, Bahia e de outros estados da Federação, inclusive agentes penitenciários dos respectivos estados, os quais estavam cometendo os crimes de extorsão, em concurso de agentes, com os presos que cumpriam penas no interior dos presídios.

Outros crimes de roubo de pedras semipreciosas, no estado de Minas Gerais, como o efetuado no município de Padre Paraiso no norte de Minas, onde foram presos os paulistas João Carlos Edvaldo e Júlio César, na cidade de Curitiba/PR, quando estavam praticando um roubo numa residência daquele estado da federação.

Com os criminosos, foram recuperados as pedras e valores roubados em Padre Paraíso/MG, além de serem presos outros comparsas na cidade de Teófilo Otoni/MG, quando tentavam vender parte do produto do roubo.

Durante o começo do ano de 2007, tivemos o prazer e satisfação de conhecer o saudoso Osvaldo Cruz, conhecido carinhosamente como "GATÃO", proprietário do Restaurante do Gatão, no Bairro Santa Maria, próximo dos bairros Cidade Industrial, Camargos, Vila Oeste, Jardinópolis, Conjunto Califórnia, Alto dos Pinheiros, Vila Maravilhas, todos em Belo Horizonte/MG e também, Bairros Eldorado, Conjunto Água Branca e Cidade Industrial, em Contagem – Minas Gerais, onde, até hoje, são servidos uma deliciosa feijoada às sextas-feiras, e um feijão tropeiro às quartas-feiras.

A partir de então, iniciou-se uma grande amizade com o "GATÃO" e sua maravilhosa família, esposa Maria de Fátima Pereira Cruz, filhas Vanessa Go-

AGORA É COMIGO!

mes Pereira Cruz, Adriana Cruz Mitre, Renata Cristina Pereira Cruz e Flávia Pereira Cruz, bem como com os netos Vitor Cruz Mitre, Vitória Cruz Mitre e Bárbara Alice Cruz.

Frequentamos o restaurante do "GATÃO" até os dias atuais, mesmo depois do falecimento do grande amigo Osvaldo Cruz, o "GATÃO", sendo que a família muito nos ajudou na carreira política que será contada futuramente.

CAPÍTULO 60

- Perseguição sem Trégua ao Delegado Edson Moreira
- A Fabricação de Denúncias Anônimas
- Habeas Corpus e Liminares não Intimidam Perseguidores Implacáveis

Durante o ano de 2007, iniciou-se, contra minha pessoa, uma das maiores perseguições profissionais da história da Polícia Civil de Minas Gerais, orquestrada pelo Chefe da Polícia Civil de Minas Gerais, pelo Corregedor Geral de Polícia Civil de Minas Gerais e pelo delegado de polícia titular da 3ª Subcorregedoria da CGPC, com a finalidade de demitir o Delegado Edson Moreira da Polícia Civil de Minas Gerais, usando denúncias anônimas forjadas, com o torpe propósito de abrir investigações policiais e procedimentos administrativos para conseguir desmoralizar o Delegado de Polícia Edson Moreira, toda sua trajetória profissional e sua história na Polícia Civil de Minas Gerais. Os nomes verdadeiros serão trocados, para evitar aborrecimentos.

Como contamos anteriormente, em outubro de 2004, foi criado o Grupo de Resposta Especial da Polícia Civil, um grupo de elite, subordinado ao Departamento Estadual de Operações Especiais – DEOESP/MG, chefiado, na época, pelo Delegado Edson Moreira.

Em 2007, assumiu o novo Chefe da Polícia Civil, o qual tinha um irmão, investigador de polícia, que trabalhava como subinspetor de polícia no Grupo de Resposta Especial acima mencionado.

Esse irmão do chefe de polícia queria assumir a chefia do Grupo de Resposta Especial, função da carreira de Delegado de Polícia, no que discordei, por total incompetência e despreparo, dentre outros predicados, do tal irmão para exercer tal mister dentro do Grupo de Resposta Especial, subordinado ao Departamento Estadual de Operações Especiais – DEOESP/MG.

Como não fora aceito, esse tal irmão do Chefe da Polícia Civil de Minas Gerais, sentindo-se rejeitado, passou a tomar atitudes contrárias às ordens

AGORA É COMIGO!

dadas pelos superiores, motivo pelo qual, em 31 de maio de 2007, através do ofício número 0539/GAB/DEOESP, coloquei o subinspetor de polícia, Julius César Mateiro de Carlos, o qual respondia pela Chefia dos Investigadores do Grupo de Resposta Especial, à disposição da Superintendência Geral de Polícia Civil, o que significava dizer, em outras palavras, que ele não mais trabalharia no DEOESP/MG, nem tão pouco no Grupo de Resposta Especial.

No dia seguinte, 01 de junho de 2007, a resposta à minha providência foi imediata e, através do ofício número 855/SGPC/2007, o Grupo de Resposta Especial passou a ser subordinado, diretamente, ao senhor Superintendente Geral da Polícia Civil de Minas Gerais, sendo os termos do documento: "SENHOR CHEFE, INFORMO A VOSSA EXCELÊNCIA QUE O GRE-GRUPO DE RESPOSTA ESPECIAL, FICARÁ SUBORDINADO DIRETAMENTE A ESTA SUPERINTENDÊNCIA GERAL DE POLÍCIA, ATÉ ULTERIOR DELIBERAÇÃO, ATENCIOSAMENTE – ASSINA SUPERINTENDENTE GERAL DE POLÍCIA CIVIL – SGPC".

Com isso, o Grupo de Resposta Especial passou a ser chefiado pelo mencionado irmão do Chefe da Polícia Civil de Minas Gerais, Julius César Mateiro de Carlos. Contaremos o destino deste Grupo de Elite durante as próximas páginas, onde veremos, no decorrer dos fatos que serão descritos, que esta decisão contribuiu, definitivamente, para a extinção deste eficiente grupo da Polícia Civil de Minas Gerais.

Outra providência tomada contra minha pessoa, foi a divisão do Departamento Estadual de Investigações Especializadas (DEIC/MG), diluindo-o em vários departamentos, sendo que foram criados, em fevereiro de 2008, o Departamento de Homicídios e Proteção à Pessoa, o Departamento de Crimes Contra o Patrimônio e o Departamento de Narcóticos de Minas Gerais, retirando todas essas áreas especializadas da competência do departamento por mim chefiado, deixando apenas o DHPP/MG sob minha chefia.

No ano de 2003, um determinado escrivão de polícia exercia a função de Chefia de Cartório, sem a devida nomeação. Ele apenas respondia pelas funções, sem ser nomeado oficialmente, tendo permanecido, dessa maneira, por, aproximadamente, dois anos, na Divisão de Operações Especiais – Anti-Sequestro do Departamento Estadual de Operações Especiais.

Em 2005, o referido escrivão de polícia conseguiu sua nomeação para o Cargo em Comissão de Chefe de Cartório do DEOESP/MG, através do Chefe da Polícia Civil de Minas Gerais, à época, o Excelentíssimo Chefe da PCMG, Doutor Otto Teixeira Filho.

Aproveitando-se da utilização do artifício do anonimato, esse escrivão elaborou uma denúncia apócrifa e a encaminhou, via correio, anonimamen-

319

te, à Corregedoria Geral de Polícia Civil de Minas Gerais. Aquele vil escrivão preparou a denúncia detalhadamente, pois detinha todo o conhecimento de um inquérito policial que investigava a tentativa de fuga da Carceragem do DEOESP, de um criminoso, alcunhado de "PORTUGUÊS" – ANTÔNIO AGOSTINHO CUNHA DA SILVA, ocorrida no ano de 2006.

O inquérito policial e a Sindicância Administrativa, decorrentes desta denúncia anônima, foram instaurados em 09 de março de 2007 e acelerados principalmente depois da promoção do Delegado Titular dessa 3ª Subcorregedoria, da Corregedoria Geral de Polícia Civil, no dia 28 de abril de 2008.

Outra denúncia anônima foi engendrada e aproveitada pela 3ª Subcorregedoria da Corregedoria Geral de Polícia Civil, chefiada pelo delegado de classe especial, Eder Gonçalves Monteiro Dantângelo, o qual, aliás, foi promovido pelo Chefe de Polícia Marcus Antunes Mateiro de Carlos e pelo Corregedor Geral de Polícia Civil, Geralde de Morales Juniores, justamente para perseguir, implacavelmente, o Delegado Geral de Polícia, Edson Moreira, e conseguir a sua exoneração a bem do Serviço Público, mesmo sabendo que tudo não passava de DENÚNCIAS FABRICADAS POR CANALHAS SEM FACE ("FACÍNORA SEM FACE").

A referida denúncia foi produzida, possivelmente, pelo conluio entre alguns delegados, com o objetivo de barrar e sabotar a segura ascensão profissional deste escriba.

Essa denúncia narrava desvios de conduta durante a apuração do crime de extorsão mediante sequestro, ocorrido na cidade de Pouso Alegre – Minas Gerais, envolvendo a filha do saudoso Magnífico Reitor da UNESQUE, Doutor Edson Antunes Velasques. O pernicioso "anônimo" tentava denunciar que o Chefe do DEOESP – MG havia solicitado e recebido dinheiro da família da sequestrada, obtendo vantagens indevidas e que, com isso, teria praticado crime gravíssimo de corrupção passiva, previsto no artigo 317 do Código Penal Brasileiro. Além disso, a anônima denúncia acusava este delegado de ter desviado recursos de diárias de viagens, cometendo, assim, o crime de peculato-desvio, artigo 312 do CPB.

Além de enviarem as denúncias anônimas para o Ministério Público de Minas Gerais, a fim de que os Promotores de Justiça solicitassem a instauração de inquéritos Policiais, os algozes instauraram, também, Sindicâncias Administrativas, visando a futura abertura de Processo Administrativo, para acabar com a carreira brilhante e honesta do Delegado Edson Moreira. Enfim, como que mimetizando ações dos tempos da Inquisição Medieval (séculos XIII e XIV), "A TRAMA FOI ENGENDRADA MACABRAMENTE E ÀS ESCÂNCARAS, PARA SER CONDUZIDA A TORQUEMADA".

AGORA É COMIGO!

Depois de ser promovido a Delegado Geral de Polícia em 2008, o delegado Eder Gonçalves Monteiro Dantângelo, titular da 3ª Subcorregedoria da Corregedoria Geral de Polícia Civil, intensificou sua perseguição ao delegado Edson Moreira com três inquéritos policiais instaurados, baseados tão somente em uma denúncia anônima. Um por peculato-desvio, outro por corrupção passiva, sendo que um terceiro inquérito tramitava sob a presidência de uma delegada de polícia, a qual "coincidentemente" era subordinada àquele titular da 3ª Subcorregedoria, delegado Dantângelo. Esse terceiro inquérito, para variar, também se baseava em denúncia anônima que acusava a facilitação de fuga de preso em troca de propina.

Passei a ouvir comentários de que haviam investigações policiais contra minha pessoa na Corregedoria Geral de Polícia Civil, motivo pelo qual redigi um requerimento, no dia 22 de abril de 2008, visando saber se eram verdadeiras as conversas ventiladas dentro da PCMG, de que eu estava sendo investigado, sigilosamente, na CGPC.

Para minha surpresa, descobri que havia, contra minha pessoa, três inquéritos Policiais, instaurados com os números 129186/07, 138826/08 e 138827/08, e três Sindicâncias Administrativas relativas aos mesmos assuntos dos inquéritos policiais, um verdadeiro absurdo, caracterizando uma inimaginável perseguição, orquestrada pelo Chefe da Polícia Civil de Minas Gerais, Marcus Antunes Mateiro de Carlos, pelo Corregedor Geral de Polícia Civil, Geralde de Morales Juniores e pelo Delegado Titular da 3ª Subcorregedoria, recém promovido, Eder Gonçalves Monteiro Dantângelo, este último conhecido como um dos maiores perseguidores da Polícia Civil de Minas Gerais e um "delegado bem mandado".

Completamente atônito com o conhecimento de tais procedimentos contra minha pessoa, resolvi confidenciar ao meu grande mestre e orientador, Doutor Ênio Moreira da Silva, o qual, de imediato, orientou-me para que impetrássemos "HABEAS CORPUS", visando o trancamento de tais inquéritos Policiais, pois, certamente, a intensão de quem estava por detrás deles era a minha expulsão da Polícia Civil de Minas Gerais, com total desmoralização de tudo o que construíra, com muito suor e dedicação, dentro da Polícia Civil, durante mais de vinte anos de trabalhos ininterruptos, com grande sucesso, denodo e determinação.

Passamos a semana do feriado do dia do trabalhador fazendo as peças dos "HABEAS CORPUS", dia e noite, até que, no dia 05 de maio de 2008, impetrei as petições iniciais, buscando as Ordens de "HABEAS CORPUS", sendo, de imediato, expedida liminar pelo Excelentíssimo Desembargador do TJMG, Hiparco Immesi, para suspender os inquéritos Policiais de números 138826/08 e 138827/08 da 3ª Subcorregedoria da CGPC, presididos pelo Delegado Eder Gonçalves Monteiro Dantângelo, sendo que o outro "HABE-AS CORPUS", referente ao inquérito policial de número 129186/07, presidido pela subordinada do Delegado Eder, foi distribuído para a Desembargadora Maria Celeste Porto, a qual não concedeu liminar, mas pediu informações ao Corregedor Geral de Polícia Civil de Minas Gerais e àquela subordinada do Delegado Eder Gonçalves Monteiro Dantângelo.

Essas informações foram precedidas de "coleta de declarações" de policiais civis, recolhidos na Carceragem do DEOESP, chefiados, na época, por este Delegado Edson Moreira, tendo esses presos policiais cometido crimes diversos, sendo que queriam ser tratados como policiais civis e, na verdade, eram tratados, pelo Chefe do DEOESP/MG, como o que, de fato eram – presos. Também se incluiu uma tomada de novas e inusitadas declarações do preso Antônio Agostinho Cunha da Silva, o "PORTUGUÊS".

Esse preso, que estava condenado e cumprindo pena na Penitenciária Nelson Hungria, em Contagem – Minas Gerais, havia prestado declarações anteriores, na 3ª Subcorregedoria e nada havia falado sobre qualquer possível extorsão em sua tentativa de fuga. Mas, nessas novas declarações, repentinas e apressadas, acusou, de uma forma mentirosa, um delegado de polícia, que nem sequer conhecia, sendo que tais novas declarações foram tomadas no dia anterior ao envio das informações prestadas à Desembargadora, relatora do "HABEAS CORPUS", "intencionalmente" sem a inclusão das primeiras declarações, prestadas, na primeira vez, pelo tal "PORTUGUÊS".

Em 17 de junho de 2008, foi acrescida aos autos, através de ofício do advogado Doutor Leonardo Marinho, a primeira declaração de Antônio Agostinho Cunha da Silva, o "PORTUGUÊS", omitida, anteriormente, naquelas informações prestadas à Relatora Desembargadora do TJMG, Maria Celeste Porto, levando à justa e correta conclusão para o 3º inquérito policial:

O "HABEAS CORPUS Nº 1.0000.08.474732-8/000", foi julgado no dia 24 de junho de 2008, CONCEDENDO A ORDEM PARA TRANCAMENTO DO INQUÉRITO POLICIAL Nº 129186/07, com os brilhantes votos dos Desembargadores do TJMG HÉLCIO VALENTIM – PRESIDENTE DA 5ª CÂMARA CRIMINAL, RELATORA MARIA CELESTE PORTO E PEDRO VERGARA, POR UNÂNIMIDADE, COM A SEGUINTE EMENTA: "HABEAS CORPUS – CORRUPÇÃO, CONCUSSÃO E EXTORSÃO – FACILITAÇÃO DE FUGA DE PRESO – DELAÇÃO ANÔNIMA – INQUÉRITO POLICIAL – REQUISIÇÃO DO MINISTÉRIO PÚBLICO – TRANCAMENTO – POSSIBILIDADE – ORDEM CONCEDIDA.

AGORA É COMIGO!

(...) A orientação pretoriana é no sentido de que caberá à autoridade que recebe uma delação anônima, promover diligências necessárias para alcançar um mínimo de procedência da informação apócrifa, para, somente após isto, instaurar-se um inquérito policial. Não havendo esta diligência prévia, sendo o inquérito policial instaurado somente com base na "notícia anônima", restou sem fundamentos mínimos para se iniciar a "persecução penal", o que vai contra o Estado Democrático de Direito (...).

(...) Os Malefícios do chamado "denuncismo irresponsável" são capazes de, efetivamente, violar os princípios constitucionais da dignidade da pessoa e da proibição do anonimato. Deve-se, portanto, trancar o inquérito policial, quando instaurado tão-somente com fundamento em denúncia anônima" (...). – RELATORA EXMA DESEMBARGADORA DO TJMG MARIA CELESTE PORTO.

Os algozes perseguidores ficaram estupefatos com a ordem concedida e trabalharam no sentido de cassar a liminar dos outros "HABEAS CORPUS", conseguindo sucesso em um deles, pois o Desembargador Hiparco Immesi saiu em férias e, neste intervalo, julgaram o processo e cassaram a liminar, deixando, com isso, que as investigações da Corregedoria Geral de Polícia Civil continuassem, sob a alegação de que as mesmas ainda estavam no começo e que, por isso, deveriam continuar por, pelo menos, alguns meses.

Aproveitando aquela momentânea oportunidade, o delegado de polícia, titular da 3ª Subcorregedoria, para fazer valer a sua recente promoção, acelerou a perseguição, tentando desmoralizar o Delegado Edson Moreira por todos os municípios de Minas Gerais, interrogando vítimas de crimes já solucionados anteriormente, subordinados, amigos, quebrando sigilos bancários e telefônicos, fazendo uma verdadeira devassa na vida privada e profissional do Delegado Moreira.

CAPÍTULO **61**

O Assassinato Político do Ex-Prefeito em Mariana

Embora perseguido, contínua e incessantemente, pelos algozes acima, continuei na chefia do Departamento de Homicídios e Proteção à Pessoa/MG e não me deixei intimidar e nem esmorecer em meu profissionalismo e, acima de tudo, em minha total dedicação à proteção da população mineira, apurando diversos delitos de homicídios e várias chacinas em Belo Horizonte e em toda Minas Gerais.

Esclarecemos os vinte (20) assassinatos cometidos por Jonas Lopes Matozinho, o "DIONINHO", preso em março de 2008, numa mansão em Jauá, litoral da Bahia, após cometer vários assaltos a agências bancárias e fugir para os estados do Espírito Santo, Rio de Janeiro, Bahia, São Paulo. "DIONINHO" confessou todos os assassinatos e afirmou, sarcasticamente, ao Delegado Edson Moreira: "SÓ MATEI QUEM ATRAVESSOU MEU CAMINHO, O ARGEMIRO FERREIRA FILHO, O "LOIRINHO" DO AGLOMERADO VIETINÃ FOI UM DELES".

Elucidamos a morte do ex-prefeito de Mariana, João Ramos Filho, de 78 anos de idade, que foi assassinado no Km 70 da Rodovia MG-262 – Mariana – Minas Gerais, pelos pistoleiros Guaracy Goulart Moreira, o "GUARÁ" e Leonardo Stigert da Silva, o "LEO", a mando de Francisco de Assis Ferreira Carneiro, o "CHICO DA FARMÁCIA" que acreditava que, com isso, poderia herdar os votos de seu adversário, o candidato "JOÃO RAMOS", na eleição para prefeito de Mariana, naquele ano de 2008.

Outro esclarecimento foi o assassinato da diretora de escola, Valéria Therezinha Pursino, no Bairro Serrano – Belo Horizonte – Minas Gerais, pelo representante comercial R.F.N. e pelo desempregado R.N.D., para ficar com o seguro de vida dela e quitar uma dívida de mais de R$ 1.000.000,00 (um milhão de Reais).

Desvendamos os assassinatos em série, da cidade de Taiobeiras – Minas Gerais, inclusive com a tentativa de homicídio do Delegado de Polícia da Comarca, Marcos de Souza Pimenta, cometidos por uma "GANGUE DE CIGANOS".

Na "OPERAÇÃO ESCORPIÃO", conseguimos prender os famigerados procurados Robson Figueiredo da Silva, o "ALEMÃO", Wallace de Oliveira, o "JAVALI", Livingston Fernando Rocha e Fabiano Gomes Dias, criminosos responsáveis por vários homicídios nas regiões leste e noroeste de Belo Horizonte, pela hegemonia do tráfico de drogas naquelas regiões da cidade.

Esclarecemos a chacina de Betim – Minas Gerais, onde seis jovens foram assassinados a tiros, pauladas e pedradas, tendo seus corpos incendiados na beirada da ferrovia que passa pelas proximidades do Jardim Teresópolis, naquela cidade Mineira.

Também trouxemos à luz da justiça a chacina de Ribeirão das Neves/MG, Bairro Barreiro – Belo Horizonte e muitos outros crimes de homicídios múltiplos, ocorridos em Belo Horizonte, na Grande Belo Horizonte e em municípios de Minas Gerais, no ano de 2008.

CAPÍTULO **62**

▪ Um Maníaco Estuprando, Roubando e Matando Mulheres na Região Metropolitana de Belo Horizonte – As Vítimas Escolhidas com Seus Veículos

O ano de 2009 começou com crimes de estupros, seguidos de homicídios complexos, como os cometidos pelo Maníaco de Contagem, o qual começou o seu caminho criminoso com a vendedora de gesso, Adiná Feitor Porto. Adiná havia saído da loja de seu marido por volta das 14:45 horas do dia 27 de janeiro de 2009, no Bairro Lindéia – Região do Barreiro – Belo Horizonte – Minas Gerais com seu veículo Pálio. Este veículo que foi encontrado, no dia seguinte, na Via Expressa de Belo Horizonte – Bairro Camargos. Uma semana depois de seu desaparecimento, o corpo de Adiná foi encontrado numa estrada de terra, na cidade de Sarzedo/MG, estando ela nua e morta por asfixia, logo após ter sido estuprada.

A segunda vítima do Maníaco de Contagem foi a empresária e comerciante, Ana Carolina Assunção, que saiu de sua casa com seu filho, recém-nascido, por volta das 18:00 horas, para apanhar sua genitora no comércio da Avenida Tiradentes – Bairro Industrial – Contagem – Minas Gerais, a dois quarteirões de sua residência. Seu corpo foi encontrado com um cadarço enrolado no pescoço, nua, com o filho sobre o ventre, no banco traseiro de seu veículo, na Rua Benedito Valadares, Marginal da Via Expressa – Bairro João Pinheiro – Belo Horizonte – Minas Gerais, estuprada e morta, próximo à região noroeste da capital mineira. Lembro-me, com muito pesar: era meu aniversário, aos 16 dias do mês de abril de 2009 e esta ocorrência me marcou muito, principalmente, por ter o criminoso cometido o crime na presença de uma criança recém-nascida.

A terceira vítima conhecida foi outra empresária e comerciante, Maria Helena Lopes de Aguilar, que havia saído de seu comércio, no Barro Preto – Belo Horizonte – Minas Gerais, no dia 17 de setembro de 2009, sendo abordada quando chegava em sua residência, no Bairro Industrial – Contagem – Minas Gerais, com seu Veículo FIAT Punto, de cor vermelha.

Abordada pelo criminoso, foi levada para um lugar até então desconhecido, onde foi estuprada e morta, sendo seu corpo encontrado no interior do veículo, estrangulada com o cinto de segurança do banco do passageiro, na Rua Trombetas, Conjunto Califórnia – próximo aos fundos do Motel Dallas – Belo Horizonte – Minas Gerais, a, aproximadamente, dois quilômetros do local onde foi encontrado o FIAT Pálio da vítima Ana Carolina Assunção, estuprada e assassinada anteriormente.

Na manhã do dia 07 de outubro de 2009, a estudante Natália Cristina de Almeida Paiva foi sequestrada, estuprada e morta,, sendo abordada no Bairro Industrial – Contagem – Minas Gerais, quando parou no sina de trânsito, distraindo-se para ascender um cigarro, no caminho para a Universidade Católica de Betim/MG, onde cursava Direito.

Natália foi sequestrada e levada para um loteamento no município de Ribeirão das Neves/MG, tendo sido estuprada, assassinada por estrangulamento, tendo o assassino utilizado um fio de carregador de telefone celular, utilizado em veículo, o qual estava jogado num monte de lixo, juntamente com outros semelhantes, no local do crime.

Depois de deixar o cadáver da vítima no loteamento, assumiu a direção do veículo da mesma, retornando para as proximidades de sua residência, quando, na Rua Jefferson Coelho – Bairro Barreiro de Cima – Belo Horizonte – Minas Gerais, acabou o combustível do carro.

Neste momento o assassino, foi até uma oficina mecânica para pedir a ajuda dos funcionários, para empurrar o veículo, o qual não pegava por falta de combustível. O veículo foi, então, abandonado por ele, próximo ao terminal de ônibus do Barreiro. O carro da vítima Natália Cristina foi encontrado no dia seguinte e seu corpo, encontrado dias depois, foi levado ao Instituto Médico Legal. Natália foi enterrada como desconhecida no município de Ribeirão das Neves/MG.

A vítima permaneceu desaparecida, com as investigações policiais sendo conduzidas pela Delegacia de Desaparecidos, subordinada ao Departamento de Homicídios e Proteção à Pessoa – DHPP/MG, a qual era chefiada pelo Delegado Edson Moreira, que sugeriu à delegada titular da Delegacia de Desaparecidos, que solicitasse o retrato falado do homem que conduzia o veículo, quando este foi pedir ajuda na oficina mecânica, o que foi feito e juntado aos autos de investigação daquela unidade policial.

Em 11 de novembro de 2009, foi encontrado o veículo FIAT Pálio, de cor verde, da vítima Edna Cordeiro de Oliveira Freitas, na Rua Carangola – Bairro

Industrial – Minas Gerais, próximo à residência da contabilista. O veículo foi encontrado com muitas fezes humanas, bem com restos de minérios em seu interior.

A vítima Edna Cordeiro trabalhava no Bairro Floresta, em Belo Horizonte, sendo que foi abordada próximo a uma escola do Bairro Industrial, por volta das 19:30 horas, quando aguardava para conversar com um professor daquela unidade de ensino, sendo levada à cidade Betim/MG, onde foi estuprada.

Depois de várias vezes estuprada, foi conduzida, em seu veículo FIAT Pálio, de cor verde, até a cidade de Nova Lima/MG, próxima ao Condomínio Retiro das Pedras, onde foi estrangulada e assassinada por asfixia, tendo seu corpo sido retirado do carro e jogado atrás de um posto de gasolina da BR – 040, nas proximidades do referido Condomínio Retiro das Pedras.

Todas as vítimas foram encontradas com as mesmas características físicas, estando todas vestidas e com suas roupas arrumadas, exceto Ana Carolina Assunção, a qual foi encontrada com roupas de lingerie e um top, cobrindo a parte de cima do corpo. Isto se deveu ao fato de que Ana estava em sua residência, quando sua genitora telefonou para que ela fosse buscá--la, como fazia rotineiramente, sendo que Ana saiu às pressas, sem toda a vestimenta completa, levando consigo seu filho recém-nascido.

Mesmo com estas particularidades com as vítimas do sexo feminino, que poderiam denotar um padrão de comportamento maníaco, determinei que fossem colhidos os materiais de suas partes íntimas, para serem submetidos a exames de DNA, para verificar se haviam sido estupradas, e mortas, pela mesma pessoa.

Todos esses materiais foram analisados e comparados, ficando comprovado, cientificamente, que o assassino das mulheres era a mesma pessoa, inclusive cheguei a receber um telefonema da repórter Shirley Barroso, da Rede Record de Televisão – Minas Gerais, questionando-me se não seria um maníaco que estava matando essas mulheres, como nos caso acontecidos nos anos de 2000, no Anel Rodoviário de Belo Horizonte – Minas Gerais, como narrado em capítulos anteriores.

Para não alarmar a população e não permitir ao criminoso saber como estávamos procedendo para investigar os crimes, não comentei sobre os exames de DNA solicitados, nem quanto aos resultados, os quais, posteriormente, deram um grande impulso às investigações policiais para identificar o autor dos crimes de estupro seguido de mortes, roubos, etc.

Enquanto esses crimes eram cometidos, investigávamos outros homicídios e chacinas, tanto na capital das Minas Gerais, quanto no interior do

AGORA É COMIGO!

estado, com um auto índice de esclarecimentos, tendo as apurações tido grande repercussão na mídia televisada, escrita e falada, mantendo o Departamento de Homicídios e Proteção à Pessoa, com um índice de resolução de crimes de homicídios e latrocínios, em todos os municípios de Minas Gerais, atingindo a marca de, aproximadamente, sessenta e oito por cento.

As investigações para o esclarecimento dos crimes cometidos pelo Maníaco de Contagem ficavam como uma "PEDRA NO NOSSO SAPATO", deixando-me incomodado e com grande persistência nas diligências visando seu esclarecimento. Eu sempre ficava rodando, sozinho, pela região, procurando flagrar o criminoso no cometimento do crime, ou conseguir alguma informação relevante para o total esclarecimento dos delitos cometidos pelo perverso "Maníaco de Contagem" ou "Maníaco do Industrial".

CAPÍTULO 63

- O Mundo Inteiro Assiste na Televisão
Uma Cabeleireira Sendo Assassinada com
Vários Tiros pelo Ex-Marido
- As Perseguições Contra Minha Pessoa
Não Param

O mês de janeiro de 2010 começou bastante tumultuado, com o assassinato, a tiros de pistola calibre 9 mm, da cabeleira Maria Islaine de Moraes, dentro de seu Salão de Beleza, no dia 20 de janeiro de 2010, no Bairro Santa Mônica – região de Venda Nova – Belo Horizonte/MG, pelo seu ex-marido, o borracheiro – sanguinário, Fábio Willian Silva Soares, o "FABÃO". As hediondas cenas do assassinato foram filmadas pela câmara, instalada pela própria vítima, dentro de seu estabelecimento.

A câmara foi instalada no salão de beleza de Maria Islaine de Moraes, justamente para prevenir diversas agressões contra sua pessoa, por parte do "FABÃO", assassino dela. A precaução de Maria Islaine não era infundada e acabou gerando as imagens de seu assassinato, que foram transmitidas para o mundo inteiro, pelas emissoras Rede Globo de Televisão, Rede Bandeirantes de Rádio e Televisão, Rede Record de Televisão, Sistema Brasileiro de Televisão, Rede TV, enfim todos os meios de comunicação do País.

Naquele mês de janeiro de 2010, determinei ao Chefe da Divisão de Homicídios de Belo Horizonte que os estupros e assassinatos de mulheres, no ano de 2009, fossem investigados pelo Delegado de Polícia, recém chegado à Divisão, Frederico Raso Abelha, sendo que todos os caminhos das investigações policiais, seriam monitorados e orientados por mim e pelo Chefe da Divisão de Homicídios.

Determinei, como medida preliminar, o mapeamento de onde as vítimas residiam, de onde seus veículos trafegavam, dos locais de encontro desses veículos, dos radares eletrônicos, os quais haviam flagrado e fotografado os carros transitando no dia dos crimes, dos locais de encontro dos corpos das

AGORA É COMIGO!

vítimas, a coleta da numeração do serial dos telefones roubados, as quebras, novamente, desses sigilos telefônicos, já haviam sido pedidas, antes, para a justiça.

Essa providência, referente à quebra dos sigilos telefônicos, havia sido pedida anteriormente, porque o assassino havia roubado todos os aparelhos de telefonia celular das vítimas estupradas e mortas, porém não havia, ainda, sido pedido pelo serial do telefone.

A vítima Maria Islaine de Moraes já havia sido agredida, diversas vezes, pelo seu ex-marido, Fábio Willian Silva Soares, o "FABÂO", tendo sido expedidos, aproximadamente, oito medidas protetivas, por denúncias de agressões sofridas pela vítima, a qual continuava a ser ameaçada de morte por "FABÃO", que desobedecia, sistematicamente, às ordens judiciais, invadia o apartamento em que Maria Islaine residia, seu salão de beleza, enfim, fazia da vida da vítima um inferno, até utilizando o telefone celular e fixo, para ameaçar a cabeleireira.

Essas ameaças e agressões culminaram com a tragédia do dia 20 de janeiro de 2010, numa quarta-feira, quando Fábio Willian Silva Soares, o "FABÂO", invadiu o estabelecimento de beleza de Maria Islaine de Moraes, por volta das 08:30 horas, armado com uma pistola 9 mm, atirando nove vezes contra a vítima, a qual morreu instantaneamente, em frente aos empregados e clientes, os quais aterrorizadas, saíram correndo do salão de beleza.

Depois de, covardemente, assassinar a vítima Maria Islane com nove tiros, Fábio Willians, o "FABÃO", fugiu, utilizando seu veículo FIAT Strada. Todas essas ações foram gravadas pelas câmaras do circuito interno do estabelecimento pertencente à Maria Islaine, estando o casal separado há mais de um ano.

Um dos motivos para o assassinato de Maria Islaine de Moraes seria porque "FABÃO", não queria dividir a venda do apartamento do casal, avaliado, à época, em R$ 50.000,00 (cinquenta mil Reais). Ele sentia muito ciúme da vítima, não aceitava a separação e se ela não ficasse com ele, não ficaria com mais ninguém, sendo assim, cumpriu a promessa no dia 20 de janeiro de 2010, naquela manhã fatídica e chuvosa.

Policiais civis do Departamento de Homicídios e Proteção à Pessoa, depois de diversas investigações e diligências, encontraram e prenderam Fábio Willian Silva Soares, o "FABÃO", na cidade de Morada Nova de Minas – região central do estado de Minas Gerais, após uma intensa perseguição, sendo que seu veículo FIAT Strada, depois de detonado pela fuga, foi encontrado abandonado no distrito de Cacimbas, zona rural de Morada Nova de Minas.

Preso em razão de mandado de prisão temporária, Fábio Willians Silva Soares, o "FABÃO", foi conduzido para Belo Horizonte/MG, no avião da Polícia Civil, sendo filmado, com exclusividade, no seu desembarque, pela Rede Globo de Televisão, no hangar da Polícia Civil de Minas Gerais, dentro do Aeroporto da Pampulha, em Belo Horizonte

Esta matéria, exclusiva da Globo, fez com que o Chefe de Polícia Civil de Minas Gerais determinasse ao Chefe da Divisão de Homicídios que afastasse o responsável pelas investigações policiais. O subserviente Chefe da Divisão de Homicídios afastou o delegado de polícia responsável pela investigação na época, Álvaro Homero Huertas dos Santos, da presidência do inquérito policial, que foi assumida pelo próprio Chefe da Divisão de Homicídios, contra a vontade do Diretor do Departamento de Homicídios e Proteção à Pessoa de Minas Gerais.

As investigações prosseguiram durante o final do mês de janeiro de 2010, tendo o inquérito policial sido remetido ao I Tribunal do Júri de Horizonte, no dia 29 de janeiro de 2010, representando pela transformação de prisão temporária de Fábio Willian Silva Soares, o "FABÃO", em Prisão Preventiva para Garantia da Ordem Pública, Garantia da Instrução Criminal e futura aplicação da Lei Penal, requisitos do artigo 312 do Código de Processo Penal Brasileiro, sendo o borracheiro "FABÃO", indiciado por homicídio triplamente qualificado, pelo motivo fútil, pelo recurso que impossibilitou a defesa da vítima e meio insidioso e cruel, mais de nove tiros à queima-roupa, contra a infeliz vítima Maria Islaine de Moraes.

Fábio Willians foi transferido para o CERESP do Bairro Gameleira – Belo Horizonte e, posteriormente, para o Presídio Inspetor José Martinho Drumond, no município de Ribeirão das Neves – Minas Gerais, tendo sido o assassinato amplamente divulgado pela mídia falada, televisada e escrita do Brasil e de todo o mundo, tendo em vista a crueldade e barbaridade empregadas no cometimento do assassinato da cabeleireira Maria Islaine, aliados ao fato de ter havida a filmagem, passo a passo, de toda a ação criminosa, demonstrando a frieza e crueldade do assassino da infeliz e indefesa vítima.

As perseguições, por parte do titular da 3ª Subcorregedoria da Corregedoria Geral de Polícia Civil, do Corregedor Geral de Polícia Civil e do Chefe da Polícia Civil de Minas Gerais continuavam sem trégua à minha pessoa, o que me levou, em 2009, a entrar com um novo "Habeas corpus", perante a 2ª Câmara do Tribunal de Justiça de Minas Gerais, para o trancamento dos inquéritos Policiais números 138826/08 e 138827/08 da 3ª Subcorregedoria da CGPC, presididos pelo Delegado Eder Gonçalves Monteiro Dantângelo, tendo sido concedida a ordem de trancamento dos inquéritos Policiais respectivos, pelos Desembargadores de justiça, Joaquim Herculano Rodrigues e Elcio Valentim, para as investigações serem arquivadas no prazo de trinta dias, caso não fossem concluídas nesse prazo.

No mês de outubro de 2009, foram trancados os inquéritos Policiais de números 138826 e 138827, de 2008, com a fundamentação de que: – A "ESPADA DE DÂMOCLES" não poderia ficar, eternamente, sobre a cabeça do Delegado Edson Moreira, sendo caracterizada perseguição contra a pessoa de um grande profissional da Polícia Civil de Minas Gerais, com relevantes serviços prestados ao estado de Minas, tendo uma folha exemplar, com inúmeros elogios pela sua atuação no combate à criminalidade, aliado ao fato de que as denúncias eram apócrifas e, até aquele momento, mesmo diante de várias insistências, não haviam sido colhidas provas do cometimento dos crimes.

CAPÍTULO 64

A Identificação do "Maníaco de Contagem e do Bairro Industrial" – A Sua Espetacular Prisão – A Confissão dos Estupros e Assassinatos Cruéis das Vítimas Mulheres

Como escrito anteriormente, no dia 29 de janeiro de 2010, uma sexta-feira, os autos de inquérito policial sobre o assassinato da cabeleireira Maria Islaine de Moraes, foram encaminhados para o I Tribunal do Júri de Belo Horizonte/MG, tendo os fatos sido noticiados nacional e mundialmente. durante todo o final do mês de janeiro.

No dia 01 de fevereiro de 2010, fomos surpreendidos com o noticiado, com exclusividade, pelo jornal Estado de Minas: "MULHERES SENDO ASSASSINADAS POR UM MANÍACO DA REGIÃO DE CONTAGEM, DEPOIS DE SEREM SEQUESTRADAS E ESTUPRADAS – VÁRIAS MULHERES APARECERAM ESTUPRADAS E ASSASSINADAS". Essa notícia caiu como "UMA BOMBA" dentro do governo de Aécio Neves, em Minas Gerais.

No dia seguinte, fomos chamados pelo governador do estado de Minas Gerais, para comparecermos ao Palácio da Liberdade, para explicarmos ao Excelentíssimo Senhor Governador do Estado de Minas Gerais, como estava o andamento daquelas investigações policiais, para o total esclarecimento dos crimes de mulheres assassinadas e estupradas nos municípios de Belo Horizonte e Contagem – Minas Gerais, pois a população de todos esses municípios do estado de Minas Gerais, estava alarmada, assustada. Por conta do medo, os cidadãos não estavam mais transitando pelas ruas de Contagem e de Belo Horizonte/MG.

Comparecemos ao Palácio da Liberdade, em companhia do Secretário de Defesa Social e do Chefe da Polícia Civil de Minas Gerais, onde nos reunimos com o governador do Estado de Minas Gerais, Aécio Neves, com o vice-governador, Antônio Augusto Junho Anastasia, com o Secretário de Go-

AGORA É COMIGO!

verno, com o Chefe do Departamento de Homicídios e Proteção à Pessoa, com o chefe da Divisão de Crimes Contra a Vida de Minas Gerais e com o delegado de polícia, Frederico Raso Abelha, presidente dos inquéritos Policiais que apuravam os estupros seguidos de morte e roubos, praticadas pelo "MANÍACO DE CONTAGEM".

Na reunião, expliquei como estava o andamento das investigações policiais, todos os passos dados para identificar e prender o criminoso, mostrando, para todos os reunidos, naquela recinto, o retrato falado do Maníaco de Contagem, explicando que uma das vítimas ainda não havia sido encontrada, mas desconfiávamos, com 95% de certeza, que Natália Cristina de Almeida Paiva estava morta e também teria sido vítima do Maníaco de Contagem, embora ela constasse, até aquele momento, como pessoa desaparecida.

Todos naquela sala de reuniões ficaram satisfeitos com o andamento das investigações e elogiaram os trabalhos realizados pelo Departamento de Homicídios e Proteção à Pessoa de Minas Gerais, apenas estranharam a maneira como foram divulgadas as notícias sobre o estupro e assassinato de mulheres, em Contagem, em Belo Horizonte e em Nova Lima, todas no estado das Minas Gerais, tendo os mandatários sido apanhados de surpresa.

Diariamente eram publicadas matérias sobre as investigações policiais do Maníaco de Contagem, pois o jornal Estado de Minas estava sendo municiado com as informações de policiais civis que participaram das investigações, antes de elas serem repassadas para a presidência do Doutor Frederico Abelha. Tanto é assim, que, quando acabaram os fatos conhecidos por esses policiais, que vazavam as informações, acabaram-se, também, as matérias exclusivas. Àquela altura das investigações, com o apoio da Promotoria de Combate ao Crime Organizado do Ministério Público de Minas, coordenada pelo Procurador de Justiça, Andre Ubaldino Pereira e pelo Promotor de Justiça Fonte Boa, avançávamos a passos largos para o esclarecimento dos crimes cometidos pelo "MANÍACO DE CONTAGEM".

Novamente representamos para a quebra dos sigilos telefônicos dos telefones celulares roubados de todas as vítimas, sendo que, nessa investida, com os alvarás concedidos pelos Tribunais do Júri de Belo Horizonte, conseguimos encontrar os aparelhos telefônicos, sendo que um deles estava em uso pelo criminoso e por seus familiares. Com a ajuda dos policiais civis, que trabalhavam na Promotoria de Combate ao Crime Organizado, conseguimos mapear todos os aparelhos telefônicos, bem como investigar alguns criminosos assassinos e estupradores dos municípios de Contagem, Belo Horizonte e Betim, todos no estado de Minas Gerais.

Investigamos e fizemos campanas em todos os lugares frequentados pelos suspeitos mapeados e quando encontramos a fotografia de Marcos Antunes Trigueiro e a comparamos com o retrato falado, que constava no caso de desaparecimento da estudante Natália Cristina de Almeida Paiva, descobrimos que ele havia sido preso e condenado por roubos na comarca de Betim/MG, bem como havia cometido um crime de latrocínio, tendo como vítima, um policial rodoviário federal.

Não tivemos dúvida e, imediatamente, representamos aos dois Tribunais do Júri de Belo Horizonte pela decretação da prisão temporária de Marcus Antunes Trigueiro, sendo que apenas o Juiz Sumariante do I Tribunal do Júri de Belo Horizonte, Doutor Nelson Missias de Morais, concedeu o mandado de prisão temporária por trinta dias, bem como os mandados de busca e apreensão dos aparelhos roubados pelo assassino, além de buscas no interior das residências, onde fossem encont+rados os aparelhos roubados das vítimas, e das ordens de interceptação dos telefones, alvos das investigações.

Finalmente, depois de várias diligências nas casas de parentes e da mãe de Marcos Antunes Trigueiro, no dia 24 de fevereiro de 2010, conseguimos prendê-lo no interior de sua residência, no bairro da cidade Industrial – Contagem – Minas Gerais, utilizando a seguinte estratégia:

"FOI CHAMADA UMA INVESTIGADORA DE POLÍCIA, RECÉM FORMADA, DESIGNADA PARA TRABALHAR NO DHPP/MG, PARA CHEGAR NA RESIDÊNCIA DO MANÍACO, NA RUA EQUADOR, 51 – CIDADE INDUSTRIAL – CONTAGEM – MINAS GERAIS, PARA SABER E CONFIRMAR SE ELE ESTAVA NO INTERIOR DA CASA.

HAVIA EQUIPES DE CAMPANA NA RESIDÊNCIA DA MÃE E NA CIDADE INDUSTRIAL – CONTAGEM – MINAS GERAIS, ONDE O MANÍACO MORAVA COM MULHER E FILHO. ESSA DILIGÊNCIA NA VILA INDUSTRIAL FOI LIDERADA PELO DOUTOR FREDERICO ABELHA.

AO CHEGAR À RESIDÊNCIA DO MANÍACO DE CONTAGEM, A INVESTIGADORA DE POLÍCIA, SIMULANDO QUE QUERIA COMPRAR ARTESANATO, BATEU PALMAS, SENDO RECEBIDA PELA MULHER DO MANÍACO, CONFIRMANDO QUE ELE ESTAVA NO INTERIOR DA RESIDÊNCIA, MOMENTO EM QUE TODOS OS POLICIAIS CIVIS INVADIRAM A CASA E PRENDERAM MARCOS ANTUNES TRIGUEIRO, "O MANÍACO DE CONTAGEM", DEBAIXO DA CAMA DO CASAL, CUMPRINDO O MANDADO DE PRISÃO E DE BUSCA E APREENSÃO.

AGORA É COMIGO!

ENCONTRARAM, DURANTES AS BUSCAS, NO TERREIRO DA RESI-
DÊNCIA, UM CELULAR DE UMA DAS VÍTIMAS, JÁ QUASE TOTAMENTE
QUEIMADO, POIS MARCOS ESTAVA TENTANDO SE DESVENCILHAR
DAQUELA PROVA IRREFUTÁVEL DE SEUS CRIMES.

ASSIM, FOI PRESO, FINALMENTE, O "MANÍACO DE CONTAGEM".

No interior da residência foram encontradas reportagens sobre os crimes e como estavam sendo conduzidas, em parte, as investigações sobre
o assassinato de mulheres, praticados pelo "SERIAL KILLER", bem como
sobre a Polícia Civil do DHPP e sua Força Tarefa, composta para descobrir e
prender o maníaco estuprador e assassino. Também foram encontradas reportagens sobre a vigia dos dez suspeitos, que estavam sendo monitorados
pelas equipes de investigação policial.

O preso foi conduzido até o Departamento de Homicídios e Proteção à
Pessoa/MG, no Bairro da Lagoinha – Belo Horizonte/MG. Após autorização,
os Peritos Criminais do Instituto de Criminalística de Minas Gerais colheram
o material necessário para a comparação de DNA de Marcos Antunes Trigueiro, o "MANÍACO DE CONTAGEM – INDUSTRIAL", com o colhido das
mulheres estupradas e assassinadas.

Depois de realizadas as análises, exames e comparações, ficou constatado que o DNA de MARCOS ANTUNES TRIGUEIRO, o "MANÍACO DE
CONTAGEM", era o mesmo do "SERIAL KILLER" que estava matando, estuprando e roubando mulheres, em Contagem, Belo Horizonte, Betim, Ribeirão
da Neves e Nova Lima, todas cidades de Minas Gerais. Finalmente, ficou
comprovado que ele era o maldito "MANÍACO DE CONTAGEM", criminoso
mais procurado de Minas Gerais até aquele momento.

Ao ser comunicado do resultado do exame de DNA de Marcos Antunes
Trigueiro, "O MANÍACO DE CONTAGEM", todos os policiais civis do DHPP
passaram a gritar: "O MANÍACO DE CONTAGEM – SERIAL KILLER – ESTÁ
PRESO É ELE! É ELE!" Uns gritavam "GALOOOO!", outros "ZEIROOOOO!",
sendo que a euforia tomou conta de todos do DHPP, contaminados com a
alegria de ter capturado um dos maiores estupradores e assassinos do estado de Minas Gerais e do Brasil!

Imediatamente foram comunicados o governador do estado, o chefe da
polícia civil de Minas Gerais e o secretário de defesa social, sobre a prisão
do "SERIAL KILLER – MANÍACO DE CONTAGEM". Foram convocados os
órgãos de imprensa para a divulgação da prisão de Marcos Antunes Trigueiro, o "MANÍACO DE CONTAGEM", a fim de tranquilizar toda a população de
Belo Horizonte e Contagem, bem como toda Minas Gerais.

Em seguida, recebi um telefonema do governador do estado de Minas Gerais e do vice-governador, parabenizando todos os policiais civis do DHPP e os integrantes da Força Tarefa, pelo grande sucesso de todas as investigações e pela prisão de um dos maiores criminosos da história brasileira, comparado ao "MANÍACO DO PARQUE", assassino e estuprador da capital do estado de São Paulo.

No dia seguinte, na parte da manhã, foi apresentado, a toda imprensa nacional e mundial, Marcos Antunes Trigueiro, "SERIAL KILLER – MANÍACO DE CONTAGEM", bem como detalhados todos os seus estupros, assassinatos e roubos.

Descobriu-se, também, que havia um inquérito policial na comarca de Betim/MG, totalmente parado, estacionado em suas investigações. Neste caso, o hediondo monstro, Marcos Antunes Trigueiro, havia matado, para roubar, um policial rodoviário federal, mas, como foi condenado por roubo, tendo de cumprir pena de quatro anos de prisão, esqueceram de concluir o inquérito policial de latrocínio.

Foi durante o cumprimento desta pena que o "MANÍACO DE CONTAGEM" conheceu sua atual mulher, com quem tinha um filho.

Ela também foi presa, juntamente com Marcos Trigueiro, por receptação dos telefones roubados por ele, tendo a mesma comercializado alguns aparelhos levados das vítimas assassinadas. Esses crimes foram descobertos depois da segunda quebra dos sigilos telefônicos dos aparelhos roubados.

O "MANÍACO DE CONTAGEM" nada falou na coletiva de imprensa, mas, naquela apresentação, foram contados todos os crimes praticados por Marcos Trigueiro, os estupros e assassinatos, seguidos de roubo contra Adiná Feitor Porto, Ana Carolina Assunção, Maria Helena Lopes Aguilar, Natália Cristina de Almeida Paiva e Edna Cordeiro de Oliveira Freitas, sendo que todas essas vítimas não tiveram qualquer chance de defesa. Até aquele momento, o corpo de Natália ainda não havia sido encontrado e identificado pelos policiais civis.

Acabando a coletiva, Marcos Antunes Trigueiro, o "MANÍACO DE CONTAGEM E SERIAL KILLER", foi levado de volta ao Departamento de Homicídios e Proteção à Pessoa, a fim de ser interrogado pelos seus crimes. Antes de começarmos os interrogatórios, conversamos com Marcos Antunes Trigueiro, o "MANÍACO DE CONTAGEM", conseguindo convencê-lo a confessar todos os seus crimes, primeiramente mostrando a ele que estava totalmente provado todos os crimes, falamos de seu perfil solitário, triste, porém frio e calculista, com um forte tensionamento para o assassinato.

Afirmamos que ele matava, principalmente, vítimas indefesas, como o taxista Odilon, assassinado na beira da Represa da Várzea das Flores – Betim – Minas Gerais, no ano de 2004. O policial rodoviário federal aposentado, Odilon Eustáquio Ribeiro, trabalhava como taxista para reforçar o salário. Até os dias atuais, Marcos Trigueiro ainda não havia sido julgado e nem sequer denunciado por mais este crime, não se sabendo o motivo.

Marcos Antunes Trigueiro, o "MANÍACO DE CONTAGEM – DO INDUS-TRIAL", convencido e sensibilizado pelos fatos contundentes e pela profundidade de nosso conhecimento de sua personalidade, começou relatando o estupro e assassinato de Adiná Feitor Porto, em 04 de fevereiro de 2009. Ele ajudava a vítima com peças de gesso, aproximando-se dela e angariando sua confiança, até que no dia fatídico, sequestrou Adiná e a levou para uma estrada vicinal do município de Sarzedo/MG.

Naquele local, estuprou-a por várias vezes e, depois de mandá-la vestir as roupas, fazendo-a pensar que seria solta, aproveitou um descuido dela e a estrangulou, deixando seu corpo no local do crime, o qual só foi encontrado uma semana depois, em adiantado estado de decomposição.

Pegou o veículo de Adiná Feitor Porto, assumiu a direção do mesmo, retornando para próximo de sua residência, quando acabou a gasolina do carro, na via expressa de Belo Horizonte – Bairro Camargos, onde ele deixou o veículo abandonado e retornou para sua casa no Bairro Industrial, no município de Contagem/MG.

Com relação à vítima Ana Carolina Menezes Assunção, Marcos Trigueiro informou que saiu de sua residência por voltas das 16:00 horas do dia 16 de abril de 2009, com um simulacro de pistola, a fim de estuprar e cometer assaltos, pois sentia uma vontade enorme de satisfazer suas vontades sexuais e assassinar suas vítimas, como fizera com Adiná Porto.

Passando numa rua, nas proximidades da Avenida Tiradentes – Bairro Industrial – Contagem – Minas Gerais, por volta das 17:00 horas, visualizou a vítima Ana Carolina, a qual estava distraída, brincando com seu filho recém--nascido, no interior de seu veículo, quando Marcos anunciou o assalto, entrou no veículo FIAT Pálio, de cor preta, pertencente à vítima e mandou ela dirigir o veículo em direção à BR-040.

Chegando à interseção-rotatória da Avenida João César de Oliveira com Avenida Babita Camargo – Bairro Vila das Industrias – Contagem – Minas Gerais, mandou Ana Carolina atender o telefone celular, que tocava insistentemente, pois estavam ligando para saber o motivo pelo qual ela não havia apanhando sua mãe no comércio que tinham na Avenida Tiradentes.

Nesse momento avisou que estava sendo sequestrada e, de imediato Marcos Antunes tomou o telefone de suas mãos e desligou, mandando-a seguir até um campo de futebol, na Rodovia BR – 040, no Bairro Califórnia, onde a estuprou por várias vezes em frente a seu filho recém-nascido, que estava no banco traseiro do carro.

Depois de seviciar a vítima Ana Carolina por várias vezes, determinou que ela ficasse no banco traseiro do veículo, com seu filho, e conduziu o carro até Ribeirão das Neves/MG, onde parou o veículo num lugar ermo, passou a estuprá-la novamente e, aproveitando um descuido dela, usando o cadarço de seu tênis, estrangulou-a e assassinou-a, sem dar nenhuma chance de defesa à pobre vítima, apossando-se de seu aparelho celular.

Em seguida, dirigiu o carro até a Rua Governador Benedito Valadares – Bairro João Pinheiro – Belo Horizonte – Minas Gerais, onde pegou a criança e colocou em cima do ventre da mãe assassinada, fechou o veículo FIAT PÁLIO, momento em que utilizou a chave para fechar a porta do carro, acionando, com isso, o alarme, o qual tocou incessantemente, chamando a atenção. Rapidamente se deslocou até um ponto de ônibus da Via Expressa, apanhou um ônibus e retornou para sua residência, na Rua Equador, 51 – Bairro Industrial – Contagem – Minas Gerais, indo praticar relações sexuais com sua mulher e depois jantou e dormiu tranquilamente, como se nada houvesse acontecido, guardando o telefone celular da vítima e o restante do dinheiro que havia roubado dela.

Mais tarde, acompanhando o noticiário sobre a morte de Ana Carolina, pela Rádio Itatiaia de Minas Gerais, isso já no dia 17 de abril de 2009, no interior de sua residência, o detestável Marcos Trigueiro chegou a comentar, cinicamente, com sua mulher sobre como poderiam haver pessoas nesse mundo, capazes de assassinar mulheres em frente à crianças recém-nascidas, tão frágeis e desprotegidas! Esse criminoso, se Deus não existisse, se meu juramento ético pudesse ser quebrado e se desaparecessem da face da Terra os Direitos Humanos, mereceria ser capado e depois costurado a balas.

Com relação à vítima Maria Helena Lopes de Aguilar, Marcos Trigueiro confessou que, no dia 15 de setembro de 2009, passou o dia inteiro com uma vontade imensa de sair com mulheres, estuprá-las e assassiná-las, ficando incomodado com aquela situação.

Por volta das 19:00 horas, pegou seu simulacro de pistola e saiu de sua residência, na Rua Equador, 51 – Vila Industrial – Contagem – Minas Gerais, rodando a pé pelas proximidades da Avenida Tiradentes e Rua Sandoval de Azevedo – Contagem – Minas Gerais, quando visualizou a vítima Maria Helena parando seu veículo FIAT Punto, de cor vermelha, defronte a uma garagem.

Aproveitou o momento de descuido de Maria Helena e anunciou o assalto, determinando para a vítima dirigir o veículo em direção à Rodovia BR – 040, no sentido da cidade de Ribeirão das Neves.

AGORA É COMIGO!

Chegando às proximidades do Bairro Califórnia, mandou a vítima parar num local ermo, onde a estuprou por duas vezes, depois mandou ela vestir a roupa e dirigir até o município de Ribeirão das Neves, onde, próximo à balança daquela rodovia, determinou que ela adentrasse a uma estradinha de terra, naquelas proximidades. No momento em que percebeu um lugar ermo e de pouca movimentação, mandou Maria Helena parar o carro e a estuprou por mais duas vezes e, depois, mandou, novamente, ela vestir a roupa e dirigir até a Rua Trombetas – Conjunto Califórnia – Belo Horizonte – Minas Gerais.

Ao chegar àquela rua, mandou ela estacionar atrás do Motel Dallas/Caribe, determinando que Maria Helena se sentasse no banco dianteiro direito. Então saiu do veículo, foi até onde Maria Helena estava sentada, pegou o cinto de segurança do carro e passou em volta do pescoço dela, quando percebeu que a vítima estava distraída, a pegou pelas pernas e jogou-a violentamente em direção ao banco traseiro, fazendo com que o cinto de segurança travasse e estrangulasse a infeliz vítima Maria Helena Lopes de Aguilar, que morreu por asfixia mecânica.

Trancou o veículo e fugiu do local, retornando para sua residência no Bairro Industrial – Contagem – Minas Gerais e repetiu o que havia feito no dia 16 de abril de 2009, quando havia estuprado e assassinado Ana Carolina Assunção.

A mulher do "MANÍACO DE CONTAGEM", Rose Paula Teixeira Câmara, chegou a arrumar um emprego de segurança para Marcos Antunes Trigueiro, o "MANÍACO DE CONTAGEM", na loja em que trabalhava como vendedora, porém ele foi dispensado no dia seguinte.

Estando Marcos desempregado, no dia 07 de outubro de 2009, sua mulher o acordou cedo e mandou ele procurar emprego, tendo o "MANÍACO DE CONTAGEM", pegado o seu simulacro de pistola, passando a vagar pelas Ruas da Região do Barreiro – Belo Horizonte – Minas Gerais, quando, por volta das 07:00 horas, visualizou a vítima Natália Cristina de Almeida Paiva, parada com seu veículo num sinal semafórico da Avenida Tereza Cristina – Bairro Barreiro – Belo Horizonte – Minas Gerais.

Aproximou-se da janela do veículo de Natália Cristina e anunciou o assalto, mandando a mesma dirigir em direção à Rodovia BR – 040, conduzindo-a até um loteamento com afasto, no Bairro Veneza – cidade de Ribeirão das Neves – Minas Gerais, local totalmente ermo e com uma visão privilegiada de quem adentra para aquele lugar de loteamentos e terrenos à venda.

Naquele loteamento, mandou a vítima se despir e passou a estuprá-la por várias vezes, até que pediu para estuprá-la mais uma vez e Natália se negou,

341

nesse momento determinou que ela se vestisse, deslocando-se até um montinho de objetos desovados, onde apanhou um fio de carregador de telefone celular, utilizado para carregar telefones no interior de veículos.

Retornou até próximo da vítima, pediu para que ela colocasse as mãos para trás, pois iria amarrá-la, mas na verdade, aproveitou o descuido de Natália e a estrangulou, usando aquele fio de carregador telefônico. Em seguida, entrou no veículo da vítima e dirigiu até o Bairro Barreiro – Belo Horizonte – Minas Gerais, abandonando o veículo nas proximidades do terminal de ônibus Diamante.

Porém, um fato fundamental aconteceu neste caso: Antes de Marcos Antunes Trigueiro abandonar o veículo FIAT de Natália, o carro parou e desligou sozinho, por falta de combustível. Então, o perverso criminoso pediu ajuda numa oficina mecânica daquela rua, solicitando que empurrassem o carro, foi quando disseram a ele, que o referido veículo estava sem combustível, tendo aproveitado a descida e, mais à frente, abandonado o mesmo.

Essas testemunhas que empurraram o veículo, foram as que forneceram as características do "MANÍACO DE CONTAGEM" para a elaboração de seu retrato falado, peça que nos ajudou, substancialmente, a identificá-lo e prendê-lo.

Marcos Antunes Trigueiro, o "MANÍACO DE CONTAGEM", levou-nos até o local onde estuprou e matou Natália Cristina de Almeida Paiva. Foi quando descobrimos que ela havia sido enterrada como desconhecida no cemitério da cidade de Ribeirão das Neves, tendo o seu corpo sido encontrado por policiais civis da Delegacia de Homicídios de Ribeirão das Neves. O seu cadáver já estava em adiantado estado de putrefação e foi levado para o Instituto Médico Legal de Belo Horizonte/MG, onde permaneceu por alguns meses, até ser sepultado como desconhecido num dos cemitérios da cidade de Ribeirão das Neves/MG.

Após essa descoberta, o cadáver de Natália Cristina de Almeida Paiva foi reconhecido, através de exames de DNA, e sepultado, dignamente, pelos seus familiares, aliviando, um pouco, o sofrimento de todos os seus entes queridos, inclusive do filho pequeno de seu casamento, realizado na capital paulista. Após separar-se de seu esposo, Natália foi morar com a mãe, no Bairro Barreiro – Belo Horizonte – Minas Gerais, passando a estudar Direito na Universidade da Pontifícia Universidade Católica de Betim – Minas Gerais.

A quinta vítima assassinada pelo "MANÍACO DE CONTAGEM – MANÍACO DO INDUSTRIAL", foi a contadora Edna Cordeiro de Oliveira Freitas, que trabalhava na Faculdade do Bairro Floresta – Belo Horizonte – Minas Gerais. No dia 11 de novembro de 2009, Edna saiu de seu trabalho, por volta das

AGORA É COMIGO!

19:00 horas, deslocando-se para uma escola de ensino, nas proximidades da Rua França Campos – Cidade Industrial – Contagem – Minas Gerais, onde encontraria um amigo professor, ficando aguardando do lado de fora do estabelecimento de ensino.

Por volta das 20:00 horas, Edna foi abordada pelo estuprador e assassino, Marcos Antunes Trigueiro, o "MANÍACO DE CONTAGEM", o qual anunciou o assalto. Naquela noite, o cruel e desumano Marcos Trigueiro havia saído de sua residência na Rua Equador, 51 – Vila Industrial, com vontade de estuprar, roubar e matar mais uma vítima indefesa, tendo, infelizmente, encontrado, no seu caminho criminoso, a contadora Edna Cordeiro.

Após dominá-la com o simulacro de pistola, adentrou ao veículo FIAT Pálio, de cor verde da vítima e mandou ela tocar para a cidade de Betim/MG, nas proximidades da Represa Várzea das Flores, onde, naquele local, estuprou a vítima Edna Cordeiro de Oliveira Freitas por várias vezes, mandando, em seguida, ela se vestir, novamente, assumiu a direção do carro e deslocou-se para a BR – 040, chegando ao município de Nova Lima, nas proximidades do Condomínio Riacho das Pedras.

Aproveitando-se de um descuido de Edna Cordeiro, passou a estrangulá-la, utilizando o próprio colar que a vítima usava no pescoço, uma espécie de corrente com um pingente. Foi nesse momento em que a contabilista passou a se debater, por várias vezes, tentando sobreviver àquele ataque, motivo que causou o rompimento da bolsa de colostomia que Marcos Antunes Trigueiro, o "MANÍACO DE CONTAGEM", utilizava depois de ser alvejado com um tiro, durante a fuga de um assalto.

Com o veículo repleto de fezes, por ter a bolsa de colostomia se rompido, Marcos Antunes Trigueiro, o "MANÍACO DE CONTAGEM", assumiu a direção do veículo FIAT da vítima e a jogou fora do carro, próximo de um posto de gasolina da BR-040, nas proximidades do Condomínio Riacho das Pedras – Jardim Canadá – Nova Lima – Minas Gerais. Deslocou-se com o carro até o Bairro Cidade Industrial – Contagem – Minas Gerais, nas proximidades de sua residência, onde abandonou o veículo FIAT Pálio e retornou para sua casa.

No dia seguinte, o veículo foi encontrado no Bairro Industrial e o corpo da vítima Edna Cordeiro de Oliveira Freitas encontrado, morto, nas proximidades do Condomínio Riacho das Pedras – Jardim Canadá – Nova Lima – Minas Gerais, estrangulada e estuprada. Nesse momento das investigações é que determinamos o confronto dos exames de DNA dos sêmens encontrados nas vítimas de estupro e assassinatos, quando tivemos o resultado positivo, descobrindo que estávamos, diante de um "SERIAL KILLER", o qual sequestrava, estuprava, matava e roubava mulheres, geralmente com as mesmas características físicas, com veículos e geralmente sozinhas, ou seja desacompanhadas.

Depois de várias críticas dos órgãos de imprensa, foi reconhecido por eles o excelente trabalho de investigação policial, realizado pelo Departamento de Homicídios e Proteção à Pessoa, que comparou o "MANÍACO DE CONTAGEM – MANÍACO DO INDUSTRIAL" com o estuprador e assassino, Francisco de Assis Pereira, o "MANÍACO DO PARQUE DO ESTADO", do estado de São Paulo.

Tanto os jornalistas Eduardo Costa, da Rádio Itatiaia de Minas Gerais, quanto o grande José Luiz Datena, que enviou o repórter especial da Rede Bandeirantes de Televisão, Márcio Campos, para a cobertura do caso, como o saudoso repórter e apresentador do programa CIDADE ALERTA, Marcelo Rezende, reconheceram o grande trabalho realizado pelo DHPP/MG, elogiando todos os policiais civis do DHPP e da Força Tarefa, que desvendaram os assassinados praticados pelo "SERIAL KILLER" – MARCOS ANTUNES TRIGUEIRO, o "MANÍACO DE CONTAGEM – MANÍACO DO INDUSTRIAL". As famílias das vítimas, em primeiro lugar, mas também todas as famílias de Minas Gerais, agradeceram à Polícia Civil de Minas Gerais, que conseguiu resolver um dos mais terríveis casos de assassinatos e estupros do País.

A apuração dos crimes teve repercussão mundial na imprensa de todos os seguimentos, com ampla divulgação nos meios televisivos, radiofônicos, computadorizados e escritos do Brasil e do de todo o mundo, inclusive com o acompanhamento do repórter Márcio Campos, da Rede Bandeirantes de Televisão. Esse mesmo repórter, quando do encontro mundial da Juventude, em 2013, no Rio de Janeiro, acompanhou o Papa Francisco de Roma para o Brasil.

Os inquéritos policiais que investigaram os sequestros, estupros, roubos e assassinatos praticados pelo "MANÍACO DE CONTAGEM –

Vítimas de Marcos Antunes Trigueiro "Maníaco de Contagem" – 2009

Mapeamento dos locais onde o Maníaco de Contagem atuava

MANÍACO DO INDUSTRIAL" foram concluídos e encaminhados aos Tribunais do Júri de Belo Horizonte, Nova Lima e Ribeirão das Neves – Minas Gerais.

Sobre o inquérito policial relativo ao latrocínio cometido pelo "SERIAL KILLER", Marcos Antunes Trigueiro, o "MANÍACO DE CONTAGEM – MANÍACO DO INDUSTRIAL", contra o policial rodoviário federal, aposentado, o qual trabalhava como taxista, na cidade de Betim/MG, Odilon Eustáquio Ribeiro, não temos, até os dias atuais, conhecimento se foi concluído ou tornado processo criminal, ou mesmo se foi julgado, tudo indicando que não, portanto o cruel Marco Antunes Trigueiro ainda não foi condenado por esse delito, cometido em 2004, nas proximidades da Represa Várzea das Flores – Betim – Minas Gerais, cuja pena mínima é de vinte anos de reclusão.

Marcos Antunes Trigueiro – "Maníaco de Contagem – Maníaco do Industrial"

Quando foi preso e apresentado para a imprensa

CAPÍTULO 65

Os Assassinatos da Macabra Gangue da Degola

A aterrorizante, macabra e tenebrosa história da "GANGUE DA DEGOLA", digna de filmes de terror dos mais sangrentos e perversos, inimagináveis para qualquer ser humano normal, ocorrida na cidade de Belo Horizonte – Minas Gerais, começa depois que Frederico Costa Flores de Carvalho aluga o apartamento de número 14, na Rua Boa Esperança, 423 – Bairro Sion, zona sul de Belo Horizonte – Minas Gerais, começando a recrutar policiais militares, a princípio para sua segurança pessoal, mas que, depois, seriam utilizados para a execução e participação em seus horrorosos e perversos crimes de extorsão mediante sequestros, torturas e assassinatos.

A quadrilha era chefiada por Frederico Costa Flores de Carvalho e composta pela médica Gabriela Ferreira Corrêa Costa, o norte-americano Adrian Gabriel Gricorcea, o estudante de Direito Arlindo Soares Lobo, os cabos da Polícia Militar de Minas Gerais, Renato Mozer e André Luiz Bartolomeu, o pastor Sidney Eduardo Benjamim, dentre outros.

Os crimes de extorsão, que já vinham acontecendo há algum tempo, intensificaram-se no dia 07 de abril de 2010, após Frederico fazer um pormenorizado e meticuloso levantamento da vida do empresário Rayder dos Santos Rodrigues, do ramo de informática e de uma factoring, negócios que faturavam aproximadamente R$ 1.000.000,00 (um milhão de Reais) por mês, livres de impostos, com a venda de produtos importados tais como aparelhos de informática e na negociação e compra de cheques pré-datados e duplicatas que iriam vencer.

O pai da namorada de Rayder dos Santos Rodrigues era o norte-americano Adrian Gabriel Gricorcea, que, devidamente orientado por Federico Costa Flores de Carvalho, pelos cabos PMs Renato Mozer e André Bartolomeu, por um advogado, pela médica Gabriela Ferreira Corrêa Costa e pelo estudante de Direito, Arlindo Soares Lobo, atraiu o empresário e o conduziu até o apartamento 14 da Rua Boa Esperança, 423 – Bairro Sion – Belo Horizonte – Minas Gerais.

No interior do apartamento, Frederico e os policiais militares dominaram, amarraram e passaram a torturar Rayder Rodrigues, com requintes de crueldade, barbarismos e sadismo, jamais imaginados, até mesmo quando comparados às torturas executadas pelo Serviço Secreto Nazista "A FAMOSA S.S. – GUESTAPO" de Adolf Hitler, a qual, perto da perversidade dos três, passam a ser "FICHINHA", no jargão popular.

Com isso, obrigaram o empresário Rayder Rodrigues a transferir mais de R$ 200.000,00 (duzentos mil Reais) para as contas bancárias de 'LARANJAS" e do Americano Adrian Gricorcea. Estas transferências eram monitoradas pelo computador, pela médica Gabriela Ferreira e pelo estudante de Direito, Arlindo Lobo, para serem sacadas e repassadas para Frederico Flores e para os demais integrantes da quadrilha.

Durante as seções de tortura, Rayder passava o número das contas bancárias e as respectivas senhas para que a médica Gabriela e o estudante Arlindo efetuassem, "ON LINE", as transferências para as outras contas, sendo que o referido empresário ainda foi obrigado a ir a sua residência, no Bairro Ermelinda – Belo Horizonte – Minas Gerais, apanhar R$ 20.000,00 (vinte Mil Reais) em dinheiro vivo e entregar para a quadrilha, após sofrer várias torturas.

Ainda não satisfeito, na quinta-feira, dia 08 de abril de 2010, Frederico Flores, depois de conseguir o endereço do sócio de Rayder Rodrigues, Fabiano Ferreira Moura, determinou que os policiais militares fossem até o endereço dele, para levá-lo para o QG da quadrilha, naquele apartamento 14, da Rua Boa Esperança, 423.

Os Policiais Militares, acompanhados do estudante Arlindo e do norte-americano, Adrian Gricorcea, atraíram Fabiano Moura para o apartamento da Rua Boa Esperança, onde, também, passou a ser torturado, ainda mais impiedosamente, pelos quadrilheiros, orientados por Frederico Flores. Fabiano foi obrigado a transferir para os integrantes da quadrilha, um veículo CHEVROLET VECTRA, grande quantia em dinheiro, e outros objetos de alto valor.

Depois de sequestrarem e extorquirem os empresários e conseguirem os nomes e endereços de outros comerciantes e empresários, os quadrilheiros separaram Rayder Rodrigues e Fabiano Moura, cada um em um cômodo do apartamento, determinando que o norte-americano Adrian Gricorcea vigiasse os dois atentamente.

Na sexta-feira, dia 09 de abril de 2010, Frederico Flores, Arlindo Lobo, os cabos Renato Mozer e André Bartolomeu foram à churrascaria "FOGO DE CHÃO", do Bairro Savassi – Belo Horizonte – Minas Gerais, onde passaram a comemorar os bem-sucedidos crimes, degustando Whisky, churrascos, vinhos, diversos copos de chopp, dentre outros petiscos, como camarão, salmão, etc.

Por volta das 21:00 horas daquela sexta-feira, o norte-americano Adrian Gricorcea ligou para Frederico Flores, na churrascaria e falou que Fabiano Moura estava gemendo muito alto no interior do quarto, onde estava sendo mantido refém, atraindo a atenção de vizinhos, momento em que Frederico comentou com os policiais militares, os cabos Mozer e André Bartolomeu, os quais disseram: "deixa chefe, vamos resolver o problema", saindo da churrascaria, retornando ao apartamento da Rua Boa Esperança, deixando Frederico Flores e Arlindo Lobo na churrascaria "FOGO DE CHÃO".

Ao chegarem ao apartamento, foram direto para o cômodo onde estava Fabiano Ferreira de Moura, desferiram nele socos e pontapés, deram-lhe uma gravata, enquanto um deles subiu em suas pernas e segurou seus braços, e o assassinaram por asfixia-mecânica (estrangulamento), deixando o corpo no apartamento, para, em seguida, retornarem para a churrascaria Fogo de Chão. Lá chegando, contaram o ocorrido, avisando que tinham resolvido e continuaram, todos, a tomar mais chopp e degustarem churrasco até por volta das 23:00 horas daquele tenebroso e fatídico dia. Após a "comemoração", todos retornaram ao apartamento do Bairro Sion.

Ao retornar ao apartamento, Frederico Flores foi até o cômodo em que Rayder Rodrigues estava, sentou-o numa cadeira, passou um copo de cerveja para beber, ascendeu um cigarro de maconha, passando a ele para que fumasse, instante este em que sacou um canivete americano, modelo automático, acionou o mecanismo, para, em seguida, desferir um golpe na altura do coração de Rayder, o qual foi ao chão e começou a se debater.

Enquanto Rayder Rodrigues se debatia no chão, Frederico Flores ficava atirando o canivete no corpo da vítima, fincando-o e retirando-o, repetindo a ação por várias vezes, até assassinar totalmente Rayder. Após isso, serrou seu pescoço, até seccionar e separar a cabeça do corpo, decapitando-o, colocando essa cabeça dentro de sacos plásticos. Em seguida cortou e seccionou todos os dedos da mão, também colocando-os nos referidos sacos plásticos.

Ao mesmo tempo, no outro cômodo, os policiais militares faziam o mesmo com a outra vítima, cortavam os dedos da mão de Fabiano Moura, depois, com uma faca de serra, passaram a serrar o seu pescoço até separar a cabeça do corpo, decapitando-o e colocando tudo no interior de sacos plásticos.

Os cabos PM Mozer e André Bartolomeu pegaram os sacos plásticos, com as cabeças e dedos das vítimas Rayder e Fabiano e os levaram para o Veículo Chevrolet Monza, de cor vermelha, do cabo Mozer. O cabo Mozer

AGORA É COMIGO!

pegou os sacos plásticos e os colocou no porta malas do seu veículo, dizendo que iria levá-los para um lugar em que ninguém nunca os encontrariam e, assim, procedeu sozinho, sem levar nenhuma testemunha.

Frederico Flores, o cabo André Bartolomeu, o norte-americano Adrian Gricorcea e o estudante Arlindo Lobo, carregaram os corpos decapitados das vítimas Rayder Rodrigues e Fabiano Moura, enrolados em plásticos e os levaram até o veículo Chevrolet Vectra, de cor azul, de propriedade da vítima Fabiano e colocaram os dois no porta malas. Enquanto isso, Arlindo Lobo apanhou o seu veículo Fiat Uno e todos seguiram para a estrada que liga o município de Nova Lima ao município de Rio Acima, através da BR-040, no Jardim Canadá, a fim de atearam fogo nos corpos das vítimas.

Ao chegarem à estrada, na madrugada do dia 10 de abril de 2010, para desovarem as vítimas e atearem fogo nelas, perceberam que não haviam levado combustível para isso, foi quando Frederico Flores determinou ao estudante de Direito Arlindo Lobo que fosse até o posto de gasolina da BR-040 e comprasse gasolina, o que foi feito por ele, no posto Ipiranga, próximo ao Jardim Canadá, na via que liga Nova Lima a Belo Horizonte. Após o retorno de Arlindo Lobo, com o referido combustível, os cruéis assassinos atearam fogo nos corpos das vítimas e voltaram a seu QG no Bairro Sion, contando que teriam cometido um crime perfeito.

Na manhã do dia 10/04/2010, os corpos foram descobertos ainda em chamas, por pessoas que passavam pela estrada, chegando um repórter da Rádio Itatiaia de Minas Gerais a comentar: "ESTOU COMPLETAMENTE CHOCADO, ATERRORIZADO, VENDO DOIS CORPOS DE PESSOAS, SEM CABEÇAS, COM DEDOS AMPUTADOS, EM CHAMAS".

Era um verdadeiro enredo de filme de terror. Toda a imprensa presente, mineira e brasileira, estava horrorizada com aquelas cenas macabras, dantescas. Eram imagens capazes de fazer os produtores de filmes de horror se apavorarem, tamanha a reação de horror que aqueles atos provocavam nas pessoas.

Ao tomar conhecimento das reportagens sobre os corpos encontrados em chamas, desloquei-me para a estrada que liga o município de Nova Lima à cidade de Rio Acima, no Jardim Canadá – Nova Lima – Minas Gerais, mesmo não sendo aquele local de competência do Departamento de Homicídios e Proteção à Pessoa de Minas Gerais, apenas subsidiariamente, pois precisávamos ser acionados pela Delegacia de Polícia local, ou receber ordens superiores para assumirmos a ocorrência macabra.

Ao chegar àquele local, com aquela cena horripilante, determinei que a Divisão de Homicídios de Belo Horizonte/MG assumisse, imediatamente, as investigações policiais, deslocando os investigadores de polícia de plantão para aquele local. Também determinei que a Delegacia Especializada de Pessoas Desaparecidas pesquisasse o desaparecimento de pessoas nos últimos quinze dias. Tudo era uma questão de rápida e assertiva ação investigatória, já que nosso tempo de reação policial poderia fazer toda a diferença na resolução do crime.

Visualizando os corpos incendiados, decapitados, fiquei meditando sobre os possíveis participantes naqueles homicídios, podendo ser, talvez, policiais, principalmente por conta da decapitação e cortes dos dedos das mãos das vítimas, o que indicava uma possível tentativa de dificultar a identificação das mesmas.

Durante o início das Investigações Policiais, que ficaram sob a responsabilidade da Delegada de Polícia da Homicídios/Sul, Doutora Elenice Cristine Batista Ferreira, recebemos algumas denúncias de que policiais militares haviam feito prisões no Bairro Ermelinda – Belo Horizonte – Minas Gerais, na última sexta-feira, dia 09 de abril de 2010, sendo que aqueles presos, até o momento, não haviam voltado para as residências deles, estando os parentes preocupados.

Comparecemos no Bairro Ermelinda – Belo Horizonte – Minas Gerais, onde conversamos com alguns amigos policiais civis, da ativa e aposentados, quando confirmamos que dois empresários do bairro estavam desaparecidos, depois de serem levados em viaturas da polícia militar, na semana anterior. Perguntamos nas proximidades das residências de Rayder e Fabiano, tendo a confirmação das informações, isso na segunda-feira, dia 12 de abril de 2010, por volta das 10:00 horas.

As nossas investigações no bairro chegaram aos ouvidos do norte-americano Adrian Gabriel Gricorcea, o qual, muito assustado e com medo de ser a próxima vítima a ser assassinada pela quadrilha de Frederico Flores e demais integrantes, procurou o Plantão do DHPP, naquela segunda-feira, à noite, dia 12 de abril de 2010, onde contou tudo o que havia presenciado, a sua participação, a dos policiais militares, os depósitos em sua conta bancária, como foi obrigado a lavar os carros utilizados nas desovas dos corpos e os cômodos do apartamento, sujos de sangue, o churrasco realizado no sábado à tarde, depois de terem conseguido extorquir as vítimas e assassiná-las, obrigando a todos os presentes daquela comemoração a lavarem todo o apartamento.

Esclareceu que haviam depositado dinheiro das vítimas em sua conta bancária e estavam aguardando Adrian Gabriel Gricorcea sacar uma quantia, possível, do dinheiro, de sua conta bancária e passar para a quadrilha,

AGORA É COMIGO!

chefiada por Frederico Flores. Adrian salientou que Frederico Flores, Arlindo Lobo, os cabos Mozer e André Bartolomeu, estavam aguardando a sua chegada, no dia seguinte, terça-feira dia 13 de abril de 2010, levando o dinheiro que deveria sacar do banco.

No dia 13 de abril de 2010, acionados pela Delegada de Polícia de Permanência no DHPP, por coincidência a Doutora Elenice Cristine, comparecemos no Plantão do Departamento, onde tomamos conhecimento das declarações do norte-americano Adrian, bem como, de que a Doutora Elenice havia dado ordens aos investigadores de polícia de plantão, para que comparecessem à Rua Boa Esperança, 423 – apartamento 14 – Bairro Sion – Belo Horizonte – Minas Gerais, para prenderem os integrantes da quadrilha, que estavam naquele apartamento.

Como havia policiais militares envolvidos, comunicamos o Superintendente Geral de Polícia Civil, Doutor Gustavo Botelho Neto, solicitando que ele entrasse em contato com o Coronel PM Corregedor da Polícia Militar do Estado de Minas Gerais, saindo, em seguida, em direção ao Bairro Sion – Zona Sul de Belo Horizonte – Minas Gerais, eu dirigindo uma das viaturas camburão do DHPP, juntamente com a Doutora Elenice Cristine, seguido por duas equipes de investigadores de polícia, em viaturas caracterizadas, tipo camburão, da Delegacia de Homicídios Sul/DCCV/DHPP/MG.

Saímos do DHPP com as sirenes abertas, deslocando-nos pelas ruas e avenidas de Belo Horizonte, chegando àquele local da Rua Boa Esperança – Bairro Sion, em aproximadamente, quinze minutos, apesar de todo o trânsito, passando por cima de calçadas, dentre outras manobras, típicas de motoristas das Rondas Ostensivas Tobias de Aguiar (ROTA) e Grupamento Armado de Repressão a Roubos e Assaltos (GARRA/DEIC), ambas famosas equipes do estado de São Paulo e terror da bandidagem.

Chegando na Rua Boa Esperança, próximo ao "Bar Pé de Cana" – Bairro Sion – Belo Horizonte/MG, prendemos, por formação de quadrilha, crime permanente, Frederico Costa Flores de Carvalho, cabo PM Renato Mozer, estudante de Direito Arlindo Lobo, sendo que o cabo PM André Luiz Bartolomeu, ao notar a movimentação de viaturas da Polícia Civil e da Corregedoria da Polícia Militar, fugiu para local incerto e não sabido, mesma atitude tomada pela médica Gabriela Ferreira Corrêa Costa.

Todos foram presos e conduzidos para o Departamento de Homicídios e Proteção à Pessoa, onde foram autuados em flagrante delito por formação de quadrilha, juntamente com o norte-americano Adrian Gabriel Gricorcea, até que fossem conseguidas as prisões temporárias no Tribunal do Júri de Belo Horizonte, utilizando o "PRINCÍPIO DA UBIQUIDADE", artigo 6º do Código Penal Brasileiro, que elege como local do crime, o da consumação ou do encontro dos cadáveres.

Com o auxílio da Corregedoria da Polícia Militar de Minas Gerais, fizemos diligências para a prisão do cabo PM André Luiz Bartolomeu. Também foram feitas diligências para a captura e prisão da médica Gabriela Ferreira Corrêa Costa; para a identificação de outros participantes e para a apreensão dos veículos utilizados no crime, bem como do dinheiro e dos produtos adquiridos com o mesmo.

Acionamos o Instituto de Criminalística de Minas Gerais, Seção de Crimes Contra a Vida, para fazer as análises: exames com Luminol e exames de DNA no apartamento da Rua Boa Esperança – Bairro Sion; nos corpos das vítimas, depositados no Instituto Médico Legal; nos porta-malas dos veículos Chevrolet Monza, de Renato Mozer, Chevrolet Vectra, de Fabiano Moura, usado por Frederico Flores para carregar os corpos até o local onde foram queimados, e FIAT Uno, utilizado pelo estudante de Direito Arlindo Lobo para as incursões para sequestros e extorsões das referidas pessoas assassinadas e para a compra do combustível para a queima dos corpos decapitados.

Foram efetuados exames com o "MÉTODO LUMINOL", através do qual foram localizadas várias manchas de sangue nos dois cômodos do apartamento na Rua Boa Esperança, no porta-malas do veículo CHEVROLET Monza e no veículo CHEVROLET Vectra, usado por Frederico Flores. Tais materiais foram colhidos para comparação com as amostras de sangue das vítimas Rayder Rodrigues e Fabiano Moura, dando resultado positivo nos exames de DNA, conduzindo, assim, à completa e indubitável comprovação da materialidade dos delitos.

Em diligências posteriores, foram presos, em razão de mandado de prisão temporária, o cabo PM André Luiz Bartolomeu, a médica Gabriela Ferreira Corrêa Costa, o pastor Sidney Benjamim e outro integrante da quadrilha, formado em direito e informante da quadrilha sobre a ação dos empresários, os quais trabalhavam sem expedição de notas fiscais.

A médica Gabriela Ferreira Corrêa Costa, depois de presa, confessou, pormenorizadamente, os crimes praticados pela quadrilha, alegando que Frederico Flores estava montando uma clínica médica para que ela clinicasse, isso no centro da cidade de Belo Horizonte/MG, sendo que cumpria as determinações dele, principalmente, por medo de ser assassinada.

Esclareceu que Frederico Flores era viciado em drogas e tinha forte ascendência sobre todos os membros da quadrilha, que cumpriam as suas determinações à risca. Conforme a médica Gabriela, o criminoso Frederico Flores já havia praticado outros crimes. Além do sequestro, extorsão e assassinato de Rayder dos Santos Rodrigues e de Fabiano Ferreira Moura, ele havia sequestrado e torturado outras pessoas, como um delegado do Ministério do Trabalho, que foi forçado, sob tortura, a praticar sexo oral com um dos integrantes da quadrilha, sendo filmado por Frederico Flores, que o extorquiu, posteriormente.

A média esclareceu que Frederico Torres torturou, seguidamente, outra pessoa, forçando a médica Gabriela Ferreira a assistir e medicar essa vítima, dentre outras atrocidades inimagináveis, confessando que "MORRIA DE MEDO DE SER ASSASSINADA" por Frederico Flores, uma pessoa perversa, muito má, tenebrosa e usuário compulsivo de drogas ilícitas.

Detalhou toda a sua participação nos crimes, sendo que desconhecia que as vítimas seriam assassinadas, pois, para ela, Frederico só agiria no sentido de extorquir as vítimas, além de procurar as outras pessoas indicadas pelas vítimas torturadas, para com elas, fazer o mesmo que fez com os dois infelizes empresários.

O estudante de Direito, Arlindo Soares Lobo, também confessou sua participação nos crimes, alegando que fazia tudo o que era orientado, por medo de Frederico Flores e dos policiais militares, temendo que, caso não obedecesse, também seria torturado e assassinado por eles.

Os outros integrantes da quadrilha e o próprio Frederico Flores confessaram os crimes parcialmente. Todos mentiram descaradamente, demostrando uma frieza incomum.

Usando de uma psicologia ardilosa, criminosa e inteligente, Frederico Flores tentou, por várias vezes, saber como estariam as investigações policiais; "ELE GOSTAVA DE MANIPULAR AS PESSOAS, COM UMA ARGUMENTAÇÃO E FORMAS DE CONVECIMENTO, QUE, CERTAMENTE, CONVENCERIAM OS MAIS INCAUTOS – USAVA TODAS AS ARMAS A SEU ALCANCE, ATÉ MULHERES E PARENTES, DENTRE OUTRAS HABILIDADES".

O inquérito policial foi relatado e encaminhado ao II Tribunal do Júri de Belo Horizonte, com o indiciamento de toda a quadrilha por sequestros, extorsões, assassinatos com requintes de crueldade, vilipêndio e ocultação de cadáveres, receptação e formação de quadrilha, tendo o caso ficado conhecido como o da "GANGUE DA DEGOLA", repercussão nacional e mundial na mídia computadorizada, falada, escrita e televisada, tendo o repórter e apresentador do programa Chamada Geral, da Rádio Itatiaia de Minas Gerais, Eduardo Costa comentado: GENTE É MUITO DIFÍCIL, NUNCA VI TAMANHA MOSTRUOSIDADE PRATICADA POR SERES HUMANOS, DENTRE ELES, PESSOAS QUE JURARAM DEFENDER E MORRERRRR!!!! PARA DEFENDER, COM A PRÓPRIA VIDA, A SOCIEDADE MINEIRA".

O apresentador José Luiz Datena, da TV Bandeirantes, junto com o repórter Márcio Campos, comentaram: "NUNCA TER VISTO OU ASSISTIDO TAMANHA MOSTRUOSIDADE, PERVERSIDADE, "FAZENDO FINCA" COM O CORPO DA VÍTIMA, QUE SE DEBATIA NO CHÃO. ESSES NÃO SÃO SERES HUMANOS. CHAMÁ-LOS DE MONSTROS SERIA UMA OFENSA AOS VERDADEIROS MONSTROS. SOU CONTRA A PENA DE MORTE, MAS ESSES MERECERIAM SER MORTOS DA MESMA FORMA QUE MATARAM AS VÍTIMAS. EU MESMO EXECUTARIA ESSAS PENAS DE MORTE".

Houve muitos outros comentários de repórteres famosos, como o do saudoso apresentador do "PROGRAMA CIDADE ALERTA", Marcelo Rezende e do professor e criminólogo Percival de Souza, ambos da REDE RECORD DE TELEVISÃO, de que pena de morte seria pouco para esses crápulas criminosos. No mesmo sentido, Ricardo Carline do SBT, Mauro Tramont da Record, dentre muitos outros.

Integrantes do Bando da Degola

Uma das vítimas da Gangue da Degola
Rayder dos Santos Rodrigues

CAPÍTULO **66**

A Vítima do Caso do Goleiro Bruno, Eliza Silva Samúdio

ELIZA SILVA SAMÚDIO nasceu em Foz do Iguaçu, no estado do Paraná, em 22 de fevereiro de 1985, sendo registrada no livro A183/fls.111 como filha de Sônia de Fátima Marcelo da Silva e Luiz Carlos Samúdio, ambos os pais adolescentes na época, e que viviam, maritalmente, na casa da mãe de Luiz Carlos Samúdio, dona Nancy Portilho Samúdio, sendo que seu pai (de Luiz Carlos Samúdio), não assumiu suas responsabilidades, não assumindo a paternidade de seu filho, ficando em sua certidão de nascimento, constando, pai não declarado.

Os pais de Sônia de Fátima Marcelo da Silva, senhor José Marcelo da Silva e dona Albertina Marcelo da Silva, não aceitavam a união conjugal de sua filha, ainda adolescente e menor de idade, com Luiz Carlos Samúdio, sem que fosse "de véu e grinalda" na igreja e registrado em cartório. Assim, constantemente combatiam aquela condição da filha ("AMANCEBADA, AMIGADA") com Luiz Carlos Samúdio, motivo que levou o casal de adolescentes a fugir para o Paraguai, até que a amada-amante Sônia atingisse 18 anos de idade, ganhando sua maioridade, gerindo o "próprio nariz", segundo ela.

Quando ela completou dezoito anos, Sônia e Luiz Carlos retornaram à Foz do Iguaçu, tendo o casal morado juntos por três a cinco anos, aproximadamente.

O casal adolescente era muito imaturo, sendo Luiz um pouco inconstante, ciumento, ingerindo bebidas alcóolicas, saindo com outras mulheres, o que provocava brigas e separações momentâneas do casal. Em uma dessas separações, Sônia ficou com um empresário, seu patrão, vivendo um colóquio amoroso com ele, afirmando: "CHUMBO TROCADO NÃO DÓI, LUIZ ME TRAI COM OUTRAS MULHERES E EU O TRAIO COM OUTROS HOMENS, SOU NOVA BONITA.......".

Nesse período, Sônia ficou grávida da criança que se chamaria Eliza Silva Samúdio, sendo que já haviam retornado do Paraguai e moravam na casa de dona Nancy Portilho, mãe de Luiz Carlos. Após o nascimento da filha Elisa, o casal permaneceu junto por mais uns dois a três anos, sempre com as brigas e separações, porque, segundo Sônia de Fátima, Luiz Carlos a agredia muito, por ciúmes ou por bebida. Segundo ela:" ELE BATIA ATÉ NA MÃE DELE, EM MIM NEM SE SE FALA".

Luiz nutria um grande amor pela sua amada Sônia e, em uma dessas separações, chegou até a tentar tirar a própria vida, forçando sua amada a retornar ao seu convívio, numa espécie de chantagem emocional, que foi, convenientemente, aceita por Sônia, já que ela, apesar de também dar suas "SAIDINHAS", coisas de adolescente, continuava a gostar de Luiz Carlos Samúdio.

A recém-nascida Eliza Samúdio, era paparicada pelo pai coruja, ficando Sônia em segundo plano, sendo que as brigas entre o casal continuaram, ainda com mais constância, até Sônia de Fátima abandonar a companhia de Luiz Carlos e de sua filha.

Contrariando Luiz Carlos Samúdio, dona Nancy Portilho facilitava o encontro de Sônia com sua filha Eliza, quando o pai não estava em casa.

Pouco depois, Sônia de Fátima mudou-se para a capital de Mato Grosso do Sul, Campo Grande, deixando sua filha Eliza sendo criada pelo antigo companheiro, Luiz Carlos Samúdio e por sua sogra, nona Nancy Portilho, não acompanhando o crescimento de sua filhinha, Eliza Samúdio.

Sônia foi trabalhar e viver uma nova vida naquela cidade de Mato Grosso do Sul, contraindo matrimônio com o rapaz MOURA, de Campo Grande. Sônia recebia notícias de sua filha através de seu irmão, o qual era visitado por Eliza com muita frequência, tomando conhecimento, por meio deste, que, aos doze anos, ela manifestou o desejo de morar em companhia da mãe.

Os anos foram passando e Eliza cresceu, tornou-se uma moça muita bonita e de um temperamento muito forte, decidida, não queria "rédeas", gostava muito de futebol, tendo jogado futebol feminino no estado do Paraná.

Quando Eliza Samúdio completou quatorze anos, sua mãe Sônia de Fátima foi visitar seus familiares na cidade de Foz do Iguaçu, quando um primo, Wagner Silva, avisou sua filha de que sua mãe estava na cidade, tendo Eliza, por problemas familiares com seu pai, resolvido viajar e morar em companhia da mãe, em Campo Grande, coisa de adolescente impulsiva e deslumbrada por conhecer outros estados e a cultura do nosso imenso Brasil.

Em Campo Grande, sua mãe, Sônia de Fátima, fazia com que Eliza Samúdio cumprisse determinadas regras, que não eram aceitas pela adolescente, a qual resistia e enfrentava a nova e inusitada educação e hábitos de sua mãe. Assim, após um ano de convivência com a mãe e logo após ter tatuado um anjo e colocado um piercing na língua, Eliza resolveu voltar a residir em companhia do pai Luiz Carlos.

Portanto, numa noite, sem avisar sua mãe, Eliza retornou à cidade de Foz do Iguaçu, onde passou a morar, novamente, com o pai e com sua avó paterna até os dezoito anos de idade, quando se mudou para São Paulo, a fim de tentar uma vida nova.

Eliza Silva Samúdio era uma mulher muito bonita, cabelos compridos, castanho-escuros, pele branca, lábios carnudos e rosados, nariz natural afilado – estilo europeu, corpaço, nádegas empinadas e imponentes, coxas grossas e torneadas, esguia, ereta ao andar, parecendo, sempre, estar desfilando em uma passarela, com muito charme, maliciosa e perigosamente.

Esses atributos a faziam se destacar em qualquer lugar, motivo pelo qual a levaram para trabalhar em grandes eventos na capital paulista, como apresentadora de produtos, desfilando em passarelas e, às vezes, arriscando interpretar em alguns filmes, ou atuando como figurante em outros. Também posava para propaganda em outdoors, em revistas, em jornais e em outras mídias, inclusive participando em eventos esportivos e futebolísticos, dentro e fora do Brasil. Com isso, a bela moça foi ganhando a vida e se tornando famosa na maior metrópole da América Latina.

Como passou a participar dos eventos esportivos e gostava de futebol, num desses eventos, salvo engano na Europa, conheceu e teve um rápido colóquio amoroso com o jogador do Real Madri e da seleção Portuguesa, CRISTIANO RONALDO, motivo que a fazia gabar-se de tal acontecimento, sempre contando para colegas e amigas.

Torcedora fanática do time do SÃO PAULO FUTEBOL CLUBE, "Tricolor Paulista", passou a frequentar campos de futebol, centros de concentração, escolas de grandes times de futebol, festas de jogadores, dentre outros eventos do mundo do esporte.

Eliza Silva Samúdio era apaixonada por futebol, fazendo questão de assistir partidas de futebol de seu time do coração, frequentar centros de treinamento e de concentração de jogadores, participar de viagens, acompanhando os times de futebol, como o São Paulo, o Clube de Regatas Flamengo e o Santos Futebol Clube, dentre outros. Isso fazia com que se sentisse num total estado de êxtase (quando passaram a chamá-la de 'MARIA CHUTEIRA").

Participava, junto com suas amigas, de festas e churrascos e, segundo relatos de amigas e de outros jogadores, de orgias com os jogadores, pois gostava de viver e respirar ambientes em que os atletas da bola frequentavam e se divertiam, soltando-se totalmente.

Em 2006, Eliza Silva Samúdio participou de uma competição de mulheres, tentado se tornar a musa do time São Paulo Futebol Clube. Participou de várias gincanas com jogadores, torcedoras e em eventos, mas não conseguiu seu intento. Conseguiu, todavia, tornar-se bem próxima dos jogadores que venerava e bem mais conhecida no monumental mundo do futebol.

Fotos de Eliza Silva Samúdio com os jogadores de futebol – Dagoberto – Palhinha – Ricardo Oliveira – Aloísio e Cristiano Ronaldo

(Revista Isto É – Julho 2010)

CAPÍTULO **67**

- Eliza Samúdio Conhece o Goleiro Bruno Fernandes e Vai para a Cama com Ele, Num Relacionamento Intenso
- O Goleiro Bruno Engravida Eliza Samúdio
- "Aborta Essa Criança!"

Nos meses de abril/maio de 2009, ELIZA SILVA SAMÚDIO estava no estado do Rio de Janeiro e foi convidada, juntamente com as amigas de São Paulo, Cintia Moraes e Amanda Zampiere, por outra amiga, esta do Rio de Janeiro, Fabiana Albuquerque, a comparecer a um churrasco na residência de Paulo Vitor, situada próximo ao CANAL DE MARAPENDI, no Rio de Janeiro. Paulo Vitor era o quarto goleiro do Clube de Regatas Flamengo e hoje joga no Grêmio de Porto Alegre/RS,

Nesse churrasco, estavam, aproximadamente, quinze pessoas dentre jogadores e amigos do goleiro Paulo Vitor. Um desses jogadores era o goleiro Bruno Fernandes das Dores de Souza, que, ao ver Eliza Samúdio, ficou encantando, com os olhos brilhando, sedento dos mais variados desejos, entrando em contato imediato com Fabiana Albuquerque, pedindo para conhecer aquela deusa.

Fabiana Albuquerque foi falar, imediatamente, com Eliza Samúdio, sobre as pretensões e desejos de Bruno Fernandes, em "ficar" com sua pessoa. Eliza, por sua vez, também sentiu uma atração muito forte pelo goleiro e se aproximou dele, durante o churrasco, quando combinaram de passarem a noite juntos, na casa do goleiro Paulo Vitor. Antes, porém, teriam que levar as amigas, Cintia e Amanda para a casa delas, local em que se hospedavam naqueles dias na cidade maravilhosa – Rio de Janeiro.

O goleiro Bruno Fernandes imediatamente prontificou-se em levá-las para as respectivas residências, pois "estava na ponta dos pés", tamanha era a volúpia de possuir Eliza Samúdio por inteiro.

Bruno Fernandes e Eliza Samúdio levaram as amigas para suas casas, retornando, em seguida, para a casa do goleiro Paulo Vitor, local onde ocorria o churrasco, onde passaram a noite, tiveram um abundante e caloroso relacionamento, muita transa, bebidas e assim ficaram até o dia clarear, praticamente saciados.

Em seguida, tomaram café, ficaram juntos na cama um pouco, relacionaram-se sexualmente mais algumas vezes, depois tomaram uma ducha juntos, fazendo mais sexo debaixo do chuveiro. Após tudo isso, Bruno Fernandes a deixou onde estava hospedada com as amigas, não sem antes trocarem os telefones – rádio Nextel.

Bruno ficou apaixonado por Eliza Samúdio, a qual lhe deu um verdadeiro "show de cama", dentre outras coisas. Então, o goleiro Bruno Fernandes a levou para ficar hospedada no Hotel Transamérica, da Barra da Tijuca, onde, após os treinos e jogos, voltava para mais um dia/noite ardente de amor e sexo, ficando vários dias juntos naquele suntuoso hotel.

No mês seguinte, Eliza Samúdio retornou para São Paulo, sendo que, diariamente, comunicava-se, via Rádio Nextel, com o goleiro Bruno Fernandes até que, no mês de julho de 2009, depois de um grande atraso em sua menstruação, suspeitou que que estava grávida.

Aguardou mais alguns dias para que as regras chegassem, mas nada delas aparecerem. Foi até uma farmácia e comprou um kit de gravidez, cujo teste também deu positivo. Ainda não conformada, fez exame de sangue e, desta vez, sem sombra de dúvidas, constatou que realmente estava grávida.

Então, em uma das conversas diárias com o goleiro Bruno, comunicou sua suspeita de gravidez, foi quando Bruno pediu para que ela fosse para o Rio de Janeiro para conversarem, sendo que pagaria todas as despesas de Eliza, com passagens de avião, hospedagem, alimentação, etc.

Quando chegou ao Rio de Janeiro, em julho, Eliza ficou hospedada por quinze dias no Hotel Royalty, na Barra da Tijuca, sendo que Bruno compareceu no hotel, onde conversaram por algum tempo, tomaram umas bebidas, namoraram intensamente, relacionaram-se sexualmente, com um furor inimaginável.

Depois, em um determinado momento, Bruno disse: "OLHA BEBÊ EU NÃO DESEJO ESSA GRAVIDEZ, NÃO VAMOS DEIXAR ISSO SEGUIR, VAMOS FAZER UM ACERTO FINANCEIRO E VOCÊ ABORTA ESSA CRIANÇA".

De imediato, Eliza não aceitou e pediu apenas que ele arcasse com as despesas do PRÉ-NATAL, tendo Bruno silenciado e, depois de algum tempo, ido embora. Passados uns quinze dias, Eliza mudou-se para o Hotel Barrabela, também na Barra da Tijuca, tendo Bruno comparecido naquele hotel

AGORA É COMIGO!

apenas uma vez, sendo que, dessa feita, totalmente transfigurado, parecia até que havia usado drogas e ameaçou Eliza Samúdio pela primeira vez, dizendo: "EU NÃO QUERO ESSE FILHO, ACHO QUE VOU BANCAR O OTÁRIO, SOU CAPAZ DE FAZER TUDO PARA VOCÊ NÃO TER ESSA CRIANÇA; VOCÊ NÃO ME CONHECESSE E NÃO SABE DO QUE EU SOU CAPAZ DE FAZER, POIS EU VENHO ÉÉÉ!! DA FAVELA".

Dez dias depois que se hospedara no Hotel Barrabela, Eliza Samúdio se mudou para o Hotel Transamérica, na Barra da Tijuca, onde, algum tempo antes, havia ficado hospedada por alguns dias e vivido aquele ardente romance com o goleiro Bruno. Eliza permaneceu hospedada ali até o dia nove de setembro de 2009, tendo todas as despesas pagas pelo goleiro Bruno Fernandes das Dores de Souza.

Durante sua hospedagem no Hotel Transamérica, num dia de agosto, o goleiro Bruno compareceu no apartamento onde Eliza estava hospedada, para, novamente, ameaçá-la, desta feita com mais vigor, chegando a puxar seus cabelos longos e negros, jogando-a de um lado para outro, fazendo diversas e graves ameaças, inclusive de morte, se não fizesse o aborto.

Assustada e aterrorizada, Eliza Samúdio não acreditava naquelas atitudes tomadas pelo goleiro Bruno Fernandes, pessoa que a fez "viajar, até o espaço sideral, girar várias vezes na órbita da Terra, em noites ardentes de amor". Realmente, para a doce e meiga Eliza Samúdio, aquilo era inacreditável, ela não entendia porque tanta IRA por parte do goleiro Bruno Fernandes, o qual seria pai de um filho dela. Bruno, depois de algum tempo, foi embora, esbravejando.

No dia seguinte, o goleiro Bruno Fernandes ligou para o goleiro Paulo Vitor, pedindo para ele levar Eliza Samúdio para a Churrascaria BARRAGRIL, para conversarem e tentarem chegar a um entendimento, tendo Paulo Vitor concordado e convencido Eliza Samúdio a comparecer na Churrascaria Barragril, para conversarem pacificamente.

Na churrascaria estavam o goleiro Bruno Fernandes, o goleiro Paulo Vitor, a amiga Fabiana Albuquerque, o empregado do goleiro Bruno, Marcelo Silva e a própria Eliza Samúdio. Nesse encontro, o goleiro Bruno Fernandes foi muito mais amável, concordando com a gravidez e em ajudar nas despesas de Eliza durante o período de pré-natal e gestacional, comprando roupinhas, berço, tudo para a criança que estava por vir ao mundo.

Em certos momentos, o goleiro Bruno se comportava como uma pessoa dócil, quando na presença de amigos e de outras pessoas, porém, em outros momentos, quando sozinho com Eliza, ele era completamente diferente e agressivo, mostrando uma inconstância bipolar, confundindo a cabeça da futura mãe, Eliza Samúdio.

No dia seguinte ao encontro na Churrascaria BARRAGRIL, o goleiro Bruno manda seu funcionário Marcelo Silva até o Hotel Transamérica para entregar, à Eliza Samúdio, a quantia de R$ 290,00 (duzentos e noventa Reais), pedindo para ela deixar o Hotel Transamérica, obrigando-a a ir residir na casa da amiga Milena Baroni Santana, no Bairro Tanque, numa Vila da periferia da cidade do Rio de Janeiro.

Transcorridos alguns dias, Eliza Samúdio, já residindo na casa de Milena Baroni, compareceu ao Hospital Leila Diniz, no Rio de Janeiro, porque estava tendo um pequeno sangramento na vagina, comunicando o ocorrido ao goleiro Bruno Fernandes, o qual respondeu: "EU QUERO QUE VOCÊ SE FODA, MORRA VOCÊ E ESSE BEBÊ QUE ESTÁ GERANDO, ESSE É UM PROBLEMA SÓ SEU".

Eliza Samúdio ficou muito triste, indignada com aquela atitude de uma pessoa pela qual já estivera apaixonada. Depois disso, não entrou mais em contato com o goleiro Bruno Fernandes até o dia 07 de outubro de 2009, quando ele ligou para a amiga Fabiana Albuquerque, para saber de notícias de Eliza Samúdio.

Nesse dia, o goleiro Bruno Fernandes, ligou para Eliza Samúdio, às duas horas da madrugada, dizendo que o Marcelo Silva iria levar um documento para que ela assinasse; seria para o bem do bebê e, se quisesse assinar, que assinasse. Para tirar dúvidas, Eliza Samúdio ligou para o Marcelo Silva, contudo esse nada sabia sobre o tal documento, então resolveu deixar rolar a situação para ver aonde iria chegar.

CAPÍTULO 68

- O Goleiro Bruno Sequestra Eliza Samúdio e a Obriga a Ingerir Medicamento Abortivo
- Eliza Denuncia e Foge do Rio de Janeiro
- Nasce o Bruninho em São Paulo
- Um Assassino Profissional

No dia 13/10/2009, por volta das 02:00 horas, o goleiro Bruno Fernandes liga para Eliza Samúdio, chamando-a de "BEBÊ", tendo ela até estranhado o telefonema àquela hora da madrugada. Bruno disse que estava perto da residência de Milena Baroni, onde Eliza estava residindo, numa vila de casas, sendo que era para ela sair pois queria bater um papo, acertar umas coisas, sobre a criança que estava por vir.

Apesar do horário, Eliza Samúdio saiu até o portão da vila, indo até o veículo em que estava o goleiro Bruno, cujo carro estava estacionado a umas cinco casas para baixo do portão da vila.

Eliza Samúdio chegou e adentrou no automóvel pelo banco do passageiro, notando que havia uma pessoa negra, deitada no banco de trás do veículo. Estranhando aquela situação, Eliza perguntou ao goleiro Bruno quem seria aquele rapaz, ao que ele respondeu: "NÃO ESQUENTA NÃO, É MEU IRMÃO".

Depois passaram a conversar, entretanto o goleiro Bruno, insistentemente, buscava adentrar na casa de Milena Baroni, onde Eliza estava residindo e mantinha seus pertences; como ela não concordou, ficaram conversando por mais uns dez minutos. Enquanto transcorria o papo, dois homens, preparados adrede, entraram no carro, cada um por um lado das portas traseiras, gritando:" GANHAMOS! GANHAMOS!". Eliza Samúdio reconheceu os dois como sendo o alcunhado "Macarrão" e o vulgo "RUSSO".

O goleiro Bruno, após os dois entrarem no carro, surpreendendo Eliza, desfere dois tapas na sua cara, chamando-a de "SUA VAGABUNDA, APANHA NA CARA VAGABUNDA".

Os dois, que haviam acabado de entrar no carro de Bruno, gritavam, em coro: "VAGABUNDA, VADIA, SAFADA". Em seguida, o goleiro Bruno sacou uma pistola e encostou na cabeça de Eliza Samúdio, dizendo: "agora nós vamos para o meu apartamento". Então mandou-a passar para o banco traseiro e o Macarrão ocupou o lugar, no banco da frente. Seguiram para o apartamento, onde o goleiro Bruno estava residindo, no Bairro Recreio dos Bandeirantes, no carro conduzido pelo próprio goleiro do Flamengo.

Ao chegarem ao prédio, entraram e foram para a garagem, tendo ficado no carro, o Macarrão, o Russo e o rapaz negro, que Bruno havia dito ser seu irmão. Bruno conduziu Eliza para o seu apartamento. Ao entrarem, o relógio marcava 3:30 horas da madrugada daquele dia 13 de outubro. O goleiro a forçou a tomar cinco comprimidos de cor azul e rosa e, depois, beber um copo cheio de um líquido escuro e muito ruim, com gosto amargo.

Após ingerir os medicamentos e a bebida, Eliza adormeceu. Quando Eliza despertou, às 14:00 horas, estavam, no apartamento, o Macarrão, o Russo, o rapaz de cor negra e uma mulher, funcionária do goleiro Bruno, que, possivelmente, tinha a função de cuidar da limpeza do local e cozinhar para o goleiro do Flamengo e para os demais moradores.

Assim que Eliza acordou, Luiz Henrique, o "MACARRÃO", pegou sua bolsa, retirou os documentos e o aparelho de telefone, forçando que Eliza ligasse de seu telefone-rádio Nextel, número 80*23259, telefone nº 011 78609-9110, para o Marcelo Silva, dizendo que, na próxima sexta-feira, faria o aborto. Depois, levou Eliza Samúdio até o ponto de táxi, em frente ao Mercado Zona Sul, próximo ao Recreio dos Bandeirantes, onde a colocou no veículo e falou que sexta-feira iria pegá-la para fazer o aborto, ameaçando de morte a ela e, também, a suas amigas, caso comunicassem ou procurassem a polícia.

Quando se viu livre de todos, Eliza pediu para o taxista levá-la para a Delegacia Especializada de Crimes Contra a Mulher, em Jacarepaguá, nas proximidades da Barra da Tijuca. Naquela Delegacia de Crimes contra a Mulher, Eliza denunciou toda a ação criminosa do goleiro Bruno Fernandes, do Macarrão, do Russo e do tal irmão de Bruno, à Delegada de Polícia Titular, Maria Aparecida Salgado Mallet.

A delegada registrou o Boletim de Ocorrência, inquiriu ELIZA SILVA SAMÚDIO, em termos de declaração, encaminhou-a para exames de corpo de delito e toxicológico, no Instituto Médico Legal, dentre outras diligências policiais relativas ao crime perpetrado pelos denunciados.

Todos os meios de comunicação foram acionados e se deslocaram para a Delegacia de Mulheres, em Jacarepaguá. Foi quando Eliza Samúdio gravou aquela entrevista, em que ela aparece com o vestido lilás, faz a denúncia do sequestro e cárcere privado, da agressão sofrida, da tentativa de aborto, perpetrada pelo goleiro do Flamengo, Bruno Fernandes das Dores de Souza, por Luiz Henrique Ferreira Romão, o "MACARRÃO", pelo "RUSSO" e pelo "RAPAZ DE COR NEGRA, SUPOSTO IRMÃO DE BRUNO".

Depois de tudo, aterrorizada pelas ameaças sofridas e por tudo o que aconteceu no Rio de Janeiro, Eliza Samúdio deixa a residência de sua amiga Milena, viaja para São Paulo, onde fica escondida até o nascimento do filho, em fevereiro de 2010, não sem contratar uma advogada e ingressar na Justiça com uma ação de reconhecimento de paternidade, cumulado com alimentos, em desfavor do goleiro Bruno Fernandes, do Flamengo.

O filho de Eliza Silva Samúdio, Bruno, Samúdio, nasce em fevereiro de 2010. Ao tomar conhecimento do nascimento do filho indesejado, o goleiro Bruno Fernandes, juntamente com o amigo e fiel escudeiro, Luiz Henrique Ferreira Romão, o "MACARRÃO", passa a arquitetar o assassinato de Eliza Silva Samúdio, conforme prometera quando tentou provocar o aborto, em outubro de 2009.

Primeiramente, convida o policial civil José Laureano de Assis Filho, o "ZEZÉ", para comparecer à cidade do Rio de Janeiro, com a desculpa que iria promover e ajudar o "ZEZÈ", o qual promovia e representava o Grupo de Pagode "OS NEGRINHOS" de Ribeirão das Neves.

No mesmo mês de fevereiro de 2010, Macarrão e o goleiro Bruno contam ao policial José Laureano o seu problema, vivido com Eliza, bem como solicitam ao "ZEZÉ", a indicação de um profissional, de primeira, que pudesse realizar aquele assassinato sem deixar vestígios, para não comprometer o goleiro do Flamengo.

Como José Laureano era muito amigo/irmão do ex-policial e profissional da pistolagem, Marcos Aparecido dos Santos, o "BOLA", sabendo de sua grande habilidade, destreza e outros atributos, na arte de "ASSASSINAR PESSOAS SEM DEIXAR RASTROS", indicou-o para a empreitada criminosa, não sem antes efetuar uma ligação do apartamento, onde o goleiro do Flamengo residia, no Recreio dos Bandeirantes, no Rio de Janeiro, para o "BOLA", tendo ficado o policial civil, José Laureano de Assis Filho, o "ZEZÉ", incumbido de intermediar toda a ação criminosa, visando o assassinato de Eliza Silva Samúdio e o seu total desaparecimento desta Terra.

Eliza Silva Samúdio

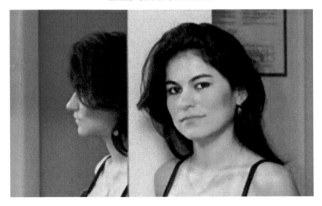

Seu corpo nunca foi encontrado

Eliza Silva Samúdio

Na entrevista reveladora

CAPÍTULO 69

O Mandante do Assassinato de Eliza Silva Samúdio

BRUNO FERNANDES DAS DORES DE SOUZA, nasceu em Belo Horizonte. em 23 de dezembro de 1984, de um relacionamento de Maurílio Fernandes das Dores de Souza e Sandra Cássia Souza de Oliveira Santos, sendo que foi abandonado pelos pais com três meses de idade, tendo sido criado. desde então. por sua avó ESTELA SANTANA TRIGUEIRO DE SOUZA, numa favela do Bairro Liberdade, na cidade de Ribeirão das Neves, região metropolitana de Belo Horizonte/MG, juntamente com seu primo Sérgio Rosa Sales, o "CAMELO" e demais familiares.

Começou a trabalhar, ainda menino, em feiras na cidade de Belo Horizonte e como carregador de caminhões. Mais tarde, foi jogar bola, como goleiro, no time do Venda Nova. Após isso, foi ser goleiro nas categorias de base do time do CLUBE ATLÉTICO MINEIRO, de Belo Horizonte – Minas Gerais.

O goleiro Bruno Fernandes, com 14 para 15 anos, conheceu sua primeira esposa, DAYANNE RODRIGUES DO CARMO SOUZA, quando esta tinha 12 anos de idade, no Bairro Santa Matilde, em Ribeirão das Neves/MG, começando a namorar a referida moça.

Bruno sempre se dedicou aos treinamentos de goleiro, principalmente quando foi para as categorias de base do Clube Atlético Mineiro, conseguindo ser alçado para o time principal do clube, tornando-se o goleiro titular do time.

Já no time principal e namorando, por cinco anos, com Dayanne Rodrigues do Carmo Souza, casam-se no Cartório de Ribeirão da Neves/MG e na Igreja Nossa Senhora das Neves, mesma cidade.

Logo depois do casamento, assinou contrato como goleiro titular do Clube Atlético Mineiro, jogando por algumas temporadas, mais ou menos por três anos, começando, nessa época, a envolver-se em brigas, nos pagodes, em bares e boates de Belo Horizonte, principalmente quando envolvia mulheres, além de andar em companhias que sempre arrumavam confusões.

Dayanne Rodrigues, mesmo sabendo das gandaias do goleiro Bruno Fernandes, seguiu com seu casamento e, dois anos depois de casada, deu à luz a primeira filha do casal, BRUNA VITÓRIA. Ainda sujeita aos desgostos provocados pelo marido, Dayanne, depois de quatro anos de casamento, tomou conhecimento que o goleiro Bruno Fernandes estava tendo um romance amoroso com uma mulher, na cidade de Ribeirão das Neves/MG.

Após três anos jogando no Clube Atlético Mineiro, o goleiro Bruno Fernandes foi emprestado ao Sport Clube Corinthians Paulista, time da capital paulista, permanecendo pouco tempo naquele clube, tempo, porém, suficiente para ganhar notoriedade nacional como um grande goleiro.

O goleiro Bruno Fernandes levou seu primo Sérgio Rosa, o "CAMELO", para São Paulo, para morarem na capital paulista, nas proximidades do Parque São Jorge, sede do Clube Mosqueteiro, no Bairro do Tatuapé – São Paulo – Capital.

Jogando no Sport Clube Corinthians Paulista, o goleiro Bruno Fernandes tomou conhecimento de que seu pai residia naquela capital – a cidade de São Paulo – foi quando resolveu conhecê-lo, como também o fez com a sua genitora, na cidade de Alcobaça/BA.

Bruno Fernandes conheceu e conversou com seu pai num dia e, no dia seguinte, Murílio das Dores de Souza foi assassinado por briga entre traficantes das "BIQUEIRAS", onde ele morava em São Paulo/SP. Esse fato foi muito noticiado na época, ano de 2005/2006.

No início de 2007, o goleiro Bruno Fernandes assinou contrato com o Clube de Regatas Flamengo, onde foi defender as cores do Alvinegro do Rio de Janeiro, time com a maior torcida do Brasil, possivelmente do mundo.

No Flamengo o goleiro Bruno foi morar sozinho no Rio de Janeiro, levando, apenas, o primo Sérgio Rosa, o "CAMELO. Com o passar do tempo, foi se firmando como goleiro, ganhando títulos, notoriedade e, claro, melhorando o salário e os complementos publicitários, que começavam a se avolumar mais e mais.

Foi, então, que começou uma vida diferente e levou a família para morar na Barra da Tijuca. Ajudou o goleiro Paulo Vitor e também o irmão de sua esposa, Jorge Luiz e o Macarrão.

A partir de determinado tempo jogando no Flamengo, residindo na cidade do Rio de Janeiro, a CIDADE MARAVILHOSA, o goleiro Bruno Fernandes passou a sair nas noitadas, para gandaiar com mulheres, junto aos colegas de clube e aos amigos. Bruno saía para a concentração no sábado, jogava e só retornava na segunda seguinte, participava de festas nos morros do Rio de Janeiro, com churrascos e bebidas e, com isso, foi se afastando de sua mulher Dayanne.

Começaram as brigas entre o casal, Bruno e Dayanne do Carmo, sendo que, mesmo neste clima de brigas, a esposa engravidou e deu à luz a filha Maria Eduarda, mais uma filha do goleiro Bruno Fernandes, a qual nasceu no Rio de Janeiro, no dia 06 de outubro de 2008.

O goleiro Bruno Fernandes, com a grande notoriedade, conquistada como goleiro do Flamengo, passou a levar uma vida de solteiro. Foi morar separado da esposa Dayanne, com a desculpa que a estava fazendo sofrer muito, quando, na verdade, continuava na gandaia, saindo com outras mulheres, envolvendo-se em escândalos e brigas. Uma vida cheia de amores e atos imponderados.

Com o noticiário mostrando que o goleiro Bruno Fernandes estava com um novo amor, a dentista INGRID CALHEIROS, a esposa dele, Dayanne, afastou-se de vez, após algumas tentativas de reconciliação, inclusive em finais de semana, os quais eram passados no sítio, adquirido pelo casal (BRUNO E DAYANNE), na cidade de Esmeraldas/MG, no Condomínio Turmalina.

Mas como as tentativas foram infrutíferas, no dia 22 de abril de 2009, data de seu aniversário, Dayanne mudou-se da Barra da Tijuca, indo residir com as filhas Bruna Vitória e Maria Eduarda, no Condomínio Mundo Novo, na cidade do Rio de Janeiro/RJ, tendo o goleiro e marido prometido que arcaria com todas as despesas da esposa e filhas, cumprindo fielmente, indo, esporadicamente, ao apartamento, para visitar as meninas e dormir com a sua esposa.

Enquanto isso, o goleiro Bruno continuava com suas gandaias, dentro e fora do estado do Rio de Janeiro, levando mulheres de programa para "FESTINHAS" ao sítio de Esmeraldas/MG. Quando o Flamengo vinha jogar em Belo Horizonte, Bruno se envolvia em brigas e confusões em bares, noticiadas nos jornais, rádios e televisão.

No começo da carreira do goleiro Bruno Fernandes, no Flamengo, quem cuidava de todos os seus negócios, pagamento de contas, dinheiro e veículos, era o "MARCELÃO", até se envolver no acidente com a BMW X-5 de Bruno Fernandes que deu "perda total", momento em que Macarrão, assumiu essa tarefa.

Foi numa dessas festas e churrascos, que o goleiro Bruno Fernandes conheceu e passou a se relacionar com ELIZA SILVA SAMÚDIO, tendo-a engravidado do filho Bruno Samúdio, sendo, inclusive, noticiado nos jornais, televisão, rádios e outras mídias, sendo noticiado também, que o goleiro Bruno, sequestrara Eliza Samúdio, tentando fazê-la abortar a criança, com uma gestação, que já estava no quinto mês de gravidez.

Como a tentativa foi infrutífera e Eliza Samúdio fugiu para São Paulo, o goleiro Bruno Fernandes e "MACARRÃO" contrataram, através do policial civil de Minas Gerais, José Laureano de Assis Filho, o "ZEZÉ", o pistoleiro e ex-policial civil e militar, MARCOS APARECIDO DOS SANTOS, o "BOLA – PAULISTA – NENEM", dando início a um plano macabro e meticuloso, o qual culminaria com o bárbaro assassinato da jovem mãe, Eliza Silva Samúdio, no dia 10 de junho de 2010, na cidade de Vespasiano – Minas Gerais, depois da vítima ser sequestrada do Hotel Transamérica da Barra da Tijuca e levada para Minas Gerais, com o filho.

Bruno Fernandes das Dores de Souza

O goleiro Bruno Fernandes

Dayanne e o goleiro Bruno Fernandes estavam separados de corpos, porém ainda casados, cada um em um apartamento alugado no Rio de Janeiro/RJ, mas sempre se deram bem, conversavam e conviviam normalmente, tanto que no dia 30 de maio de 2010, dona Estela Santana, avó de Bruno, a qual o criou, foi em visita ao apartamento do goleiro Bruno, no Recreio dos Bandeirantes/RJ, utilizando o veículo CHEVROLET ECO SPORT, que o goleiro havia comprado para dona Estela.

O goleiro Bruno comprou uma casa, e deu para Dona Estela Santana, morar na Rua Abadia dos Dourados – Bairro Minaslândia – Belo Horizonte/MG. O veículo foi conduzido pelo filho de Dona Estela Santana, de nome Vitor, pai de Jorge Luiz Rosa, o qual levou a esposa e filhas para o passeio, inclusive os irmãos de Jorge Luiz, ficaram em companhia dele no apartamento de Bruno Fernandes para ficarem, com o pai Vitor.

Dayanne recebeu em seu apartamento no Rio de Janeiro, Dona Estela, a nora e netinhas para tomarem banho em seu apartamento, pois o chuveiro do apartamento do goleiro Bruno Fernandes, estava "queimado", depois Dayanne levou as duas ao apartamento de Bruno no Recreio dos Bandeirantes.

AGORA É COMIGO!

No dia 04 de junho de 2010, o goleiro Bruno pediu para Dayanne viajar com Dona Estela de avião para Belo Horizonte, pois ela não estava acostumada a viajar (de avião), inclusive Dayanne trouxe as filhas Bruna Vitória e Maria Eduarda, para ficaram em Belo Horizonte.

CAPÍTULO **70**

- **O Plano de Assassinato Começa a Ser Executado**
- **Eliza Samúdio é Atraída para o Rio de Janeiro pelo Goleiro Bruno**
- **Plano Seguindo Dentro do Roteiro Planejado pelos Assassinos**

Em junho de 2010, o Brasil e o mundo respiravam e viviam ares de COPA DO MUNDO, tendo início, no dia onze, a Copa, no país da África do Sul, terra do saudoso político (ex-preso político) NELSON MANDELLA. A estreia foi com o jogo ÁFRICA DO SUL X MÉXICO, o qual terminou 1 a 1.

Como veremos adiante, quando começou a Copa do Mundo de 2010, a modelo Eliza Samúdio já havia sido entregue, juntamente com o filhinho, tão frágil e desprotegido, BRUNINHO, ao cruel, frio, calculista, e, por que não dizer, um verdadeiro artista nas artes da matança, da tortura e de outras perversidades descomunais para tirar a vida de seus semelhantes, Marcos Aparecido dos Santos, o "BOLA", numa noite nublada e fria do mês de junho, como aquelas que assistimos nos filmes de terror.

Exatamente às 20:30 horas do dia 10 de junho de 2010, os sarcásticos, frios e desumanos, Luiz Henrique Romão – MACARRÃO, o próprio goleiro Bruno Fernandes, Sérgio Rosa Sales e Jorge Luiz Rosa Sales, menor de idade, entregam Eliza e o filho Bruninho ao assassino "BOLA".

Antes de se encontrar com a turma do goleiro Bruno, "BOLA" encontrou-se, na orla da Lagoa da Pampulha, com o policial civil e agenciador de assassinatos por encomenda, José Lauriano de Assis Filho, o "ZEZÈ", onde, certamente, acertaram os detalhes sórdidos e maléficos do assassinato da modelo e de seu filho. A essa altura do dia, já haviam sido informados, por telefone e rádio NEXTEL, da entrega da vítima e de seu filho e do lugar do encontro, que ocorreu nas proximidades do estádio GOVERNADOR MAGA-

LHÃES PINTO, conhecido, popularmente, como MINEIRÃO, estádio de tantos confrontos futebolísticos memoráveis com os times Atlético, Cruzeiro, Flamengo, Santos, Palmeiras, Corinthians, São Paulo, River Plate, Boca Juniors, Estudiantes de La Plata, Peñarol e Nacional do Uruguai, Universidade Católica do Chile, Olímpia do Paraguai, como também as seleções Brasileira, Argentina e Alemã, e tantas outras seleções e times grandiosos, do futebol mundial.

A seleção brasileira iniciou a Copa do Mundo jogando contra a Coreia do Norte, sob o comando do técnico Dunga, o qual, diga-se de passagem, não convocou os jogadores Neymar e Ganso do Santos Futebol Clube, que estavam "voando" na época, ganhando a partida por 2x1, na sua estreia.

Depois, jogou contra a Costa do Marfim, ganhando de 3x1, para em seguida jogar contra a seleção Portuguesa, de Cristiano Ronaldo, e empatar por 0x0. Foi durante esse jogo, numa sexta-feira, quando estava na companhia do Chefe da Divisão de Homicídios, na região de Venda Nova, na residência do Inspetor Ailton de Souza, quando recebo uma ligação da diretora de jornalismo da Rede Bandeirantes de Televisão/Belo Horizonte, Sra. Cibele, perguntando se tinha conhecimento de que o goleiro Bruno estava envolvido no desaparecimento de sua amante, com possível assassinato, assunto este, que estava "CORRENDO À BOCA MIÚDA" na cidade de Contagem/MG.

A princípio respondi que iria verificar e retornaria, foi quando, de imediato, questionei o Chefe da Divisão de Homicídios, se ele tinha conhecimento de tais comentários e como estavam as apurações, já que eu havia sido questionado pela imprensa a respeito.

Depois de alguns telefonemas que fez às delegadas, responsáveis pela Delegacia de Homicídios de Contagem, Dra. Ana Maria e Dra. Alessandra Wilke, respondeu que, de fato, havia esse comentário, mencionado pela repórter, e que a equipe de homicídios de Contagem estava investigando, tentando encontrar uma criança, filho da desaparecida, elo principal para a investigação policial.

De imediato, comuniquei o senhor Superintendente Geral da Polícia Civil de Minas Gerais, Dr. Gustavo Botelho Neto e a Chefia de Polícia Civil, sobre o que estava ocorrendo e, depois, retornei o telefonema à diretora de jornalismo da TV Bandeirantes de Belo Horizonte, Cibele, informando que a equipe de homicídios de Contagem estava investigando o desaparecimento da amante do goleiro Bruno e, possivelmente, de uma criança de colo.

Assim tomamos conhecimento das investigações e apurações preliminares do crime de sequestro e morte de ELIZA SILVA SAMÚDIO, em Minas Gerais, com possível ocultação do cadáver da amante do goleiro Bruno Fernandes das Dores de Souza.

Como comentamos antes, depois da tentativa frustrada de aborto e da denúncia de Eliza na Delegacia de Mulheres contra Bruno e Macarrão, havia um plano arquitetado pelos criminosos, o goleiro Bruno, o "Macarrão", o "Zezé" e o "Bola", para assassinar Eliza Samúdio e seu filho Bruno Samúdio.

O goleiro descobriu onde estava Eliza Samúdio, na zona leste da capital paulista, atraindo-a para o Rio de Janeiro, com a desculpa que queria reconhecer o filho, ajudar na sua criação, mostrando-se arrependido, alegando querer acertar os detalhes do reconhecimento e pagamento de pensão alimentícia.

Pagou a passagem de avião de Eliza Samúdio e hospedou-a, juntamente com o filho Bruninho, no Hotel TRANSAMÉRICA FLATS LTDA., localizado na Avenida Gastão Senges, 395 – Barra da Tijuca/RJ, no apartamento de número 102.2, a partir do dia 11 de maio de 2010, com previsão de saída no dia 07 de junho de 2010, pagando todas as despesas.

Com simulações e fingimentos, o goleiro Bruno levava Eliza Samúdio na conversa, a qual, na verdade, ainda gostava muito dele. O fingido goleiro Bruno dizia que queria reconhecer seu filho Bruninho, criá-lo, de preferência em Minas Gerais, perto de seus familiares e que pagaria uma pensão de R$ 3.500,00 (três mil e quinhentos Reais) por mês e compraria um apartamento para ela e o filho residirem em Belo Horizonte e que pagaria escola, pedindo "apenas" para que Eliza Samúdio retirasse a "queixa" contra ele, na Delegacia de Mulheres. Tudo não passava de uma grande simulação, sendo que o goleiro Bruno pediu, inclusive, ao advogado do Flamengo, Dr. Michael Assef Filho, para representá-lo, passando este advogado a manter contato com Eliza Samúdio.

Todas as visitas que o goleiro Bruno fazia ao apartamento 102.2 do Hotel TRANSAMÉRICA, as conversas, ações simuladas, tudo era relatado por Eliza Samúdio às suas amigas Milena Baroni e Tatiana Ribeiro, pois sempre conversavam através do rádio Nextel ou pessoalmente, em visitas realizadas no hotel onde Eliza, estava hospedada com o filho, recém-nascido. Eliza Samúdio conversava, também, com sua advogada a Dra. Anne Ferreira e Silva Faraco, sua representante e de seu filho, Bruno Samúdio, desde agosto de 2009.

Eliza Samúdio, em meados do mês de maio de 2010, entrou em contato com a Dra. Anne, relatando que estaria na cidade do Rio de Janeiro, a convite do goleiro Bruno, com todas as despesas pagas por ele, estando hospedada no Hotel TRANSAMÉRICA, da Barra da Tijuca, com o intuito de acertar a realização do exame de DNA, uma pensão de R$ 3,500,00 mensais, devendo ela retirar a "queixa" de sequestro, agressão e de tentativa de aborto, enquanto ela estava grávida, no ano de 2009, registrada na Delegacia de

Jacarepaguá/Tanque, pois o goleiro Bruno tinha uma proposta de viajar ao exterior, para atuar como goleiro num clube da Europa/Itália, em Milão e não estava conseguindo obter CERTIDÃO NEGATIVA, devido ao inquérito policial do sequestro e tentativa de aborto.

A Dra. Anne Ferreira orientou Eliza Samúdio de que aquela quantia era pouco, orientando-a a pedir, pelo menos, o pagamento de uma locação de imóvel, em complemento, mas Eliza respondeu que estava desesperada, com dificuldades financeiras e que estava propensa a aceitar a oferta.

No dia 27 de maio de 2010, a Dra. Anne Ferreira e Silva Faraco recebeu um telefonema do Dr. Michael Assef Filho, representante do goleiro Bruno, dizendo que seu cliente estava de acordo com a realização do exame de DNA e com o pagamento de pensão alimentícia no valor de R$ 3.500, 00 (três mil e quinhentos Reais) mensais.

Complementarmente, à tarde do mesmo dia 27/05/2010, a Dra. Anne recebeu um telefonema de Eliza Samúdio, dizendo que o goleiro Bruno havia concordado em pagar aluguel de um apartamento, na cidade de Belo Horizonte, mas que gostaria que essa parte não constasse por escrito.

Isso já fazia parte do planejamento do sequestro de Eliza Samúdio. Analisando a maneira com que o goleiro Bruno Fernandes conduzia as negociações, tudo indicava que estava, apenas, ganhando tempo com Eliza, aguardando o dia para colocar em execução o plano, meticulosamente arquitetado com "Macarrão", "Zezé" e "Bola". Este plano já estava em preparação e planejamento desde o dia 28 de fevereiro de 2010.

Claro que a advogada de Eliza Samúdio, orientou-a a colocar o aluguel do apartamento no acordo, encaminhando, por e-mail, no dia seguinte, 28/05/2010, uma minuta de acordo ao escritório do Dr. Michael Assef, contendo os seguintes termos: "(...)1. Que Eliza Samúdio, Bruno Samúdio e o goleiro Bruno Fernandes iram à Clínica Sérgio Franco, localizada na Avenida Ataulfo de Paiva, 669 – Rio de Janeiro/RJ – para realizar o exame de DNA; 2. Que eles tinham o conhecimento que o resultado do exame seria divulgado pelo laboratório, em vinte dias úteis e, sendo o resultado positivo, o goleiro Bruno iria ao tabelionato público, fazer uma escritura pública, declarando a paternidade de Bruno Samúdio, e que pagaria a pensão de R$ 3.500,00, incluiria a criança em seu plano de saúde, e que iria providenciar um apartamento para moradia de seu filho e da mãe, na cidade de Belo Horizonte (...)".

A resposta do Dr. Michael Assef à Dra. Anne Ferreira e Silva Faraco veio no dia 02 de junho de 2010, dois dias antes de Eliza Silva Samúdio ser sequestrada, e dizia que o acordo seria somente da pensão de R$ 3.500,00 e do plano de saúde, quando a advogada retornou para Eliza Samúdio, a qual respondeu que iria aceitar o acordo proposto pelo Dr. Michael Assef, pois estava desesperada, sem dinheiro e sem lugar para morar, não podendo arcar com o sustento de Bruninho, por dificuldades financeiras. Entristece ver que a mesquinhez e a maldade do goleiro Bruno puderam chegar a um nível tão baixo!

Em todas as conversas da Dra. Anne Ferreira com Eliza Samúdio, a advogada deixava bem claro que o goleiro Bruno Fernandes a estava enrolando, levando-a na conversa, ganhando tempo, sendo que sua advogada disse que voltaria a conversar com o goleiro.

Depois do dia 02 de junho de 2010, a advogada de Eliza Samúdio, Dra. Anne Ferreira, nunca mais teve contato com sua cliente, apenas ouvindo e acompanhando, através do noticiário de rádio e televisão, a apuração de seu trágico e macabro assassinato.

CAPÍTULO 71

- **Eliza e o Filho são Sequestrados e Levados para a Casa do Goleiro Bruno, Onde Ficam Reféns**
- **Sangue na Land Rover**
- **Eliza e Filho Separados no Cativeiro**
- **Loira na Vigilância**

O planejamento corria dentro do que fora arquitetado pelo goleiro Bruno, por "Macarrão", por "Zezé" e por "Bola", exceto por um detalhe, ocorrido no dia 04 de junho de 2010. Eliza Samúdio conversava, diariamente, com suas amigas, contando tudo que ocorria, através do rádio Nextel, sem o conhecimento do goleiro, de Macarrão e dos outros. Naquele dia, Eliza falou para as amigas Milena Baroni e Tatiana que iria, à noite, à concentração do Clube de Regatas Flamengo, no Hotel Windsor, ver o goleiro Bruno e levar seu filho Bruninho para ficar um pouco com o pai.

A verdade é que Eliza Samúdio estava apaixonada pelo goleiro Bruno, com uma falsa esperança de que conquistaria, de uma vez por todas, o seu amado, agora com um rebento, o que, em sua visão, melhoraria, ainda mais, seu relacionamento com o goleiro do Flamengo. Infeliz engano, pois Bruno a iludia, dizendo que compraria um apartamento para Eliza criar Bruninho, ficando perto de sua família, em Belo Horizonte, dizendo que iria ver seu filho com mais constância, alimentando, com isso, Eliza Samúdio com ilusões e sonhos dos carinhos que receberia de seu amado goleiro Bruno Fernandes.

Jorge tinha dívidas de drogas, no município de São Gonçalo no Rio de Janeiro e sua mãe, Simone Rosa, pediu ao primo, goleiro Bruno Fernandes, que acolhesse Jorge em sua residência por uns tempos, até a poeira baixar, pois os traficantes, estavam querendo matar seu filho Jorge, tendo o goleiro do Flamengo, aceitado a incumbência, deixando o garoto Jorge em sua residência no Bairro do Recreio dos Bandeirantes/RJ.

O planejamento do sequestro e assassinato estava caminhando como o quarteto havia preparado, inclusive já haviam, arrumado uma mulher, uma das namoradas do goleiro Bruno Fernandes, a qual viajaria, junto com todos, para Minas Gerais, sequestrando Eliza Samúdio e o filho.

É importante observar como tudo estava planejado, em detalhes: Na primeira semana do mês de junho, dois irmãos de Jorge Luiz estavam se hospedando na casa do goleiro Bruno Fernandes, junto com o irmão, sendo que, antes de ocorrer o sequestro de Eliza, os dois irmãos deveriam retornar para a casa de sua mãe para "deixar a barra limpa" para o sequestro, o que foi providenciado por "Macarrão".

Naqueles dias que antecederam o sequestro, Macarrão recebera um rádio de Eliza, pedindo para que o goleiro do Flamengo a acompanhasse com o filho até o médico, para a execução do teste de DNA, o qual ele sabia que jamais seria realizado. Depois da resposta negativa de "Macarrão", com a desculpa que o goleiro Bruno estaria concentrado, Eliza Samúdio disse: "QUEM O BRUNO PENSA QUE É, O GOLEIRO ROGÉRIO CENI?", tendo "Macarrão", desligado o rádio Nextel, sem nada responder.

Agreguemos aqui um pequeno comentário explicativo: o goleiro Rogério Ceni era um dos goleiros mais famosos do Brasil, na época dos fatos, por ser o goleiro que mais fez gols no mundo, sendo ele imitado pelo goleiro Bruno Fernandes, o qual passou a cobrar faltas pelo time do Flamengo, chegando, inclusive, a marcar um ou dois gols. Nada tão especial como o goleiro Ceni!

Retornando aos fatos, o próximo passo seria sequestrar Eliza Samúdio e o recém-nascido Bruno Samúdio. Decididos a seguir o planejado "À RISCA", "Macarrão", convida o menor, à época, Jorge Luiz, para ir com ele "dar um susto" em Eliza Samúdio, com a desculpa, também, de levar uma roupa para o goleiro Bruno, onde o time estava concentrado, no Hotel Windsor da Barra da Tijuca, sendo essa a senha para o goleiro do Flamengo saber que o plano estava sendo executado.

Eram aproximadamente vinte horas e trinta minutos do dia 04/06/2010, quando "Macarrão" e Jorge Luiz Rosa deixaram a casa do goleiro Bruno Fernandes, no Recreio dos Bandeirantes/RJ, em direção à concentração do Flamengo, no Hotel Windsor, na Barra da Tijuca, para levar uma roupa para deixar com ele, senha para que ele tomasse ciência da primeira parte do planejado.

Antes de saírem do Bairro Recreio dos Bandeirantes, "Macarrão" e Jorge passam numa casa abandonada, próximo de onde o goleiro Bruno residia, nas proximidades do Posto 10, para apanharem uma arma de fogo, pistola PT-380, niquelada, completamente carregada, escondida, previamente, naquele local por "Macarrão".

Logo em seguida, passam no Hotel Windsor da Barra da Tijuca, deixam a roupa para o goleiro Bruno Fernandes, para, em seguida, deslocarem-se para o Hotel TRANSAMÉRICA, para sequestrarem Eliza e o filhinho Bruninho, com a desculpa, que iriam levá-la à concentração para ver o Bruno Fernandes.

Antes de chegarem ao hotel, onde Eliza estava com seu filho Bruno Samúdio, "Macarrão" pede para Jorge Luiz Rosa se esconder, com a arma, no porta-malas da LAND ROVER verde, dirigida por ele, combinando que, quando falasse para Eliza Samúdio que 'O BRUNO ERA UM BABACA", este seria o "código" para ele sair do porta-malas e render Eliza Samúdio dentro do carro, onde estavam. Quando estavam chegando próximo ao Hotel TRANSAMÉRICA, Jorge escondeu-se com a arma, conforme o combinado, mas, antes, tirou o carregador da pistola PT-380.

Chegando ao Hotel em que Eliza Samúdio estava com seu filho, "Macarrão" a chamou, ela entrou e se sentou no banco traseiro do veículo Land Rover, com a criança devidamente acomodada e com uma mala própria para transporte de recém-nascidos, tomando rumo em direção à casa do goleiro.

No caminho, "Macarrão" puxou conversa com Eliza, momento em que, conforme o combinado, falou a senha: "O BRUNO É UM BABACA". Nesse instante, imediatamente, Jorge Luiz, sabendo o que iria fazer, saiu do porta-malas da Land Rover e gritou para Eliza Samúdio: "PERDEU...PERDEU... SAFADA", apontando a arma de fogo para ela.

Apavorada e pega de surpresa, Eliza Samúdio dá um tapa na pistola PT 380, que estava nas mãos de Jorge Luiz Rosa, abre a porta traseira da Land Rover, e tenta pular fora do carro, sendo agarrada por Jorge Luiz, o qual recupera a pistola que havia caído no chão da Land Rover, dirigida por Luiz Henrique Romão, o "MACARRÃO" e, incontinente, desfere coronhadas na cabeça de Eliza, provocando ferimentos, com abundante sangramento. Enquanto "o sangue jorrava", Eliza, corajosamente, luta com Jorge Luiz, causando-lhe ferimentos e sangramento, tentando escapar daquela situação, no mesmo momento em que "Macarrão" falava que iriam "enchê-la de chumbo" e jogar o corpo para os peixes comerem – "de hoje você não passa, sua vagabunda", afirmava "MACARRÃO".

Enquanto isso, Jorge Luiz falava que não iria matá-la, para ela ficar quieta, mas Eliza Samúdio continuava lutando e sagrando, machucando, também, o seu agressor, o qual também, sangrou, deixando evidências-vestígios importantes dentro do veículo Land Rover. Transcorridos alguns minutos, Eliza Samúdio foi devidamente dominada e sequestrada, juntamente com seu filho "Bruninho", sendo conduzida para a residência do goleiro Bruno, no Bairro

Recreio dos Bandeirantes, sendo retirados os seus pertences, principalmente, o telefone – rádio NEXTEL, ficando em poder de "Macarrão" até o final e ser jogado fora, depois de seu cruel assassinato.

Chegando à residência do goleiro Bruno Fernandes, Eliza Samúdio e Bruno Samúdio foram separados, um em cada cômodo da casa, passando Jorge Luiz a realizar em Eliza, que estava ferida, (com o couro cabeludo rasgado pelas coronhadas recebidas) e sangrando, curativos e proteções aos ferimentos, com uma bolsa de primeiros socorros existente na residência, enquanto "Macarrão" ligava e acionava FERNANDA GOMES DE CASTRO, uma das namoradas do goleiro Bruno, para que fosse até o Recreio dos Bandeirantes/RJ, para tomar conta do filho do goleiro Bruno Fernandes, Bruno Samúdio, agora separado da mãe.

Fernanda Gomes estava devidamente recrutada e sabendo que Eliza e Bruninho estavam cativos na casa. Ela se deslocou de seu apartamento, no Bairro Santa Cruz, em seu veículo VW Gol, vermelho, placa KW 2259, do Rio de Janeiro/RJ, para tomar conta do recém-nascido. Ela tinha conhecimento de que viajaria, no dia seguinte, para Minas Gerais, em companhia do goleiro do Flamengo, bem como sabia dos preparativos do sequestro e concordou em tomar conta da criança. Quando estava dentro da residência do goleiro Bruno, em frente à Eliza, Fernanda Gomes sempre tampava o rosto, usando uma camiseta, para não ser reconhecida por ela, talvez não sabendo de todo o planejado pelo goleiro Bruno, "Macarrão", "Zezé" e "Bola".

Nesse mesmo dia, Macarrão conversou com Eliza Samúdio, e a fez assinar uma autorização para retirar seus pertences, roupas, roupinhas de Bruno Samúdio, álbum de fotografias do recém-nascido e de Eliza, etc., do Hotel TRANSAMÉRICA.

Com o documento assinado por Eliza Samúdio, "Macarrão" saiu por volta das 23:00 horas, daquele mesmo dia, 04/06/2010, foi ao Hotel Transamérica, retornando após algum tempo, trazendo uma mala grande, larga, pesada, parecendo que havia muitos pertences dentro dela, de rodinhas, de cor vermelha, pertencente à Eliza Samúdio, com tudo que estava com ela no apartamento do Hotel.

Depois todos foram dormir, sendo que Jorge Luiz Rosa relatou todo o ocorrido, via Rádio Nextel, para o goleiro Bruno, "enquanto Luiz Henrique Romão, "O MACARRÃO", tinha saído". Estando o goleiro Bruno concentrado no Hotel Windsor, "MACARRÃO" narrou também, pessoalmente, todo o acontecido para o patrão, amigo e comparsa de crimes, o goleiro do Flamengo.

CAPÍTULO 72

- Eliza e o Filho são Levados para o Sítio do Goleiro em Esmeraldas – Minas Gerais
- Eliza Cativa no Sítio com o Filho
- O Policial no Motel
- "Bola" Toma Conhecimento de que Eliza Está Pronta Para Ser Assassinada

No dia seguinte, sábado, dia 05 de junho de 2010, todos acordaram e foram para a cozinha tomar café, Eliza Samúdio, "Macarrão" e Jorge Luiz, ficando Fernanda Castro com Bruno Samúdio no quarto, enquanto Eliza preparava a mamadeira dele, o qual já não mamava no peito, segundo o relatado pela mãe aos seus sequestradores. Depois que Eliza foi dar mamadeira para o filho, Fernanda foi para cozinha e tomou o seu café, sendo que ambas não se cruzaram e, quando isso acontecia, Fernanda colocava uma camiseta no rosto para não ser reconhecida.

Após o café, Jorge Luiz saiu para dar umas voltas com os amigos, tomar banho na praia, aproveitando para fazer uso de entorpecentes, porque era viciado, retornou à noite e jantou com Macarrão, Fernanda, enquanto Eliza Samúdio ficou com seu filho, Bruno Samúdio, no quarto, trancada, fazendo sua refeição naquele compartimento, trancado por Luiz Henrique, o "MACARRÃO".

Acabaram de jantar e todos foram assistir, pela televisão, ao jogo do Flamengo x Goiás, pelo campeonato Brasileiro, aproximadamente às 18:30 horas, tendo o time Esmeraldino, vencido o Alvinegro da Gávea pelo placar de 2x1, em pleno Maracanã, esse jogo seria o último, que o Flamengo jogaria, antes do início da Copa do Mundo de 2010, pois haveria um recesso, do Campeonato Brasileiro (Brasileirão), e os jogadores foram liberados por uma ou duas semanas, depois retornariam aos treinos no Rio de Janeiro.

Terminado o jogo, devidamente liberado, o goleiro Bruno Fernandes foi para sua casa no Recreio dos Bandeirantes, chegando por volta das 22:30 horas, encontrando com todos na residência e, ao ver Eliza Samúdio e seu filho "BRUNINHO", simulou que não sabia de nada, mostrando-se surpreso, dando uma que estava nervoso com o que tinham feito, "AQUELA CENA DRAMÁTICA, COMO SE NÃO SOUBESSE DE NADA".

Depois, ouviu as reclamações de Eliza Samúdio de que o "Macarrão" e o primo de Bruno passaram no Hotel TRANSAMÉRICA para pegá-la, a fim de levá-la, em companhia do filho, à concentração para vê-lo, e, ao invés de a levarem para o Hotel Windsor, na Barra da Tijuca, eles a haviam agredido e sequestrado, juntamente com seu filhinho, conduzindo-a para aquela casa e trancando-a num dos quartos.

O goleiro Bruno Fernandes, para enganar Eliza Samúdio e acalmá-la, disse que iriam ao médico com o "BRUNINHO", para fazerem o exame de DNA, que iria comprar um apartamento para os dois (ELIZA E BRUNINHO) morarem em Belo Horizonte/MG, dando broncas em todos. Tudo uma grande encenação!

Tudo estava, meticulosamente, planejado. O goleiro Bruno Fernandes tinha um veículo importado, BMW X-5, de cor preta, ano 2006, placa do Rio de Janeiro, FEX 1919. Esta BMW, quando estava sendo conduzida pelo segurança particular do goleiro, Marcelo Soares Silva, o "MARCELÃO", envolveu-se em um acidente automobilístico e teve "perda total".

Este veículo e a Land Rover verde, utilizada no sequestro de Eliza Samúdio, foram adquiridos na agência de veículos do amigo Vitor Fernando de Almeida Carvalho, localizada na Avenida das Américas, 1917, na Barra da Tijuca/RJ.

O goleiro pediu para Vitor Fernando apanhá-lo no Maracanã, após um jogo, com outro veículo BMW X-5 de cor preta, a qual ele compraria, mas gostaria de ficar uns dias com a mesma, como se fosse testá-la, ao que Vitor Fernando concordou. Após buscar o goleiro do Flamengo, depois do jogo do dia 05/06/2010, no Maracanã, o amigo Vitor Fernando passou-lhe o veículo BMW X-5, de cor preta, ano 2006, placa LUV 3293, com a condição de que fosse devolvida no dia 07 de junho de 2010. O goleiro Bruno tomou posse do veículo no dia 05/06/2010, deixou Vitor Fernando em sua residência, no Condomínio ALFABARRA, na Barra da Tijuca/RJ e seguiu para sua residência, no Bairro Recreio dos Bandeirantes.

Depois de chegar em sua residência e fazer todo aquele "teatrinho", descrito anteriormente, o goleiro Bruno mandou que todos pegassem suas malas e pertences e colocassem nos carros, pois viajariam, imediatamente,

AGORA É COMIGO!

para Belo Horizonte e região metropolitana de Minas Gerais, nem sequer perguntando para Eliza Samúdio se ela queria acompanhá-los na viagem, juntamente com seu filho recém-nascido, o que demonstrava, claramente, que Bruno estava ciente de tudo o que tinha ocorrido.

"Macarrão", Jorge Luiz, Eliza Samúdio e Bruno Samúdio, recém-nascido, foram no veículo Land Rover verde, enquanto o goleiro Bruno Fernandes e Fernanda Castro seguiram na frente, no veículo BMW X-5 de cor preta, emprestado, tendo eles saído por volta das 23:40 horas daquela noite do dia 05/06/2010, em direção da BR-040, para a cidade de Belo Horizonte/MG.

Chegando à cidade de Juiz de Fora/MG, por volta de 01:40 horas, na madrugada do dia 06 de junho de 2010, fizeram uma parada no estabelecimento da rede GRAAL/JUIZ DE FORA – BR 040, onde todos foram ao banheiro, lancharam e compraram mais lanches para continuarem viagem até a cidade de Belo Horizonte/MG.

Entre 5:50 e 6:00 horas da mesma madrugada do dia 06/06/2010, chegaram a Contagem/MG, tendo seguido direto para o Motel Palace, localizado na Rua Severino Balestero Rodrigues, 990 – Bairro Arvoredo – Contagem/MG, onde o "Macarrão", Jorge Luiz, Eliza Samúdio, com o filho Bruno Samúdio, que estavam no veículo Land Rover verde, ficaram hospedados, na suíte 25 do Motel, sendo atendidos pela Recepcionista Rosana. Devidamente acomodados, todos foram dormir e descansar da viagem, realizada durante a noite e madrugada.

O goleiro Bruno Fernandes, que estava na companhia de Fernanda Castro, no veículo BMW Preta, seguiram para a residência da avó de Bruno, no Bairro Minaslândia. Não querendo acordar a mãe àquela hora, o goleiro Bruno ligou para o primo SÉRGIO ROSA SALES, o CAMELO, que estava residindo na mesma casa da avó de Bruno, depois de ter vivido com o goleiro por, aproximadamente, três anos, em Belo Horizonte, na capital ce São Paulo e no Rio de Janeiro/RJ. Bruno e Fernanda esperaram ele trocar de roupa e, após este entrar no carro, seguiram para o Bairro Liberdade, em Ribeirão das Neves/MG, pois o goleiro Bruno queria mostrar à Fernanda Castro onde ele havia sido criado.

Chegando ao Bairro Liberdade, Bruno disse à Fernanda Castro: "foi nessa favela que eu fui criado e cresci". Logo em seguida o goleiro levou Fernanda para comer um "bolinho de carne", dizendo que era o melhor "BOLINHO DE CARNE" que ela comeria na vida, sendo que Sérgio, comeu o bolinho, tomando cerveja, e ela e Bruno, comeram o bolinho com refrigerante.

Enquanto estavam no bar, lanchando, começou uma movimentação de pessoas, pedindo para tirar fotografias com o goleiro Bruno, o qual tirou algumas fotos, depois pagou a conta, seguindo, os três, para o Motel Palace, no Bairro Arvoredo em Contagem. Chegaram ao motel por volta de umas 7:30 horas do mesmo dia 06/06/2010.

No motel foram atendidos pela recepcionista Rosilene Cardoso Rodrigues, chamada carinhosamente por "ROSA", a qual encaminhou Bruno Fernandes e Fernanda Castro para a suíte 21, com hidromassagem e outros confortos, enquanto Sérgio Rosa permaneceu dentro da BMW X-5 preta, descansando e, depois, foi para a suíte 25, onde estavam Eliza Samúdio, com o filho "Bruninho", Jorge Luiz e o Macarrão.

No Motel Palace, o goleiro Bruno e Fernanda Castro tomaram banho de hidromassagem, beberam umas cervejas, conversaram e fizeram um amor intenso e caloroso. Depois foram dormir e descansar, sendo acordados pelo "Macarrão", que gritava à porta do quarto, chamando Bruno Fernandes para falar dos detalhes da chegada do policial civil, José Laureano, o ZEZÉ, àquele motel, bem como acertar detalhes de um jogo beneficente, marcado para aquele domingo, como havia sido planejado em fevereiro de 2010.

Enquanto estavam todos no Motel Palace, por volta das 10:00 horas, Macarrão ligou da Suíte 25 para a recepção e falou com a recepcionista Rosilene, avisando que chegaria uma pessoa para visitá-los. Logo em seguida, o policial civil, JOSÉ LAURIANO DE ASSIS FILHO, o ZEZÉ, chegou em um veículo VW Gol, de cor Prata, pedindo para ir à Suíte 25. A recepcionista Rosilene abriu o portão, ele estacionou no pátio e seguiu para a suíte 25, onde teve contato com Eliza Samúdio, o filho "Bruninho", Jorge Luiz, Sérgio Rosa e Macarrão.

José Lauriano permaneceu na suíte com o "Macarrão" por cerca de quarenta minutos, acertando os detalhes e o preço do assassinato de Eliza Samúdio. Ele aproveitou para fazer uma análise das características físicas de Eliza, bem como fechar o acerto do dia, hora, etc., para depois, passar os detalhes para o MARCOS APARECIDO DOS SANTOS, O BOLA. Em seguida, Zezé foi embora e Macarrão foi à suíte 21, onde o goleiro Bruno estava em companhia de Fernanda Castro, contou da visita do policial José Laureano, o "ZEZÉ" e conversaram sobre um jogo festivo que iria ocorrer naquele dia, próximo ao Bairro Liberdade. O goleiro Bruno tomou ciência do horário do jogo, que seria realizado por volta das 16:00 horas, na cidade de Ribeirão das Neves/MG.

Logo em seguida, "Macarrão" voltou à suíte 25 e, rapidamente, colocou Eliza Samúdio e o recém-nascido Bruno Samúdio no veículo Land Rover, com a ajuda de Jorge Luiz, sequer deixando ela trocar a frauda da criança, a qual ficou em cima do sofá da suíte 25, sendo encontrada pela funcionária Elisabeth quando fazia a conferência e limpeza da suíte, o que demonstrava que, realmente, Eliza estava sendo coagida para continuar com os mesmos. "Macarrão" efetuou o pagamento das contas das duas suítes 21 e 25, na recepção do motel com o cartão do goleiro Bruno, os quais levava consigo e tinha todas as senhas. Macarrão saiu, em direção ao sítio do goleiro Bruno, na cidade de Esmeraldas, aproximadamente às 13:30 horas do dia 06/06/2010, onde Eliza e o filho ficariam cativos até o dia de sua entrega para o pistoleiro, frio, calculista e macabro, Marcos Aparecido dos Santos, o BOLA.

Antes de levar Eliza para o sítio do goleiro Bruno Fernandes, no Conjunto Turmalinas, na cidade Esmeraldas/MG, "Macarrão" deixou Fernanda Castro na casa de seus pais, indo, depois, para o sítio, enquanto que o goleiro Bruno e Sérgio Rosa ficaram conversando, mais um pouco, no motel, acertando alguns detalhes da missão que ele desempenharia na contenda criminosa, a qual estava em plena execução, próximo ao desfecho trágico, que todos tomariam conhecimento, depois das investigações realizadas, pela equipe do DHPP/MG, chefiada pelo DELEGADO EDSON MOREIRA.

Na tarde do dia 06/06/2010, por volta das 15:30 horas, chegaram ao campo de futebol do Conjunto Veneza, em Ribeirão das Neves/MG, o goleiro Bruno Fernandes, Fernanda Castro, Sérgio Rosa/CALANGO-CAMÊLO, Elenilson Vitor da Silva/"VITOR-VITINHO", Flávio Caetano de Araújo/"FLAVINHO", Wemerson Marques de Souza/"COXINHA", "MACARRÃO", Thiago Henrique Fernandes/"PP", Cleiton da Silva Gonçalves/"CLEITÃO", Douglas Gomes Ribeiro/"PATETA" e outros integrantes do time de futebol CEM POR CENTO, patrocinado, na época, pelo goleiro do Flamengo e presidido por Luiz Henrique/"Macarrão", tendo, na comissão técnica, "COXINHA", para jogarem contra o time do FLORENCE, do mesmo município de Ribeirão das Neves.

O goleiro Bruno Fernandes entrou no segundo tempo para jogar futebol na linha do time do Cem Por Cento, que ganhou por 2x0, tendo o jogo terminado por volta das 18:00 horas, sendo que Fernanda Castro assistiu ao jogo, de dentro da BMW X-5, emprestada ao goleiro Bruno do Flamengo. Acabado o jogo, todos do time Cem Por Cento, acompanhados do goleiro Bruno Fernandes, Fernanda Castro, Sérgio Rosa, "Macarrão", "Coxinha", "Flavinho" e "Cleitão" foram para a lanchonete do Jerri Adriane da Silva (ANTIGA MIL GRAU E, NA ÉPOCA, GABRIEL LANCHES), no Bairro Liberdade/Ribeirão das Neves. No Bar do Jerri, todos beberam e comeram, à vontade, cervejas, tira-gostos e outras bebidas, tudo por conta do goleiro Bruno, devido ao time Cem Por Cento ter ganhado o jogo daquele domingo à tarde.

O goleiro Bruno ficou no bar, em companhia de Fernanda Castro aos beijos e abraços, sendo notado por todos que eles se divertiam naquele domingo, permanecendo até à 1:00 hora do dia 07 de junho de 2010, uma segunda-feira.

O goleiro Bruno Fernandes, Fernanda Castro, Sérgio Rosa, o "CAMELO" e "Macarrão" foram para o Conjunto Turmalina, na cidade Esmeraldas/MG, onde o goleiro do Flamengo tinha um sítio, já estando lá a pobre Eliza Samúdio e seu filho "BRUNINHO". Com a chegada do goleiro e sua turma, todos foram dormir e descansar e os demais foram para suas residências, na cidade de Ribeirão das Neves.

CAPÍTULO 73

- A Apreensão do Veículo Land Rover Ensanguentado, em Contagem – Minas Gerais
- "Cleitão" Tenta Convencer o Goleiro Bruno a Não Fazer Besteira com Eliza e Filho
- Os Preparativos Finais para o Assassinato de Eliza

Na manhã seguinte, Eliza Samúdio e filho "BRUNINHO acordaram cedo, em seguida ela preparou a mamadeira de Bruninho, alimentou-o e continuaram cativas no sítio do goleiro Bruno, vigiados por "Macarrão", "Sérgio Rosa", Jorge Luiz e Elenilson Vitor.

Por volta das 12:00 horas, Elenilson pediu para Dona Gilda Maria Alves, esposa do Caseiro José Roberto Machado, os quais tomavam conta e guardavam o sítio do goleiro Bruno Fernandes, no Conjunto Turmalina, preparar o almoço, quando todos almoçaram na mesma mesa, o goleiro Bruno, Fernanda Castro, Sérgio Rosa, Jorge Luiz, "Macarrão", Eliza Samúdio e seu filho.

Às 16:00 horas, Luiz Henrique Romão, o "MACARRÃO", entrou na BMW X-5 com Fernanda Castro e viajaram para o Rio de Janeiro/RJ, para devolver o veículo que o goleiro Bruno havia pedido emprestado ao senhor Vitor Fernando, com o compromisso de devolvê-lo no dia 07 de junho de 2010. Fernanda Castro acompanhou o "MACARRÃO", porque ficaria no Rio de Janeiro, para fazer os preparativos para recepção do ônibus do time Cem Por Cento, o qual iria para aquela cidade maravilhosa, visitar o sítio do jogador "Wagner Love", centroavante do time da Gávea.

Luiz Ferreira Romão, "Macarrão", ausentou-se do sítio do goleiro Bruno Fernandes naquele restante de dia/noite, do dia 07/06/2010, retornando, de avião, no dia 08/06/2010, por volta das 20:00 horas, mas, antes de retornar ao Sítio em Esmeraldas/MG, passou na casa da Dona Estela Santana, no Bairro Minaslândia – Belo Horizonte/MG, e pegou o veículo Ford Eco Sport, levando-o para o Sítio em Esmeraldas/MG, no Condomínio Turmalinas, para utilização do goleiro Bruno Fernandes para levar Eliza Samúdio e o filho para entrega-los para o Marcos Aparecido dos Santos, o "BOLA – PAULISTA", a fim dele dar um sumiço com eles.

Quando Macarrão foi para o Rio de Janeiro, no dia 07/06/2010, permaneceram no Sítio do goleiro Bruno Fernandes, o próprio goleiro, Elenilson Vitor, Sérgio Rosa Sales, "CAMELO", Jorge Luiz Lisboa Rosa, Eliza Samúdio e o filho Bruno Samúdio.

No dia 08 de junho de 2010, Sérgio Rosa e Jorge Luiz acordaram cedo, ficaram dando umas voltas no sítio e, com a chegada do Cleiton Gonçalves, o "CLEITÃO", pediram a ele, para acompanhá-los no veículo Land Rover verde, pois iriam lavar o carro e passar uns produtos, a fim de deixá-lo mais bonito e apresentável, porque a Land Rover estava muito suja.

Entraram no Veículo Land Rover verde, o Jorge Luiz, menor na época, que assumiu o volante, "Cleitão", no banco do passageiro na frente e Sérgio Rosa, o "CAMELO" no banco de trás. Jorge Luiz, sem carteira, passou a dirigir o veículo com total falta de responsabilidade, em alta velocidade, com imprudência fora do comum, fazendo os pneus "cantarem", usando os freios bruscamente, chegando a quase bater no meio fio, na divisa do município de Esmeraldas com o município de Contagem/MG, tendo, com isso, despertado a atenção de policiais militares.

Os policiais militares nas proximidades eram os cabos LINDERBERG PANTALEÃO E ARI RENATO SOUTO BARBOSA, que atuam na parte de trânsito e, por isso, registraram o BO de nº 2010-1167173, ao visualizarem aquele veículo, em alta velocidade, com três pessoas suspeitas em seu interior. Os policiais solicitaram apoio de outras guarnições policiais, sendo que, um dos policiais militares do apoio, o soldado PM LUIZ CARLOS RIBEIRO, abordou a Land Rover verde, ano de 2008, placa do Rio de Janeiro/RJ, KXS 1531 na Rodovia MG-808, a qual liga os municípios de Contagem/Betim/Esmeraldas.

O veículo estava sendo conduzido pelo menor Jorge Luiz Lisboa Rosa, mas o Cleiton Gonçalves, único habilitado, assumiu que estava dirigindo, mas, como os documentos do carro estavam irregulares, o mesmo foi apreendido e levado para o pátio do SITRAN, em Contagem, ficando retido até a sua regularização, sendo o condutor "CLEITÃO", conduzido para o pátio, junto com o veículo, enquanto Jorge Luiz e Sérgio Rosa foram liberados do local da ocorrência da apreensão da Land Rover verde, retornando ao sítio do goleiro Bruno Fernandes, onde receberam uma tremenda bronca do goleiro Bruno Fernandes, pela forma irresponsável como agiram, deixando apreenderem o seu carro.

AGORA É COMIGO!

Cabe aqui um pequeno esclarecimento: quando o veículo foi apreendido, "CLEITÃO" entrou em contato com o "Macarrão", que estava no estado do Rio de Janeiro, comunicando o ocorrido e pedindo para ele mandar alguém levar o veículo da mãe dele (CLEITÃO), o qual estava no sítio, até a delegacia de trânsito de Contagem/MG, onde foi registrada a ocorrência, tendo o Wemerson, o "COXINHA", levado o veículo para o "Cleitão" retornar para sua residência, em Ribeirão das Neves/MG.

Na vistoria do veículo Land Rover verde, foi encontrado, no porta-malas, um par de sapatos femininos, pertencentes à ELIZA SILVA SAMÚDIO, restos de telefone celular-rádio, uma bateria, um par de óculos de sol, dentre outros objetos apreendidos.

Essa apreensão do veículo Land Rover verde, de placa do Rio de Janeiro/RJ, KXS 1531, foi de suma importância para o sucesso das Investigações Policiais, como poderemos perceber mais à frente, porque, nesse veículo, foram encontrados vestígios do crime, decisivos para o total esclarecimento desse sequestro e homicídio.

Naquele dia, 08/06/2010, aconteceria, no sítio do goleiro Bruno Fernandes, um churrasco, com disputas de várias partidas de futebol, principalmente entre os integrantes do time Cem por Cento. Por volta das dez horas daquele dia, foram chegando ao sítio, em Esmeraldas, os integrantes do time Cem Por Cento, dentre eles "PATETA", "CLEITÃO", "VITOR", que comprou as cervejas, carnes e demais ingredientes para o churrasco e caldos mineiros, a pedido do goleiro Bruno Fernandes, o qual promovia o churrasco, com partidas de futebol, no Condomínio e em seu sítio, ficando na churrasqueira o Wemerson, o "COXINHA".

Sérgio Rosa Sales, o "CAMELO" e Jorge Luiz Lisboa Rosa vigiavam Eliza Samúdio e o filho Bruno Samúdio, passando o aparelho Nextel, tomado de Eliza Samúdio, para ela, forçando-a a ligar para as amigas, mostrando que estava tudo bem. Depois, recolhiam o aparelho novamente. Eliza Samúdio entrava em contato com Milena Baroni, Rita de Cássia Martins e Tatiana, forçada pelo goleiro Bruno Fernandes, Sérgio Rosa e Jorge Luiz, chegando, às vezes, a apanhar se não o fizesse, conforme as afirmações do próprio "CAMELO".

O Sinal do celular-rádio Nextel só era possível numa determinada parte da residência, justamente próximo aos aposentos do goleiro Bruno Fernandes, o qual ficava na parte de cima do imóvel. Naquele dia, o goleiro Bruno Fernandes proibiu os frequentadores do sítio de tomarem banho dentro da casa, fato que não era normal, inclusive chamou a atenção de Cleiton da Silva Gonçalves, o "CLEITÃO", um dos que viram Eliza Samúdio com o filho

Bruno Samúdio no interior da casa, chegando a conversar com o goleiro Bruno Fernandes e lhe dizer: "(...)não vou deixar ninguém entrar no interior da casa, todas as portas estão trancadas, eu não quero que ninguém veja a Eliza Samúdio no interior da residência (...).".

Nesse momento, por ter mais experiência, principalmente no mundo do crime, "CLEITÃO" aconselhou o goleiro Bruno Fernandes a deixar que Eliza e seu filho fossem embora, tendo em vista "os tumultos" ocorridos (com ampla divulgação, até no YOU TUBE). Deveria, também, registrar logo aquela criança e não matar Eliza Samúdio e o menino e criar o filho dela e dele. Mas o goleiro Bruno Fernandes respondeu que já havia feito "MERDA E QUE IRIA RESOLVER". Devido à tranquilidade do goleiro Bruno Fernandes, "CLEITÃO" não chegou a desconfiar de nada grave e ficaram bebendo na copa da cozinha até por volta de meia noite.

Enquanto conversava com o goleiro Bruno, "CLEITÃO" percebeu a chegada de "Macarrão" ao sítio, dirigindo o veículo Ford ECO SPORT, de cor dourada, de propriedade da "mãe" do goleiro Bruno (na verdade avó – Dona Estela Santana). Todos ficaram bebendo, tomando caldos e comendo churrasco até meia-noite do dia 08/06/2010, depois foram descansar e dormir.

Fazia parte do planejamento, uma viagem dos integrantes do time Cem Por Cento ao Rio de Janeiro, pois iriam ao sítio do jogador do Flamengo WAGNER LOVE, muito amigo do goleiro Bruno Fernandes. Por conta disso, Elenilson Vitor ficou o dia inteiro em contato com os integrantes do time, fazendo compras de camisetas de torcida, no Bairro Barro Preto em Belo Horizonte, com o "Flavinho" entrando em contato com os demais integrantes, cobrando a porcentagem em dinheiro, que cada um deveria acertar para a viagem, chegou até a ligar para o "Cleitão" para cobrar a sua porcentagem e avisar que o ônibus fretado com os jogadores do time Cem Por Cento, com os torcedores, sairia às 22:00 horas do dia 10/06/2010, da Rua Dois, no Bairro Liberdade, em Ribeirão das Neves.

Enquanto isso, "Macarrão" e o goleiro Bruno Fernandes acertavam os últimos detalhes da execução de Eliza Samúdio com o policial civil, José Laureano de Assis Filho, o "ZEZÉ" e este com Marcos Aparecido dos Santos, o "BOLA". Em decorrência deste acerto de detalhes, "Macarrão", "Zezé" e "Bola" trocaram muitos telefonemas naquela noite do dia 09/06/2010.

Nesse dia 09/06/2010, houve um adiantamento do pagamento, parte do dinheiro combinado, cerca de R$ 30.000,00 (trinta mil Reais). Os restantes R$ 40.000,00 (quarenta mil Reais) ficariam para o dia seguinte, quando o serviço estivesse realizado. Combinaram, previamente, o local de encontro para a entrega de Eliza Samúdio, o horário e mais alguns detalhes, os quais, por cautela, "ZEZÉ" e "BOLA" não passaram para "Macarrão" e nem para o goleiro Bruno Fernandes.

"Macarrão" e o goleiro Bruno Fernandes conversaram, via rádio telefone Nextel, com José Laureano de Assis Filho, o "ZEZÉ", o qual estava perto do Bairro Ouro Preto naquela noite, acertando os detalhes do assassinato, mais de vinte vezes, conforme consta dos autos de inquérito apartados, com a parte sigilosa das investigações. Tudo isso porque, agora, nada mais poderia dar errado. Já haviam sequestrado a Eliza Samúdio e o filho Bruno Samúdio e, desta vez, com a agravante de terem trazido o recém-nascido junto. Portanto nada, absolutamente nada, poderia dar errado – até o trajeto para a execução do crime foi meticulosamente estudado pelo intermediário e executor, Marcos Aparecido dos Santos, o "BOLA".

Eliza Samúdio e o filho "BRUNINHO" permaneceram no interior da residência do sítio de Bruno Fernandes, cativos e vigiados por Sérgio Rosa, o "CAMELO" – "CALANGO" e pelo primo, Jorge Luiz Lisboa Rosa.

O plano para assassinar Eliza e o filho ficou um pouco mais complicado com a inesperada chegada da esposa do goleiro Bruno, Dayanne Rodrigues do Carmo Souza, com as filhas.

Dayanne chegou por volta das 12:00 horas do dia 09/06/2010 e Bruno, a princípio, não queria que ela entrasse na residência deles, no sítio e tentou impedir, mas como Dayanne insistiu, o goleiro Bruno Fernandes a arrastou pelo braço e a levou para a residência.

Ao entrar na casa, Dayanne viu Wemerson, o "COXINHA", Elenilson Vitor, Jorge Luiz e Sérgio Rosa, o "CAMELO" segurando uma criança de colo. O goleiro Bruno continuou a levar Dayanne até chegar ao aposento onde estava Eliza Samúdio. Dayanne chegou a perguntar o que ela estava fazendo no sítio, ao que Bruno respondeu que estava tudo acertado entre ambos e que ele reconheceria o filho e passaria um apartamento, em Belo Horizonte, para Eliza residir com o filho.

Eliza Samúdio confirmou a versão de Bruno, porque sabia que, se não o fizesse, poderia apanhar depois. Neste momento, os três foram conversar na beirada da piscina, o que demonstra que Eliza Samúdio nem sequer desconfiava que o assassinato dela estava prestes a acontecer, com os últimos detalhes já tendo sido acertados por "Macarrão", o goleiro Bruno Fernandes, "Zezé" e "Bola".

Quanto ao conhecimento do assassinato, Dayanne poderia até desconfiar, mas não sabia que seu marido teria coragem para assassinar ou mandar assassinar aquela moça. Dayanne sabia que ele andava em más companhias, mas seria ele capaz de cometer tamanha atrocidade contra uma infeliz moça, a qual se envolveu com ele amorosamente, terminando por dar à luz um filho? Dayanne do Carmo não havia conseguido, até aquele momento, dar um filho a Bruno, embora tivesse tentado várias vezes, o que a incomodava, já que Eliza o conseguira na primeira vez.

Na visão de Dayanne, o goleiro Bruno Fernandes era um "trouxa", porque, segundo os comentários, Eliza Samúdio já havia tido relações sexuais com vários jogadores de futebol, conhecida no mundo futebolista como 'MARIA CHUTEIRA" e justo ele transou com ela e a engravidou. Para completar a imbecilidade de Bruno, na opinião de Dayanne, o mesmo ainda tentou, à força, fazer com que Eliza Samúdio abortasse o filho, sequestrando-a e obrigando-a a tomar abortivos, com cinco meses de gravidez, numa total irresponsabilidade, que poderia ter levado mãe e filho à morte.

CAPÍTULO 74

- Eliza Samúdio e Bruninho Entregues ao "Bola"
- Da Pampulha para a Morte na Casa de "Bola"
- O Engodo
- Agora é Comigo! – O "Braço da Lei" Alcança o Goleiro Bruno

No dia 10 de junho de 2010, todos acordaram por volta das 10:00 horas, depois o Elenilson Vitor saiu com o "Flavinho" e o Wemerson, o "COXINHA", para providenciarem a viagem do time Cem Por Cento ao Rio de Janeiro, sendo que o ônibus deveria partir por volta das 22:00 horas, segundo o planejado, tendo o goleiro Bruno Fernandes e o Macarrão ficado no Sítio, terminando os preparativos para o assassinato de Eliza Samúdio, a qual também permanecera com seu filho "BRUNINHO" no local, em Esmeraldas/MG, vigiada por Jorge Luiz e Sérgio Rosa, o "CAMELO".

Todos almoçaram e permaneceram a tarde no sítio, sendo que, por volta das 17:00 horas, "Flavinho" retornou ao Sítio, com "COXINHA", tendo Elenilson Vitor ficado no Bairro Liberdade, em Ribeirão das Neves, para fazer os preparativos, recepção do ônibus e dos jogadores e torcida do time Cem Por Cento.

Às 18:00 horas, aproximadamente, "Macarrão" disse ao goleiro Bruno Fernandes, Sérgio Rosa, o "CAMELO" e Jorge Luiz Lisboa Rosa: "TÁ NA HORA". "Macarrão" posicionou o veículo Ford Eco Sport, de cor dourada, próximo à entrada do sítio, pediu para o Jorge Luiz colocar a mala vermelha de Eliza Samúdio no porta-malas do carro e, na sequência, trouxeram Eliza Samúdio, com a sacola do recém-nascido, acomodando-a, com o filho Bruno Samúdio, no banco da trás da Eco Sport. Jorge Luiz foi no banco da frente e Sérgio Rosa, o "CAMELO", sentou-se no banco traseiro, ao lado de Eliza Samúdio. Todos seguiram para encontrar com Marcos Aparecido dos Santos, o "BOLA" e o policial civil José Laureano de Assis Filho, o "ZEZÉ".

"ZEZÈ" e "BOLA-PAULISTA" iram aguardar a chegada do veículo Ford Eco Sport, conduzindo a vítima e o filho, do lado de fora do Estádio Governador Magalhães Pinto, "MINEIRÃO", Bairro Pampulha – Belo Horizonte/MG.

"Macarrão", a todo o momento, falava com os dois pelo rádio telefone NEXTEL, para saber detalhes de como estariam e com que veículo. José Laureano avisou que estaria num veículo VW Gol, de cor escura, e Marcos Aparecido, o "BOLA", numa motocicleta – TITAN de cor roxo escuro.

Chegaram do lado de fora do Estádio do MINEIRÃO por volta de 19:30/20:00 horas, quando "BOLA" pediu a "MACARRÃO" para segui-lo com o veículo Ford Eco Sport com Eliza Samúdio, seu filho BRUNINHO, e Jorge Luiz e Sérgio Rosa, o "CAMELO". Marcos Aparecido, o "BOLA" foi na frente, pilotando a moto, seguido pelo veículo de "Macarrão" e na escolta, o" ZEZÉ", com o veículo VW Gol, de cor escura, fazendo o seguinte trajeto:

"Seguiram na Avenida Antônio Abraão Karam em direção à Avenida Presidente Antônio Carlos; passaram sobre o Viaduto José de Alencar para alcançar a Avenida Presidente Antônio Carlos, em direção ao município de Vespasiano/MG; cruzaram a Barragem da Pampulha e Avenida Portugal, ganhando a Avenida Pedro I até atingirem a MG – 010 – Via Verde; passaram pela cidade Administrativa (que Jorge Luiz pensou que fosse um supermercado, por conta dos vidros escuros) e pelo posto da Polícia Rodoviária Militar; pegaram a via lateral, já no município de Vespasiano/MG e, na rotatória, entraram na primeira saída à direita, na Avenida Existente, atingindo a Rua Araruama, 173 – Bairro Santa Clara – Vespasiano/MG".

Ao chegarem à casa de Marcos Aparecido, o "BOLA", este abriu o portão da garagem, "Macarrão", entrou com o veículo Ford Eco Sport na garagem da residência. Nesse momento, "ZEZÉ" retirou-se, com seu veículo, e se deslocou para o 22º Distrito Policial, na Avenida Joaquim Clemente, 490 – Bairro Floramar – Belo Horizonte/MG, onde ficou aguardando o desenrolar dos acontecimentos.

A residência de "BOLA": DA GARAGEM SE CAMINHAM, MAIS OU MENOS, CINCO METROS E SE GANHA UMA ESCADA QUE DÁ ACESSO, UM POUCO À DIREITA, A UM CANIL, ONDE FICAVAM OS CACHORROS ROTTWEILER, UM CASAL E TRÊS FILHOTES. POUCO MAIS À FRENTE ESTÁ A CASA, COM COMODOS E COM CIRCUITO INTERNO DE VIGILÂNCIA; DA GARAGEM, À ESQUERDA, TEM-SE ACESSO A TRÊS CÔMODOS, REPARTIDOS, E QUE AINDA ESTAVAM EM CONSTRUÇÃO, ONDE SERIAM LOJAS.

No interior da garagem, "Macarrão" desceu na frente e falou, baixinho, no ouvido de Marcos Aparecido dos Santos, o "BOLA", sobre o apartamento que o goleiro Bruno Fernandes havia prometido para Eliza Samúdio e o filho "BRUNINHO".

Depois, "Macarrão" pediu para Eliza Samúdio descer, falou para ela que o apartamento era longe e considerando que Macarrão e os outros teriam que viajar para o Rio de Janeiro, Eliza deveria dormir na casa de Marcos Aparecido, o "BOLA" e, no outro dia, iria para o apartamento (TUDO TEATRO).

Eliza Samúdio argumentou que ela queria ir para o apartamento, mas, nisso, Macarrão pegou o menino e o passou para o Sérgio Rosa, o "CAMELO", que ficou com ele no colo. Então, Marcos Aparecido, o "BOLA", pegou Eliza Samúdio pelo braço e a levo até o cômodo do meio, onde havia alguns alvos e silhuetas, utilizados para a prática de tiro ao alvo, além de grandes fotos de cachorros, uma cadeira e uma corda por cima de jornais, espalhados no chão.

A princípio, "Bola" mandou Eliza Samúdio se sentar na cadeira, pegou suas mãos, cheirou e disse: "VOCÊ NÃO É USUÁRIA DE DROGAS NÃO NÉ?" – depois pediu para Eliza Samúdio levantar e passou as mãos em suas costas, pedindo para ela ficar tranquila, porque ele "Bola" era um policial civil, ao que Eliza Samúdio falou: "EU NÃO AGUENTO MAIS APANHAR" e "BOLA" respondeu com a cruel sentença: "VOCÊ NÃO VAI MAIS APANHAR – VOCÊ VAI MORRERRRR!!!!!".

Foi então que "Bola" pegou Eliza Samúdio, deu-lhe uma gravata e passou a estrangulá-la, impiedosamente, pedindo para pegarem a corda e amarrá-la. Depois ele segurou as mãos de Eliza para trás de seu corpo e "Macarrão" pegou a corda, deu chutes em Eliza Samúdio e a amarrou, enquanto "Bola" derrubou-a ao chão, ainda dando-lhe a gravata, cruzou as pernas em seu abdômen, impedindo que ele fizesse o movimento da respiração e acabou por estrangulá-la completamente.

Jorge Luiz Lisboa Rosa assistia a toda aquela cena macabra, completamente apavorado, transtornado, vendo a língua de Eliza sair da boca, olhos esbulhados (estatelados), sangue saindo pelo olho, "ASSISTINDO UM FILME DE TERROR AO VIVO E À CORES", rosto completamente transtornado, enquanto isso, Sergio Rosa, o "CAMELO", com a criança no colo, ficou apavorado, mas não demonstrou.

Consumado o frio assassinato de Eliza Samúdio, Marcos Aparecido, o "BOLA", pediu para que todos aguardassem na garagem, pois ele iria cortar a Eliza e depois daria para os cachorros comerem. Passado algum tempo, Marcos Aparecido, o "BOLA", apareceu carregando um saco preto nas costas, parecendo que estava com o corpo de Eliza Samúdio dentro.

Perguntou a "Macarrão", a Sérgio Rosa e ao menor Jorge Luiz, se queriam assistir os seus cachorros treinados comerem o corpo de Eliza, chegando, até, a tirar alguma coisa de dentro do saco, jogando para os cachorros e dizendo: "OLHA A MÃO DELA AÍ", ao que os cães avançaram sobre aquele objeto jogado, rosnando juntos e fazendo um barulhão. "Bola" perguntou novamente: "vocês querem assistir" ao que todos responderam que não e entraram no carro para irem embora, quando "BOLA" disse: "COMO VOCÊS NÃO TEM O RESTO DO DINHEIRO, ENTÃO PODEM LEVAR O MENINO QUE EU NÃO VOU MATAR ELE SEM PAGAMENTO".

Em seguida, todos foram para o sítio, em Esmeraldas, levando a criança e a mala vermelha de Eliza Samúdio, com suas roupas e um álbum de fotografias de Eliza Samúdio e Bruno Samúdio, seu filho, dentre outros pertences.

Chegando ao Sítio do goleiro Bruno Fernandes, na cidade de Esmeraldas/MG, "Macarrão", Jorge Luiz e Sérgio Rosa, todos muito abalados, transtornados com tudo que assistiram e presenciaram, entregaram o filho de Eliza Samúdio para o goleiro Bruno Fernandes, contaram todos os detalhes do assassinato de Eliza Samúdio, esclarecendo que "Bola" não matou o menino "BRUNINHO", porque não havia dinheiro para fazer o complemento do pagamento e que ele somente o mataria se houvessem pago na hora.

Estavam todos chocados, chegando "Macarrão" e Jorge Luiz a ingerirem um copo cheio de cerveja "num só gole". Enquanto isso, Bruno Fernandes pegou a criança e a levou para que a esposa Dayanne tomasse conta até que ele, goleiro Bruno Fernandes, resolvesse o que iria fazer, tendo indicado, inclusive, para que se passasse a chamar a criança de outro nome: RYAN. Bruno mandou "Macarrão" e Jorge Luiz atearem fogo na mala vermelha de Eliza Samúdio, perto da cisterna, depois aproximou-se para conferir, porém não deixou Sérgio Rosa, o CAMELO, chegar perto e, quando questionado por Dayanne do Carmo sobre o que estava pegando fogo, disse:"ESTAMOS QUEIMANDO O LIXO".

Ela estranhou aquela atitude e ficou desconfiada que alguma coisa tinha sido feita com a mãe da criança, ELIZA SILVA SAMÚDIO, porque o goleiro Bruno Fernandes disse, após todos narrarem os fatos a ele: "ACABOU O MEU TORMENTO, ME LIVREI DAQUELA VAGABUNDA QUE ESTAVA ENCHENDO O MEU SACO". Em seguida todos entraram no veículo FORD ECO SPORT, exceto Dayanne do Carmo, que ficou encarregada de cuidar do filho de Eliza Samúdio, Bruno Samúdio, agora sendo chamado de Ryan. O veículo seguiu em direção ao Bairro Liberdade, para a Rua Dois, na cidade de Ribeirão das Neves/MG, onde todos já aguardavam no interior do ônibus, no qual embarcou, também, Sérgio Rosa, o CAMELO, sendo que seguiram, na Eco Sport, para o Rio de Janeiro, o goleiro Bruno, Macarrão e Jorge Luiz.

AGORA É COMIGO!

No interior do ônibus, já em movimento, Sérgio Rosa Sales, o CAMELO, senta ao lado de Cleiton da Silva Gonçalves, o CLEITÃO e lhe diz: "A ELIZA SAMUDIO JÁ ERA", imediatamente "CLEITÃO" respondeu: "CUIDADO QUE ISSO VAI ACABAR EM MERDA E VAI ENVOLVER GENTE INOCENTE NESSE ROLO, GENTE QUE NÃO TEM NADA A VER COM ESSA HISTÓRIA", Sérgio Rosa, o CAMELO, respondeu que estava tudo resolvido e continuaram a viagem sem mais tocar no assunto.

Marcos Aparecido dos Santos, o "BOLA ou PAULISTA", após "Macarrão", Jorge Luiz e Sérgio Rosa, o "CAMELO", deixarem sua residência, em Vespasiano e levado o "BRUNINHO" junto, ligou para o policial civil, José Lauriano de Assis Filho, o "ZEZÉ", o qual estava no 22º Distrito Policial, no Bairro Floramar, para marcarem um encontro, isso por volta das 22:00 horas.

Bola saiu de sua residência, no Bairro Santa Clara – Vespasiano/MG, indo até o 22º DP, encontrou-se com "ZEZÉ", narrou todo o acontecido, dividiram o restante do pagamento da encomenda de assassinato. "ZEZÉ" emprestou um veículo a Marcos Aparecido "BOLA", que retornou para sua residência, no Bairro Santa Clara, em Vespasiano/MG, colocou o saco preto com o corpo de Eliza Samúdio no porta malas do veículo que pegou emprestado com "ZEZÉ", dirigiu rumo à Rodovia MG-010, sentido Belo Horizonte, para, logo em seguida, entrar à direita, na Rodovia MG-424, em direção às cidades de Pedro Leopoldo, Matosinhos, Funilândia, Capim Branco, todas em Minas Gerais, e sumiu com o corpo de ELIZA SILVA SAMÚDIO.

Marcos Aparecido, o "BOLA", depois que saiu do 22º DP com o veículo emprestado por ZEZÉ, desligou o telefone celular, tornando a ligá-lo, somente, no dia 11/06/2010, por volta de 16:00 horas, justamente para que ninguém soubesse para que local ele foi para sumir com o corpo de Eliza Samúdio.

Depois de "plantar" o corpo de Eliza Samúdio, "Bola" foi se encontrar com amigos e familiares, como se nada tivesse acontecido, com a maior frieza do mundo, como sempre fazia depois de assassinar pessoas.

O ápice da apuração do assassinato de Eliza Silva Samúdio foi o momento da prisão e apresentação dos assassinos. Isto se deu em dois momentos distintos, porém ambos carregados de extrema comoção social, dados os fatos já de conhecimento da sociedade que clamava por justiça.

O primeiro momento foi a prisão do goleiro Bruno Fernandes e de seu fiel escudeiro, Luiz Romão, vulgo "Macarrão", na cidade do Rio de Janeiro. O outro foi a prisão do assassino profissional, mestre na arte de matar e verdugo da vítima Eliza Samúdio, Marcos Aparecido dos Santos, vulgo "BOLA ".

Com relação ao primeiro dos fatos, duas equipes de investigadores da Polícia Civil, coordenadas pelas Delegadas de Polícia, Ana Maria Santos e Alessandra Wilke, seguiram para a cidade do Rio de Janeiro, para prenderem o goleiro Bruno Fernandes e seu comparsa, Luiz Ferreira Romão, vulgo "Macarrão"; e na mesma ação diligenciarem para apreender outro participante dos crimes, o menor infrator Jorge de Souza Rosa; interrogá-los e inquirir possíveis testemunhas da trama repulsiva; depois retornarem para Minas Gerais, conduzindo todos os envolvidos presos.

No Rio de Janeiro, foram cumpridos os mandados de prisão temporária do goleiro Bruno Fernandes com seu fiel escudeiro e comparsa, "Macarrão", em conjunto com a apreensão do menor infrator Jorge Rosa, todos envolvidos no crime de mando, sequestro e assassinato de Eliza Samúdio. Foram transportados da sede da Polinter/RJ, na cidade do Rio de Janeiro, até a cidade de Belo Horizonte/MG, em aeronave da Polícia Civil de Minas Gerais, modelo Bandeirante, desembarcando no hangar da PCMG, localizado no Aeroporto da Pampulha, seguindo em viaturas do DHPP para o Departamento de Homicídios, no Bairro São Cristóvão/Lagoinha, onde foram recepcionados pelo Delegado Chefe do Departamento de Homicídios – DHPP na entrada de acesso à portaria do prédio policial.

A cena era de alta comoção. O DHPP estava cercado de repórteres dos vários meios de comunicação, rádios, TVs e jornais se aglomeravam, mesclando-se com a multidão furiosa, barulhos de sirenes de carros de polícia, gritos ensurdecedores: assassinos, bandidos, monstros! Como agir,

Fac-Símile – Publicação do site da revista Veja 9 de Julho de 2010

como preparar e como garantir a segurança dos presos diante da massa insana; é dever do Estado garantir a integridade física de todos que estão sob sua guarda, e, nesse turbilhão, a figura representativa da garantia estatal era o Delegado Chefe, este que vos escreve, Dr. Edson Moreira. Tomei a dianteira dos acontecimentos e, face a face com "Macarrão", que estava sendo conduzido por investigadores e pela Delegada Ana Maria, eu o parei na porta do prédio e, olho no olho, disse-lhe, firmemente: "AGORA VOCÊ ESTÁ EM MINAS GERAIS"; imediatamente determinei a recolha do preso, que foi conduzido para o interior do prédio. Aglomeração do lado de fora cada vez maior, urros de ódio, ânimos exaltados, era o goleiro Bruno Fernandes, logo em seguida conduzido pela equipe policial, momento em que o parei e, simbolizando a autoridade do braço da lei, coloquei a mão em seu peito e disse a Bruno, energicamente e com a competência de quem sabia que agora ele teria de enfrentar a lei e as consequências de seus atos: "**AGORA É COMIGO!** VOCÊ ESTÁ EM MINAS GERAIS!", apenas olhei para o interior do departamento, como quem ordena aos auxiliares, rapidamente o preso caminhou para seu interior, resguardando, assim, a segurança e integridade pessoal do investigado.

O "Braço da Lei"

"Agora é Comigo!"
Delegado Edson Moreira para o goleiro Bruno, chegando ao DHPP em Belo Horizonte

Presos os mandantes, determinei às equipes a busca e prisão do executor Marcos Aparecido dos Santos, vulgo "BOLA", criminoso profissional que era especialista em dar sumiço aos corpos de suas vítimas, este estava escondido na casa do irmão, no Bairro Copacabana, Região da Pampulha – Belo Horizonte, Minas Gerais. Ao ser descoberto, no interior da casa, pelos investigadores do DHPP, que cercaram a residência, o procurado Marcos, famigerado vulgo "BOLA", ameaçou e gritou do interior do refúgio: "DAQUI SÓ SAIREI MORTO, VOU ME SUICIDAR, MAS ANTES VOU LEVAR

Marcos Aparecido dos Santos
O "Bola" – contratado para assassinar Eliza Samúdio

ALGUNS DE VOCÊS COMIGO". A fim de prendê-lo vivo, garantindo, assim, os desdobramentos da investigação, determinei a invasão, seguindo na linha de frente dos investigadores, conforme planejara, acuamos o fugitivo "Bola" por todos os lados, o qual, diante dessa situação, não esboçou a menor reação, pois sentiu a impossibilidade de escapar do cerco realizado, deixou a casa chorando "igual a uma criança" em razão de sua impotência momentânea, vociferava desculpas, dissimulava inocência. Tudo isso ao vivo, captado por vários repórteres de rádio e televisão.

As investigações policiais sobre o assassinato de Eliza Silva Samúdio foram muito tumultuadas, principalmente pela banca de advogados de defesa do goleiro Bruno Fernandes, formada por, aproximadamente, 30 (trinta!) causídicos, os quais defenderam todos os investigados e envolvidos na macabra morte da mãe do filho do goleiro do Flamengo, numa divisão de procuradores, cujo objetivo era blindar o goleiro Bruno.

Luiz Ferreira Romão – "Macarrão" levou Eliza Samúdio para ser assassinada

Por esse motivo, solicitamos ao presidente da Ordem dos Advogados do Brasil, Seção Minas Gerais, a designação de um advogado para acompanhar as investigações policiais, para maior transparência, já que o Ministério Público de Minas Gerais, já havia designado o Doutor Gustavo Fantine para, também, acompanhar e fiscalizar os atos

Jorge Luiz Lisboa Rosa Sequestrou Eliza Silva Samúdio ajudou Macarrão

investigatórios, tendo sido aceito o nosso pedido. A partir de então, a Ordem dos Advogados do Brasil passou a acompanhar o inquérito policial que apurava o assassinato de Eliza Silva Samúdio e o sequestro de Bruno Samúdio.

Até a presente data, os restos mortais da vítima Eliza Silva Samúdio não foram encontrados. Somente Marcos Aparecido dos Santos, o "BOLA – PAULISTA", sabe onde foram colocados tais restos, os quais, certamente, estão próximos dos restos de outras vítimas desaparecidas, como os três rapazes assassinados na cidade de Esmeralda, cujas fotos foram encontradas na casa de "BOLA", marcadas com sinais de CRUZES na testa, onde havia um campo de treinamento, de propriedade do próprio "BOLA".

Diversas buscas foram procedidas, em razão de mandado de busca e apreensão, nos vários locais onde pudéssemos identificar vestígios ou pistas esclarecedoras: no sítio do "BOLA", em Esmeraldas, onde se encontraram apenas cabeças de animais mortos, justamente para despistar e evitar que os cães farejassem algum vestígio; a Lagoa suja, em Ribeirão das Neves; a Lagoa do Nado, nas proximidades do 22º Distrito Policial, onde Marcos Aparecido, o "BOLA", encontrou-se com o policial civil, José Lauriano de Assis Filho, o "ZEZÉ" e a própria residência de Marcos Aparecido, o "BOLA", em Vespasiano, dentre outros locais.

Bruno – Bola – Macarrão Presos

Designação de advogado da Ordem dos Advogados – Seção MG

CAPÍTULO **75**

- Jorge Luiz Detalha o Assassinato de Eliza Samúdio e Possibilita Mostrar, Cientificamente, a Morte Dela
- O Inquérito é Encaminhado para a Justiça de Contagem
- Sexta Vértebra da Coluna Cervical Deslocada

Como Marcos Aparecido dos Santos, o "BOLA – PAULISTA", ocultou o cadáver de Eliza Silva Samúdio, utilizamos as declarações do menor, à época, Jorge Luiz Lisboa Rosa, destacadas no momento da execução, a fim de subsidiar o encaminhamento do ofício 03332/GAB/DCCV/DIHPP/cc/10, solicitando PARECER MÉDICO LEGAL, com relação à descrição, de como a vítima Eliza Samúdio havia sido assassinada. A resposta foi dada através do "PARECER MÉDICO LEGAL NÚMERO 09141/2010", do Médico Legista Classe III, DOUTOR JOÃO BATISTA RODRIGUES JÚNIOR, Chefe da Divisão de Perícias Médico-Legais e Diretor em Exercício do Instituto Médico Legal de Belo Horizonte:

> "(...)No dia 21 de julho de 2010, às 18:00 horas, o Dr. João Batista Rodrigues Júnior, médico-legista e diretor em exercício do Instituto Médico Legal de Belo Horizonte, especialista em Medicina Legal pela Associação Médica Brasileira.
>
> (...) As citações **"deu uma gravata"**, **"com o braço direito dele no pescoço"**, **"enforcando-a na gravata"**, são compatíveis com a descrição leiga de uma constrição cervical promovida com o emprego do antebraço(...)
>
> (...) – A citação **"ela arregalou o olho"** é compatível com um dos achados possíveis da "descarga adrenérgica", vista nas situações de

402

AGORA É COMIGO!

medo extremo, conforme documentado no trabalho publicado na Revista Brasileira de Psiquiatria número 25, suplemento II, do ano de 2003, em artigo intitulado "Organização neural de diferentes tipos de medo e suas implicações na ansiedade", cujos autores (Marcus Lira Brandão, Daniel Machado Vianna, Sueli Masson e Júlia Santos) citam na introdução:

(...) – A citação, **"saiu uma espuma branca da boca dela, contorcia"**, é compatível com a descrição de achados de indivíduos que sofreram constrição cervical, como ensinado pelos professores A. Almeida Júnior e J.B. de O. e Costa Júnior, no livro "Lições de Medicina Legal" 15ª edição, companhia Editora Nacional, página 196, (...)

(...) – A citação **"apertando o pescoço dela, até que eu vi que o sangue ficou vivo assim no olho dela, uma mancha bem vermelha, parecendo que ia sangrar"**, é compatível com a descrição médico-legal de sufusões hemorrágicas causadas por aumento de pressão venosa quando da constrição cervical. Genival Veloso França no livro "Medicina Legal", 5ª edição. Editora Guanabara, página 94(...) "As equimoses das mucosas externas aparecem sobretudo nas mucosas palpebral e ocular e chegam, às vezes, a formar verdadeira sufusão sanguínea". (grifo meu). (...)

(...) CONCLUSÃO: Em consonância com as exposições acima dispostas, este perito vem concluir que o relato avaliado é compatível com as descrições na literatura dos achados produzidos pela asfixia mecânica por constrição cervical, subtipo esganadura, e que não foi encontrada nenhuma citação neste relato que denote incompatibilidade com este mecanismo lesional.

Esse parecer médico legal foi realizado em cima das declarações do menor na época dos assassinato de Eliza Silva Samúdio, o qual assistiu sua execução, juntamente com "MACARRÃO", o qual chegou inclusive a ajudar Marcos Aparecido dos Santos, "O BOLA – PAULISTA – NENÉM", amarrando as mãos da vítima e chutando-a, até que "BOLA" a matasse sem dó, nem um pingo de piedade, demonstrando toda sua frieza e maldade, tanto que, afastando-se sorrateiramente dos "auxiliares" tétricos, surgiu, repentinamente, com sacos embutidos às costas, encaminhou-se aos cachorros esfaimados, que latiam fortemente, arremessou uma, logo após a segunda, duas mãos decepadas da vítima vilipendiada; aqueles presentes nausearam diante dessas ações macabras. Nosferatu seria um infante casto diante dessa coisa sinistra.

No dia 31 de julho de 2010, eu estava com a sexta vértebra da coluna cervical deslocada, apresentava uma pressão arterial de 18 por 15, a ponto de deixar dormentes o braço direito e os dedos polegar e indicador da mão direita, tendo passado a noite em claro e, ainda assim, lá estava eu, logo pela manhã, falando ao vivo com o repórter José Luiz Datena, da Rádio e TV Bandeirantes, com a mesma entrevista sendo apresentada à TV Record, na parte da tarde.

Apresentávamos a conclusão do inquérito policial que apurou o sequestro, desaparecimento e assassinato de Eliza Silva Samúdio. Todos que participaram das Investigações Policiais ficaram sentados na bancada à frente, embora ordens expressas, por parte do Chefe da Polícia Civil de Minas Gerais foram dadas para que as Delegadas de Polícia que participaram das Investigações, não figurassem, pois estavam afastadas do caso. Claro que eu não aceitei e elas participaram da apresentação final da conclusão do inquérito policial.

As Investigações Policiais tiveram repercussão mundial, sendo exibidas em todos os países do mundo. Durante os anos de 2010, 2011, 2012, 2013 e 2014, compareci em inúmeros programas de rádio e de televisão do mundo, para narrar todas as investigações policiais, principalmente nos programas "Brasil Urgente", do jornalista José Luiz Datena, da Rede Bandeirantes de Televisão; "Fantástico", da Rede Globo; "Cidade Alerta", do saudoso Marcelo Rezende, da Rede Record de Televisão, comentados pelo grande mestre Percival de Souza; canais fechados e nos programas da Rádio Itatiaia de Minas Gerais, dentre vários outros.

No dia seguinte, passei na residência do jornalista e amigo, Eduardo Costa, da Rádio Itatiaia de Minas Gerais, na Fazenda Solar, no município de Igarapé – Minas Gerais, com fortes dores no braço direito, quando pretendia seguir para o estado de São Paulo, para visitar meus pais e familiares. Mas as dores eram muito fortes e fui proibido de viajar, pelo amigo e repórter Eduardo Costa, o qual pediu para seu amigo "Carlinhos" e esposa, proprietários da Academia Corpore, providenciarem um tratamento de urgência para que, depois, eu procurasse atendimento médico adequado, quando, só então, eu poderia viajar. Passei aquele dia em companhia do amigo e de seus familiares, em sua residência, na Fazenda Solar, retornando, em companhia deles, no domingo, para Belo Horizonte, onde fui medicado no Hospital da Polícia Civil de Minas Gerais e, só dias depois, consegui viajar para São Paulo/SP e visitar meus familiares. Retornando para Belo Horizonte/MG, segui em um tratamento de 60 dias, principalmente, com fisioterapia e Pilates na Academia do "CARLINHOS", no Iate Tênis Clube, na Avenida Otacílio Negrão de Lima – Pampulha – Minas Gerais.

Durante as investigações policiais do caso do goleiro Bruno Fernandes, tive a oportunidade de reencontrar o grande amigo Percival de Souza, gran-

AGORA É COMIGO!

de jornalista, professor de Direito e das polícias Civil e Militar do Estado de São Paulo, criminólogo e comentarista da Rede Record de Televisão, tendo, inclusive, sido um dos maiores comentaristas políticos da Rede Globo de Rádio e Televisão. Dado seu respeitável entendimento dos meandros investigativos, honra-me muito ter o trabalho avaliado pelo meu Mestre e Professor Percival de Souza, Cientista Social com profundo conhecimento do mundo policial e de seus escaninhos, basta ver e ler sua vasta produção literária, desde "O Prisioneiro da Grade de Ferro" até "Autópsia do Medo", obra-prima desse período marcante da História do Brasil, livro indispensável para todos aqueles que realmente quiserem compreender aonde pode chegar um poder sem limites, um estado ditatorial, cujos atores do submundo fogem quase completamente ao controle do Poder estatal.

CAPÍTULO 76

- Perseguidores Aproveitam para Enganar a Justiça
- Cúpula Tenta Afastar Chefe do DHPP
- O Assassinato do Torcedor do Cruzeiro

Enquanto investigava todos esses crimes no ano de 2010, o titular da 3ª Subcorregedoria da Corregedoria Geral de Polícia Civil – 3ª SCGPC/MG, em sua infindável perseguição a minha pessoa, desobedecendo Ordem de "HABEAS CORPUS" do TJMG, aproveitando-se dos problemas de saúde que acometiam o Excelentíssimo Juiz Titular da Vara de Inquéritos de Belo Horizonte (os quais o levaram morte), burlando a realidade dos fatos, fez com isso que sua Excelência admitisse uma investigação policial contra minha pessoa, e por isso concluiu os autos do inquérito policial número 138826/08, indiciando-me e mandando inserir, imediatamente, em menos de oito horas, nas notas criminais do Instituto de Identificação, arbitrariamente, os dados integrais do Delegado Edson Moreira, remetendo os autos de inquérito policial para a Promotoria de Defesa do Patrimônio Público de Belo Horizonte, a qual aproveitou essa oportunidade para tentar humilhar um servidor público probo, apresentando a denúncia criminal na Sexta Vara Criminal de Belo Horizonte – Minas Gerais.

O Meritíssimo Juiz Titular da 5ª Vara Criminal de Belo Horizonte – Minas Gerais, rejeitou a denúncia, contudo o Ministério Público de Minas Gerais recorreu da decisão; recurso esse que fez esses autos tramitarem pelo Tribunal de Justiça de Minas, pelo Superior Tribunal de Justiça e chegar ao Supremo Tribunal Federal para uma decisão definitiva, sendo arquivado de ofício pela 1ª Turma do STF, tendo como Relator o Ministro Luís Roberto Barroso, o qual fundamentou, adequadamente, com base nos argumentos da Procuradoria Geral da República, concluindo pela inexistência de prática de crime.

Esse delegado de polícia, Eder Dantângelo, da 3ª SCGPC/MG, tentou, também, enganar e ludibriar a Juíza Criminal da Comarca de Alfenas/MG, tentando prosseguir com o inquérito policial número 138827/08, já com ordem de trancamento proferida pelo Tribunal de Justiça de Minas Gerais, mas a Douta Magistrada, ao tomar conhecimento da ordem de "HABEAS CORPUS" da 2ª Câmara Criminal do Tribunal de Justiça de Minas Gerais, mandou arquivar, imediatamente, os autos de inquérito policial, frutando, mais uma vez, as torpes e suspeitas intenções daquele delegado da 3ª Subcorregedoria – 3ª SCGPC/MG.

Outro evento, que deixou patente a perseguição contra o Delegado de Polícia Edson Moreira, Chefe do DHPP/MG, foi o fato de que o Chefe da Polícia Civil de Minas Gerais e o Corregedor Geral de Polícia Civil de Minas Gerais haverem me convocado para o gabinete da Chefia da Polícia Civil, tentando me afastar da chefia do Departamento de Homicídios, alegando que eu já havia atingindo mais de 35 anos de serviços policiais e, por conta deste ignóbil argumento, não poderia mais permanecer num cargo de chefia, devendo servir como um delegado de polícia de classe inicial. Contestei de pronto, determinando a recontagem, onde puderam constatar que o tempo de 35 anos somente seria atingido no ano seguinte, em outubro de 2011, tendo, ambos, ficado desconcertados e sem graça. Assim, este dedicado e insuspeito Delegado de Polícia Edson Moreira permaneceu à frente da chefia do DHPP/MG, a serviço da população mineira, para desagrado dos seus perseguidores, cujas sórdidas ações continuaram, sem nenhuma trégua, desde o primeiro dia do ano de 2007.

Continuei, à plena carga, na chefia do DHPP e, em novembro de 2010, na Avenida Nossa Senhora do Carmo, em frente ao Chevrolet Hall – Bairro Carmo-Sion – Belo Horizonte – Minas Gerais, foi assassinado o torcedor do Cruzeiro, Otávio Fernandes e ferido Flávio Celso da Silva. O crime foi cometido por torcedores da Torcida Organizada Galoucura, do Clube Atlético Mineiro, sendo o mesmo investigado pelo Departamento de Homicídios e Proteção à Pessoa, de Minas Gerais, sendo que todos os agressores foram identificados, presos e, posteriormente, condenados no II Tribunal do Júri de Belo Horizonte – Minas Gerais. O caso teve grande repercussão nacional, sendo amplamente divulgado na mídia falada, televisada, escrita e digital do mundo inteiro. Os torcedores criminosos foram comparados aos torcedores violentos, ingleses, "OS HOOLIGANS", praticamente proibidos de frequentar estádios de futebol na Europa.

CAPÍTULO 77

- Perseguição Sem Trégua
- O PCC Ataca em BH E Mata Agentes de Segurança e Deixa Outros Baleados
- Integrantes do PCC, Responsáveis pelos Ataques a Policiais e Agentes de Segurança, são Capturados na Baixada Santista

O ano de 2011 começou com a tentativa de assassinato do investigador de polícia do DHPP, "PAULÃO", no Aglomerado entre o Bairro Califórnia e o Bairro Dom Bosco – Belo Horizonte – Minas Gerais, quando este investigava crimes de homicídios, cometidos pelo traficante Bruno Rodrigues de Souza, o "QUEN-QUEN", criminoso de altíssima periculosidade e foragido da Cadeia Pública de Teófilo Otoni – Minas Gerais. "PAULÃO" acabou sendo surpreendido pela quadrilha de Bruno, quando foi baleado e socorrido ao Hospital de Pronto Socorro João XXIII, conseguindo sobreviver bravamente.

Neste ano, ocorreu a bem-vinda troca da chefia da Polícia Civil de Minas Gerais, porém, mesmo assim, os perseguidores investiram, mais uma vez, contra este Chefe/Diretor do DHPP/MG. Claro que, como sempre, tal ação de perseguição foi capitaneada pelo delegado de polícia Eder Gonçalves Monteiro Dantângelo, titular da 3ª SCGPC-MG. A referida ação se deu quando eu estava me dirigindo para o interior do estado de Minas Gerais, com uma viatura DESCARACTERIZADA do DHPP-MG, em diligência autorizada pela Superintendência Geral de Polícia Civil de Minas Gerais. O Delegado Eder Dantângelo, ao verificar que este autor dirigia a referida viatura na Rodovia Fernão Dias – BR-381, na altura da cidade de Itaguara/MG, aproveitou-se e, com a mentirosa denunciação de que eu estava usando a viatura oficial da Polícia Civil de Minas Gerais para viajar para o estado de São Paulo, instaurou um novo inquérito policial e uma sindicância adminis-

AGORA É COMIGO!

trativa contra minha pessoa, por IMPROBIDADE ADMINISTRATIVA no uso inadequado de bens públicos, também arquivado, no Supremo Tribunal Federal pelo Ministro Dias Toffoli.

Na semana seguinte, em 26 de agosto de 2011, na Avenida Cristiano Machado, esquina com a Avenida Waldomiro Lobo – Bairro Guarani – Belo Horizonte – Minas Gerais, houve uma intensa perseguição de investigadores da Polícia Civil a um veículo FORD FIESTA, com três suspeitos, o qual acabou colidindo com um veículo Honda Civic, um Chevrolet Astra, uma camioneta e, finalmente, com um caminhão, desgovernando-se, não conseguindo seguir. Ao parar, os suspeitos resistiram à "VOZ DE PRISÃO" dos investigadores de polícia, dando início a uma intensa TROCA DE TIROS, baleando, no ombro, o Investigador José Roberto Abreu. Um dos suspeitos, Pablo Henrique Lopes, também foi atingido no abdômen, enquanto os outros dois fugiram, atirando e correndo pela Avenida Waldomiro Lobo. Na fuga pela avenida, os dois suspeitos, dentre eles, Bruno Rodrigues de Souza, o "QUEN-QUEN", encontraram o agente penitenciário Ronaldo Miranda de Paula, que estava saindo de uma farmácia para apanhar sua motocicleta. Ao abordarem Ronaldo, os bandidos perceberam que ele estava armado e "QUEN-QUEN", sem dar nenhuma chance de defesa ao agente penitenciário, deferiu-lhe vários tiros, assassinando-o friamente e com muita perversidade, roubando-lhe a motocicleta e fugindo do local, na companhia do outro suspeito. O comparsa baleado foi socorrido para o Pronto Socorro João XXIV – Hospital Risoleta Neves, na região de Venda Nova – Belo Horizonte – Minas Gerais, sendo, depois, autuado em flagrante por roubo com resultado morte (LATROCÍNIO), resistência à prisão e roubo de veículos. Quando se iniciou essa perseguição, eu estava no Departamento de Homicídios e Proteção à Pessoa, no horário do almoço, quando tomei conhecimento do tiroteio ocorrido no Bairro Guarani – Belo Horizonte – Minas Gerais, foi quando, imediatamente, entrei na viatura da policial civil, CARACTERIZADA, tipo Camburão, em companhia do investigador de polícia Luciano e partimos para o local do tiroteio. Ao chegar próximo ao Minas Shopping da Avenida Cristiano Machado, o trânsito estava completamente parado. Nesse momento, parei um motociclista, montando em sua garupa, armado, usando terno e gravata e, com a autorização do condutor, consegui chegar, rapidamente, ao local do confronto, agradecendo o motociclista pela carona. Naquela esquina da Avenida Cristiano Machado com a Avenida Waldomiro Lobo, comecei a tomar as providências, em companhia do delegado de polícia Júlio Wilker. Prendemos o suspeito Pablo, com o apoio dos demais policiais civis e militares, que, depois de socorrido, foi conduzido ao DHPP, onde foi ratificada a voz de prisão em flagrante delito

DELEGADO EDSON MOREIRA

e formalizado o auto de prisão em flagrante delito por latrocínio, resistência, roubo de veículo, adulteração de veículo, tentativa de homicídio, falsificação de documento público e uso de documento falso, descobrindo que todos os criminosos, portavam identidades falsas, encontradas no interior do veículo FORD FIESTA, o qual também era roubado.

Intensificamos as investigações policiais para capturar "QUEN-QUEN", o que tinha se tornado uma questão de honra, pois ele e sua quadrilha estavam desafiando a Polícia Civil de Minas Gerais. Foi quando descobrimos que ele fazia parte da facção criminosa paulista, Primeiro Comando da Capital (PCC), estando escondido, juntamente com o criminoso procurado, Ângelo Gonçalves de Miranda Filho, o "PEZÃO", na cidade de Praia Grande – Baixada Santista – São Paulo. Eles estavam em Minas Gerais expandindo mais um braço do "PCC", bem como intensificando, em todo o estado de Minas Gerais, o tráfico de drogas e executando pessoas a mando da organização criminosa Paulista.

Em decorrência desta descoberta, os delegados de polícia Júlio Wilker e Bruno Wink dos Santos, acompanhados de várias equipes de investigadores de polícia do DHPP/MG, seguiram para o estado de São Paulo e, na Baixada Santista, com apoio da Polícia Civil de São Paulo, conseguiram prender os dois, no dia 06 de outubro de 2011. Com os criminosos, foram apreendidos fuzis, pistolas, farta quantidade de drogas e munições, no local onde estavam escondidos, na cidade de Praia Grande – Baixada Santista – São Paulo. Esta região do estado de São Paulo apresenta alto índice de criminalidade e assassinatos de policiais civis e militares. Esses criminosos ostentavam diversas tatuagens de "PALHAÇO", estampadas nos corpos, significando que eram assassinos de policiais, o que fazia com que os mesmos fossem aplaudidos dentro das prisões e penitenciárias por onde passavam.

Assim foram presos, os dois criminosos mais procurados pela Polícia Civil mineira, responsáveis por assassinatos de diversos policiais civis e militares, tentativas de homicídios, roubos, latrocínios e homicídios, sendo apreendidos, com eles, diversos estatutos da facção criminosa paulista, Primeiro Comando da Capital – PCC, bem como uma relação de presos no estado de Minas Gerais, nos municípios do Triângulo Mineiro, como Uberlândia, Uberaba, Patos de Minas, Araguari, São Romão, Patrocínio, Araxá, São Gotardo, Carmo do Paranaíba, Ibiá, Região Nordeste, como Teófilo Otoni, Governador Valadares, Montes Claros, dentre outros municípios. Estes presos pertenciam à organização criminosa e, por conseguinte, deveriam receber toda a assistência e proteção da facção, tanto os criminosos, quanto seus familiares, dentro e fora do estado das Minas Gerais.

AGORA É COMIGO!

Essas prisões tiveram ampla divulgação na imprensa local, nacional e mundial, principalmente nos Programas "FANTÁSTICO" e "JORNAL NACIONAL", da Rede Globo; "BRASIL URGENTE", da TV Bandeirantes; "CIDADE ALERTA", da Rede Record de Televisão; "TV VERDADE", da TV Alterosa Minas Gerais; "JORNAL DO SBT", do Sistema Brasileiro de Televisão, de São Paulo; "CHAMADA GERAL", da Rádio Itatiaia de Minas Gerais e programas da Rádio CBN, dentre outras mídias e jornais do mundo inteiro.

Bruno Gonçalves de Souza, o "Quen-Quen" e Ângelo Gonçalves de Miranda Filho, o "Pezão", quando da prisão, acompanhados por investigador do DHPP

Armamentos e munições apreendidos

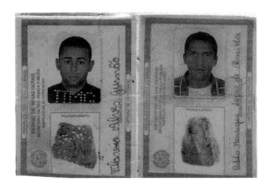

Identidades falsas encontradas dentro do carro

CAPÍTULO 78

- Mais Um Aliado nas Perseguições
- A Grande Prisão de Uma Filha Criminosa
- Homicídio Seguido de Suicídio com Nove Facadas
- A Saída da Chefia do DHPP

O ano de 2011 foi se findando, marcado por outros esclarecimentos de crimes de homicídio e, também, pela incongruente continuação da perseguição contra a minha pessoa, tanto profissional como pessoalmente, pois o delegado de polícia, titular da 3ª 3ª SCGPC/MG, agora com a ajuda de um colega seu, também delegado de polícia e meu antigo subordinado na Divisão de Crimes Contra a Vida, resolveu continuar a perseguição contra este delegado, Edson Moreira, embora já sem o apoio do Chefe da Polícia Civil de Minas Gerais e do Corregedor Geral de Polícia Civil de Minas Gerais, os quais haviam sido trocados no segundo mandato do governador do estado de Minas Gerais, Antônio Augusto Junho Anastasia, reeleito em outubro de 2010, no primeiro turno.

Retomando nossa sequência narrativa de casos, falemos, agora, sobre a bela Erika Passarelli Vicentini Teixeira, que assassinou seu próprio pai, Mário José Teixeira Filho, em agosto de 2011, a fim de receber um seguro de vida no valor de R$ 1.200.000,00 (um milhão e duzentos mil Reais). Já estávamos no encalço da mandante do homicídio e sabíamos que a mesma já tinha estado, por algumas vezes, na cidade de Belo Horizonte – Minas Gerais. Ela vinha se hospedando em hotéis de luxo e motéis na capital mineira, tendo as investigações para sua captura se estendido pelos estados de Minas Gerais, Bahia, Espírito Santo, Pernambuco, Rio de Janeiro, São Paulo, dentre outros. As investigações policiais e o inquérito policial foram presididos pelo delegado de polícia Bruno Wink, o qual apurou que o assassinato do pai de Erika Passarelli havia sido executado por um policial militar da polícia mi-

AGORA É COMIGO!

Erika Passarelli Vincentini Teixeira, quando de sua prisão no DHPP – MG

neira, da cidade de Itabirito/MG. O delegado, assim que descobriu que ela estava escondida numa casa de prostituição (BORDEL), na capital do estado do Rio de Janeiro, deslocou-se para lá com uma equipe de policiais civis e, com o apoio da Polícia Civil do Rio de Janeiro, prendeu Erika Passarelli e a transferiu para Belo Horizonte. Ela foi conduzida para o Presídio de Itabirito/MG, onde responderia pelo crime de homicídio no Tribunal do Júri daquela comarca. A prisão teve repercussão nacional e mundial, sendo amplamente divulgada pelos meios de comunicação, principalmente pela beleza da criminosa e por sua vida bandida, levada no estado de Minas Gerais, espalhando-se, depois, para todo o Brasil.

Outro caso que merece ser contado é o estranho suicídio com 9 facadas. Djalma Brugnara Veloso assassinou a facadas sua esposa, a procuradora federal Ana Alice Moreira de Melo, no dia 3 de fevereiro de 2012, por volta das 04:39 horas da madrugada, dentro de sua própria casa, num condomínio de luxo da cidade de Nova Lima – Minas Gerais. Após matar sua esposa, Djalma foi para um motel às margens da BR-356 – Bairro Olhos D'Água – Belo Horizonte – Minas Gerais, onde ficou escondido e, depois, praticou o suicídio com nove facadas desferidas contra o próprio corpo.

A equipe de plantão do DHPP/MG foi acionada por volta das 05:30 horas do dia 4 de fevereiro, para atender a ocorrência do suposto assassinato no motel, onde a vítima seria Djalma Brugnara Veloso, suspeito de ter assassinado a esposa, no Condomínio de Nova Lima/MG. Fui comunicado pela equipe de investigadores do DHPP enquanto estava em minha residência e me desloquei para o local dos fatos, para auxiliar nos levantamentos preliminares, bem como para estudar e analisar o local do crime.

Analisando, superficialmente, o corpo de Djalma, bem como o local do crime onde, também, estavam a arma utilizada para a consumação da morte da vítima, latas de cervejas e outras particularidades, suspeitei que poderia ter acontecido, naquela suíte do motel, um auto extermínio (SUICÍDIO), inclusive concedi entrevistas aos veículos de comunicação, comentando que, naquele local, ocorrera um suicídio, o qual seria, ou não, confirmado após o exame de necropsia no Instituto Médico Legal.

Logo que o corpo foi liberado pelos peritos criminais do Instituto de Criminalística de Minas Gerais, para ser removido pelo Rabecão ao Instituto Médico Legal, desloquei-me para aquele órgão, onde acompanhei os exames médicos legais, requisitando o exame toxicológico e de teor alcóolico da vítima, questionando o médico legista sobre as perfurações no corpo de Djalma e qual dos ferimentos teria provocado a sua morte, além de tirar várias dúvidas sobre como poderia ser sua "CAUSA MORTIS".

Confirmamos que apenas um dos ferimentos deu causa ao "CHOQUE HIPOVOLÊMICO" e que os demais foram apenas tentativas de perfuração com o instrumento perfuro cortante, encontrado na suíte do motel, utilizado por Djalma Brugnara Veloso para assassinar sua esposa, bem como para tirar a sua própria vida. Explicando melhor, a vítima queria cometer o suicídio, pegava a faca e fazia a perfuração, mas, com a dor, desistia, temporariamente, de tentar dar cabo da própria vida, ingeria mais bebidas alcóolicas, para criar mais coragem, bem como para não sentir muita dor. Assim ficou insistindo por oito vezes, provocando ferimentos superficiais até que, na última tentativa, deixou a lâmina penetrar mais fundo, começando uma hemorragia mais grave, acabando por falecer por conta desta hemorragia. Após essas análises e estudos, auxiliados pelos médicos legistas, concluímos que, realmente, Djalma Brugnara Veloso cometeu autoextermínio com nove facadas.

Mudando meu enfoque em narrativas de casos, falemos, agora, de minha guinada profissional, ocorrida no ano de 2012. O amigo leitor certamente se lembra do que lhe comentei na introdução deste livro, quando falei sobre a inveja e a maldade humanas e as formas com que afloram frente à luz da honestidade, determinação e inteligência, características que ofuscam, deveras, àqueles que se norteiam, única e exclusivamente, pelo trabalho mesquinho e egoísta, pouco se focando no real valor de suas ações quando avaliadas sob o foco principal de um policial, qual seja, a proteção, defesa e suporte, incontinentes, à sociedade, com sua população. Este sim é o mister da carreira policial, sempre e sempre cuidando da população sob sua guarda e prestando a máxima policial: servir à sociedade.

AGORA É COMIGO!

Em minha longa carreira como servidor público, primeiramente como policial militar em São Paulo, por 10 anos, seguidos de 22 anos como policial civil em Minas Gerais, tive a oportunidade, abençoada, de seguir sempre evoluindo e crescendo, tudo graças, primeiramente, a Deus e, bem pertinho, aos esforços e dedicação pessoais, colocando acima de qualquer prioridade pessoal aquele a quem prezo e respeito ao máximo, que é o ser humano pertencente àquela sociedade que, de fato, amo e defendo com minha própria vida. Enfrentei, com a obstinação, dedicação e coragem, que lhes descrevi nos 80 capítulos desta obra, os mais diversos criminosos, com suas terríveis maldades, verdadeiros monstros, cruéis, perversos e sem nenhum respeito à vida humana. Indiferentemente, mulheres, homens, crianças, idosos e jovens, indistintamente, passaram em minha carreira, como vítimas a serem protegidas e cuidadas e, em penosas situações de morte, também justiçadas, juntamente com suas famílias, com os criminosos trazidos e punidos à luz da lei.

Neste ponto de inflexão de minha exitosa carreira policial, parei para pensar para onde poderia mais evoluir, mantendo, sem dúvida, meu foco, meu carinho e minha atenção àqueles que, desde meus 21 anos de idade, têm sido a razão mor de meus esforços: você, meu leitor, pertencente à sociedade a que servi, sirvo e que sempre servirei. Percebi, assim, que, como político, poderia prestar um serviço ainda mais completo à sociedade, agora do outro lado, na instituição Legislativa, podendo, assim, criar leis mais completas e severas no que se refere ao combate à criminalidade, assegurando a dignidade humana daqueles a quem, um dia, jurei servir.

Desta forma, e levando em conta, também, a triste sequência ininterrupta de perseguições por parte de superiores hierárquicos e do delegado de polícia, Eder Gonçalves Monteiro Dantângelo, da Corregedoria Geral de Polícia Civil, que já vinha ocorrendo nos últimos 5 anos, tomei a decisão de concorrer às eleições municipais de Belo Horizonte – Minas Gerais, para o cargo de Vereador, em outubro de 2012. Desnecessário dizer que continuaria a trabalhar como sempre fiz, independentemente se chefiando ou sendo subordinado, e prestando serviços com o maior profissionalismo, característico de minha longa atuação neste lado da lei.

Delegado Edson Moreira anunciando seu afastamento da chefia do Departamento de Homicídios de Minas Gerais

Em 12 de abril de 2012, pedi exoneração do cargo de Chefe do Departamento de Homicídios e Proteção à Pessoa de Minas Gerais, afastando-me das funções de Delegado de Polícia, em razão da legislação eleitoral, Lei Complementar número 64 de 1990, pois iria concorrer, no dia 3 de outubro de 2012, ao cargo de Vereador do município de Belo Horizonte – Minas Gerais, isso para alívio do novo Chefe da Polícia Civil de Minas Gerais e do Superintendente Geral de Polícia Civil de Minas Gerais, os quais já desejavam o meu afastamento da Chefia do Departamento de Homicídios de Minas Gerais, sem muito desgaste, inclusive me incentivando a concorrer para um cargo eletivo, devendo até fazer carreira política, a fim de ajudar a Segurança Pública de Minas Gerais e, por conseguinte, a Segurança Pública de todo o Brasil.

CAPÍTULO 79

- A Campanha e a Eleição Vitoriosa para Vereador de Belo Horizonte
- O Julgamento de Todos os Envolvidos no Assassinato de Eliza Samúdio
- As Confissões – As Condenações do Goleiro Bruno e dos Demais Comparsas

Durante minha campanha eleitoral, fui alvo, novamente, de uma armação, através de denúncia anônima de uso de viaturas policiais, sendo que eu já estava afastado das funções. Os cínicos perseguidores, como que para dar-me um cartão de despedida, instauraram mais um inquérito policial por improbidade administrativa. O amigo leitor, certamente, já percebeu que este Delegado Edson Moreira não se deixa abater frente a obstáculos, pelo contrário, os desafios me animam e alimentam para seguir em frente e sobrepujá-los, sempre primando pela ética, honestidade e dedicação. Nesta linha de pensamento, imagino a decepção de meus algozes, que, na ânsia de me prejudicar ou, no mínimo desmotivar, percebem que, a cada obstáculo, cresce minha força, sustentada na competência e seriedade, levando tais algozes, certamente, a uma tremenda frustração.

Bem, segui lutando contra tudo e contra todos, com a ajuda do melhor advogado do Brasil, meu irmão, Doutor Ênio Moreira, que esteve sempre ao meu lado nos processos do Tribunal de Justiça Militar do Estado de São Paulo, Tribunais do Júri de São Paulo, outros Fóruns Criminais e Cíveis, Comissão de Direitos Humanos da Assembleia Legislativa de Minas Gerais, Tribunais de Justiça de São Paulo e de Minas Gerais, Superior Tribunal de Justiça e Supremo Tribunal Federal. Com certeza, por sua grande capacidade jurídica, obtive a absolvição em todos os processos criminais, os quais respondi. Os inquéritos policiais, Sindicâncias Administrativas e outros procedimentos. Com total segurança e profunda admiração, posso afirmar que o Doutor Ênio Moreira é um dos melhores advogados do nosso imenso Brasil. Felizes os Patronos que o contratam para defender seus interesses.

Em três de outubro de 2012, fui eleito Vereador do Município de Belo Horizonte/MG, com uma votação expressiva, tomando posse no cargo no dia 1º de janeiro de 2013, depois de diplomado no Tribunal Regional Eleitoral de Minas Gerais, para um mandato de quatro anos, sendo que, em seguida, com a "CABEÇA ERGUIDA E PELA PORTA DA FRENTE", deixei a Polícia Civil de Minas Gerais, aposentando da carreira de Delegado de Polícia, função que desempenhei por anos, com muito amor e dedicação, em defesa da Sociedade Mineira e Brasileira, humilde como entrei, humilde quando me aposentei, mas com muita perseverança e força para continuar na labuta diária, apesar dos grandes percalços.

Naquela semana memorável, na cidade de Contagem/MG, reiniciava-se, no dia 4 de março de 2013, o julgamento do goleiro Bruno Fernandes e de sua esposa Dayanne Rodrigues, acompanhado por todos os veículos de comunicação do mundo.

O primeiro dia ficou por conta de decisões preliminares, de alguns pedidos dos advogados do acusado e da acusada, bem como do depoimento da Dra. Ana Maria Santos, uma das delegadas de polícia que atuaram na investigação, juntamente com a Dra. Alessandra Wilker.

No dia 05 de março, uma terça feira, Dayane começou a ser interrogada pelo Corpo de Julgamento formado pela Juíza Dra. Marixa Fabiane Rodrigues Lopes e pelo Promotor de Justiça Henry Wagner Vasconcelos de Castro, auxiliado pelos advogados assistentes de acusação, José Arteiro Cavalcante e Dra. Maria Lucia Borges Gomes, sendo os advogados de defesa de Dayane, os Drs. Lúcio Adolfo e Tiago Lenoir. A Dra. Maria Lucia Borges Gomes tinha atuação mais marcante no estado do Mato Grosso do Sul e acompanhava, como fiel escudeira, cada aparecimento da mãe de Eliza Samúdio, Dona Sônia de Fátima Marcelo da Silva Moura.

O desenrolar do interrogatório de Dayane já dava elementos claros sobre a culpabilidade do goleiro Bruno, indicando que ele seguiria o mesmo caminho de seu comparsa, o réu Luiz Henrique Ferreira Romão, conhecido popularmente como "MACARRÃO", que optou pela confissão parcial, sendo condenado, em novembro de 2012, a quinze anos de reclusão. Bruno seguiria também com uma confissão parcial, claro que de uma forma devidamente orientada pelos seus defensores, a fim de amenizar sua pena, o que, de fato, aconteceu. Seus defensores sabiam que era praticamente impossível absolver o goleiro Bruno Fernandes, levando em conta tudo que constava nos

AGORA É COMIGO!

autos de investigação e em todo o processo criminal, com mais de sessenta volumes àquela altura.

Dayane confirmou que recebeu das mãos do goleiro Bruno o recém-nascido Bruninho, filha de Eliza Samúdio, já sem a mãe, tendo sido incumbida de tomar conta da criança. Dayana chegou a afirmar que se não tivesse ficado com o bebê, levando em conta o destino da mãe e as ameaças de "ZEZÉ", policial civil José Laureano de Assis, companheiro e grande parceiro de "BOLA", o pobre Bruninho teria seguido o mesmo caminho fatal de sua mãe. O policial civil José Laureano de Assis, o "ZEZÉ" intermediou a morte de Eliza Samúdio, fazendo a ponte entre "Bola", "Macarrão" e o goleiro Bruno Fernandes, para assassinarem a mãe do próprio filho. Essa declaração de Dayane e a condenação de Luiz Romão, o "Macarrão", foram a gota d'água final que fez com que o goleiro Bruno confessasse, ainda que parcialmente, como mandante do assassinato da infeliz vítima Eliza Samúdio, no dia 10 de junho de 2010.

O goleiro Bruno Fernandes disse que SABIA E IMAGINAVA que ELIZA SILVA SAMÚDIO seria morta. Disse ele: "PELAS BRIGAS CONSTANTES, PELO FATO DE EU TER ENTREGADO O DINHEIRO AO "MACARRÃO", PELO FATO DE TER TRAZIDO A VÍTIMA DO RIO ATÉ MINAS GERAIS, ENTÃO FIQUEI CIENTE DE QUE A MODELO ELIZA SAMUDIO SERIA MORTA." O goleiro Bruno Fernandes reconheceu, em declarações à Juíza Marixa, que aceitou o fato de que Eliza Samúdio havia sido assassinada a mando do amigo Luiz Ferreira Romão, o "Macarrão", sem tomar qualquer atitude e sem denunciar os envolvidos na ação criminosa. Bruno disse que negava ser o mandante do bárbaro assassinato, mas sentia-se culpado. Afirmou que "Macarrão" havia contado a ele que havia contratado Marcos Aparecido, o "BOLA", para assassinar e sumir com o corpo da modelo, não o tendo denunciado por medo de que "Macarrão" e "Bola" fizessem o mesmo com ele, suas filhas, sua esposa e demais familiares, porque conhecia a ambos muito bem e sabia como eram cruéis e meticulosos com suas encomendas.

Findava-se, nesse instante, com a confissão do crime pelo goleiro Bruno, derrubando quaisquer dúvidas até então colocadas pelos advogados, pelos autores dessa empreitada criminosa e pelos meios de comunicação do Brasil e do mundo, o caso do assassinato da infeliz vítima, ELIZA SILVA SAMÚDIO, a qual queria, somente, dar um sobrenome a seu filho Bruninho, uma criação digna, pelo "status quo" do mandante, um dos maiores goleiros que o Brasil já vira atuar nos gramados brasileiros e internacionais, defendendo o time rubro-negro do Flamengo Futebol de Regatas, estado do Rio de Janeiro, time este de maior número de torcedores do Brasil, quiçá do mundo inteiro, simbolizado pelo URUBU, ave carnívora, encontrada em praticamente todos os países do mundo.

Assim, chegou-se ao desfecho final do julgamento dos envolvidos no assassinato de Eliza Silva Samúdio, sendo que todos os acusados foram condenados, exceto a ex-esposa do goleiro Bruno, Dayane do Carmo, a qual conseguiu provar que fora coagida a fazer o que fez, tendo de tomar conta do "BRUNINHO", filho da vítima, para salvar a vida dele. No dia 8 de março de 2013, o goleiro Bruno Fernandes das Dores de Souza foi condenado a vinte e dois anos e três meses de reclusão pelo assassinato e ocultação de cadáver de ELIZA SILVA SAMÚDIO, bem como pelo sequestro e cárcere privado do recém-nascido, seu filho Bruninho. Sua esposa Dayanne Rodrigues, agora ex-esposa, foi absolvida das acusações de homicídio de Eliza e do sequestro e cárcere privado do bebê Bruninho. O goleiro Bruno foi condenado a dezessete anos e seis meses, em regime fechado, por homicídio, triplamente qualificado (por motivo torpe, asfixia e uso de recurso que dificultou a defesa da vítima Eliza Samúdio), a outros três anos e três meses em regime aberto, por sequestro e cárcere privado e, ainda, a mais um ano e seis meses por ocultação do cadáver de Eliza Samúdio, totalizando os 22 anos e 3 meses acima mencionados. A pena foi aumentada porque o goleiro Bruno foi considerado o mandante do crime, sendo parte dela reduzida pela confissão do jogador, aos 47 minutos do segundo tempo, praticamente três anos após o cometimento do horrendo crime, com requintes de crueldade, frieza, maldade e sarcasmo inimagináveis em um ser humano.

A partir de então, e com a sentença da Juíza Marixa Fabiane, condenando o Bruno Fernandes das Dores de Souza, o GOLEIRO BRUNO, o mundo reconheceu as verdades ditas nas investigações efetuadas, em profundidade, pelo DEPARTAMENTO DE HOMICÍDIOS E PROTEÇÃO A PESSOA, chefiado pelo Delegado Geral de Polícia Civil, EDSON MOREIRA, em conjunto com sua brilhante equipe de delegados de polícia, investigadores e escrivães de polícia, juntamente com todos os peritos criminais e médicos legistas, que fizeram parte dessa dolorosa e estupenda investigação de homicídio, sequestro e cárcere privado.

PORTANTO, PARA QUE TODO MUNDO COMPREENDA E ENTENDA TODOS OS ACONTECIMENTOS, TODAS AS INVESTIGAÇÕES E, PRINCI-PALMENTE, TODA A HERCÚLEA E ESTAFANTE BATALHA QUE ENVOLVE-RAM O ASSASSINATO DE ELIZA SILVA SAMÚDIO, SEQUESTRO DE SEU FILHO BRUNINHO, A MANDO DE BRUNO FERNANDES DAS DORES DE SOUZA, O "GOLEIRO BRUNO", INTERMEDIADA POR LUIZ HENRIQUE

AGORA É COMIGO!

FERREIRA ROMÃO, O "MACARRÃO" E JOSÉ MARIANO DE ASSIS FILHO, O "ZEZÉ", COM PARTICIPAÇÕES DE FERNANDA GOMES DE CASTRO, "A LOIRA GOSTOSONA", DO PRIMO SÉRGIO ROSA SALES, O "CAMELO", ASSASSINADO EM 2012 PROVALVELMENTE PARA "QUEIMA DE ARQUIVO", ELENILSON VITOR DA SILVA, O "CASEIRO", WEMERSON MARQUES DE SOUZA, O "COXINHA", FLÁVIO CAETANO DE ARAÚJO, O "FLAVINHO" E EXECUTADO PELO ESPECIALISTA MARCOS APARECIDO DOS SANTOS, O "BOLA, PAULISTA", É QUE CONTAREMOS NUM LIVRO, FUTURAMENTE, EM TODOS OS DETALHES, AS MINÚCIAS E ATÉ FOFOCAS DE SEUS ESCUROS E TENEBROSOS BASTIDORES.

Delegado Edson Moreira
Apresentação à Imprensa
Solução do assassinato de Eliza Samúdio por "Bola" a mando do goleiro Bruno

CAPÍTULO **80**

■ Considerações Finais e Futuros Livros que Virão

Como afirmei ao final do capítulo anterior, os bastidores, bem como os detalhes da investigação policial deste caso, serão contados num livro à parte, que já estou escrevendo. Já há um livro a respeito do caso do goleiro Bruno, de título INDEFENSÁVEL, tendo como escritores o grande jornalista da Rede Globo de Televisão, Leslei Barreira Leitão e os jornalistas Paulo de Carvalho e Paula Sarapu, que narram todos os acontecimentos com relação às partes da investigação policial e do processo criminal, que resultaram na condenação dos réus envolvidos no escabroso assassinato de Eliza Silva Samúdio, no dia 10 de junho de 2010, em Minas Gerais. Sendo assim, meu futuro trabalho contará as particularidades das investigações policiais, incluindo todos os percalços passados por toda a equipe e, principalmente, por este autor, Delegado Edson Moreira. Apresentarei todos os investigados e todas as diligências investigativas e as ações determinadas pelo, então, Chefe da Polícia Civil de Minas Gerais. Aguarde, querido leitor, pelos detalhes da sordidez humana, não só dos participantes criminosos, mas também de toda a miríade de envolvidos neste caso.

No cargo de Vereador de Belo Horizonte/MG, permaneci até o dia 01 de fevereiro de 2015, quando, depois de eleito no ano de 2014, assumi o cargo de Deputado Federal, na Câmara dos Deputados em Brasília – Distrito Federal. Sempre trabalhando para melhorar a vida dos mineiros e brasileiros, permaneci como Deputado Federal até 31 de janeiro de 2018. Fui vítima de ataques e de "FAKE NEWS" de inimigos e adversários políticos e de traições de aliados, os quais narrarei num livro, já em elaboração, aprofundando detalhes sobre esses acontecimentos e os envolvidos e todos as artimanhas utilizadas pelos inimigos e adversários, com uma farta narração de bastidores, além de uma parte, escura e melindrosa, da política brasileira.

Em alguma parte do livro, descrevendo a Política Brasileira, irei escrever sobre os Presidentes da República, Luís Inácio Lula da Silva, o "LULA", responsável pelo aparelhamento monstruoso da política brasileira, limitando os Poderes Executivo e Legislativo o que, em razão do vácuo de autoridade, fez com que o Poder Judiciário fizesse as vezes do legislador e do mandante da República, com a implantação do ativismo judiciário, determinando prisões preventivas de Deputados e Senadores da República, afastamento do Presidente da Câmara dos Deputados, contrariando, assim, sobremaneira, a Constituição da República, aliado a um Procurador Geral da República completamente destemperado, pensando apenas em aparecer, que mandou um criminoso gravar um Presidente da República, numa armação inimaginável na história da República Federativa do Brasil.

Escreverei também, sobre a presidente da república, a qual queria mudar a Língua Portuguesa, criando a inexistente palavra "PRESIDENTA", a qual mergulhou o Brasil na maior recessão de toda sua história.

Contarei, na obra, o motivo pelo qual votei contra a instauração do processo contra o presidente da república Michel Temer, não pela defesa em si do homem "MICHEL TEMER", mas pela governabilidade do Brasil. A história demonstra, claramente, o acerto daquela decisão, ao comparar o governo Michel Temer com a atual governabilidade do destemperado, despreparado e incompetente presidente Jair Bolsonaro. Com o presidente Michel Temer caminhávamos, a passos lentos, para a saída da estagnação, enquanto que, com o atual presidente Jair Bolsonaro, o País está a patinar, levando milhões de brasileiros à perda da esperança na Democracia.

Estou escrevendo, também, o livro "NAS ENTRANHAS DA NOITE", onde, com fatos verdadeiros, conto tudo o que se passa quando surge a escuridão da noite, as transformações das pessoas, o que vi, assisti e passei durante as noites vividas em Belo Horizonte/MG, em alguns dos municípios do estado de São Paulo, Rio de Janeiro/RJ, Porto Alegre e Caxias do Sul, no Rio Grande do Sul, Florianópolis, Criciúma, em Santa Catarina, Curitiba e municípios do Norte do Paraná, Brasília, Goiás, Distrito Federal, nos ano de 1978, 1979 e 2015 a 2019, Bahia, Rondônia, dentre outros estados federativos.

Futuramente, escreverei, também, um livro sobre os amores, romances, relacionamentos, casamento, filhos, tudo sobre minha vida amorosa, com relação aos temas românticos, percalços, lutas, desilusões, falsidades de possíveis amigos e outras particularidades. AGUARDEM...!!!!!

Delegado Edson Moreira

BIBLIOGRAFIA

Constituição da República Federativa do Brasil de 1988 – Gráfica da Câmara dos Deputados – Brasília – Distrito Federal

Constituição do Estado de Minas Gerais de 1989 – Imprensa Oficial do Governo de Minas Gerais

Comentários ao Código Penal – Nélson Hungria Hoffbauer – Editora Forense – 1950 – Rio de Janeiro

O Suicídio Estudo Sociológico – Emile Dukheim – Empresa Gráfica Feirense Ltda. – 1977

Medicina Legal – Doutor José Antônio de Mello – Editora Fittipaldi Ltda. – 1985 – São Paulo

Código de Processo Penal Interpretado – Júlio Fabbrini Mirabete – Editora Atlas S/A – 1994

Um Estudo em Vermelho – Arthur Conan Doyle- Editora Ática S/A – 1994

Ernesto Geisel – Maria Celina D'Araújo e Celso Castro – Editora Fundação Getúlio Vargas – 1ª Edição – 1997

Medicina Legal – Hélio Gomes – 32ª Edição Revista e Ampliada pelo Doutor Hygino Hercules – 1997 – Freitas Bastos Editora

Diversos inquéritos Policiais do Departamento de Homicídios e Proteção à Pessoa de Minas Gerais, Divisão de Crimes Contra a Vida, Departamento Estadual de Operações Especiais – DEOESP/MG, Divisão de Operações Especiais – Anti-Sequestro – Delegacias de Polícia de São João Evangelista, Uberlândia, Uberaba, Araguari, Campanha, Poços de Caldas, Alfenas, Natércia, Pium-Í, Ibiá, Carmo do Paranaíba, São Gotardo, Patos de Minas, Peçanha, Santa Maria do Suaçui, Capelinha, dentre muitos outros municípios de Minas Gerais – 1990 a 2012 – Delegado Edson Moreira – Polícia Civil de Minas Gerais

Autópsia do Medo – Vida e Morte do Delegado Sérgio Paranhos Fleury – Percival de Souza – 2000 – Editora Globo

Juventude Transviada – Shirley Barroso e Eduardo Camanho – Revista Múltipla – Laboratório do Curso de Jornalismo do UNI-BH – número 18 – páginas 48/49 – fevereiro de 2002

AGORA É COMIGO!

Crime de Homicídio Envolvendo o Tráfico e Uso de Drogas no Atual Contexto Social de Belo Horizonte – Delegado Edson Moreira – Monografia de Especialização do Curso de Criminalidade e Segurança Pública – Universidade Federal de Minas Gerais

Ofício número 0539/2007/GAB/DEOESP – maio de 2007 – Polícia Civil de Minas Gerais

Processo de Habeas Corpus número 1.0000.08.474732-8/000 – 5ª Câmara do Tribunal de Justiça de Minas Gerais – novembro de 2008 – TJMG

Diversos Volumes do inquérito policial 117/2010 da Delegacia Especializada de Homicídios de Contagem/MG – Departamento de Homicídios e Proteção à Pessoa de Minas Gerais – Delegado Edson Moreira – Delegado Chefe da Divisão de Crimes Contra a Vida – Delegado Ana Maria Paes dos Santos e Alessandra Escobar Vieira Wilk – 2010 – Polícia Civil de Minas Gerais

O Crime Quase Perfeito – Percival de Souza – 2010 – Idea Editora Ltda.

Sentenças do Processo Criminal número 079.10.035.624-9 da Vara do Tribunal do Júri de Contagem/MG – Doutora Marixa Fabiane Lopes Rodrigues – 2010/2011/2012/2013/2014 – Tribunal de Justiça do Estado de Minas Gerais

Matérias Jornalísticas dos Jornais Folha de São Paulo, O Estado de São Paulo, O Estado de Minas, Hoje em dia, O Tempo, O Globo, Extra, Revista Veja, Revista Época, Revista Isto É, dentre outros pelo mundo – junho/julho/agosto de 2010/2011/2012/2013/2014

Livro Indefensável – A história do goleiro Bruno e a morte de Eliza Samúdio – Paulo Carvalho, Leslie Barreira Leitão e Paula Sarapu – Editora Record – 2014

Ação Penal número 905 – Relator Ministro Roberto Barroso – fevereiro de 2015 – Supremo Tribunal Federal – Brasília – Distrito Federal

inquérito número – Relator Ministro Dias Toffoli – fevereiro de 2015 – Supremo Tribunal Federal – Brasília – Distrito Federal

inquérito número 4087 – Relator Ministro Teori Zavascki – fevereiro de 2015 – Supremo Tribunal Federal – Brasília – Distrito Federal

inquérito número 4098 – Relator Ministro Luiz Fux – agosto de 2015 – Supremo Tribunal Federal – Brasília – Distrito Federal

inquérito número 4016 – Relatora Ministra Carmen Lúcia – Supremo Tribunal Federal – Brasília – Distrito Federal

inquérito número 4227 – Relator Ministro Teori Zavascki – fevereiro de 2016 – Supremo Tribunal Federal – Brasília – Distrito Federal inquérito 4201 – Relator Ministro Edson Fachin – abril de 2016 – Supremo Tribunal Federal – Brasília – Distrito Federal

Presidentes da República – Wikipédia – Enciclopédia Livre – 2018 – Pesquisas Google – Belo Horizonte – Minas Gerais

Presidentes do Brasil – Referências Biográficas – do Blog Atualidades no Vestibular – 2018 – Belo Horizonte – Minas Gerais

Brevíssimo *Curriculum Vitae*

Curso de Direito – Faculdades Integradas de Guarulhos – São Paulo – 1989

Curso de Formação de Delegados de Polícia – ACADEPOL/MG – Belo Horizonte – 1990

Especialização em Criminalidade e Segurança Pública – UFMG – 2001/2003 – MG

Survival AwarenessIn – Service/U.S.Department Of Justice – Federal Bureau Of investigacion – FBI – 2006

Professor de Técnica e Prática de inquéritos Policiais e Investigações da ACADEPOL – MG – 1990/2011

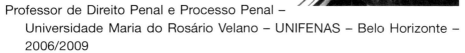

Professor de Direito Penal e Processo Penal – Universidade Maria do Rosário Velano – UNIFENAS – Belo Horizonte – 2006/2009

Advogado – Ordem dos Advogados do Brasil – Seção São Paulo/Minas Gerais – 1989/2019

Patente do Grande Inspetor Geral 33º do Supremo Conselho do Grau 33 – Rio de Janeiro – 2000

Medalha Ordem do Mérito Legislativo – Assembleia do Estado de Minas Gerais – 2006

Grande Medalha da Inconfidência/Medalha de Honra/Medalha da Inconfidência – Governo de Minas Gerais – Ouro Preto – 2007/2015/2018

Medalha 200 anos da Polícia Civil de Minas Gerais – Polícia Civil de Minas Gerais – 2007

Medalha Santos Dumont Grau Bronze/Prata/Ouro – Governo de Minas Gerais – 2007/2014

Medalha Tiradentes – Polícia Militar do Estado de Minas Gerais – 2011

Medalha do Pacificador – Exército Brasileiro – Brasília – 2017

Medalha do Mérito Aeronáutico – Força Aérea Brasileira – Lagoa Santa – 2019

Obras Publicadas: O Crime de Homicídio Envolvendo o Tráfico e Uso de Drogas no Atual Contexto Social Belo Horizontino – UFMG – Belo Horizonte – 2000/2003

Políticas e Estratégias na Prevenção a Tóxicos e Entorpecentes – ADESG – B.H. - 1994

Vereador da cidade de Belo Horizonte – 2013/2014

Deputado Federal por Minas Gerais – Brasília – 2015/2018